고대 중국의 경세사상

저자 _조원일

대전에서 출생하고 성장기의 대부분을 그곳에서 보냈다. 대학 졸업 후에는 臺灣으로 유학을 떠나 中國文化大學 대학원 철학과에서 석사학위를 취득하고, 그 뒤에 다시 중국으로 유학을 가서 北京大學 대학원 철학과에서 박사학위를 취득하였다.

8년 동안의 유학생활을 마치고 귀국하여 남서울대학교 중국학과를 거쳐 현재 전남대학교 중국학과 교수로 재직하면서 전남대학교 이순신해양문화연구소장을 겸직하고 있다. 지난 2012년도와 2014년도에 전남대학교 교육우수교수에 두 차례에 걸쳐 선정 되었다. 2016년에는 제20회 용봉학술상을 수상했다. 2021년에는 우수 연구성과를 인정을 받아 대한민국 교육부장관상을 수상했다. 대외적으로는 한국중국문화학회 회장, 중국 浙江大學 한국연구소 객원연구원, 寧夏大學 학술고문을 겸직하고 있으며, 해군사관학교 충무공연구회 자문위원 역시 겸직하고 있다. 2017년 한국연구재단 인문도시지원사업에 선정되어 다양한 인문학강좌, 인문학포럼을 개최하는 등 지역사회의 인문학 발전에 많은 노력을 기울여왔다.

그 동안 집필한 저서로는 『東吳哲學』, 『哲學·宗敎與人文』(中國出版), 『半生緣』(영화로 배우는 중국어), 『동아시아의 유학사상』, 『선진유가의 사상』, 『맹자의 철학사상』, 『공자의 철학사상』, 『순자의 철학사상』, 『맹자와 도덕의 이상』, 『西漢의 유학사상』, 『고대 중국의 정치사상』, 『고대 중국의 천인관계론』 등이 있으며, 외국에 발표한 논문으로는 「孟子仁政思想的詮釋」 등을 포함하여 다수가 있으며 국내에 발표한 논문에는 「순자 정치사상의 현대적 의미에 관한 연구」 등을 포함하여 다수가 있다. 고대 중국의 철학사상과 중국의 전통신화 분야에 대하여 지속적으로 관심을 가지고 연구하고 있으며 또한 고대 중국의 역사와 인문지리 및 전통문화와 동남아시아 화교문화에 대해서도 흥미를 가지고 연구를 진행하고 있다.

고대 중국의 경세사상

인 쇄 2023년 1월 16일
발 행 2023년 1월 20일

저 자 조원일
발행인 정성택
발행처 전남대학교출판문화원

등 록 1981. 5. 21. 제53호
주 소 61186 광주광역시 북구 용봉로 77
전 화 (062) 530-0571~2 **마케팅** 530-0573
팩 스 (062) 530-0579
홈페이지 http://www.cnup.co.kr
이메일 cnup0571@hanmail.net

값 21,000원

ISBN 978-89-6849-929-6 (93150)

經世

조 원 일 지음

고대 중국의 경세사상

思想

전남대학교출판문화원

고대 중국의 경세사상 주요 사상가 소개

공자

공자(孔子, BC.551~BC.479)는 유가의 시조인 고대 중국 춘추시대의 정치가·사상가·교육자이다. 정치적으로는 요·순·우, 삼황·오제의 이상적 정치와 주공 단의 정치 철학을 지향했다. 뜻을 펴려고 전국을 주유하였으나, 그의 논설에 귀를 기울이는 왕이 없어 말년에 고향으로 돌아와 후학 양성에 전념하다 생을 마쳤다. 춘추시대에 서주의 제후국인 노나라의 무관인 숙량흘의 둘째 아들이자, 서자로 태어났다. 이름은 구丘, 자는 중니仲尼이다. 사후 여러 번 추증되어 대성지성문선왕大成至聖文宣王에 추봉되었다.

맹자

맹자(孟子, BC.372~BC.289)는 공자의 사상을 이어 발전시킨 유학자이다. 전국시대 추鄒나라 사람으로 이름은 가軻이고, 자는 자여子輿 또는 자거子車이다. 어릴 때부터 공자를 숭상하고, 공자의 사상을 발전시켜 유학을 후세에 전하는 데 큰 영향을 끼쳤다. 제자백가 시대에 돌입한 당대에 묵적과 양주의 사상과 경쟁하며 유가 사상을 확립했다. 40세 이후에 인정仁政과 왕도정치를 주창하며 천하를 유력했다. 법가나 종횡가가 득세하는 세상과 타협하지 않았으며 은퇴했다. 60세 이후의 삶은 알려진 바가 없다.

순자

순자(荀子, BC.298~BC.238)는 고대 중국의 전국시대 말기의 유가 사상가이자 학자로, 이름은 순황荀況이다. 서한 선제의 이름이 비슷하였고, 이를 피하기를 위해서 손황孫況이라고도 불렀다. 경칭으로 순경荀卿 또는 손경자孫卿子로도 불린다. 순자는 양한시기에는 정통적인 유가의 인물로 여겨졌으나, 북송시기 성리학의 학풍 속에서 성악설이 비난받으면서부터 그 이래로 오랫동안 유가의 이단자로 간주되어 왔다. 그에 대한 재평가는 청나라 말기에서야 다시 이루어졌다.

묵자

묵자(墨子, BC.470?~BC.391?)는 중국 춘추전국시대의 송나라에서 출생한 사상가이자 철학자이다. 초기 전국 시대에 제자백가 중 묵가를 대표하는 위인이다. 핵심 사상은 겸애이고 『묵자』에 전한다. 유교와 도교와 대립하였다. 그 사람의 사상은 제국에서 채택됐으나 진나라가 천하를 통일하자 선호 대상에서 제외되었다. 농성의 달인이어서 초나라의 공격을 아홉 번이나 방어하였었다. "굳게 지킨다"는 뜻인 묵수가 여기서 유래했다.

상앙

상앙(商鞅, ?~BC.338)은 전국시대戰國時代 진秦나라의 정치가. 진 효공에게 채용되어 부국강병의 계책을 세워 여러 방면에 걸친 대 개혁을 단행해 후일 진제국 성립의 기반을 세웠다. 20년간 진나라의 재상을 지내며 엄격한 법치주의 정치를 폈다. 위앙衛鞅 또는 공손앙公孫鞅이라고도 한다. 위나라 공족公族의 서출 출신으로 일찍부터 형명학刑名學을 좋아하여 조예가 깊었다. 진나라의 재상宰相으로 있으면서 엄격한 법치주의 정치를 펼쳐 진나라를 강국으로 성장시켰으나 한편으로는 그 때문에 많은 사람들의 원한을 샀다. 기원전 338년 효공이 죽고 아들인 혜문왕惠文王이 즉위하자 상앙은 정치적 궁지에 몰리게 되어 결국 처형되었다.

관자

관자는 관중(管仲, ?~BC.645)이 지은 것으로 되어 있으나, 그 내용으로 보아 관중의 업적을 중심으로 하여 후대의 사람들이 썼고, 전국시대에서 한대漢代에 걸쳐서 성립된 것으로 여겨진다. 서한의 학자 유향劉向의 머리말에는 86편이라고 되어 있는데, 현재 보존되어 있는 것에는 10편과 1도圖가 빠져 있다. 내용은 법가적 색채가 농후하고, 때로는 도가적인 요소가 섞여 있기 때문에 『한서』에서는 도가에, 『수서』에서는 법가에 넣고 있다. 정치의 요체는 백성을 부유하게 하고, 백성을 가르치며, 신명神明을 공경하도록 하는 세 가지 일이 있는데, 그 중에서도 백성을 부유하게 하는 일이 으뜸이라고 하였다.

한비자

한비자(韓非子, BC.280?~BC.230)전국시대의 철학자로 본명은 한비韓非이다. 전국시대 말기 한韓나라 왕족 출신이다. 법치주의를 주장했으며 법가를 집대성한 철학자로 널리 알려져 있다. 보통이라면 본명의 '한'을 따서 '한자韓子'라고 해야겠지만, 후에 당의 유가 사상가 한유를 한자라 부르게 되면서, 법가 사상가인 한비의 우선순위가 낮기 때문에 한비 쪽을 이름 전체를 넣어서 한비자라고 부르게 된 것이다.

육가

육가(陸賈, BC.240~BC.170)는 서한 초기의 정치가이며, 문학가이며, 사상가로서, 초기 유학의 발전에 중요한 역할을 감당하였다. 육가는 웅변에 능한 외교가로서도 역할을 감당하였는데, 남월왕 위타를 한나라에 종속시킨 것도 그의 뛰어난 웅변의 힘이었다. 유방에게도 문과 무가 조화를 이루어야 나라를 다스릴 수 있음을 설득하였고, 『신어新語』 12편을 저술하여 국가 존망의 갖가지 모습을 약술하여 유방의 통치를 도왔다. 한 고조 유방의 사후에는 여태후의 전횡에 칭병하여 은퇴하고, 태위 강위와 승상 진평이 힘을 합하도록 주선하여 여태후 사후에 여씨로부터 유씨 황실을 지켜내는 데 중요한 역할을 하였다.

가의

가의(賈誼, BC.200~BC.168)는 서한 초기의 대신·정치가·문인으로 낙양洛陽 사람이다. 그는 정삭正朔과 복색服色을 고치고, 법도法度를 마련하고, 예악禮樂을 제정했을 뿐 아니라 정치 개혁에 관한 여러 가지 소疏를 올렸다. 당시 문제文帝는 그를 공경公卿에 임명하려 했으나, 조주발遭周勃·관영灌嬰 등 대신들의 미움을 사 폄출되어 장사왕長沙王의 태부太夫가 되고, 다시 양 회왕梁懷王의 태부가 되었으며, 33세의 젊은 나이에 세상을 떠났다.

동중서

동중서(董仲舒, BC.176~BC.104)는 중국 서한 중기의 대표적 유학자이다. 현재의 하북성에 속하는 신도국信都國 광천현廣川縣(현재는 하북성 징현)출신이다. 서한 초기의 사상계가 제자백가의 설로 혼란하고 유교가 쇠퇴하였을 때, 도가의 설을 물리치고 유교 독립의 터전을 굳혔다. 무제武帝를 섬겨 총애를 받아 유교를 채용하고 교육 행정으로 공헌하였다. 이로써 뒷날 중국의 정신 발전에 중요한 영향을 미쳤다. 동중서의 사상에 최대한 특징이 있는데 바로 재이설災異說이 있다.

양웅

양웅(揚雄, BC.53~AD.18)은 서한 말에 유행한 신비적이고 비합리적, 미신적인 참위설讖緯說 천인상관설天人相關說에 반대한 철학자. 그의 저서 『태현경』에서는 세계의 근원에 '현玄'을 설정하고, 현으로부터 방方·주州·부部·가家가 단계적으로 유출한다고 하면서, 사물의 생성의 필연성, 합법칙성을 주장하였다. 『태현경』은 그 형식을 유교의 경서 『역』에서, 그 내용은 도가의 노자학파에서 받아들였는데, 이것은 그의 사상이 유가와 도가를 절충한 것이란 점을 잘 나타내 주고 있다. 즉 자연관에 관해서는 도가의 이론을, 윤리관에 대해서는 유가의 이론을 채용하였다. 참위설과 천인상관설에 대한 비판은 환담桓譚과 왕충王充에게 계승된다. '현' 개념은 위진魏晋시대의 현학玄學에 섭취되었다.

왕충

왕충(王充, 27~?)은 중국 동한 초기의 사상가로, 자는 중임仲任이며 회계군 상우현上虞縣 사람이다. 신분이 낮은 집안에서 출생하였고 청년시대 낙양洛陽으로 나와 반표(班彪, 반고의 아버지)에게 배웠는데 가난하여 책을 사지 못하고 가두의 서점에서 읽고 기억하여 백가百家의 사상에 정통했다고 한다. 이어 현縣, 군도위郡都尉, 군 등의 지방 관청에 근무하였고, 공조功曹를 역임하며, 훌륭한 능력을 발휘했는데, 권력자와 때때로 생각이 맞지 않아 사직하여 향리의 자제를 가르쳤다. 60세 때 자사刺史 동근董勤에게 초빙되어 주종사州從事가 되었고, 이어 치중治中이 되었으나 62세로 퇴관하여 죽을 때까지 저술에 전념하였다.

왕부

왕부(王符, ?~?)는 동한 초기의 관료로, 자는 자원子元이며 동래군 액현掖縣 사람이다. 불기현不其縣 소지취所止聚에서 기거하며 덕으로 사람들을 교화하였다. 낭야 상 장종張宗이 뵙기를 청하였으나 응하지 않았고, 장종이 억지로 불러들이려 하니 고향으로 돌아갔다. 이후에도 계속 초청을 받았으나 병을 핑계로 거절하였고, 태부 등우의 벽소辟召도 거절하였다. 명제 때 상서복야尙書僕射 종리의의 천거로 유평·왕망과 함께 조정에 임용되어 의랑議郞이 되었다. 명제를 배알하였을 때 태도가 몹시 공손하여 아무런 말도 하지 못하였고, 속이 깊은 심성으로 사람들이 높이 평가하였다. 영평 연간에 임읍후 유복은 「한덕송漢德頌」에서 왕부를 명신이라고 평하였다.

중장통

중장통(仲長統, AD.180~220)은 중국 동한 말의 정치가로, 자는 공리公理이며 연주 산양군 고평현高平縣 사람이다. 젊을 때부터 학문을 좋아하였으며, 책을 많이 읽었고 기억력과 글 쓰는 능력이 뛰어났다. 20세가 지나고 청주·서주·병주·기주 등을 돌아다니며 학문을 익혔고, 상당에서 만난 상림·무습 등은 중장통을 높이 평가하였다. 특히 무습은 그가 서한의 가의·동중서·유향·양웅의 뒤를 이을 재능을 가졌다며 극찬하였다.

머리말

수천 년의 역사를 가진 중국에서 경세經世 즉 세상을 경영하는 문제는 중국인들의 삶과 매우 밀접한 관계를 형성해왔다고 할 수 있다. 선진시대부터 시작하여 현대의 중국에 이르기까지 경세의 문제는 항상 통치자와 지식인을 비롯한 일반 서민들의 관심의 대상이었다고 말할 수 있다.

중국은 오랜 역사 속에서 적지 않은 수의 유능한 군주들이 출현했었으며 마찬가지로 수많은 무능한 군주들이 나타났었으며, 다양한 경세사상들이 지식인들 및 재야세력에 의해서 제기되고 군주들에게 채택되어 왔다. 이러한 흐름 속에서 중국의 경세사상은 시대를 거듭할수록 보다 정교하게 다듬어진 형태로 변해왔다고 할 수 있을 것이다. 선진시대에서부터 양한시대에 이르기까지 제자백가의 사상가들과 유가의 사상가들은 저마다 혼란한 세상을 구제하기 위한 자신들만의 경세에 관한 방략을 통치자나 세상에 내놓게 되는데, 이러한 방략들이 바로 고대 중국의 경세사상의 근간을 형성했던 것이다.

공자를 비롯한 유가의 사상가들은 주로 덕과 예악에 의한 정치의 중요성을 역설하였으며, 법가의 사상가들은 대부분이 엄격한 형벌과 법률에 의한 통치를 강조했었고, 묵가의 사상가들은 하늘의 권위에 가탁하여 군주들을 제어하려 한 경향이 강했다고 할 수 있다. 한편 양한시대에 들어서 사상계의 주류를 형성하고 있었던 양한의 유학자들은 선진유학의 경세사상을 토대로 자신들만의 경세철학을 형성하는데, 그 대부분이 당면한 민생문제를 해결하기 위한 제안들이었다.

필자는 지난 이십여 년 동안 강단에서 경세사상과 관련된 강의를 하면서 틈틈이 연구논문을 작성했는데, 그 가운데 중국의 경세사상에 관한 글들을 모아서 수정작업과 보완을 거쳐 단행본을 세상에 내놓게 되었다.

본서는 고대 중국의 경세사상에 대하여 관심이 있는 일반인들도 경세사상을 쉽게 이해할 수 있도록 구성하였다. 본문은 모두 열네 개의 장으로 구성되어 있는데 다음과 같다.

먼저 제1장은 선진시기 공자의 경세사상에 대하여 재정 관리론과 생산론 및 분배와 소비·상품 유통론을 중심으로 조명하여 보았다. 이 글은 원래 『동양문화연구』 제14집(2013년)에 게재했던 문장을 수정과 보완작업을 거쳐 수록한 것이다.

제2장은 관자의 경세사상에 대하여 『관자』의 정치경제사상과 관련된 주요한 내용들 가운데 정치경제사상의 핵심이 기록되어 있는 「경중」 편 부분과 기타의 편들을 중심으로 당시 제나라의 경제 상황, 국가재정과 경제관리 방법 및 물가조절 정책의 핵심

을 중심으로 면밀하게 분석해보았다. 이 글은 원래 『동서철학연구』 제85집(2017년)에 게재했던 문장을 수정과 보완작업을 거쳐 수록한 것이다.

제3장은 묵자의 경세사상이다. 묵자는 하늘의 의지에 법칙의 의미를 부여하는 한편 그러한 천지 관념의 내용에 '겸애'로써 정치와 사회를 비판하고 평가하는 판단기준을 만들었는데, 이것이 바로 묵자의 경세사상의 핵심인 것이다. 이러한 묵자의 경세사상에 대하여 본문에서는 천지론을 중심으로 천지의 상선벌악과 천지 관념 속에서의 공포의식 및 천지 관념 속에서의 인심 속박의 해방에 관하여 면밀하게 분석했다. 이 글은 원래 『중국학논총』 제54집(2017년)에 게재했던 문장을 수정과 보완작업을 거쳐 수록한 것이다.

제4장은 맹자의 경세사상에 대하여 농민과 수공업자 등을 포함한 기층의 생산자 계층의 요구를 대표하는 것이라는 점에 역점을 두고 서술했다. 본문에서는 맹자의 경세사상을 조세이론과 분업이론 그리고 물가정책 이론을 중심으로 세밀하게 분석해보았다. 이 글은 원래 『동양고전연구』 제47집(2012년)에 게재했던 문장을 수정과 보완작업을 거쳐 수록한 것이다.

제5장은 상앙의 경세사상이다. 상앙 경세사상의 요체는 변법이라고 할 수 있는데, 그가 강행한 변법은 바로 농업과 전쟁을 하나로 묶는 병농일치와 관련된 법령의 반포였다. 즉 변법의 구체적인 내용은 백성들이 서로 감시하게 만드는 연좌제를 실행하고 형벌을 엄격하게 적용하여 백성들을 효과적으로 통제하는 것

과 귀족들이 녹봉을 세습하는 제도를 폐지하는 것이 주요한 핵심이었다. 이러한 상앙의 법치사상에 대하여 본문에서는 법의 의미와 법의 내용 및 법의 실행을 중심으로 논의를 진행해보았다. 이 글은 원래 『중국학논총』 제56집(2017년)에 게재했던 문장을 수정과 보완작업을 거쳐 수록한 것이다.

제6장은 순자의 경세사상이다. 순자는 전국시대 말기의 사회문제 해결과 사회적 환경의 개선 및 사회의 발전을 견인할 수 있는 유일한 방법으로 정치적 조치를 들었다. 순자는 사회와 정치가 서로 영향을 주는 관계에 있는 것으로 보았기 때문에, 순자의 경세사상은 고대 중국의 정치사회학 이론의 한 단서라고 볼 수 있다. 본문에서는 이러한 순자의 경세사상에 대하여 형평성 있는 조세정책, 관료정치체제, 유능한 인재의 등용 및 합리적인 직업시스템의 확립을 중심으로 살펴보았다. 이 글은 원래 『동양문화연구』 제10집(2012년)에 게재했던 문장을 수정과 보완작업을 거쳐 수록한 것이다.

제7장은 한비자의 경세사상이다. 한비자의 국가통치와 개인의 도덕과의 관계를 어떻게 보았는지의 문제를 중심으로 분석해보았다. 이 글은 원래 『중국학논총』 제66집(2020년)에 게재했던 문장을 수정과 보완작업을 거쳐 수록한 것이다.

제8장은 서한시기의 육가의 경세사상이다. 육가의 경세사상은 한대 초기의 제국의 정치시스템을 확립하는데 있어서 빠져서는 안 될 관건적인 사상이라고 할 수 있다. 이처럼 한나라의 통치체제에 대하여 실질적 경쟁력을 갖춘 이론적 근거를 제공해주

는 기능을 했던 육가의 사상에 대하여 무위의 숭상과 덕치의 제창을 중심으로 상세하게 서술했다. 이 글은 원래 『동서철학연구』 제79집(2016년)에 게재했던 문장을 수정과 보완작업을 거쳐 수록한 것이다.

제9장은 가의의 경세사상이다. 가의는 당시 사회가 직면한 민생의 피폐현상에 대한 반성적 사고로부터 시작하여 민생문제 해결을 위한 구체적인 정치적 해법을 제시한다. 이러한 가의의 민생회복을 위한 정치적 해법에 대하여 서한 초기의 상황과 농업중시와 물자축적 정책의 추진과 상업에 대한 탄압과 사치금지 정책 및 민간 차원의 화폐주조 금지 정책을 중심으로 조명해보았다. 이 글은 원래 『동양철학연구』 제84집(2015년)에 게재했던 문장을 수정과 보완작업을 거쳐 수록한 것이다.

제10장은 동중서의 경세사상이다. 동중서의 경세관에 대하여 본문에서는 다음과 같은 도식을 중심으로 살펴보았다. 우선 동중서 경세사상의 총체적인 근간으로서의 '천'관념의 분석을 통하여, '천'으로 만물의 존재원리에 대하여 해석을 하고, 군주의 권력은 바로 '천'이 부여해준 것이라는 점을 분석함과 동시에 '천'이 군주의 권력을 회수해 갈 수 있다는 점을 살펴보았다. 또한 이러한 관념들을 바탕으로 하여 동중서가 주장한 군주의 백성 통치방식에 대하여 군주와 백성의 관계를 중심으로 조명하고, 백성에 대한 통치의 일환으로 수립한 경제정책에 대하여 살펴보았다. 아울러서 동중서 정치사상의 중요한 핵심이라고 할 수 있는 군주와 그의 통치를 보좌해주는 지식인과의 관계설정에

대하여 분석을 진행해보았다. 그리고 끝으로 제후들에 대한 정책과 외국과의 관계설정에 대한 문제를 심층 고찰해보았다. 이 글은 원래 『중국학논총』 제42집(2014년)에 게재했던 문장을 수정과 보완작업을 거쳐 수록한 것이다.

제11장은 양웅의 경세사상이다. 양웅은 『법언』에서 자신의 경세사상에 대하여 구체적으로 언급했다. 양웅의 경세사상은 기본적으로 예악문화에 의한 교화를 중시하는 것이었으며, 구체적으로는 법도와 국가기강의 확립을 통하여 고대의 성왕이 통치하던 이상국가의 실현을 염원하는 것이었다. 이러한 양웅의 정치에 대한 견해는 완전히 공자의 정치사상과 일맥상통하는 것이라고 할 수 있다. 양웅의 구체적인 정치 시행은 요임금이 구족을 화목하게 하고 온 세상이 화평하게 되어 백성들을 고루 밝게 잘 다스린 것을 본받아서 하는 것에 그 중점이 있었다. 본문에서는 양웅의 경세사상에 대하여 성인의 통치와 예악교화에 의한 치국을 중심으로 면밀하게 분석해보았다. 이 글은 원래 『중국학논총』 제44집(2014년)에 게재했던 문장을 수정과 보완작업을 거쳐 수록한 것이다.

제12장은 왕충의 경세사상이다. 왕충 사상체계의 근간을 이루고 있는 성명론은 그의 운명론의 극복을 통해서 사회 안정이라고 하는 경세철학을 이해하는 관건적인 요소라고 할 수 있다. 이러한 성명론에 대하여 본장에서는 성명론을 제기한 배경과 사회적 현상의 비판을 통한 성과 명의 구분 및 성명론의 확대를 중심으로 살펴보았다. 이 글은 원래 『한중인문학연구』 제40집

(2013년)에 게재했던 문장을 수정과 보완작업을 거쳐 수록한 것이다.

제13장은 왕부의 경세사상이다. 동한말기에 생존했던 왕부는 자신의 정치적 이상과 사회체제에 관한 변혁 그리고 경제사상에 대한 주장들을 『잠부론』이라고 하는 한 권의 정치평론서에 담고 있다. 이러한 왕부의 『잠부론』은 정치 사회적 문제에 관한 심도 있는 논의를 진행한 저작으로 동한시기의 다른 사상가들의 저작들에서는 찾아 볼 수 없는 새로운 견해들을 담고 있는 저작이라고 할 수 있다. 왕부의 경세사상에 대하여 본문에서는 왕부의 『잠부론』에서 정치경제사상에 관한 부분인 「무본」 편을 중심으로 동한 사회의 경제문제 발생원인 분석과 본말本末문제의 정립을 통한 정치사회문제 해결을 중심으로 살펴보 았다. 이 글은 원래 『동양철학연구』 제91집(2017년)에 게재했던 문장을 수정과 보완작업을 거쳐 수록한 것이다.

제14장은 중장통의 경세사상이다. 중장통의 사상은 현실 정치와 민생 속에 구체적으로 투영되어 있다고 할 수 있다. 중장통은 당시 동한 사회의 폐해에 대하여 심각한 문제의식을 가지고 적극적으로 해결방안을 제시한다. 특히 현실 정치에 관한 다양한 폐해를 지적하고 그에 대한 다양한 해결책을 내놓는다. 중장통이 제시한 개혁방안은 장려해야 할 사안과 혁신해야 할 사안이 모두 포함되어 있었으며, 아울러 그는 그러한 개혁에 대하여 근본적이고 구체적인 주장을 전개해 나간다. 이처럼 중장통이 내놓은 개혁에 대한 구체적인 청사진은 먼저 외척과 환관의

폐해를 청산할 것과 재상제도의 도입 및 봉건제도의 철폐 그리고 어질고 유능한 인재의 등용 등과 같은 것들이다. 이러한 중장통의 경세사상에 대하여 외척과 환관의 폐해 청산과 승상제도의 도입 및 봉건제도의 철폐 그리고 현명하고 유능한 인재의 등용을 중심으로 살펴보았다. 이 글은 원래 『동서철학연구』 제90집(2018년)에 게재했던 문장을 수정과 보완작업을 거쳐 수록한 것이다.

필자가 처음으로 대학 강단에 설 수 있는 기회를 주셨으며 항상 소중한 가르침을 내려주신 은사님과 같은 남서울대학의 권용옥 교수님께 항상 감사의 뜻을 올리며 늘 건강하시기를 염원합니다. 그리고 오랜 세월 이국땅에서 공부할 때 학문의 길과 학자로서의 삶의 자세에 대하여 가르침을 베풀어주셨고 항상 모자란 후배를 격려와 애정으로 키워주신 목원대학의 도중만 교수님과 충남대학의 박영종 교수님 두 선배님께 늘 감사한 마음을 올립니다. 또한 필자가 대학시절 중국철학 공부에 매진할 수 있도록 격려해주시고 큰 가르침을 베풀어주신 은사 고 지산 김길락 교수님께도 깊은 감사의 마음을 올립니다.

지난 세월 속에서 항상 곁에서 함께 해준 아내에게 감사한 마음과 미안함을 함께 전하며 결혼 30주년 기념선물로 이 책을 바친다. 그리고 못난 사위에게 항상 무한한 신뢰를 보내주시고 항상 커다란 사랑을 베풀어 주시는 장인·장모님께 깊은 감사의 마음을 올리며 두 분께서 항상 건강하시길 염원합니다. 아울러

처남 지호에게도 공부하는 자형을 존중과 신뢰로 대해 준 것에 감사의 뜻을 전하고, 처제와 동서에게도 항상 감사한 마음을 드립니다. 멀리 이역 땅에 있는 가장 소중한 딸에게도 늘 미안함과 고마운 마음을 전하며, 행복한 삶을 살기를 염원합니다. 또한 내가 사랑하는 모든 분들이 항상 건강하고 행복하길 기원하는 마음으로 이 조그마한 책을 바칩니다.

2022년 겨울

남녘땅 屯德齋에서
조원일

목차

제1장

공자 : 올바른 국가경영의 방략

1. 시작하는 말

춘추전국시대는 흔히들 백가쟁명의 시기라고 말한다. 중국 역사에서 매우 중요하고 그 영향력이 지대했던 철학사상이 모두 이 시기에 출현하게 된다. 이러한 철학사상들이 출현하게 된 주요한 원인으로는 당시의 중국 사회가 매우 중대한 문제에 직면하고 있었기 때문이라고 판단된다. 당시의 여러 사상 유파는 중국 사회가 직면한 문제에 대하여 제 각기 다른 해결방안과 반응을 내놓는다. 이처럼 여러 학파가 당시의 사회문제 해결을 위해서 서로 다른 주장을 내놓게 된 데에는 각국 제후들의 정치적·군사적 요구에 적극 호응하기 위해서라고 할 수 있다. 당시의 각국 제후들에게는 동일한 이상이 있었는데, 그것은 바로 주나라 왕실을 계승하여 천하를 하나로 평정하는 것이었다. 그렇기 때문에 제자백가는 어떻게 하면 부국강병을 이룩하여 수많은 나라로 갈라져 분쟁을 일삼는 혼란한 천하를 하나로 통일할 것인가의 문제와 통일의 대업을 이룩한 후에 어떠한 방식으로 안정적인 시스템을 정착시킬 것인가의 문제에 대하여 각자의 주장과 방안을 내놓는다.

춘추시대는 국가와 국가 사이에 겸병전쟁이 매우 빈번하게 발생하던 시기로 당시의 통치자들은 겸병전쟁에 의해서 늘어난 백성들을 매우 유용한 자원으로 취급했는데, 그 주된 이유는 바로 천하를 통일하기 위한 전제로서 부국강병의 목표를 달성하기 위해서는 자국의 인구가 많을수록 유리했기 때문이다. 또한 중소국가의 통치자들은 대국으로 거듭나기 위하여 반드시 많은 수의 백성들이 필요했기 때문에 백성들은 아주 유용한 자원으로 취급되었던 것이다. 그러나 백성들과 기타의 자원들은 서로 다른 차이점을 가지고 있었는데, 기타의 자원은 만일 쓰임이 잘못 될 경우에 그것이 소진되거나 낭비될 뿐인 반면 백성들과 같은 경우는 만일 잘못 통치하게 된다면 혼란이 발생할 수 있게 된다는 점에서 이 둘 사이의 확연한 차이점이 있는 것이다.

당시의 중국 사회는 봉건체제의 소규모 성읍국가 시스템에서 영토국가 체제로 옮겨가는 격변의 시기로 인구는 갈수록 증가하는 추세를 보이고 있었다. 이와 같이 급격하게 증가하는 인구문제는 춘추시기에 중국 사회가 직면한 심각한 문제였으며, 대부분의 제자백가의 사상 역시 모두 이러한 문제의 해결방안 모색에 초점이 맞춰져 있었다. 또한 당시의 노나라는 주나라의 예악제도를 가장 잘 보존하고 있는 국가였을 뿐만 아니라 상공업 역시 매우 번성한 국가 가운데의 하나였다. 제나라의 관중에 의해서 실시된 정치·경제·사회 등 각 분야에 걸친 대대적인 개혁의 여파는 노나라에까지 미쳐서 노나라는 경제적인 이익과 상공업 분야의 발전으로 생산력이 증가하게 된다. 공자의 시대에 이르러 노나라는 군소 귀족들의 토지점유가 갈수록 증가하는 추세를 보이고, 농민과 소규모 자영업자들이 늘어나는 추세를 보이고 있었다. 이러한 시기에 공자는 '예禮'로써 경제 분야를 포함한 사회 전반의 질서를 더욱 공고히 하고자 했다.

이상과 같은 공자의 경세사상에 대하여 본문에서는 경영관리론과 생산론 및 분배와 소비·상품 유통론을 중심으로 분석하여 보겠다.

2. 경영관리론

공자는 군자라고 하는 존재는 의로움에 밝다고 하여 재화를 우선순위에서 다음으로 미루고, 소인은 이익에 밝아서 재화를 우선순위에서 제일 앞에 둔다고 하였다. 거시적인 측면에서 사회 전체를 분석해 본다면 군자라고 하는 사람들은 극소수이고 절대다수가 소인이라고 할 수 있다. 그렇기 때문에 공자의 주장을 거시적인 관점에서 볼 때는 역시 재화를 우선순위의 수위에 두었음을 알 수 있게 된다. 즉 공자는 전체 백성들을 부유하게 만든다고 하는 부민사상을 가지고 있었다는 사실을 알 수 있게 된다는 것이다.[1]

공자께서 위나라에 가실 때, 염유가 수레를 몰고 있었다. 공자께서 말씀하셨다. "백성이 번성하구나!" 염유가 여쭈었다. "백성이 번성한 다음에는 또 무엇을 더하여야 되겠습니까?" "그들을 부유하게 해줘야지." "부유하게 된 다음에는 또 무엇을 더하여야 되겠습니까?" "그들을 가르쳐야지."[2]

위의 인용문에서 "백성이 번성하구나!"라는 말은 위나라의 인구가 매우 많음을 의미하는 것이다. 인구가 번성하게 된 뒤에 제일 급선무로 해야 하는 조처가 바로 백성들을 부유하게 만들어야 한다는 것이며, 부유하게 만든 뒤에야 비로소 그들을 교육시켜야 한다는 것이다. 비록 공자가 백성들을 부유하게 만드는 방법에 관해서는 구체적인 설명을 하지는 않았지만, 국가를 경영하는 데에 있어서 가장 먼저 고려해야할 문제가 백성들의 재화를 풍족하게 만들어주는 것이라는 점을 긍정한 것은 분명하다.[3] 당경증唐慶增과 같은 경우도 "백성을 부유하게 만든다고 하는 이론은 공자 경제학설의 기초가 될 뿐만 아니라 유가의 주장 가운데 가장 큰 특색이 된다."[4]라고 주장하고 있다.

공자가 언급한 재화는 서주시대 이래로 전통적으로 중시했던 백성들의 생존에 가장 절실한 곡식 특히 오곡五穀이었을 것으로

1 朱家楨, 『中國經濟思想史論』, 北京, 人民出版社, 1985년, 82쪽 참조.

2 『論語』, 「子路」, "子適衛, 冉有僕. 子曰: 庶矣哉! 冉有曰: 既庶矣. 又何加焉? 曰: 富之. 曰: 既富矣, 又何加焉? 曰: 教之."

3 陳紹聞, 『中國古代經濟文選』, 上海, 上海人民出版社, 1983년, 64쪽 참조.

4 唐慶增, 『中國經濟思想史論』, 北京, 人民出版社, 1985년, 75쪽 참조.

판단된다.

> 자공이 정치에 대하여 묻자, 공가 말했다. "먹을 것을 풍족케 하고, 군비를 충분히 하고, 백성들이 믿도록 하는 것이다." 자공이 물었다. "부득이하게 꼭 한 가지를 버려야 한다면, 이 세 가지 중에서 어느 것을 먼저 버리시겠습니까?" "군비를 버려야지." 자공이 물었다. "부득이하게 꼭 한 가지를 버려야 한다면, 이 두 가지 중에서 어느 것을 먼저 버리시겠습니까?" "먹을 것을 버려야지. 옛날부터 누구에게나 죽음은 있었던 것이나, 백성들의 믿음이 없다면 나라는 설 수가 없는 것이다."[5]

정치의 목적은 백성들의 식량을 풍족케 하는 것에만 그치는 것이 아니라, 그러한 식량이 지속적으로 풍족하게 될 수 있는 근본 토대를 갖추는 것에 있는 것이다. 즉 농업을 장려하여 생산력을 증대시키게 되면 증산된 생산물을 통하여 군비를 충실하게 갖출 수 있게 되는 것이며, 이를 통하여 백성들로부터 신뢰를 받을 수 있게 되는 것이다. 그렇기 때문에 공자는 식량을 풍족하게 만드는 것 외에도 군비를 충실히 하라는 주장을 했던 것이다. 그러나 부득이하게 이러한 것들 가운데 하나를 포기해야 한다면 바로 군비를 가장 먼저 포기하라고 한 것이다. 백성들의 식량을

5 『論語』, 「顔淵」, "子貢問政. 子曰: 足食, 足兵, 民信之矣. 子貢曰: 必不得已而去, 於斯三者何先? 曰: 去兵. 子貢曰: 必不得已而去, 於斯二者何先? 曰: 去食. 自古皆有死, 民無信不立."

풍족하게 만드는 것을 우선으로 하고 난 뒤에야 백성들의 신뢰를 받을 수 있다고 했는데, 그것은 바로 식량은 경제에 관련된 문제이고 군비는 국방에 관련된 문제로서 이들 가운데 공자는 경제를 우선시 했던 것이다. 경제와 국방은 백성들의 신뢰를 바탕으로 수립될 수 있는 것이기 때문에, 공자는 백성들의 신뢰는 식량이 풍부하고 군비가 충실해진 결과로 얻어진다고 했던 것이다.[6] 공자는 통치자가 백성들의 신뢰를 얻기 위해서는 반드시 백성들의 식량을 풍족하게 만들어줘야 한다고 했으며, 백성들이 풍부한 재화를 소유할 수 있게 정책을 시행해야 한다고 역설했다. 또한 그는 이러한 백성들의 재화는 범국가적 차원에서 본다면 매우 중요한 지위를 점하고는 있지만 적어도 윤리적 표준과 평행을 이뤄야 한다고 했다.

공자는 '불인不仁'한 부유함은 거부했으며 또한 궁색하고 의롭지 못한 군대에 대해서도 거부의 입장을 분명히 했다. 공자에게 있어서 군비를 충실하게 한다고 하는 목적은 국가의 치안질서를 유지하기 위함에 있었지, 대외적인 침략전쟁 혹은 정복전쟁을 위해서였던 것은 아니었다. 그래서 공자는 "먼 곳의 사람들이 복종하지 않으면, 곧 문화와 덕을 닦아서 그들이 따라오게 하고, 그들이 따라온 뒤에는 곧 그들을 편안케 해주는 것이다."[7]라고 말했던 것이다.

---

6 林語堂, 『中國的智慧』, 臺北, 正中書局, 1994년, 422쪽 참조.

7 『論語』, 「季氏」, "遠人不服, 則修文德以來之. 旣來之, 則安之."

공자는 이익을 도모함에 서두르지 말 것과 작은 이익을 위해서 큰 이익에 손해를 끼쳐서는 안 된다고 하며 "효과를 빨리 내려고 하면 일이 제대로 이루어지지 않고, 작은 이익을 추구하면 큰일을 이룩하지 못한다."[8]라고 주장했다. 물론 작은 이익이던 큰 이익이던 지간에 공자가 자하子夏의 정치에 관한 질문에 대하여 급하게 성과를 내려고 하지 말 것을 언급한 것 외에도 이익에 대해서도 언급을 하고 있다.[9] 공자는 "백성들에게 이로운 것을 근거로 하여 그들을 이롭게 해준다."[10]라고 했는데, 이는 곧 백성들이 가장 유리한 방식으로 그들이 최대의 이익을 얻을 수 있게 해주라는 의미이다. 이와 같이 백성들의 이익은 통치자들이 반드시 우선적으로 주목해야 할 문제였다는 것을 공자는 주장하고 있는 것이다.

공자의 국가경영에 있어서 재정에 관한 사항은 과도한 징세에 대한 반대와 절용의 제창 및 합리적인 조세의 부과에 그 기본사상이 담겨져 있다고 할 수 있다. 공자는 지출을 최대한 억제하고 절약할 것을 역설하고 있는데, 국가는 물론이거니와 개인도 마찬가지로 반드시 절약하는 생활을 해야 한다고 했다.

> 예는 사치스럽기보다는 차라리 검소해야 한다.[11]

8 『論語』, 「子路」, "欲速, 則不達, 見小利則大事不成."

9 陳紹聞, 『中國古代經濟文選』, 上海, 上海人民出版社, 1983년, 41쪽 참조.

10 『論語』, 「堯曰」, "因民之所利而利之."

11 『論語』, 「八佾」, "禮, 與其奢也, 寧儉."

> 사치스러우면 불손해지고, 검약하면 고루해지는데, 불손하기보다는 차라리 고루한 것이 낫다.[12]

> 한 나라를 다스림에 있어서는, 매사를 경건히 하여 믿음이 가게 하며, 쓰임을 절약 하고 백성을 사랑하여야 하며, 백성을 부리는 데는 반드시 때에 맞게 하여야 한다.[13]

이처럼 공자는 개인의 생활이나 국가의 재정에 관한 입장을 절약과 검소함에 기반을 두었는데, 어떤 때에는 곤궁한 지경에 처할 수도 있게 된다. 그래서 공자는 "군자도 본래 궁핍해질 수 있다. 소인은 궁핍해지면 곧 함부로 행동하지."[14]라고 했던 것이다. 공자의 절약이론은 재정적인 측면을 반영한 것으로 그 주요한 내용은 이미 언급한 앞의 인용문 "쓰임을 절약 하고 백성을 사랑하여야 하며, 백성을 부리는 데는 반드시 때에 맞게 하여야 한다."에 잘 나타나 있다. 그렇기 때문에 공자의 재정이론은 "정치는 재정을 절약하는데 있다."[15]로 요약할 수 있을 것이다. 공자는 절약과 검소함을 숭상했기 때문에 관자管子에 대하여 그의 정치적 업적은 인정하면서도 사치스러운 행태에 대해서는 날카로운 비판을 했던 것이다.

공자는 재정에 관한 사안에 대해서 각 항목의 재원을 절약해

12 『論語』, 「述而」, "奢則不孫, 儉則固. 與其不孫也, 寧固."

13 『論語』, 「學而」, "道千乘之國, 敬事而信, 節用而愛人, 使民以時."

14 『論語』, 「衛靈公」, "君子固窮, 小人窮斯濫矣."

15 詹智明, 『論語與經商藝術』, 香港, 漢湘文化出版社, 1997년, 279쪽 참조.

서 사용할 것을 주장하며 추호의 낭비적인 요소를 없애야 한다고 역설한다.

> 계씨는 주공보다도 부유했는데, 구는 그를 위하여 세금을 거두어 모아 그의 부를 더 보태주었다. 공자가 말했다. "그는 나의 제자가 아니다! 너희들이 북을 울리며 그를 공격한다 해도 괜찮다."[16]

> 노나라 사람이 장부라는 창고를 다시 만들자, 민자건이 "옛날 있던 대로 두고 그냥 쓰면 어떻겠는가? 어찌하여 반드시 다시 지어야만 하는가?"라고 했다. 공자가 "이 사람은 말은 잘 안하지만, 말하면 꼭 이치에 들어맞는단 말이야!"라고 했다.[17]

염구가 계씨를 위해서 백성들을 수탈하자 공자는 그를 자신의 제자에서 제명시키는 한편 제자들이 그를 공격할 것을 주장한다.[18] 또한 어떤 노나라 사람이 장부라고 하는 창고를 개조하려고 한 것에 대하여 공자는 자신의 제자였던 민자건의 견해에 찬동하여 창고의 개조가 쓸데없는 낭비라고 생각했다. 이처럼 공자는 재정의 확충을 위해서 과도하게 백성들을 수탈하는 것에

16 『論語』, 「先進」, "季氏富於周公, 而求也爲之聚斂而附益之. 子曰: 非吾徒也, 小子鳴鼓而攻之可也!"

17 『論語』, 「先進」, "魯人爲長府. 閔子騫曰: 仍舊貫, 如之何? 何必改作? 子曰: 夫人不言, 言必有中."

18 杜國庠, 『先秦諸子思想槪要』, 北京, 三聯書店, 1955년, 13쪽 참조.

대하여 분명하고 확실하게 반대의 입장을 표방한다. 특히 과도하게 부과되는 토지세는 신흥지주들에게는 매우 불리했는데, 그것은 그들이 귀족들에게 세금을 납부했기 때문이다. 비록 신흥지주들이 자신들에게 부과된 세금을 일반 농민들에게 전가시킬 수는 있었지만 그래도 결국에는 자신들의 수익은 줄어들 수밖에 없는 처지였던 것이다. 그렇기 때문에 공자는 정부가 백성들에게 중과세를 부과하는 것에 대하여 결연히 반대를 하고 오히려 백성들의 세금을 경감시켜 줄 것을 주장한다.

공자가 주장한 세금경감 정책은 백성들의 삶에 대한 끊임없는 염려에서 나온 것으로, 그 구체적인 청사진은 십일조 세법 즉 세율을 수확량의 십분의 일로 한다는 것이다.

> 애공이 유약에게 "기근이 든 해에 비용이 모자라면, 어떻게 하면 좋겠소?"라고 묻자, 유약이 "어째서 십분의 일의 세법을 쓰지 않습니까?"라고 반문했다. 그러자 애공이 "십분의 이를 받아들여도 나는 부족하다고 생각하는데, 어떻게 십분의 일의 세법을 쓰겠소?"라고 하자, 유약이 "백성이 풍족하다면, 어떤 군주가 부족하겠습니까? 백성이 부족하다면, 어떤 군주가 풍족하겠습니까?"라고 했다.[19]

한 걸음 더 나아가 공자는 이상적인 조세수입은 경작지에서만

19 『論語』, 「顔淵」, "哀公問於有若曰: 年饑, 用不足, 如之何? 有若對曰: 盍徹乎? 曰: 二, 吾猶不足, 如之何其徹也? 對曰: 百姓足, 君孰與不足? 百姓不足, 君孰與足?"

거둬들이는 토지세뿐이라고 생각했다. 즉 토지 수확량의 십분의 일을 징수하는 것이 가장 이상적인 징세방법이라고 여겼던 것이다. 반대로 공자는 공납방식의 징세시스템에 대해서는 반대를 했다. 공자는 십일조 세법은 정당한 것이라고 여긴 반면 공납방식의 징세는 백성들을 더욱 심하게 수탈하는 것이라고 여겨 반대를 했던 것이다.

부역문제에 관하여 공자는 부역을 가볍게 하는 것이 소규모의 토지를 소유한 농민들의 이익을 고려하는 방책이라고 생각했다. 공자는 일반 백성들 사이에서 생활한 시간이 비교적 많았기 때문에 소작농과 일반 농민들의 고통을 직접적으로 체험할 수 있었다. 그렇기 때문에 공자는 백성들에게 도움이 되지 않는 사안에 대해서는 주장을 한 적이 없었던 것이다. 그러므로 공자의 부역을 경감시키자는 주장은 신흥지주들의 이익을 대표하는 주장임과 동시에 일반 백성들의 요구를 반영한 것이라고 할 수 있으며, 이는 그가 주장했던 "쓰임을 절약 하고 백성을 사랑하여야 하며, 백성을 부리는 데는 반드시 때에 맞게 하여야 한다."는 것 등등과 동일한 문제를 설명하는 것이라고 할 수 있는 것이다.[20] 또한 공자는 조세에 대하여 세수의 근원을 튼튼히 할 것을 강조하며, 연못을 말려서 물고기를 모두 잡는 것과 같은 우를 범하지 말 것을 주장한다. 공자는 세수의 근원을 유지 강화시키는 것이 매우 중요한 의미를 가지고 있는 것에 대하여 정확하게 인식하

20 錢公博, 『經濟思想論集』, 臺北, 學生書局, 1975년, 27쪽 참조.

고 있었다. 이러한 공자의 조세관념에 대하여 호기창胡寄窗과 같은 경우 "공자는 생산관점에서 조세문제를 이해해 나갔는데, 이는 재정사상에 있어서 일종의 탁견이라고 할 수 있다. 공자의 재정과 경제에 대한 인식은 매우 정확한 것이다."[21]라고 평가하고 있다.

이상과 같이 공자는 국가재정에 관하여 쓰임을 절약하는 것과 백성들을 사랑해야 한다는 기본적인 전제하에 세금부과를 가볍게 하고 부역을 경감시켜야 한다고 주장했던 것이다.

3. 생산론

공자는 백성들에게 대하여 유리한 일이라면 해야 한다고 생각하여 "백성들에게 이로운 것을 근거로 하여 그들을 이롭게 해준다."고 하는 주장을 했던 것이다. 여기에서의 '이로움'이란 전적으로 물질적 생산에 관련 된 것만을 지칭하는 것은 아니기 때문에 '백성들에게 이로운 것'은 당연히 생산 작업의 범위에 포함시킬 수 없는 것이다. 공자는 "하늘이 무슨 말씀 있으시더냐? 사철이 돌아가고 있고 만물이 자라고 있지만, 하늘이 무슨 말씀을 하시더냐?"[22]라고 언급한 바와 같이 재화의 생산은 자연의 작용에 의거해야 한다고 생각했다. 하늘은 일체의 자연적인 역량을 광범위하게 대표하는 것으로, 만물을 생산하는 근원이 되는 것

21 胡寄窗, 『中國經濟思想史』, 上海, 上海人民出版社, 1983년, 99쪽 참조.

22 『論語』, 「陽貨」, "天何言哉? 四時行焉, 百物生焉, 天何言哉?"

이다. 자연의 힘은 그 작용이 이미 인간의 역량을 초월하는 것이기 때문에 '백성들에게 이로운 것'은 이러한 자연의 추세에 순응하여 따른 다는 것이다.

> 번지가 농사짓는 법을 가르쳐 달라고 요청하자, 공자가 "나는 늙은 농부만 못하다."고 하였다. 다시 채소밭 가꾸는 법을 가르쳐 달라고 요청하자, "나는 늙은 채소 농사꾼만 못하다."고 하였다. 번지가 나가자, 공자가 "소인이로다, 번수는! 윗사람이 예를 좋아하면 백성들은 감히 경건하지 않을 수가 없게 되고, 윗사람이 의로움을 좋아하면 백성들은 감히 복종하지 않을 수가 없게 되며, 윗사람이 신의를 좋아하면 백성들은 성실히 행동하지 않을 수가 없게 된다. 이렇게만 되면 곧 사방의 백성들이 제 자식을 포대기에 싸 업고 모여들 것인데, 농사짓는 법을 어디에 쓰겠느냐?"[23]

공자는 유가의 문도나 선비가 직접적인 생산 작업에 참여하는 것에 관하여 결코 찬성하지 않았음을 그와 번지樊遲의 대화에서 분명하게 알 수 있다. 공자는 통치자가 '예禮'와 '의義' 및 '신뢰信'에 대해서만 신경을 써도 사방의 백성들을 불러 모아 생산 작업에 참여시킬 수 있다고 생각하여 통치자 자신이 직접 노동에 참여할 필요가 없을 뿐만 아니라 생산 작업에 관련 된 지식을 축적

23 『論語』, 「子路」, "樊遲請學稼, 子日: 吾不如老農. 請學爲圃, 日: 吾不如老圃. 樊遲出, 子日: 小人哉, 樊須也! 上好禮, 則民莫敢不敬; 上好義, 則民莫敢不服; 上好信, 則民莫敢不用情. 夫如是, 則四方之民, 襁負其子而至矣, 焉用稼?"

할 필요가 없다고 했다. 즉 그는 유가 문도의 직책은 통치자들의 행정관리 업무에만 한정되는 것이라고 생각했던 것이다. 공자는 노나라의 대부인 장문중臧文仲이 세 가지 '불인不仁'한 일을 했다고 비판 했는데, 그 가운데의 하나가 바로 집안의 여자에게 자리를 짜게 하여 백성들과 이익을 다툰 것이다.24 이와 같이 볼 수 있듯이 공자는 유가의 문도가 공예 작업에 종사하는 것에 대하여 반대했을 뿐만 아니라 그의 집사람이 공예품 생산에 종사하는 것까지 못하게 했던 것이다.

사실 공자는 모든 생산 활동에 대하여 반대한 것은 아니고, 유가의 문도나 선비 계층이 생산 활동에 직접 참여하는 것을 반대했던 것이다. 유가의 문도나 선비 계층이 생산 활동에 참여하지 않고도 생계가 가능했던 것은 먼저 농민들이 더욱 효과적으로 생산 활동에 종사할 수 있는 여건을 만들어 줬기 때문이다. 군자는 다만 '예'를 좋아하고 '의'를 좋아하며 '신뢰'를 좋아하기만 하면 사방의 백성들이 제 자식을 포대기에 싸 업고 몰려들어 군자를 위하여 곡식과 채소를 생산하게 된다는 것이다.

> 군자는 도를 추구하지 먹을 것을 추구하지 않는다. 농사를 지어도 굶주림이 그 가운데 있지만, 공부를 하면 녹봉이 그 가운데 있게 된다. 군자는 도를 걱정하지 가난을 걱정하지 않는다.25

24 『春秋左傳』, 「文公二年」, "臧文仲其不仁者三, 不知者三. 下展禽, 廢六關, 妾織蒲, 三不仁也."

25 『論語』, 「衛靈公」, "君子謀道不謀食. 耕也, 餒在其中矣; 學也, 祿在其中矣.

공자는 비록 유가의 문도나 관직에 있는 사람이 직접적으로 생산 활동에 참가하는 것을 반대했지만, 적극적으로 그들이 생계를 도모할 수 있는 길은 열어 놓았다. 공자는 군자가 인륜의 도리를 추구하는 가운데 봉록을 취득할 수 있다고 했다. 즉 비록 경작을 통하여 식량을 얻을 수는 있지만, 이는 흉년이 들었을 때는 기근을 면하기 어려운 반면, 학문연마에 힘써서 덕성을 쌓게 되면 녹봉과 관직이 자연히 따라오게 된다고 하는 것이다. 또한 군자는 마땅히 '도道'에 가까워 지지 못함을 근심해야지 생활상의 빈곤을 걱정해서는 안 된다는 것이다. 아울러 학문연마에만 몰두하여 정치적인 입지를 확보하게 되면 현재의 궁핍함은 몇 십배 혹은 몇 백배의 봉록으로 보상 받게 될 수 있게 된다는 것이다. 이와 같이 '도'를 추구하는 것과 먹을 것을 추구하는 것을 비교하면 당연히 '도'를 추구하는 것이 직접적인 경작에 종사하는 것 보다 좀 더 낫다는 것이다. 이러한 주장은 이후 지식인들에게 광범위하게 유행되는 "책 속에 황금이 있다."라고 하는 관념의 경전적인 근거가 된다.[26]

여홍뇌黎紅雷와 같은 경우 이천여 년 전에 공자가 앞서 인용한 문장에서 언급한 내용 가운데에서 군자의 정신적 노동에 관한 관념이 있다는 사실을 제기한다. 이러한 정신노동과 육체노동은 사회적 분업의 초보적 단계로서, 이는 관리를 하는 계층과 관리

君子憂道不憂貧."

26 胡寄窗, 『中國經濟思想史』, 上海, 上海人民出版社, 1983년, 90쪽 참조.

를 받는 계층이 출현하기 시작했음을 의미한다고 했다. 공자는 관리자가 반드시 마음을 쓰는 사람이라는 사실을 매우 강조하며, 관리자의 정신적 노동 및 그 성과가 사회의 발전에 지대한 작용을 한다는 점을 긍정했다. 이러한 사실은 공자가 관리를 사회적 분업의 각도에서 조망한 것으로 관리의 본질에 대한 정확한 이해를 수반한 것이라고 할 수 있는 것이다.[27]

공자의 생산론에 대하여 분석할 때, 그가 주장한 “백성을 부리는 데는 반드시 때에 맞게 하여야 한다.”[28]와 “산림과 호수자원의 독점을 폐지한다.”[29] 등이 있는데, 이러한 주장은 당시의 현실문제와 매우 밀접한 관련이 있었다고 할 수 있다. “백성을 부리는 데는 반드시 때에 맞게 하여야 한다.”는 말은 통치자가 백성들을 노역에 동원할 때, 농사철을 피하여 노역에 동원시키라는 것으로 이러한 국가적 노역이 농업생산에 영향을 끼쳐서는 안 된다는 의미이다. 고대 사회에서 농업은 국가산업에 있어서 매우 중요한 요소로 자리매김 했는데, 이는 농업생산의 좋고 나쁨이 모든 백성들의 삶에 직접적으로 영향을 미쳤기 때문이며 아울러 통치자의 정치적 입지의 구축에도 결정적인 영향을 끼쳤기 때문이다.

중국은 매우 오래전부터 천문관측과 농업생산의 관계에 대하

27 黎紅雷, 『現代管理與儒家智慧』, 臺北, 天地圖書有限公司, 1992년, 16쪽 참조.

28 『論語』, 「學而」, “使民以時.”

29 『孔子家語』, 「五儀解」, “廢山澤之禁.”

여 많은 관심과 함께 연구 작업을 병행해 왔다. 적정한 시기에 경작을 하기 위해서 통치자는 반드시 농사지을 시기에 대하여 정확하게 파악을 해야만 했다. 그래서 주나라 천자는 매년 가을과 겨울 사이에 반드시 다음해의 달력을 만들어서 그것을 여러 제후들에게 하사했는데, 이를 '반곡삭頒告朔'이라고 했다.[30] 이러한 제도는 통치자가 농사지을 시기에 대하여 극도로 중시했다는 사실을 반증하는 것이기도 하다. 공전公田제도의 폐지로 인하여 전체적인 농업생산 과정은 농민들 스스로에 의해서 진행되어 버리게 된다. 후대에 이르러 '곡삭'제도는 농사지을 시기를 파악한다고 하는 의미가 퇴색되어지는데, 심지어는 자공子貢도 '곡삭'의 '예禮' 가운데 희생을 올리는 의식을 폐지하려고 했던 것이 그 대표적인 예라고 하겠다.[31] 통치자가 농업생산 과정에서 멀어지면 멀어질수록 농사지을 시기에 대한 관념 역시 갈수록 옅어지게 되어 결국 통치자는 농사지을 시기를 침탈하여 백성들을 노역에 동원시키는 일이 점차 증가하게 된다.

생산력의 증가와 상품경제의 발전에 따라서 통치자의 물질적 향유에 대한 요구가 대대적으로 증가하게 되어, 그들은 끊임없이 사치스러운 생활을 추구하며 지속적으로 토목공사를 벌린다. 이로 인하여 대다수의 농민들이 토목공사에 노역을 하게 되는 신세로 전락한다. 동시에 빈번하게 발생하게 되는 전쟁으로 인

30 朱家楨, 『中國經濟思想史論』, 北京, 人民出版社, 1985년, 215쪽 참조.

31 『論語』, 「八佾」, "子貢欲去告朔之餼羊."

하여 수많은 농민들이 징병되거나 축성공사나 보수공사 등에 동원되는 지경에 처하게 된다. 이와 같이 농사지을 시기를 놓치게 되어 결국은 농업생산은 정상적인 수확을 못하게 되는 상황이 조성된다.

이상과 같이 볼 때 공자의 "백성을 부리는 데는 반드시 때에 맞게 하여야 한다."는 관념은 현실경제에 존재하는 문제를 해결하기 위한 것이었다고 할 수 있는 것이다.

> 우임금에 대해서는 내가 비난할 것이 없다. 먹는 음식은 형편없으면서도 귀신에게는 정성을 다하였고, 입는 옷은 허름하면서도 제사복은 아름답게 하였고, 궁실은 허술하게 하면서도 봇도랑은 힘을 다하여 잘 냈다. 우임금에 대해서는 내가 비난할 것이 없다.[32]

공자는 우禹임금의 정신을 높이 찬양했는데, 그것은 통치자가 검소하고 절약하는 자세를 몸소 실천한 것에 대한 찬양이었으며, 또한 이를 통하여 현실 속에서의 통치자들에 대한 계도적인 의미로서의 작용도 기대했던 것으로 보인다. 공자는 농민들의 농사지을 시기를 피해서 노역에 동원해야 한다고 했는데, 이는 통치자의 사치스러운 풍조를 개조시키기 위함에 그 주된 목적이 있다고 할 수 있다. 또한 공자는 "백성을 부릴 때에는 큰 제사를

32 『論語』, 「泰伯」, "禹, 吾無間然矣. 菲飮食, 而致孝乎鬼神; 惡衣服, 而致美乎黻冕; 卑宮室, 而盡力乎溝洫. 禹, 吾無間然矣."

받들 듯이 해야 한다."[33]고 했는데, 이는 그가 통치자들이 백성들을 노역에 동원시킬 때에는 매우 신중하게 해야 한다는 것을 강조한 것이라고 할 수 있는 것이다.

"산림과 호수자원의 독점을 폐지한다."는 말은 주의할만한 경제사상이라고 할 수 있는데, 이는 일종의 통치자의 경제적 이익의 독점에 대한 타파를 통하여 백성들에게 이로운 경제정책을 펴라는 의미라고 할 수 있다. 이와 같은 공자의 산림과 호수자원의 개방정책은 재화의 생산에 있어서 국가의 어떠한 간섭도 배제하여 백성들 스스로가 자신들에게 유리한 방향으로 경영할 수 있도록 만들어 그 가운데서 이익을 얻을 수 있도록 해야 한다는 의미와 한편으로는 통치자가 백성들과 이익을 다투는 것에 대하여 반대를 한다고 하는 입장을 담고 있는 것이라고 할 수 있는 것이다. 그렇기 때문에 공자는 노나라 대부인 장문중이 백성들과 이익을 다퉜다고 해서 불인한 사람이라고 비난했던 것이다. 이와 같이 공자는 통치자가 백성들과 이익을 다퉈서는 안 된다고 하였으며, 또한 통치자가 자신의 이익을 위해서 사업을 경영해서도 안 된다는 사실을 분명하게 천명했던 것이다.

4. 분배와 소비·상품유통론

공자는 모든 일에 대하여 그것을 처리할 때는 반드시 백성들의 이익을 우선적으로 전제해야 한다고 하였다. 공자는 모든 백

33 『論語』, 「顔淵」, "使民如承大祭."

성들이 재화를 추구하기 위하여 노력하게 된다면 재화를 얻거나 잃는 것에 의해서 원한이 발생할 수 있게 된다고 보았으나, 빈곤 역시 원한의 조성에서 자유스러울 수 없는 것이라고 하였다. 호기창胡寄窗과 같은 경우 공자가 군자는 가난함을 편안하게 여기고 '도道'를 즐길 수 있는 반면 소인은 재화의 이익만을 추구하는 사람이라고 여겼다고 보고 있다.[34] 이는 빈곤해도 원망하지 않는 것은 소인에 대하여 매우 어려운 과제임이 틀림없다는 사실을 반증하는 것이라고 할 수 있다.

> 내가 듣건대 국가를 다스리는 사람은 백성이 적음은 걱정하지 않고 고르지 않음을 걱정하며, 가난함은 걱정하지 않고 편안치 않음을 걱정한다 하였다. 고르게 되면 가난이 없어지고, 화락하면 백성이 적지 않게 되고, 편안하면 나라가 기울어지는 일이 없는 것이다.[35]

동중서董仲舒의 『춘추번로春秋繁露』에는 공자의 "백성이 적음을 걱정하지 않고 고르지 않음을 걱정한다."를 계승하여 발전시킨 "백성이 빈곤함을 걱정하지 않고 고르지 않음을 걱정한다." 라는 언급이 보인다. 유월兪樾같은 경우 『군경평의群經評議』에서 공자의 "백성이 적음을 걱정하지 않고 고르지 않음을 걱정한다."

---

34 胡寄窗, 『中國經濟思想史』, 上海, 上海人民出版社, 1983년, 91쪽 참조.

35 『論語』, 「季氏」, "丘也聞有國有家者, 不患寡而患不均, 不患貧而患不安. 蓋均無貧, 和無寡, 安無傾."

고 하는 언급 가운데 "적음"을 "빈곤함"으로 봐야 한다고 주장했는데, 이는 "빈곤함"과 "고름"은 재화에 대한 언급이기 때문이라고 보았기 때문이다.[36]

호기창은 공자의 언급이 결코 부자들의 재화를 빼앗아 빈곤한 이들을 구제하자고 한 것은 아니라는 점을 분명하게 밝혔다.[37] 사실상 공자는 사회적으로 빈부의 격차가 나는 즉 빈부의 불균형 현상에 대하여 결코 찬성하지 않았었다. 공자와 염유冉有 등을 포함한 제자들이 위나라에 갔을 때, 많은 사람들이 거리에 왕래하는 모습을 보고 공자가 위나라의 인구가 많음을 감탄하면서 염유의 질문에 대답할 때, 공자는 인구가 많은 상황 속에서 진일보하여 모든 백성들을 부유하게 만들어야 한다고 했다. 이러한 생각은 백성들의 보편적인 소망으로 일부 특정한 사람들에 대해서만 한정되는 것이 아닌 모든 사람들에 대한 것이라고 할 수 있다. 바로 이러한 점에서 공자의 균등한 재화 분배의 관념을 찾아 볼 수 있는 것이다. 비록 공자가 부자들의 재화를 빈곤한 사람들의 구제에 사용하자는 주장을 하지는 않았지만, 실질적으로는 그가 주장한 재화의 균등한 분배는 모든 백성들을 다 같이 잘살게 하려는 소망으로 이는 곧 부자들의 재화를 빈곤한 사람들의 구제에 사용하자는 의미가 된다고 할 수 있는 것이다.

공자의 소비관은 두 가지 측면으로 개괄할 수 있는데, 총체적

36 侯家駒, 『先秦儒家自由經濟思想』, 臺北, 聯經出版事業公司, 1985년, 47쪽 참조.

37 胡寄窗, 『中國經濟思想史』, 上海, 上海人民出版社, 1983년, 92쪽 참조.

인 원칙은 충분함을 아는 것이며 구체적인 소비의 표준은 "검소함은 예에 위배되지 않고, 쓰임은 의를 상하지 않게 한다."는 것에 있다.[38] 충분함을 아는 것은 공자의 사상 가운데 매우 중요한 내용 중의 하나로, 행위의 각 방면에 모두 이러한 원칙이 규범이 되는 것이기 때문에 당연히 소비에도 반영 되는 것이다. 충분함을 아는 것과 "검소함은 '예禮'에 위배되지 않음" 및 "쓰임은 '의義'를 상하지 않게 함"은 모두 봉건제도 가운데의 특권계층의 소비행태에 대한 것을 지칭하는 것이라고 할 수 있다. 그러나 농민에 대해서도 충분함을 아는 것은 적용될 수 있는데, 공자와 같은 경우 충분함을 안다는 것으로 농민들에게 안빈낙도를 요구한 것이 그러한 예가 될 수 있다. "검소함은 '예禮'에 위배되지 않음"와 "쓰임은 '의義'를 상하지 않게 함"이라고 하는 언급은 수많은 농민들에 대해서 설득력을 가지기는 확실히 힘들다고 할 수 있다. 수많은 농민들에게 있어서, 그들이 안고 있는 심각한 문제는 검소하거나 검소하지 않은지의 문제나 혹은 검소함이 '예禮'에 위배되는지 여부의 문제가 아니고 또한 쓰임이 '의義'를 상하게 하는 지 여부의 문제가 아니고, 어떻게 생활을 유지 할 것인가의 문제 즉 생계유지의 문제가 그들이 안고 있는 진정한 문제였던 것이다.

공자가 위나라 공자 형에 대하여 평했다. 그는 "집안 살림을

38 杜國庠, 『先秦諸子思想槪要』, 北京, 三聯書店, 1955년, 13쪽 참조.

잘했다. 부유해지기 시작하자, 정말 쓸 만큼 모였다라고 하였고, 약간 부유하게 되자, 정말 다 갖추었다라고 하였고, 아주 부유하게 되자, 정말 아름답게 되었다라고 하였다."[39]

공자는 위나라 공자公子 형荊이 충분함을 아는 미덕을 갖추고 있다고 칭찬했다. 위의 인용문에서 볼 수 있는 "정말 쓸 만큼 보임"·"정말 다 갖춤"·"정말 아름답게 됨"은 비록 다른 생활수준을 반영하고는 있으나, 이러한 다른 생활수준에 대하여 모두 만족할 수 있다는 느낌은 공통적인 것이라는 것이다. 공자는 통치자가 다른 등급을 근거로 각기 다른 생활수준에 만족을 줄 수 있다면, 이러한 정책은 사회의 안정과 정권의 유지에 도움이 될 것이라고 생각했다.[40] 또한 공자는 소비의 표준은 검소함을 숭상하는 것이라고 했는데, 이러한 검소함에는 일정한 한계가 있었다.

사치스러우면 불손해지고, 검약하면 고루해지는데, 불손하기보다는 차라리 고루한 것이 낫다.[41]

만약 주공과 같은 아름다운 재능을 지녔다 해도 교만하고 인색하다면, 그 나머지는 더 볼 것이 없다.[42]

---

39 『論語』, 「子路」, "子謂衛公子荊; 善居室. 始有, 曰: 苟合矣. 少有, 曰: 苟完矣. 富有, 曰: 苟美矣."

40 陳紹聞, 『中國經濟思想簡史』, 上海, 上海人民出版社, 1978년, 47쪽 참조.

41 『論語』, 「述而」, "奢則不孫, 儉則固. 與其不孫也, 寧固."

공자는 한 개인이 지나치게 사치와 낭비를 하게 되면 오만 불손한 사람으로 변하게 된다고 하는 한편 지나치게 검소하고 절약을 하게 되면 완고해진다고 했다. 그러나 검소함에는 일정한 한계가 있는데, 만일 검소함이 옹색한 정도에 이르면 이는 취할 만한 것이 못 된다고 공자는 주장했다. 공자는 비록 안영晏嬰의 치적을 높이 평가했지만 그의 과도한 검소함과 절약에 대해서는 비판을 했다. 안영은 제나라의 재상으로 있으면서도 조상에게 제사지낼 때 쓰는 고기를 극소량만을 사용했으며, 여우털 외투 한 벌을 삼십 년이나 입었었다. 또한 『논어』의 "자공이 곡삭 제사에 바치던 희생양 전통을 없애려 하자, 공자가 '사야! 너는 그 양을 아끼나, 나는 그 예를 아끼고자 한다.'라고 말했다."[43]에서와 같이 볼 수 있듯이, 공자의 검소함에 대한 진정한 의도는 검소할 때는 검소해야 하고, 검소해야 하지 않을 때는 검소하지 않는다고 하는 것에 있었다. 즉 중요한 제례의식에 사용되는 희생양을 절약하기 위해서 희생양을 바치는 전통을 없애려는 기도는 공자의 입장에서 보았을 때 경비절감을 위해서 '예'를 폐지하자는 의미로 비춰졌을 것이기에 공자는 결연히 반대를 했던 것이다.

공자의 소비관념은 통치자에 대해서는 충분함을 안다는 것이 꼭 가난함을 편하게 여긴다는 것은 아니고, 등급에 맞는 현실적

---

42 『論語』, 「泰伯」, "如有周公之才之美, 使驕且吝, 其餘不足觀也已."

43 『論語』, 「八佾」, "子貢欲去告朔之餼羊. 子曰: 賜也! 爾愛其羊, 我愛其禮."

인 생활수준을 허가해야 한다고 했던 것이라고 할 수 있다.[44] 호기창과 같은 경우 "가난함을 편안하게 여김"이나 "검소함은 예에 위배되지 않음" 및 "쓰임은 의를 상하지 않게 함" 등등은 모두 소비측면의 계층 간의 차별을 나타내는 것으로 다른 계급의 사람들은 각기 서로 다른 소비정도가 있다는 것이라고 생각했다.[45]

이상과 같은 공자의 소비관념은 절약해서 쓴다고 하는 관념으로, 공자는 소비를 사회 계층의 등급에 따라 구분하여, 서로 다른 계층의 사람들 간에 각자가 소유한 재화의 상황이 다르기 때문에 그들의 소비생활수준 역시 당연하게 다를 수밖에 없다는 것을 인정한 것에 그 핵심이 담겨져 있는 것이라고 할 수 있다.

공자는 상품의 유통에 대하여 가격이 낮을 때 매입하였다가 가격이 높을 때 팔아야 하는 것이 상업의 도리라고 주장하였다. 공자는 제자인 자공을 칭찬하여 "사는 조정의 명령을 받아들이지 않았으나, 재산을 불리었고, 그의 예측은 여러 번 적중하였다."[46]라고 말했는데, 여기에서 말하는 자공은 비록 조정에서 임명하는 관직을 받아들이지는 않았으나, 재화를 불리는 것에는 탁월하였으며 매번 물가의 변동을 정확하게 예측하여 커다란 이윤을 남겼다. 이처럼 공자가 자신이 가장 아끼고 신뢰하는 제자였던 안회와 함께 자공을 언급한 것으로 볼 때 공자는 유가

44 舒大剛, 『孔子的智慧』, 延吉, 延邊大學出版社, 1995년, 89쪽 참조.

45 胡寄窗, 『中國經濟思想史』, 上海, 上海人民出版社, 1983년, 95쪽 참조.

46 『論語』, 「先進」, "賜不受命, 而貨殖焉, 億則屢中."

의 문도가 상업에 종사하는 것을 반대한 것 같지는 않다고 여겨진다.[47]

공자는 장문중臧文仲이 세 가지 '불인不仁'한 일을 했다고 비난하는데, 그 가운데 두 번째 '불인'한 일이 '육관의 설치'였는데[48], 이것은 장문중이 노나라의 여섯 곳에 관문을 설치하여 상인들의 무역에 막대한 지장을 주었음으로 '불인'하다는 비난을 공자로부터 받은 것이다. 자공은 공자에게 자신이 소장한 품질이 뛰어난 옥이 있는데 그것의 가격이 이미 많이 상승하여 계속 보관해야 할지 팔아야 할지에 대하여 묻자, 공자는 "팔아야지! 팔아야지! 나는 좋은 값을 쳐줄 상인을 기다리는 사람이다."[49]라고 말했다. 이처럼 공자는 품질이 뛰어난 옥을 고가에 팔아서 이익을 도모하고자 했으며,[50] 자신 역시 좋은 상품을 알아봐주는 상인(현명한 군주)에게 자신을 팔려고 기다리고 있다는 것을 표시했던 것이다. 이와 같이 볼 수 있듯이 공자는 때때로 자신을 상품으로 비유하기도 했었는데, 이렇기 때문에 현대의 사람들 대부분은 공자가 자유무역에 대하여 찬성했거나 적어도 반대는 하지 않았다고 여기는 것이다. 이러한 공자의 상업에 관한 입장에 대하여 섭룡葉龍같은 경우도 공자가 결코 상업행위에 대하여 반대

---

47 胡寄窗, 『中國經濟思想史』, 上海, 上海人民出版社, 1983년, 90쪽 참조.

48 『春秋左傳』, 「文公二年」, "廢六關."이라고 기록되어져 있으나, 楊伯俊은 『孔子家語』에 "置六關"으로 나온 것을 근거로 하여 "置六關"이 공자의 원의에 부합한다고 했다.

49 『論語』, 「子罕」, "沽之哉! 沽之哉! 我待賈者也."

50 錢穆, 『論語要略』, 臺北, 臺灣商務印書館, 1987년, 47쪽 참조.

하지 않았으며, 또한 상업을 가볍게 취급하지도 않았다고 하는 주장을 한다.[51] 또한 위나라 문공의 상품의 유통과 공인에 대한 우대정책에 대하여 공자는 찬성의 뜻을 보이고, 진일보하여 공자는 자유로운 통상을 보장하기 위해서 상품을 유통시켜야 한다고 하는 취지의 관문과 시장에서 통관세와 자릿세를 징수하지 말라는 주장을 했던 것이다.

서양과 동양의 구분 없이 수많은 고대의 사상가들은 모두가 상업에 대하여 천시하는 경향을 가지고 있었다고 할 수 있다. 『논어』 속에서 우리들은 공자가 유가의 문도들이 상업에 참여하는 것에 대하여 반대의 목소리를 낸 흔적을 찾아볼 수는 없을 것이다.[52] 이러한 현상은 춘추시대 후기에 이미 상업이 어느 정도 발전을 이룩하고 있으며, 재벌과 거상들이 직접적으로 생산활동에 참여하지 않았기 때문일 것이라고 추측되어진다. 또한 이러한 점은 유가의 문도 계층과 매우 유사한 경향을 띠고 있었을 것이라고 생각한다. 그리고 신흥상인들 가운데 많은 수의 상인들이 이미 지식인 계층에 편입되는 등의 이유들 때문에 공자가 상업을 천시하지 않은 것이라고 판단한다.

공자는 자공의 상업 활동에 대하여 폄하하지 않았으며, 공자 자신 역시 상업 활동에 대하여 어떠한 형태의 부정적인 언급을 하지 않았다고 할 수 있다. 이러한 공자의 상업관은 당시의 실제

---

51 葉龍, 『歷代人物經濟故事』, 香港, 壹出版有限公司, 1996년, 18~19쪽 참조.
52 李劍農, 『先秦兩漢經濟史稿』, 北京, 中華書局, 1962년, 72쪽 참조.

적인 상황에서 볼 때 제대로 파악될 수 있다고 판단되어지는데, 즉 당시의 통치자들이 재벌이나 거상들에 대하여 예우를 했기 때문에 공자 역시 자공을 폄하시킬 이유가 없었다는 것이다. 또한 자공은 공자의 제자들 가운데 공자에게 재정적으로 많은 후원을 했었기 때문에 상업 활동에 대하여 경시하는 태도를 갖지 않았던 것이라고 생각된다.

이상과 같이 볼 때, 공자가 위나라 수도에 들어가면서 "백성이 번성하구나!"라고 한 탄성은 바로 공자의 상품유통을 통한 경제적 번영에 대한 부러움에 찬 탄성임과 동시에 상업 활동을 긍정적으로 바라본 그의 태도를 보여주는 일면이라고 할 수 있다.

5. 맺는 말

이상과 같이 공자의 경세사상에 대하여 경영관리론과 생산론 및 분배와 소비·상품 유통론을 중심으로 살펴보았는데, 이를 정리하면 다음과 같다.

공자는 통치자가 백성들의 신뢰를 얻기 위해서는 반드시 백성들의 식량을 풍족하게 만들어줘야 한다고 했으며, 백성들이 풍부한 재화를 소유할 수 있게 정책을 시행해야 한다고 역설했다. 또한 그는 이러한 백성들의 재화는 범국가적 차원에서 본다면 매우 중요한 지위를 점하고는 있지만 적어도 윤리적 표준과 평행을 이뤄야 한다고 했다. 또한 공자의 국가경영에 있어서 재정에 관한 사항은 과도한 징세에 대한 반대와 절용의 제창과 합리적인 조세의 부과에 그 기본 사상이 담겨져 있다고 할 수 있다. 공자는 지출을 최대한 억제하고 절약할 것을 역설하고 있는데, 국가는 물론이거니와 개인도 마찬가지로 반드시 절약하는 생활을 해야 한다고 했다. 아울러서 공자는 정부가 백성들에게 중과세를 부과하는 것에 대하여 결연히 반대를 하고 오히려 백성들의 세금을 경감시켜 줄 것을 주장한다.

공자는 군자의 정신적 노동에 관한 관념을 제기하는데, 이러한 정신노동과 육체노동은 사회적 분업의 초보적 단계로서, 이는 관리를 하는 계층과 관리를 받는 계층이 출현하기 시작했음을 의미한다. 공자는 관리자가 반드시 마음을 쓰는 사람이라는 사실을 매우 강조하며, 관리자의 정신적 노동 및 그 성과가 사회의 발전에 지대한 작용을 한다는 점을 긍정했다. 이러한 사실은 공자가 관리를 사회적 분업의 각도에서 조망한 것으로 관리의 본질에 대한 정확한 이해를 수반한 것이라고 할 수 있는 것이다.

공자는 농민들의 농사지을 시기를 피해서 노역에 동원해야 한다고 했는데, 이는 통치자의 사치스러운 풍조를 개조시키기 위함에 그 주된 목적이 있다고 할 수 있다. 또한 공자는 통치자들이 백성들을 노역에 동원시킬 때에는 매우 신중하게 해야 한다고 강조했다. 아울러서 "산림과 호수자원의 독점을 폐지한다."는 말은 통치자의 경제적 이익의 독점에 대한 타파를 통하여 백성들에게 이로운 경제정책을 펴라는 의미라고 할 수 있다.

공자가 부자들의 재화를 빈곤한 사람들의 구제에 사용하자는 주장을 하지는 않았지만, 실질적으로는 그가 주장한 재화의 균등한 분배는 모든 백성들이 다 같이 잘살게 하려는 소망으로 이는 곧 부자들의 재화를 빈곤한 사람들의 구제에 사용하자는 의미가 된다고 할 수 있는 것이다.

공자는 한 개인이 지나치게 사치와 낭비를 하게 되면 오만 불손한 사람으로 변하게 된다고 하는 한편 지나치게 검소하고 절약을 하게 되면 완고해진다고 했다. 그러나 검소함에는 일정한 한계가 있는데, 만일 검소함이 옹색한 정도에 이르면 이는 취할 만한 것이 못 된다고 공자는 주장했다. 즉 공자의 검소함에 대한 진정한 의도는 검소할 때는 검소해야 하고, 검소해야 하지 않을 때는 검소하지 않는다고 하는 것에 있었다. 공자의 소비관념은 절약해서 쓴다고 하는 관념으로, 공자는 소비를 사회 계층의 등급에 따라 구분하여, 서로 다른 계층의 사람들 간에 각자가 소유한 재화의 상황이 다르기 때문에 그들의 소비생활수준 역시 당연하게 다를 수밖에 없다는 것을 인정한 것에 그 핵심이 담겨져 있는 것이라고 할 수 있다. 공자는 자공의 상업 활동을 포함한 상인들의 상업 활동에 대하여 폄하거나 부정적인 언급을 하지 않았는데, 이러한 공자의 상업관은 당시의 통치자들이 재벌이나 거상들에 대하여 예우를 했기 때문에 공자 역시 자공을 비롯한 상인들을 폄하시킬 이유가 없었던 것이다. 또한 자공은 공자의 제자들 가운데 공자에게 재정적으로 많은 후원을 했었기 때문에 더욱 더 상업 활동에 대해서는 경시하는 태도를 갖지 않았던 것이라고 생각된다.

참고문헌

黃侃,『論語義疏』,『皇淸經解』 本.

朱熹,『論語集注』,『海淵閣』 明刻本.

劉寶楠,『論語正義』,『續皇淸經解』 本.

趙汸,『春秋左氏傳補注』,『通志堂經解』 本.

楊伯峻,『春秋左傳注』, 北京, 中華書局, 1996년.

錢穆,『論語要略』, 臺北, 臺灣商務印書館, 1987년.

詹智明,『論語與經商藝術』, 香港, 漢湘文化出版社, 1997년.

舒大剛,『孔子的智慧』, 延吉, 延邊大學出版社, 1995년.

杜國庠,『先秦諸子思想槪要』, 北京, 三聯書店, 1955년.

唐慶增,『中國經濟思想史論』, 北京, 人民出版社, 1985년.

李劍農,『先秦兩漢經濟史稿』, 北京, 中華書局, 1962년.

侯家駒,『先秦儒家自由經濟思想』, 臺北, 聯經出版事業公司, 1985년.

陳紹聞,『中國經濟思想簡史』, 上海, 上海人民出版社, 1978년.

陳紹聞,『中國古代經濟文選』, 上海, 上海人民出版社, 1983년.

胡寄窗,『中國經濟思想史』, 上海, 上海人民出版社, 1983년.

葉龍,『歷代人物經濟故事』, 香港, 壹出版有限公司, 1996년.

錢公博,『經濟思想論集』, 臺北, 學生書局, 1975년.

黎紅雷,『現代管理與儒家知慧』, 臺北, 天地圖書出版有限公司, 1992년.

林語堂,『中國的智慧』, 臺北, 正中書局, 1994년.

제2장

관자: 국가재정과 경제의 효율적 운용

1. 시작하는 말

『관자管子』의 경세사상과 관련된 주요한 내용은 「경중輕重」 편과 기타의 편들에 가장 두드러지게 나타나 있다고 할 수 있다. 「경중」 편과 기타의 편들 가운데 「국축國蓄」 편의 내용이 국가통치에 필요한 경세사상을 풍부하게 구비하고 있다고 할 수 있다. 또한 국가관리 정책에 대한 분석 역시 매우 치밀하게 이루어져 있으며, 그 가운데 재정관리 이론은 한마디로 말하자면 상품유통에 있어서 시장영역을 이용한 가격변화의 규칙성을 확보하여 이를 국가 경제전반에 걸쳐 적용하는데 초점이 맞춰져 있다고 할 수 있다.

『관자』의 경세사상을 연구하는데 있어서 반드시 유의해야할 사항은 다음과 같은 것이 있다고 하겠다. 즉 우리가 어떤 한 사상에 대하여 본격적으로 연구를 시작하기 전에 반드시 선행되어야 할 작업은 그러한 사상 출현하게 된 시대적 상황과 또 그것이 당시의 현실문제에 적용되었던 역사적 사실에 대한 이해일 것이다. 이러한 선행 작업을 통하여 이해된 사상은 시간적 공간적 배경 속에서 그 체계적인 내용이 명확하게 드러난다고 할 수 있다. 이러한 작업들을 통하여 필자는 『관자』의 경세사상과 관련된 주요한 내용들 가운데 국가통치사상의 핵심이 기록되어 있는 「경중」 편 부분과 기타의 편들이 일부학자들의 주장처럼 서한西漢 시기에 만들어진 저작[1]이 아니라 전국시기에 만들어진 저작이라는 사실을 추정할 수 있었다.[2]

또한 당시 제齊나라만의 독특한 문화와 환경에 대한 인식은 아직도 부족한 점이 많기 때문에 「경중」 편과 기타의 편들 부분에 나타나 있는 경세사상을 언급하기에 앞서 우선 그러한 편들이 당시에 출현하게 된 역사적인 배경에 대하여 살펴보도록 하겠다.

---

1 김필수 외 3인 옮김, 『管子』, 「관자해제」, 서울, 소나무, 2006년, 16쪽 참조.

2 「경중輕重」 편의 내용을 볼 때, 그것의 저자는 제나라 내부에서 국가재정 관련 업무를 담당하던 관리였을 가능성을 배제할 수 없다. 그 이유로는 「輕重」과 기타 편들에 재정 관련 전문용어들이 출현하고 그러한 재정관리 정책들이 실제로 적용되었기 때문이다. 또한 서한 시기의 賈誼나 司馬遷 및 桑弘羊과 같은 학자들이 이미 기존에 존재하던 「輕重」 등의 편들을 읽었던 기록들이 전해져오고 있는 점으로 미루어 볼 때, 서한 시기의 저작이 아니라 전국시대의 저작임을 알 수 있다.

2. 제나라의 역사적 상황

지리적 환경의 측면에서 보았을 때 제나라는 바다에 인접했던 관계로 수산물과 소금이 풍부하게 생산되었으며, 비옥한 토지에서는 농산물이 풍족하게 생산되어 수공업을 비롯한 상업이 상당히 발달했었다. 이러한 사실은 사마천司馬遷의 『사기史記』, 「제태공세가齊太公世家」에 "태공은 분봉 받은 국가에 도착하자 정치를 가다듬었고, 그곳의 풍속을 따랐으며, 의례를 간소하게 하였으며, 상공업을 장려하였고, 어업생산을 편리하게 했다."[3]라고 언급되어 있는 바에서와 같이 확인할 수 있다. 또한 제환공이 관중을 등용하여 진행한 개혁에 관한 『사기』, 「관안열전管晏列傳」에 "관중이 정치를 담당하여 제나라의 재상이 되자, 보잘것없는 작은 제나라가 바닷가에 있는 점을 살려, 물류를 유통시키고 재화를 축적하여, 나라를 부유하게 만들고 군대를 강하게 만들었고, 좋아하고 싫어하는 것을 세상의 풍속과 같게 하였다."[4]라고 한 언급에서도 확인되어질 수 있다.

위에서 언급한 바와 같이 제나라는 제염업이 상당한 수준에 도달한 상태에 있었으며 생산량 역시 매우 풍부하여 송宋나라나 위魏나라 등과 같은 국가에 수출하기도 했다.[5] 또한 제나라의 방

---

3 『史記』, 「齊太公世家」, "太公至, 修政, 因其俗簡其禮, 通商工之業, 便漁鹽之利."

4 『史記』, 「管晏列傳」, "管仲旣任政相齊, 以區區之齊在海濱, 通貨積財, 富國强兵, 與俗同好惡."

5 이러한 사실은 『管子』, 「國蓄」 편에 잘 나타나 있다.

직산업은 매우 유명하여 제나라에서 생산된 비단제품은 천하의 각 국으로 팔려나가고 있는 실정이었다.[6]

제나라는 전통적으로 사회계층의 신분을 사농공상士農工商의 네 계층으로 구분하여 이를 제도적으로 시행한 국가였지만 농민을 중시하는 만큼 상인 역시 중시하였다. 이러한 사실은 제환공과 관중의 개혁에 관한 사실을 기록해 놓은 『국어國語』, 「제어齊語」의 "장인 신분은 관청에서 일하고, 상인 신분은 시장에 일하며, 농민 신분은 들밭에서 일한다."[7]언급에서 확인 되어질 수 있으며, 이러한 상황은 전국시대의 위왕威王과 선왕宣王이 재위하던 시기까지 이어진다. 이러한 상황과 크게 다르지 않은 「승마乘馬」 편의 "성실한 상인이 아니면 장사로 먹고 살 수 없고, 성실한 장인이 아니면 기술로 먹고 살 수 없고, 성실한 농민이 아니면 농업으로 먹고 살 수 없고, 믿을만한 선비가 아니면 조정에 설 수 없다."[8]라고 하는 언급에 잘 나타나 있듯이 제나라의 법가와 진나라의 법가 사이의 학설 차이를 발견할 수 있을 것이다. 즉 제나라의 법가 학설에서는 농업을 중시하되 상업을 억압하지는 않는다는 것이다. 다만 「오보五輔」 편에서 언급한 '각루刻鏤'나 '문수文繡'[9] 등과 같은 각종 사치품에 대해서는 취

6 이러한 사실은 『史記』, 「貨殖列傳」의 "冠帶衣履天下"라는 기록으로 확인할 수 있다.

7 『國語』, 「齊語」, "處工就官府, 處商就市井, 處農就田野"

8 『管子』, 「乘馬」, "非誠賈不得食於賈, 非誠工不得食於工, 非誠農不得食於農, 非信士不得之於朝."

9 刻鏤는 정교한 조각을 한 장식품을 의미하며, 文繡는 수를 놓은 아름다운

급하거나 판매하지 못하게만 했을 뿐이다. 이러한 전통적인 정책을 장기간 실시했기 때문에 상업의 발달이 촉진되었으며 상행위 역시 국가의 승인을 받은 합법적인 직업의 하나로 자리매김하게 되었던 것이다.

제나라 위왕威王과 선왕宣王 재위시기에 천하의 패권을 쟁취하기 위해서 실시된 중농정책과 토지개간 및 부국강병정책은 자연히 전체 국가의 경제와 재정의 통일적 관리의 필요성을 강화 시킨다. 그래서 국가재정 관리에 정통한 일군의 학자들을 등용하여 국가재정의 개혁을 단행하게 된다. 「경중」 편과 기타 편들의 내용 가운데 세수와 재무관리에 관한 사상의 측면에서 볼 때, 매우 두드러진 특색은 바로 '물가 조절 정책'을 국가의 재정 시스템 속에 응용하여 전면적으로 물가를 관리 조절을 해나갔다는 데에 있다. 이러한 재정관리 이론은 당시의 통치권에 의해서 채택될 가능성이 매우 높았기 때문에 당시의 독특한 사회적 여건을 기초로 설계되어 부국강병의 목표를 적극 달성시키기 위한 도구적 역할을 하게 된다.

이상에 언급한 바와 같이 「경중」 편과 기타의 편들이 제나라에서 출현하게 된 것은 결코 우연적인 사건이 아니라 당시의 제나라 전통문화 및 지리적 여건과 매우 밀접하게 관련되어 있다고 할 수 있다. 또한 「경중」 편과 기타의 편들 가운데 나타나 있는 경세사상이 후대 끼친 영향은 매우 지대하다고 할 수 있다.

옷을 의미한다.

서한 시기의 가의賈誼나 조조晁錯 등과 같은 정치가들이 모두 「경중」 편과 기타의 편들 숙독하고 연구했으며, 사마천은 자신의 저작인 『사기』, 「관안열전」에서 "내가 관씨管氏의 저서 「목민牧民」·「산고山高」·「승마乘馬」·「경중輕重」·「구부九府」 등의 각 편과 안자晏子의 저서인 『안자춘추晏子春秋』를 읽었다. 그 말하고자 하는 것이 매우 상세했다."[10]라고 언급하고 있는 실정이다. 특히 서한의 무제武帝 재위시기에 활동했던 상홍양桑弘羊 등은 「경중」 편과 기타의 편들에 대하여 심도 있는 이해를 하고 있었으며, 그러한 이해를 물가조절 정책에 적극적으로 활용하여 국가 세수의 확대 및 재정관리 방식을 강화하는데 적용했다.[11]

3. 국가재정과 경제관리 방법

현대사회에서는 모든 국가가 정부의 재정에 관한 수입과 지출을 직접 행사하고 있다. 특히 그러한 수입과 지출에 대해서는 정부의 담당부서에서 관리함과 동시에 정부는 국내의 각종 경제와 관련된 시책에 대하여 관리를 해야 하는 권한과 책임을 지게 된다. 만일 이러한 관념을 「경중」과 기타의 편들에 반영한다면 그 속에서 각 편들의 내용이 매우 풍부하게 농업생산력과 소금과 철의 전매사업 및 수공업 그리고 광산개발과 산림과 호수자

10 『史記』, 「管晏列傳」, "吾讀管氏牧民·山高·乘馬·輕重·九府及晏子春秋, 詳哉其言之也."

11 이와 관련된 사항은 『史記』, 「平準書」에 상세하게 기록되어져 있다.

원에 관한 개방과 폐쇄 등에 관련되어 있음을 발견할 수 있을 것이다.[12] 좀 더 구체적으로 언급한다면 재난에 대비한 재화의 비축과 화폐의 유통과 시장의 물가와 세수확보의 문제 및 국제무역 등의 내용들을 포함하고 있는 것을 발견할 수 있게 된다. 또한 이러한 내용들이 어떤 특정한 사상을 중심으로 포진되어 있다는 것을 알 수 있게 된다. 즉 물가 조절 정책을 중심으로 국가의 재정 관리를 진행해 나갔던 사실을 파악할 수 있는 것이다.

『관자』, 「국축」 편 가운데 기록되어 있는 "무릇 나라를 다스릴 때, 물가 조절 정책에 통달하지 않으면, 경제조치를 시행하여 백성을 보호하지 못한다. 백성의 이익을 잘 조절하지 못하면, 경제를 통제하지 못하여 큰 정치를 이룰 수 없다."[13]라는 언급은 만일 '물가 조절 정책'을 채용하여 시행하지 않고 정부가 통제 위주의 세수확보 정책에만 매진한다면 국가는 큰 정치를 이루는 경지에 도달하지 못하게 된다는 뜻이다. 이러한 주장과 유사한 견해는 「경중」 편의 기타 편장 가운데에서 보여 지는데, 비록 서술된 내용의 핵심이 각기 다를 지라도 작자가 국가의 안정적인 통치에 초점을 맞추어 내놓은 국가재정 개선을 위한 정책들은 모두 같은 노선을 추구하고 있다는 점에서 동일하다고 할 수 있을 것이다.

12 戴濬, 『管子學案』, 上海, 學林出版社, 1994년, 100~102쪽 참조.

13 『管子』, 「國蓄」, "凡將爲國, 不通於輕重, 不可爲籠以守民; 不能調通民利, 不可以語制爲大治."

제나라의 법가가 어떻게 '물가 조절 정책'의 관념을 국가재정 관리 시책에 반영하고, 경제조치를 시행하여 백성을 보호하고, 시장의 유통질서를 조절 할 수 있게 되어 국가의 큰 이익을 위한 목적을 달성 할 수 있었는지에 대하여 이해하기 위해서는, 먼저 「경중」 편의 이론과 그것의 적용에 대하여 명확한 인식을 가지고 있어야만 한다. 이러한 「경중」의 이론과 그것의 적용은 간단하게 말한다면 다음과 같다. 즉 당시의 역사 환경의 여건 속에서 수요와 공급의 가치기준을 이용하여 시장 조절의 기능을 발휘하게 하고, 더 나가 이러한 조치를 통하여 모아진 천하의 재화를 기반으로 하여 부국강병을 이룩한 뒤 천하의 제후국들을 굴복시켜 패자霸者의 지위에 도달하는 것이 『관자』 경제사상의 가장 큰 특색 가운데의 하나인 것이다.

「경중」 편과 기타의 편들에서 언급하는 이러한 수요와 공급의 가치에 대한 이론(가치규율)은 현대 경제학의 관점에서 보았을 때, 그 이론체계는 서양의 경제학자인 케인스Keynes의 경제이론에 부합된다고 할 수 있다. 케인스Keynes의 이론에 의하면, 어떤 한 상품의 가격은 시장에서 그 상품에 대한 수요와 공급의 변화와 밀접하게 관련되어 있는 것으로, 한 상품에 대한 수요에 비하여 공급이 많아지는 상황이 발생하게 되면 그 상품의 가격은 자연히 떨어지게 되고 동시에 공급량도 적어지게 된다는 것이다. 반대로 상품이 공급에 비해 수요가 많아지는 상황이 발생하게 된다면 그 상품의 가격은 상승하게 되어 수요를 억제하게 되며 공급의 확대를 자극한다는 것이다.[14] 전국戰國시대의 사상가들은 장기간에 걸쳐 상품교역의 과정을 관찰하던 가운데 여러 종류의 현상들에 대한 관찰을 통하여 많은 법칙들을 파악하여 그것을 토대로 물가 조절 정책에 관한 이론체계를 완성하였는데, 이는 수요와 공급의 가치에 대한 이론과도 일치하는 것이라 할 수 있다.

케인스Keynes의 경제이론의 가장 주요한 부분은 수요와 공급이 상품의 가격에 끼치는 영향에 대한 것에 있다고 할 수 있다. 마찬가지로 「경중」과 기타의 편들에서는 상품 가격에 대한 제어를 통하여 시장의 각종 상품의 유통 상태를 조절할 수 있다는 점을 강조한다. 또한 이러한 조치를 통해서 얻어진 이익을 천하의 패권을 쟁취하는데 운용할 것을 언급하기도 한다.

> 무릇 물가 정책의 큰 이로움은 풍년이 들 때는 (조정에서)높은 가격으로 값싼 물자를 사들이고, 흉년이 들 때는 (조정에서)시장 가격보다 싼값으로 비축한 재물을 방출하여 물가를 안정시킨다. 각종 물자가 남아돌고 모자람은 때에 따라 바뀌니, 기준을 고르게 하여 물가가 바뀌지 않게 한다. 기준을 잃어버리면 물가가 폭등한다. 군주는 그것을 알기 때문에 기준을 장악한다.[15]

환공이 관자에게 물었다. "물가 정책에 정해진 법칙이 있습니

14 謝德宗, 『經濟理論的革命家-凱因斯』, 臺北, 允晨文化圖書出版公司, 1982년, 79쪽 참조.

15 『管子』, 「國蓄」, "凡輕重之大利, 以重射輕, 以賤泄平. 萬物之滿虛隨時, 準平而不變, 衡絕則重見. 人君知其然, 故守之以準平."

까?" 관자가 대답했다. "물가 정책에 정해진 법칙은 없습니다. 물가 정책은 물자의 가격을 한 번은 올리고 한 번은 내리는데 있으니, 고정시킬 수 없습니다." 환공이 말했다. "그러면 물가를 하나로 통일할 수 없습니까?" 관자가 대답했다. "하나로 통일할 수 없습니다. 하나로 통일하면 거래가 멈추고, 거래가 멈추면 가격이 변하지 않고, 가격이 변하지 않으면 물건 값에 차이가 없고, 물건 값에 차이가 없으면 거래가 이루어지지 않아 상품을 이용할 수 없습니다."[16]

위의 두 인용문은 모두 「경중」 편과 기타의 편들의 작자들이 수요와 공급의 관계에 대하여 언급한 내용들이라고 할 수 있는데, 그 가운데 포인트는 바로 '기준'과 '물가 정책'에 있다고 할 수 있다.

「국축」 편에서 언급한 중점은 바로 '기준'인데, 그 의미는 물가 조절 정책을 통하여 큰 이익을 얻고자 할 생각이라면 바로 "풍년이 들 때는 (조정에서) 높은 가격으로 값싼 물자를 사들고, 흉년이 들 때는 (조정에서) 시장 가격보다 싼값으로 비축한 재물을 방출하여 물가를 안정시킨다."고 하는 조치를 취해야만 한다. 즉 어떤 상품의 공급량이 적어서 그 상품의 시장가격이 폭등할 때에는 정부에서 이미 비축하고 있었던 그 상품의 공급량을 늘려

16 『管子』, 「輕重乙」, "桓公問於管子曰: '衡有數乎?' 管子對曰: '衡無數也. 衡者使物一高一下, 不得常固.' 桓公曰: '然則衡數不可調耶?' 管子對曰: '不可調. 調則澄, 澄則常, 常則高下不貳, 高下不貳, 則萬物不可得而使用.'"

서 그러한 상품의 시장가격 하락을 유도함으로써 물가의 안정을 도모한다고 하는 것이다. 또한 "각종 물자가 남아돌고 모자람"에서의 '물자'는 상품을 만드는 원자재 특히 농업생산품을 의미한다. 또한 이러한 원자재들이 시장의 수요 공급 관계에서 때로는 과도하게 공급되어 남아돌거나 혹은 공급량이 적어져 부족하게 되는 여러 종류의 상황이 발생하게 된다는 것을 의미하는 것이다. 그리고 "상황에 따라 바뀌니, 기준을 고르게 하여 물가가 바뀌지 않게 한다."는 상품의 시장가격은 모두 수요와 공급의 관계에 영향을 받아 변화가 발생하기 때문에 이를 안정시키기 위해서는 상품에 대한 객관적인 가격기준을 마련하여 그것을 모든 상품에 적용시켜야 한다는 것을 의미한다. 또한 "기준을 잃어버리면 물가가 폭등한다."에서 '물가衡'는 바로 상품가격이 수요 공급 관계의 영향 아래서 유동적임을 의미하는 것인데, 이러한 물가에 대하여 객관적인 기준의 마련이 반드시 필요하다는 것을 역설하고 있는 것이다. "군주는 그것을 알기 때문에 기준을 장악한다."는 바로 군주가 이러한 변화의 기준을 이해한 뒤에 한 걸음 더 나가 물가 조절 정책의 적절한 운용을 통하여 국가의 큰 이익을 취해야만 한다는 것을 의미하는 것이다.

「경중을輕重乙」 편에서 언급하고자 하는 핵심은 바로 '물가 정책의 정해진 법칙'에 있다고 할 수 있다. "물가 정책은 물자의 가격을 한 번은 올리고 한 번은 내리는데 있으니, 고정시킬 수 없습니다."라고 하는 말은, 객관적으로 볼 때 시장상품 가격이 끊임없이 상승과 하락을 반복해서 되풀이 하는 유동적인 상황을 설명하고 있는 것이다. “하나로 통일할 수 없습니다. 하나로 통일하면 거래가 멈추고, 거래가 멈추면 가격이 변하지 않고, 가격이 변하지 않으면 물건 값에 차이가 없고, 물건 값에 차이가 없으면 거래가 이루어지지 않아 상품을 이용할 수 없습니다.”라는 언급은 상품가격 상승과 하락의 파동에 대하여 그것을 강제적으로 어떤 한 가격에 고정시키려 하지지 말라고 하는 것을 의미하는 것이며 또한 각각의 상품들 사이의 가격에 대해서도 차이가 없게 만들지 말라는 것이다. 상대적으로 이러한 상품들의 가격은 시장의 수요 공급 관계에 의해서 변동되는 것이기 때문에 국가의 물가 조절 정책은 “물자를 비싼 가격에 구매했다가, 비축한 물자를 싼 가격에 방출하여 물가를 안정시킨다.”라고 하는 기조로 시행되어야 한다는 것이다. 만일 그렇지 않으면 상품을 만드는 원자재가 사용되어질 수 없게 되어 국가재정에 전혀 도움이 되지 않는 것이다.

이상의 논의는 『관자』에서 주장하는 물가 조절 정책의 이론과 응용에 관한 정수가 담겨져 있다고 할 수 있다. 비록 「경중」과 기타의 편들의 작자들이 역사적 여건의 한계 때문에 수요 공급의 가치이론에 대한 체계적인 이해가 없었기는 하지만, 그들 나름대로 수요 공급의 관계가 상품을 유통시키는 시장경제에 영향을 끼친다는 사실을 체득하고 있었으며, 이러한 체득을 바탕으로 풍부한 내용을 갖춘 체계적인 물가 조절 정책의 이론을 발전시켜 제나라 정부의 세수 정책 개선을 통한 부국강병의 실현과 천하의 패업 달성의 정책적 기반을 제공했던 것이다.

4. 물가 조절 정책의 핵심

「경중」 편과 기타의 편들을 자세하게 살펴보면, 그 가운데 「국축」 편의 이론이 가장 중요한 것임을 알 수 있을 것이며, 그것이 고도의 실용성을 구비하고 있음을 발견할 수 있을 것이다. 변법을 단행하던 시기의 제나라의 상황을 살펴보면, 당시의 제나라가 농업분야와 수공업분야의 생산력이 매우 증대되어 상업이 매우 번성했었지만, 동시에 다음과 같은 새로운 문제와 국면에 직면해있었다.

> 백성이 먹고살기 위해서는 사람마다 농사지을 땅이 있어야 하니, 생산과 축적을 미리 계산하면 먹을 것이 풍족해질 것이다. 그러나 백성이 굶주리고 먹지 못하는 것은 무슨 까닭인가? 이는 부자들이 곡식을 저장하고 있기 때문이다. 지금 군주가 화폐를 주조하여 백성에게 유통시키면, 사람마다 많고 적은 화폐를 소유하게 될 것이다. 그러나 백성이 일상에서 쓰는 경비가 모자라 씀씀이가 적은 것은 무엇 때문인가? 이는 부유한 상인들이 화폐를 유통하여 얻은 이윤을 저장하고 있기 때문이다.[17]

위의 인용문에서 제기된 "부자들이 곡식을 저장하고 있음"과 "부유한 상인들이 화폐를 유통하여 얻은 이윤을 저장하고 있음"

17 『管子』, 「國蓄」, "民人所食, 人有若干灸畝之數矣, 計本量委則足矣, 然而民有飢餓不食者何也, 穀有所藏也. 人君鑄錢立幣, 民庶之通施也. 人有若干百千之數矣, 然而人事不及, 用不足者何也, 利有所并藏也."

에서와 같이 볼 수 있듯이 부자들과 부유한 상인들이 재화를 독점함으로써 백성들이 굶주리고 일상생활의 경비가 부족하게 되는 것이다. 「국축」 편의 기록에 의하면 당시 백성들의 경제사정이 어려운 상황을 이용한 부유한 상인들의 독과점에 의한 횡포가 다음과 같이 매우 심했었음을 알 수 있다.

> 만승의 나라는 만금의 재물을 축적하고, 천승의 나라는 천금의 재물을 축적한다.[18]

> 풍년과 흉년이드는 해가 있기 때문에 곡물 가격이 비싸고 쌀 때가 있다. (세금을 걷는 군주의) 명령에는 느린 것과 급한 것이 있기 때문에 물가에 높고 낮음이 있다. 그러나 군주가 잘 다스리지 못하기 때문에 부유한 상인들이 시장을 왔다 갔다 하면서 백성이 어려운 기회를 틈타 백배의 이익을 취득한다.[19]

동시에 「경중갑輕重甲」 편에서도 "식읍을 받은 사람, 부유한 상인, 재산을 많이 쌓아 여유가 있는 집안은 우리나라의 부호입니다."[20]와 같은 언급이 있는데, 여기에서 "식읍을 받은 사람"은 당시 권세를 누리던 분봉 귀족들을 의미하는 것으로, 예를 들면

18 『管子』, 「國蓄」, "萬乘之國, 有萬金之賈, 千乘之國, 有千金之賈."

19 『管子』, 「國蓄」, "歲有凶穰, 故穀有貴賤. 令有緩急, 故物有輕重. 然而人君不能治, 故使蓄賈游市, 乘民之不給, 百倍其本."

20 『管子』, 「輕重甲」, "遷封食邑, 富商蓄賈, 積餘藏羨, 跱蓄之家, 此吾國之豪也."

맹상군孟嘗君의 봉지封地가 설성薛城에 있었는데 그는 고리대금을 통하여 백성들로부터 막대한 재화를 취했다.[21] 이것 외에도 「산지수山至數」 편에서도 부유한 상인들과 관리들이 결탁하여 "곡식을 팔아서 다른 물자를 구매함"[22]과 같은 행위, 즉 시장의 물가를 조정하여 막대한 부를 축적하는 것을 지적하고 있다.

이와 같은 여러 종류의 상황들에 대하여 「경중」 편과 기타 편들의 저자들은, 만일 한 나라의 군주가 부유한 상인들이 시장에서 자행하고 있는 농단을 방관만 한다면, 한 나라에 두 명의 군주가 존재하게 되는 상황처럼 반드시 혼란한 상황이 조성될 것이라고 생각했다. 그러므로 부유한 상인들의 편법적인 상행위 즉 "부자들이 곡식을 저장하고 있음"과 "부유한 상인들이 화폐를 유통하여 얻은 이윤을 저장하고 있음"과 같은 행위의 결과로 조성되는 "가난한 사람은 가난을 대물림 한다"·"부유한 사람은 부유함을 대물림 한다"는 현상에 대하여 국가가 반드시 '물가 조절 정책'의 운용을 통하여 "백성의 이익을 잘 조절함"과 "신하와 백성이 이익을 추구하는 것을 막고, 그 이익을 도모하는 길을 저지한다."[23]는 여건을 마련함으로써 "재리가 한 곳에서 나온다."[24]고 하는 시책을 완성하는 것이다.

위에서 언급한 "신하와 백성이 이익을 추구하는 것을 막고,

21 이와 관련된 사항은 『史記』, 「孟嘗君列傳」에 상세하게 기록되어져 있다.

22 『管子』, 「山至數」, "運穀而斂財."

23 『管子』, 「國蓄」, "塞民之養, 隘其利途."

24 『管子』, 「國蓄」, "利出於一孔."

그 이익을 도모하는 길을 저지한다."는 것은 부유한 상인들이 일반 백성들에 대하여 착취하는 행위를 효과적으로 저지할 수 있는 수단이 되고, "재리가 한 곳에서 나온다."는 말의 의미는 국가가 직접 시장의 교역을 경영하여 경제적 이익이 정부의 제어를 통해서만 발생할 수 있도록 만들면 국가는 이익을 잃지 않는 이상적인 목표를 달성할 수 있다는 것이며, 이러한 시책은 '물가 조절 정책'의 운용을 통하여 경영관리의 기본적인 요구를 강화하는 수단이 되기도 하는 것이다.

위에서 언급한 바에서와 같이 알 수 있듯이 '물가 조절 정책'의 기본적인 요구는 "신하와 백성이 이익을 추구하는 것을 막고, 그 이익을 도모하는 길을 저지한다."는 조치와 "경제조치를 시행하여 백성을 보호한다."는 것 등의 방법의 운용을 통하여 "재리가 한 곳에서 나온다."는 목적을 달성하는데 있다고 할 수 있다. 또한 이러한 사항에 대한 실제상황에서의 적용이 과연 제나라의 국가재정 관리에 어떻게 구현되는지에 대하여 분석하면 그것이 곡물과 화폐 사이의 경중輕重 귀천貴賤의 관계를 이용한 시장 상품의 유통을 제어하는데 있음을 발견할 수 있을 것이다.

「경중」 편과 기타 편들의 저자들의 관념 속에서는 당시의 전체적인 상품 교역시장 가운데 교역되었던 물품은 다음과 같은 세 종류가 주류를 이루고 있었다. 즉 일반적인 교역 물품과 교역 물품 가운데 단독으로 뽑아낼 수 있는 특수한 가치와 효용을 지닌 곡물과 정부에서 통일적으로 주조하여 유통시킨 화폐이다. 이러한 세 종류의 물품은 상품 교역과정 가운데 경중 귀천의 관계를 형성하여 '물가 조절 정책'이론의 발전과 응용에 기초를 제공해줬다.

화폐와 교역물품의 관계는 「산지수」 편에서 "화폐 가치가 높아지면 물품의 가치는 떨어지고, 화폐 가치가 떨어지면 물품의 가치는 높아진다."[25]라고 언급된 바와 같다. "물품의 가치는 높아진다."고 하는 말은 시장에서의 상황을 나타내는 것으로 즉 상품의 부족으로 인하여 수요보다 공급물량이 적기 때문에 상품 가격이 상승하게 되는 경우로 백성들이 상품을 중시하게 된다는 것이다. 이와는 반대의 상황이 발생할 경우 "물품의 가치는 떨어진다."는 것으로 즉 상품의 과잉생산으로 공급물량이 수요를 앞지르기 때문에 상품의 가격이 하락하게 되는 경우로 백성들이 상품을 가볍게 여기고 천시한다는 것이다. 그러므로 "화폐 가치가 높아지면 물품의 가치는 떨어지고, 화폐 가치가 떨어지면 물품의 가치는 높아진다."는 언급은 화폐 구매력의 높고 낮음과 물품의 관계를 서술하고 있는 것으로 상품가격의 높음과 낮음은 반비례의 관계라는 것이다.

「경중갑」 편에서 설명한 화폐와 곡물 사이의 관계는 "곡물 가격이 비싸면 황금 가격이 싸고, 황금 가격이 비싸면 곡물 가격이 싸다"[26]는 것과 같다고 할 수 있다. 곡물은 본래 일반 교역물품 가운데의 하나인데, 백성들의 생계수단의 기능을 갖고 있기 때

25 『管子』, 「山至數」, "幣重而萬物輕, 幣輕而萬物重."

26 『管子』, 「輕重甲」, "粟重黃金輕, 黃金重粟輕."

문에 국가와 사회의 안녕에 막대한 영향을 갖는 특수한 위치에 있다. 그러므로 일반 교역물품 가운데서 독립해 나오게 된 것이다. 화폐와 곡물 사이의 경중 귀천의 관계와 교역물품의 관계와 서로 같다고 할 수 있는데, 이는 곧 황금으로 대표되는 화폐 구매력의 높고 낮음과 곡물의 가격은 마찬가지로 반비례의 관계가 된 다는 것이다.

「승마수乘馬數」 편에서 설명한 곡물과 교역물품 사이의 관계는 "곡물가격이 높으면 다른 교역물품들의 가격이 내려가고, 곡물가격이 낮으면 다른 교역물품들의 가격이 올라간다."[27]와 같다고 할 수 있다. 즉 만일 곡물의 가격이 상승하게 되면 일반 교역물품의 가격은 상대적으로 내려간다는 것이다. 반대로 만일 곡물의 가격이 내려간다면 일반 교역물품의 가격은 상대적으로 상승하게 된다는 것이다. 이러한 둘의 상품가격의 높음과 낮음은 반비례의 관계라는 것이다.

시장에서 교역을 하는 과정 가운데 일반 교역물품과 곡물 화폐의 세 가지의 경중의 관계에서 특히 곡물과 화폐의 경중 관계가 가장 중요하다고 할 수 있다. 그러므로 「국축」 편에서 "오곡과 양식은 백성의 생명을 주재하는 것이요, 황금과 화폐는 백성의 유통 수단이다. 그러므로 (재정을) 잘 다스리는 군주는 (백성의) 유통 수단을 움켜쥐고 그들의 생명을 주재하기 때문에 백성이 (나라를 위해) 힘을 다하게 할 수 있다."[28]와 같이 말하고 있는

27 『管子』, 「乘馬數」, "穀重而萬物輕, 穀輕而萬物重."

것이며, 또한 「산지수山至數」 편에서도 마찬가지로 "군주께서는 양식·화폐·황금을 저울질하는 권력을 통제해야 천하를 안정시킬 수 있습니다."[29]라고 언급하고 있는 것이다. 이러한 언급들 가운데 "유통 수단을 움켜쥐고 그들의 생명을 주재한다."와 "양식·화폐·황금을 저울질하는 권력을 통제한다."는 말의 의미는 서로 같은 것인데, 즉 재정 관리에 있어서는 반드시 양식과 화폐 물가 둘 사이의 경중 귀천의 관계를 확실하게 장악해야만 한다는 것이다. 이러한 방법을 실제의 상황에서도 "물자를 비싼 가격에 구매했다가, 비축한 물자를 싼 가격에 방출하여 물가를 안정시킨다."고 하는 정책의 운용이 시장에서 재화의 유통을 제어할 수 있는 관건적 요소가 된다는 것이다.

「경중」 편과 기타 편들의 저자들이 곡물과 화폐 사이의 경중輕重 귀천貴賤의 관계를 특히 중시했던 이유는 바로 그 둘이 사회 전체의 경제적인 측면에 있어서 각기 매우 중요한 작용을 하고 있었기 때문이었다.

곡물의 가장 중요한 경제적인 측면의 작용에는 다음과 같은 것들이 있다. 즉 곡물은 "백성들의 생명을 주재함"이라는 작용을 한다. 고대 중국의 속담에도 이와 유사한 "백성들은 음식을 하늘로 여긴다."라는 말이 있다. 또한 「국축」 편의 "오곡은 만물의 주재다"[30] 라는 언급은 곡물이 인간사회에서 교역되는 모든

28 『管子』, 「國蓄」, "五穀食米, 民之司命也; 黃金刀幣, 民之通施也; 故善者執其通施, 以御其司命, 故民力可得而盡也."

29 『管子』, 「山至數」, "人君操穀·幣·金衡, 而天下可定也."

물품들 가운데 가장 중요한 지위를 점하고 있음을 분명하게 지적하고 있는 것이다. 당시의 사회적 여건 속에서 곡물은 산업생산 시스템 가운데 가장 중대한 지위를 차지하고 있었기 때문에 곡물 가격의 요동으로 인한 물가 불안정은 다른 상품의 가격에 커다란 영향을 주었다. 곡물의 생산은 자연환경의 영향을 받지 않을 수 없었기 때문에 그것의 가격은 일 년 사계절 내내 변동될 수 있는 것이었으며, 매년의 수확량 역시 유동적인 것이었다. 게다가 곡물은 매우 중요한 전쟁 비축물자이기 때문에 각국이 격렬한 겸병전쟁을 치르는 와중에서 당연히 매우 큰 중시를 받는 비축물품의 지위를 점하게 된다. 제나라의 사상가들이 국가에 십년치의 전시 비축물자가 있어야 한다고 강조했듯이 곡물은 부국강병을 통하여 천하의 패권을 쟁취하고자 하는 목표를 이루는 데 있어서 매우 중요한 자원이었던 것이다. 또한 곡물은 당시 사회의 시장물가의 가격 표준 가운데의 하나였다고 할 수 있다. 즉 곡물은 물물교환 형태의 상품교역을 진행할 때에 가격 기준의 기능을 했다. 또한 흉년이 들어 수확량이 적은 해나 전쟁이 빈번하게 발생하는 해의 곡물의 가격이 폭등한 예에서 볼 수 있듯이 그 중요성은 실로 막대했다고 할 수 있는 것이다.

화폐의 경제적인 측면의 중요한 작용에는 다음과 같은 것들이 있다. 즉 화폐는 유통의 기능을 가지고 있다는 것이다. 「경중을輕重乙」 편에서 "황금과 도포란 백성들의 유통 수단입니다"[31]

30 『管子』, 「國蓄」, "五穀者, 萬物之主也."

라고 언급한 바와 같이 화폐는 시장에서 교역을 할 때 중요한 매개체가 되고 가격설정의 기준이 된다. 「경중」 편과 기타 편들의 기록을 통해 살펴보면 전국戰國시대의 화폐는 다음과 같은 세 개의 등급으로 구분되어져 있었음을 파악할 수 있다. 즉 진주와 옥을 고급의 화폐로 삼고, 황금을 중급의 화폐로 삼고, 도포를 하급의 화폐로 삼았다.[32] 이러한 화폐들 가운데 진주와 옥은 수량이 많지 않았기 때문에 시장에서의 유통량은 매우 적을 수밖에 없었으므로 언급하지 않겠다. 황금은 상품교역의 가장 중요한 화폐로서의 기능을 하였고, 일반적인 도전刀錢이나 주화 등의 화폐는 모두 정부에서 일괄적으로 주조해서 발행하였다. 이러한 사실은 「국축」 편의 "군주가 화폐를 주조하여 백성들에게 유통시킨다."[33]와 같은 언급에 잘 나타나있다. 이와 같은 화폐는 국가재정 관리의 중요한 과제임과 동시에 정부의 위신을 상징하는 역할도 했었던 것이다.

이상과 같은 곡물과 화폐의 작용에 대하여 분석을 해보면, 곡물의 생산은 전국 각지의 많은 농민들의 손에 분산되어 있고 화폐는 정부의 주조와 발행에 집중되어 있음을 발견할 수 있을 것이다. 곡물과 화폐가 시장에서 각기 다른 중요한 작용을 하고 있기 때문에 정부는 화폐의 독점적 주조를 통한 "양식·화폐·황금을 저울질하는 권력의 통제" 방법을 운용하여 곡물과 화폐 사

31 『管子』, 「輕重乙」, "黃金刀布者, 民之通貨也."

32 『管子』, 「國蓄」, "以珠玉爲上幣, 以黃金爲中幣, 以刀布爲下幣."

33 『管子』, 「國蓄」, "君鑄錢立幣, 民庶之通施也."

이의 경중輕重 귀천貴賤의 관계를 장악할 수 있는 것이다. 실제 상황에서는 "물자를 비싼 가격에 구매했다가, 비축한 물자를 싼 가격에 방출하여 물가를 안정시킨다."라고 하는 정책이 시장에서 이루어지는 교역을 효과적으로 제어하여 부유한 상인들의 일반 백성에 대한 착취를 억제할 수 있으며, 이를 통하여 사회질서의 안녕을 도모할 수 있게 된다는 것이다.

5. 맺는 말

이상에서 살펴보았듯이 전국시대의 제나라는 천하의 패권을 쟁취하기 위해서 중농정책과 토지개간 및 부국강병정책을 추진하는데, 이에 따라 자연히 국가의 경제와 재정의 통일적 관리의 필요성을 강화 시킨다. 「경중」과 기타 편들의 내용 가운데 세수와 재무관리에 관한 사상의 매우 두드러진 특색은 바로 '물가조절 정책'을 국가의 재정 시스템 속에 응용하여 전면적으로 물가를 관리 조절을 해나갔다는 데에 있는 것이다. 이러한 재정관리 이론은 당시의 독특한 사회적 여건을 기초로 설계되어 부국강병의 목표를 적극 달성시키기 위한 도구적 역할을 하게 되었다.

「경중」 편과 기타 편들의 내용이 농업생산력과 소금과 철의 전매사업 및 수공업 그리고 광산개발과 산림과 호수자원에 관한 개방과 폐쇄 등에 관련되어 있음을 발견할 수 있었다. 구체적으로는 재난에 대비한 재화의 비축과 화폐의 유통과 시장의 물가와 세수확보의 문제 및 국제무역 등의 내용들을 포함하고 있으며, 이러한 내용들이 어떤 특정한 사상 즉 물가 조절 정책을 중심으로 국가의 재정 관리를 진행하는 것에 틀이 맞춰져 포진되어 있다는 것이다. 또한 국가가 직접 시장의 교역을 경영하여 경제적 이익이 정부의 제어를 통해서만 발생할 수 있도록 만들면 국가는 이익을 잃지 않는 이상적인 목표를 달성할 수 있다는 것이며, 이러한 시책은 '물가 조절 정책'의 운용을 통하여 경영 관리의 기본적인 요구를 강화하는 수단이 되기도 하는 것이다.

「경중」 편과 기타 편들에서 주장하는 '물가 조절 정책'의 기본적인 조치는 궁극적으로 "신하와 백성이 이익을 추구하는 것을 막고, 그 이익을 도모하는 길을 저지한다."는 조치와 "경제조치를 시행하여 백성을 보호한다."는 것 등 방법의 운용을 통하여 "재리가 한 곳에서 나온다."는 목적을 달성하는데 있다고 할 수 있다. 또한 이러한 사항에 대한 실제상황에서의 적용을 곡물과 화폐 사이의 경중輕重 귀천貴賤의 관계를 이용한 시장 상품의 유통을 제어하는데 있음을 발견할 수 있었다. 즉 곡물과 화폐가 시장에서 각기 다른 중요한 작용을 하고 있기 때문에 정부는 화폐의 독점적 주조를 통한 "양식·화폐·황금을 저울질하는 권력의 통제" 방법을 운용하여 곡물과 화폐 사이의 경중輕重 귀천貴賤의 관계를 장악할 수 있는데, 이러한 조치가 실제 상황에서는 "물자를 비싼 가격에 구매했다가, 비축한 물자를 싼 가격에 방출하여 물가를 안정시킨다."라고 하는 정책으로 발현되어, 정부가 시장에서 이루어지는 교역을 효과적으로 제어하여 부유한 상인들의 일반 백성에 대한 착취를 억제할 수 있으며, 이를 통하여 사회질서의 안녕을 도모할 수 있게 된다는 것이다. 바로 이러한 것들이 『관자』, 「경중」 편과 기타 편들에 나타나 있는 경세사상의 요체라는 것이다.

참고문헌

左丘明, 『國語』, 『四部備要』 本.

顔昌嶢, 『管子校釋』, 長沙, 嶽麓書社, 1996년.

司馬遷著, 瀧川資言會注考證, 『史記會注考證』, 太原, 北岳文藝出版社, 1999년.

戴濬, 『管子學案』, 上海, 學林出版社, 1994년.

謝德宗, 『經濟理論的革命家-凱因斯』, 臺北, 允晨文化圖書出版公司, 1982년.

김필수 외 3인 옮김, 『管子』, 「관자해제」, 서울, 소나무, 2006년.

제3장

묵자 : 하늘의 권위에 의탁한 경세

1. 시작하는 말

묵자의 천지론天志論은 하늘의 의지가 준칙의 의미에서부터 관념의 의미가 되는 것에 이르기까지의 과정 속에서 묵자학파가 주장한 주요한 가치 관념이 의탁한 소재가 된다고 할 수 있다. 아울러 묵자는 하늘의 의지에 법칙의 의미를 부여하여 그러한 천지 관념의 내용에 '겸애'로써 정치와 사회를 비판하고 평가하는 판단기준이 되게 만들었다고 할 수 있다. 그러나 왕공대부가 정치를 행할 때 및 백성들이 일상생활 속에서 이러한 기준을 위반하거나 혹은 하늘의 의지에 따라서 행하지 않을 때 과연 어떻게 할 것인가? 라고 하는 문제가 제기될 수 있다.

이상과 같은 문제에 관하여 현실 정치적 관념에서 천지의 목적을 탐구해볼 것인데, 그것은 바로 묵자가 공리공담만 일삼는 이론가가 아닌 실천을 중시하는 실천가였기 때문이다. 또한 이러한 천지의 관념은 과연 어떻게 현실 정치 속에서 그것의 관철과 시행이 보증되었을까? 라고 하는 문제, 즉 천지의 관념이 현실 정치 가운데에서 발생하게 되고 작용하려고 하는 시점에서 천지에 어떠한 형태의 의미와 작용을 부여해야 만이 타당한 것인가? 라고 하는 문제와 서로 관련된 묵자학파의 이론 은 또 어떻게 연결시켜야만 하는 것인가? 바로 이러한 문제들이 묵자가 심각하게 고민하고 관심을 가졌던 문제들이라고 할 수 있다.

2. 천지의 상선벌악

묵자가 제기한 천지 관념의 적극적인 의미는 이상적인 사회 실현의 가능성을 제기한 것에 있다고 할 수 있으며, 소극적인 의미는 하늘의 의지가 시행하는 것을 권면하고 이상이 현실 속에 산재하는 다양한 형태의 폐단을 구제하고 시행하지 않게 되는 것을 방지시키는 것을 제기한 것에 있다고 할 수 있다. 묵자는 윗자리에 있는 사람이 만일 하늘의 의지를 따르지 않고 겸애와 이익을 백성들에게 베풀지 않을 경우 하늘은 그에게 징벌을 내릴 것이라고 생각했다. 그래서 묵자는 겸애를 적극적으로 시행하는 것 이외에 하늘이 상선벌악賞善罰惡을 할 수 있다고 하는 주장을 제기하여 천하의 사람들이 분별하여 서로 미워하는 세태와 전란이 빈번한 상황을 바꿔보고자 했던 것이다. 아울러 묵자는 윗자리에 있는 사람이 되어서 겸애의 이상으로 천하를 구제하고자 하지 않으려고 하는 잘못을 바로잡는다고 하는 소극적인 측면에 대해서도 언급을 했다. 그렇기 때문에 묵자는 역사적인 반성 속에서 사회적 전통에 대한 고찰 및 실제적인 필요 가운데 특별히 하늘의 의지天志에게 상선벌악의 특성을 부여했던 것이다. 묵자는 이러한 견해를 견지하면서 노양魯陽의 문군文君이 하늘의 의지에 가탁하여 정나라를 공격하려고 한 것에 대하여 비판을 제기했던 것이다.

> 노양의 문군이 정나라를 공격하려 하였다. 묵자는 그 말을 듣고서 이를 말리려고 노양의 문군에게 말했다. 지금 만약 노양 땅 경계 안에서 큰 도시가 작은 도시를 공격하고 큰 집안이 작은 집안을 공격하여 거기에 사는 사람들을 죽이고, 그들의 소·말·개·돼지·무명·비단·쌀·조 및 재물들을 빼앗아 간다면, 곧 어떻겠습니까? 노양의 문군이 말하였다. 노양 땅 사방 경계 안 사람들은 모두가 나의 신하들이오. 지금 큰 도시가 작은 도시를 공격하고 큰 집안이 작은 집안을 공격하여 그들의 재물을 빼앗는다면, 곧 나는 무거운 형벌을 내릴 것이오. 묵자가 말했다. 하늘이 온 세상을 아울러 지니고 있는 것도 역시 임금님께서 사방 경계 안을 갖고 있는 것이나 같은 일입니다. 지금 군사를 일으켜 정나라를 공격한다면 하늘이 처벌을 내리지 않겠습니까? 노양의 문군이 말하였다. 선생께선 어찌하여 내가 정나라를 공격하려는 것을 막는 거요? 내가 정나라를 공격하는 것은 하늘의 뜻을 따르는 것이오. 정나라 사람들은 삼대에 걸쳐 그들의 임금을 죽였고, 하늘은 벌을 내리시어 3년 동안 농사가 온전히 되지 않게 하였지요. 나는 하늘

이 벌하시는 것을 도우려는 것이오. 묵자가 말했다. 정나라 사람들이 삼대 걸쳐 자기 아비를 죽여 하늘이 벌을 내리시어 3년 동안 농사가 온전히 되지 않았다면 하늘의 처벌로 충분한 것입니다.……그의 아버지가 매질을 하니까 그의 이웃집 영감이 몽둥이를 들고서 치면서 말하기를, 내가 얘를 치는 것은 그의 아버지의 뜻을 따르는 것이다. 라고 말하는 것과 같은 일입니다. 어찌 도리에 어긋나지 않겠습니까?[1]

위의 인용문에서와 같이 볼 수 있듯이, 노양의 문군은 본래 사사로운 욕심에 의해서 정나라를 침략하고자 하면서도 그 침략의 당위성을 하늘을 대신하여 도를 세운다고 하는 허울 좋은 명분을 세웠지만, 묵자는 적절한 비유를 들어서 노양과 정나라가 같은 하늘아래서 만일 서로가 침략전쟁을 벌인다면 반드시 하늘로부터 징벌을 받게 될 것이라고 주장했다. 하늘의 의지라고 하는 관점에서 보았을 때 노양과 정나라의 지위는 상호 대등한 관계였기 때문에 만일 침략전쟁을 시작하게 될 경우 스스로는 반

1 『墨子』, 「魯問」, "魯陽文君將攻鄭, 子墨子聞而止之, 謂魯陽文君曰: 今使魯四境之內, 大都攻其小都, 大家伐其小家, 殺其人民, 取其牛馬狗豕布帛米粟貨財, 則何若? 魯陽文君曰: 魯四境之內, 皆寡人之臣也. 今大都攻其小都, 大家伐其小家, 奪之貨財, 則寡人必將厚罰之. 子墨子曰: 夫天之兼有天下也, 亦猶君之有四境之內也. 今擧兵將以攻鄭, 天誅亓不至乎? 魯陽文君曰: 先生何止我攻鄭也? 我攻鄭, 順於天之志. 鄭人三世殺其父, 天加誅焉, 使三年不全. 我將助天誅也. 子墨子曰: 鄭人三世殺其父而天加誅焉, 使三年不全. 天誅足矣,……其父笞之, 其鄰家之父擧木而擊之, 曰: 吾擊之也, 順於其父之志, 則豈不悖哉?"

드시 하늘의 징벌을 받게 될 것은 자명한 사실이라고 할 수 있다. 하늘의 의지는 서로가 사랑해야 하고 관용해야 한다고 하는 관점 아래에서 각 나라들 사이의 정의를 유지시키기 위해서는 각국의 국제정의를 초월하는 존재가 필요하게 되는 것이다.

문제는 각국 사이에 발생하게 되는 정치적 행태가 어떠한 상황 속에서 하늘의 의지에 순응하거나 혹은 위배 하냐는 것이다. 그리고 하늘의 포상과 징벌은 어떻게 알 수가 있게 되는 것일까?

> 하늘의 뜻을 따른다는 것은 모두를 아울러 사랑하는 것이며, 하늘의 뜻에 반한다는 것은 차별을 두어 모두를 사랑하지 않는 것이다. 모두를 아울러 사랑하는 길은 의로운 다스림으로 가게 되고, 차별을 두어 모두를 사랑하지 않는 길은 힘에 의한 다스림으로 가게 된다. 그런데 의로운 다스림 이라는 것은 어떤 것인가? 그것은 큰 자는 작은 자를 공격하지 않고, 강한 자는 약한 자를 업신여기지 않으며,……그리하여 천하의 여러 나라들은 물이나 불과 독약과 무기로써 서로를 해치는 일이 없게 되는 것이다.…… 그러므로 천하의 좋은 명칭은 모두 주워 모아 그들에게 붙이게 되는 것이다. 그렇게 되는 까닭은 무엇인가? 곧 하늘의 뜻을 따르는 것이기 때문인 것이다. 그러면 힘에 의한 다스림 이라는 것은 어떤 것인가? 그것은 크면 작은 자를 공격하고, 강하면 약한 자를 업신여기며, 수가 많으면 적은 자들을 해치고,……그리하여 천하의 여러 나라들은 널리 물이나 독약과 무기로써 서로를 해치게 되는 것이다.……그러므로 천하의 악한 명칭은 다 주워 모아 그들에게 붙이게 되는 것이다. 이것은 그 까닭이 무엇인가? 곧 하늘의

뜻에 반하는 것이기 때문이다.[2]

하늘의 뜻을 따른다고 하는 것은 바로 천지의 관념 속에서 모두를 사랑하는 도리를 실천하는 것이며, 모두를 사랑하는 도리를 실천한다고 하는 것은 바로 의로운 다스림을 천하에 펼치는 것이다. 이처럼 의로운 다스림을 천하에 펼치게 되면 천하에는 전쟁과 거짓되고 기만하는 일이 없어지게 되는 것이다. 이러할 경우 하늘과 산천의 귀신은 마땅히 받아야 할 제사를 받을 수 있게 되고 백성들은 응당 누려야할 행복을 누릴 수 있게 되는 것이다. 제후국의 군주가 이와 같이 하늘의 뜻을 얻게 될 경우 그는 성인답고 자애롭고 지혜가 있으며 충성되고 효성스러운 사람이라고 불리어지게 되는 것이다.

반대로 하늘의 뜻을 거스르게 되면 바로 차별을 두어 모두를 사랑하지 않게 되는 길을 걷게 되어 결국에는 강력한 무력에 의해 천하를 정복하려 들게 된다. 이럴 경우 천하의 수많은 나라들이 상호간에 전쟁과 침략을 일삼게 되는 상황이 조성되어 결국에는 하늘과 산천의 귀신은 마땅히 받아야 할 제사를 받을 수

---

2 『墨子』, 「天志下」, "曰順天之意者, 兼也; 反天之意者, 別也. 兼之爲道也, 義正; 別之爲道也, 力正. 曰: 義正者何若? 曰: 大不攻小也, 强不侮弱也, 衆不賊寡也,……是以天下之庶國, 莫以水火毒藥兵刃以相害也.……故凡從事此者, 聖知也, 仁義也, 忠惠也, 慈孝也, 是故聚斂天下之善名而加之. 是其故何也? 則順天之意也. 曰: 力正者何若? 曰: 大則攻小也, 强則侮弱也, 衆則賊寡也,……是以天下之庶國, 方以水火毒藥兵刃以相賊害也.……是故聚斂天下之惡名而加之。是其故何也?則反天之意也."

없게 되고 백성들은 응당 받아야할 보살핌을 받을 수 없게 되는 것이다. 이와 같이 하늘의 덕을 해치는 사람은 도적이나 반란과 혼란의 무리에 속하는 사람으로 불리어지게 되는 것이다.

그렇기 때문에 하늘의 뜻을 따른다고 하는 것은 여러 제후국들에게 있어서 각국의 군주들이 백성들을 모두 사랑하고 이롭게 할 수 있게 되는 것이며 하늘의 뜻을 따라 천하를 잘 통치하게 되는 것이다. 하늘의 뜻을 거스르게 되면 각국의 군주들이 서로를 해치기 위해 전쟁을 벌여서 결국에는 백성들에게 어떠한 이로움도 없게 만들며 강력한 무력으로 천하를 정복하려고 하게 되는 것이다. 결국 묵자의 주장의 핵심은 바로 각국의 군주들이 하늘의 의지를 이상으로 삼는 한편 하늘의 뜻을 따라 백성들을 통치해야 만이 하늘로부터 포상을 받을 수 있다고 하는 것에 있다고 할 수 있다. 물론 만일 하늘의 뜻을 거스르게 되면 곧 하늘로부터 징벌을 받을 수 있다고 하는 사실 역시 부연했다.

> 하늘이 천하를 차지하고 있는 것도 이것과 다를 바가 없는 것이다. 지금 만약 큰 나라라 하여 곧 작은 나라를 공격하고, 큰 고을 사람이라 하여 곧 작은 고을을 정벌하면서 그런 방법으로 하늘의 복과 혜택이 내려지기를 바란다면, 복과 혜택은 끝내 받지 못하고 재난을 반드시 당하게 될 것이다.……그러므로 옛날 성인다운 임금들은 하늘과 귀신이 복을 내려주는 까닭을 분명히 알고, 하늘과 귀신의 미움을 피하여 천하의 이익을 증진시키고, 천하의 해를 없애려 하였다. 그래서 하늘은 추위와 더위를 절기에 맞도록 해주

고, 사계절이 조화 되도록 해주며, 날씨와 비와 이슬이 때에 알맞도록 해주고, 오곡이 잘 익도록 해주며, 여러 가축들이 잘 자라게 해주고, 질병과 전염병 및 흉년과 굶주림이 닥치지 않도록 해주었다. 그러므로 묵자가 지금 천하의 군자들이 진실로 도를 따라 백성들을 이롭게 해주려 한다면, 어짊과 의로움의 근본에 대하여 근본적으로 살피어 하늘의 뜻을 따르지 않으면 안 되는 것이라고 말했다.[3]

하늘이 천하를 차지하고 있는 것이 임금이나 제후들이 사방 국경 안의 땅을 차지하고 있는 것과 같기 때문에 당연히 모든 군주들은 자신의 백성들이 모두 서로 이롭게 되기를 희망할 것이다. 만일 자신의 국가 내의 각 도시 혹은 성읍의 백성들이 서로를 공격한다면 군주가 된 자로서 사회의 안녕과 질서를 유지하기 위해서 그들에게 징벌을 가해야 한다. 묵자는 이와 같은 비유를 들어서 하늘의 의지에는 상벌을 내리는 기능이 있다고 하는 사실을 설명하고 있으며, 군주가 만일 하늘이 하고자 하는 백성들을 모두 사랑하고 이롭게 해야 하는 것을 하지 않을 경우에 하늘은 즉시 질병과 재앙을 내려 징벌을 한다는 사실 및 하늘

3 『墨子』, 「天志中」, "夫天之有天下也, 將無已異此. 今若處大國則攻小國, 處大都則伐小都, 欲以此求福祿於天, 福祿終不得, 而禍祟必至矣.……故古者聖王明知天鬼之所福, 而辟天鬼之所憎, 以求興天下之利, 而除天下之害. 是以天之爲寒熱也節, 四時調, 陰陽雨露也時, 五穀孰, 六畜遂, 疾災戾疫凶饑則不至. 是故子墨子日: 今天下之君子, 中實將欲遵道利民, 本察仁義之本, 天意不可不愼也."

과 귀신의 비호를 받을 수 없다고 하는 것에 대해서도 역설하고 있다. 이는 묵자가 당시의 사람들이 하늘을 경외하는 심리를 이용하여 천하의 사람들을 위하여 이로움을 주고 해악을 제거하기를 염원하는 바램을 담고 있는 것이라고 할 수 있다. 이와 같이 집권자 개인이 이로움을 얻을 뿐만 아니라 하늘의 포상을 받게 되면 천하의 백성들 역시 그러한 축복을 같이 누릴 수 있게 되는 것이다.

결국 묵자가 하늘의 의지는 상선벌악賞善罰惡을 할 수 있다고 생각한 것은 역사적인 전통과 하늘의 자연현상을 통하여 증명할 수 있을 뿐만 아니라, 진일보 하여 포상과 징벌이라고 하는 신앙심 즉 귀신의 의지에 의거한 것이라고 할 수 있는 것이다. 그렇다면 귀신과 하늘의 의지는 어떤 관계를 가지고 있는 것일까? 묵자가 언급한 하늘의 의지와 귀신의 관계에 대하여 좀 더 구체적으로 언급하자면, 이는 천지 관념 속에서의 공포의식과 관련지어 논의할 필요가 있다고 생각한다.

3. 천지 관념 속에서의 공포의식

옛날부터 절대적 권위를 가진 초월자 즉 신에 대한 믿음체계가 존재해 왔는데, 그러한 것의 주요한 목적은 바로 백성들이 초월적 존재에 대하여 갖고 있는 신앙심을 이용하여 사회질서의 안정을 도모하기 위해서였다고 할 수 있다. 묵자는 제왕의 존폐나 농사의 풍년 흉년을 통하여 하늘의 의지가 군주에 대하여 상벌을 내리는 것을 설명하는 것 이외에 귀신에 관한 논의 혹은 민간에서 믿고 있는 귀신 신앙에 대한 것으로써 하늘의 의지와 사회정의 및 상벌의 관련성을 설명한다.

> 옛날 삼대의 성왕들이 돌아가신 뒤로 천하는 의로움을 잃고 제후들은 힘으로 정치를 하게 되었다. 그리하여 임금과 신하와 윗사람과 아랫사람들이 은혜롭고 충성되지 않은 이가 있게 되었으며, 아버지와 자식과 형과 아우들이 자애롭고 효성스럽지 않으며, 공경하고 우애롭고 바르고 훌륭하지 않은 이가 있게 되었고, 지도자들은 정사를 처리하는 데 힘쓰지 않고 천한 사람들은 종사하는 일에 힘쓰지 않게 되었다. 백성들이 난폭하고 반란을 일삼고 도둑질을 하며, 무기와 독약과 물과 불로써 한길이나 골목길에서 죄 없는 사람들을 가로막고, 남의 수레와 말과 옷가지를 약탈하여 자기의 이익으로 삼는 자들이 한꺼번에 생겨난 것은 이로부터 비롯된다. 그리하여 천하는 어지러워졌다. 이렇게 된 까닭은 어째서인가? 곧 모두가 귀신이 있고 없는 분별에 의혹을 지니어 귀신이 현명한 사람에게는 상을 주고, 난폭한 자에게는 벌을 줄 수 있음을 분명히 알지 못했기 때문이다. 지금 천하의 사람들에게 귀신이 현명한 사람들에겐 상을 주고, 난폭한 자에겐 벌을 줄 수 있음을 믿게 한다면, 천하가 어찌 어지러워지겠는가?[4]

4 『墨子』, 「明鬼下」, "逮至昔三代聖王旣沒, 天下失義, 諸侯力正, 是以存夫爲人君臣上下者之不惠忠也, 父子弟兄之不慈孝弟長貞良也, 正長之不强於聽治, 賤人之不强於從事也, 民之爲淫暴寇亂盜賊, 以兵刃毒藥水火, 退無罪人乎道路率徑, 奪人車馬衣裘以自利者並作, 由此始, 是以天下亂. 此其故何以然也? 則皆以疑惑鬼神之有與無之別, 不明乎鬼神之能賞賢而罰暴也. 今若使天

위의 인용문을 통해 알 수 있듯이, 묵자는 주로 정치와 사회 및 도덕의 타락과 혼란으로써 사회정의에 대한 왜곡에 관하여 언급하고 있다. 즉 사람들이 타인의 삶과 죽음을 돌보지 않고 오직 자신만의 개인적 이익만을 추구하기 때문에, 천하가 정치적 사회적으로 혼란한 상황에 빠져들게 된다고 하는 것을 언급하고 있다. 사회적으로 정의를 상실하게 되는 주요한 심리적 요인은 바로 사회적으로 불공정함의 범람과 정치적으로 불의함의 횡행에 있는 것이라고 할 수 있다. 즉 사람들의 마음이 오랜 시간동안 불의함과 불공정한 상태에 노출되어 있을 경우 인간의 심리는 점진적으로 비뚤어지게 되어, 결국에는 폭력적이고 음란하게 되어 개인의 사적 이익만을 추구하게 되어 두려워하는 것이 없게 것이다. 이러한 것을 종교적인 측면에서 본다면 곧 귀신의 권능과 상선벌악賞善罰惡을 인정하지 않게 됨을 의미하는 것이다. 그 결과 옛날부터 이미 존재했던 제도적 장치나 백성들의 음란과 폭력을 방지하기 위한 종교적 장치는 더 이상 사회적으로 통제력을 발휘하지 못하게 되는 것이다. 그렇기 때문에 묵자는 천하의 정치적 안정과 사회적 질서를 회복하고자 한다면, 이미 유명무실화 되어버린 귀신의 상선벌악의 권능을 다시 부활시켜야 한다고 생각했다. 그래서 묵자는 귀신의 존재를 밝힌다고 하는 이론을 제기하여 천지 관념을 보완하였던 것이다.

그렇다면 도대체 귀신이란 존재는 정말로 있는 것인가? 아니

下之人, 偕若信鬼神之能賞賢而罰暴也, 則夫天下豈亂哉?"

면 없는 것인가? 이러한 물음 역시 묵자가 적합한 대답을 해야만 하는 사항이라고 할 수 있으며, 만일 귀신이 정말로 있다고 한다면 그에 부합하는 적절한 증명 역시 반드시 필요한 사안이라고 할 수 있을 것이다. 귀신의 존재가 있다고 하는 증명은 바로 귀신이 포상과 징벌을 내릴 수 있다고 하는 것에서 찾아볼 수 있다. 이러한 문제에 대해서 묵자는 자신의 경험 및 역사적 성찰을 거쳐 제기한 삼표법三表法을 통하여 귀신의 존재를 증명했다.

> 그것은 천하에 있고 없는 것을 살피어 알게 되는 도리를 따르고, 반드시 여러 사람들의 귀와 눈이 듣고 본 실상을 근거로 하여, 그것이 있고 없는 것을 아는 법도로 삼아야 할 것이다. 정말로 누가 그것을 듣고 보았다면, 반드시 그것은 있는 것이라 여길 것이다. 아무도 듣지도 못하고 보지도 못한 것이라면, 반드시 그것은 없는 것이라 생각할 것이다. 그렇다면 어찌하여 한 고을이나 한 마을로 들어가 거기에 대하여 물어보지 않았는가? 옛날부터 지금에 이르기까지 사람들이 생겨난 이래로, 귀신이라는 물건을 본 사람이 있고, 귀신이 내는 소리를 들은 사람이 있다면, 귀신이 없다고 어찌 말할 수 있겠는가? 만약 아무도 들은 사람이 없고, 아무도 본 사람이 없다면 귀신이 있다고 말할 수가 있겠는가?[5]

5 『墨子』, 「明鬼下」, "是與天下之所以察知有與無之道者, 以衆之耳目之實, 知有與亡爲儀者也. 請惑聞之見之, 則必以爲有. 莫聞莫見, 則必以爲無. 若是, 何不嘗入一鄕一里而問之? 自古以及今, 生民以來者, 亦有嘗見鬼神之物, 聞鬼神之聲, 則鬼神何謂無乎? 若莫聞莫見, 則鬼神可謂有乎?"

어떠한 사물이 존재하거나 존재하지 않거나 라고 하는 것에 대하여 알고자 한다면, 그것의 존재유무를 증명하는 방법은 바로 그것에 대하여 보거나 들은 적이 있는 사람을 찾아보는 것이다. 그러나 만일 어떠한 사람도 귀신에 대하여 보거나 들어본 사실이 없을 때에는 귀신을 어떻게 증명해야 하는가? 라고 하는 문제에 직면할 수밖에 없게 된다. 이러한 문제에 대한 묵자의 증명은 기본적으로 일반 사람들의 입과 귀를 통하여 전달된 지식에 의지한다. 즉 그러한 존재는 사람들이 목격한 적이 있고 사람들이 들어본 적이 있기 때문에 귀신이 존재한다고 여겨지게 되는 것이다. 민간사회에서 전해지는 전설 이외에 묵자는 각국의 역사적 자료와 문헌들을 통하여 귀신의 존재를 설명하기도 한다. 예를 들자면, 주나라의 『춘추』에 기록되어져 있는 두백의 귀신 이야기나 연나라의 『춘추』에 기록되어져 있는 장자의의 귀신 이야기 및 『하서夏書』나 『상서商書』 및 『주서周書』에 기록되어져 있는 삼대 성왕의 귀신에 관한 언급 등과 같은 역사문헌의 역사적 기록에 나타나 있는 귀신을 보았거나 들었던 사실들을 근거로 귀신의 존재를 증명했다.

묵자가 인용한 역사문헌의 기록을 통해서 보면 귀신은 하늘의 의지가 하는 포상과 징벌을 집행할 수 있는 것으로 묘사되어 있기 때문에 귀신은 존재하는 것이며, 이러한 것 외에도 옛날부터 전해져 내려온 제사의식을 통해서도 귀신의 존재를 증명한다.

만약 진실로 옛날 삼대의 성왕들을 법도로 삼을만하다면, 곧

> 위로 성왕들의 일에 관하여 살펴보기로 합시다. 옛날에 무왕이 은나라를 공격하여 주를 징벌했을 적에, 제후들로 하여금 제각기 그들의 제사를 지내도록 하시었소. 곧 주나라 왕실과 핏줄이 가까운 이들은 궁전 안의 사당 제사를 받들고, 핏줄이 먼 사람들은 궁전 밖의 제사를 받들라는 것이었소. 그러니 무왕은 반드시 귀신은 존재하는 것이라 여겼던 것이오. 그렇기 때문에 은나라를 공격하여 주왕을 징벌했을 적에 제후들로 하여금 제각기 그들의 제사를 지내도록 했던 것이오. 만약 귀신이 없는 것이라면 무왕이 무엇 때문에 제사를 제각기 지내도록 했겠소? 다만 무왕의 하신 일만이 그러한 것이 아니다. 옛날의 성왕들은 공이 있는 사람들에게 상을 줄 적에는 반드시 조상의 묘당에서 하였고, 죄 있는 자를 처형할 적에는 반드시 사에서 하였다. 조상의 묘당에서 상을 준 것은 무엇 때문이었는가? 상을 주는 것이 공평함을 알리기 위해서였다. 사에서 처형을 한 것은 무엇 때문이었는가? 재판이 공정했음을 알리기 위해서였다.[6]

기본적으로 묵자가 반복해서 증명하고자 하는 것은 사람들이 귀신의 존재를 받아들일 수 있도록 설득하는 것에 있다고 할 수 있다. 그래서 묵자는 만일 일반 사람들의 증언을 믿을 수 없을 경우 삼대 성왕들의 사례까지 들었던 것이다. 삼대의 성왕들은

6 『墨子』, 「明鬼下」, "若苟昔者三代聖王, 足以爲法, 然則姑嘗上觀聖王之事. 昔者武王之攻殷誅紂也. 使諸侯分其祭曰: 使親者受內祀, 疏者受外祀. 故武王必以鬼神爲有. 是故攻殷伐紂, 使諸侯分其祭. 若鬼神無有, 則武王何祭分哉? 非惟武王之事爲然也, 故聖王其賞也必於祖, 其僇也必於社. 賞於祖者何也? 告分之均也. 僇於社者何也? 告聽之中也."

모든 행위의 법도로 삼을 수 있는 전범을 가진 존재들이기 때문에 그들이 행하였던 모든 것들은 신뢰할 만하다고 할 수 있다. 그렇기 때문에 무왕이 제후들에게 제사를 지내게 했다고 하는 명령을 내린 역사적 사실에서 귀신이 반드시 존재했다고 하는 것을 알 수 있게 된다. 그렇지 않았다면 군주가 공신들에게 포상을 내릴 때에 그것을 왜 조상의 묘당에서 거행했겠으며, 징벌을 내릴 때에 왜 사社에서 거행했겠는가! 더욱 중요한 것은 천하의 백성들에게 귀신이 상선벌악을 한다고 하는 사실을 널리 알려서 악행을 하지 못하도록 한 것과 다른 한편으로 군주 된 사람들에게 포상과 징벌을 사리에 맞고 정의에 부합하게 행하라고 하는 메시지가 담겨져 있으며, 만일 군주가 포상과 징벌을 정의에 부합하지 않게 시행했을 경우 귀신의 체벌을 피할 수 없음을 경고하고 있다는 사실이다.

> 그러므로 옛날의 성왕이 천하를 다스림에 있어서 반드시 귀신들을 먼저 위하고 사람들은 뒤에 생각한 것은 이 때문이다. 그러므로 나라의 관청에서 갖추는 물건은 반드시 먼저 제기와 제복 같은 것이었으며, 이런 것들을 모두 창고에 잘 저장해 두었다. 축과 종 같은 제사를 맡은 관리들이 모두 조정에 있었으며, 제물로 바치는 가축은 일반 가축과 함께 기르지 않았다. 본래 옛날 성왕들의 정치 방법은 이와 같았던 것이다. 옛날 성왕들은 반드시 귀신이 있다고 하였고, 귀신을 위하여 성실히 힘썼다. 또 후세 자손들이 알 수 없게 될까 두려워해서 죽간과 비단에 그것을 써서 후세 자손들에게 전하여 주었다. 어떤 이는 그것이 썩거나 좀먹어

> 없어져서 후세 자손들이 알 수 없게 될까 두려워하여 쟁반이나 그릇 같은 데 새기거나 쇠나 돌에 새김으로써 그것을 소중히 하였다. 그리고도 후세 자손들이 공경하고 두려워하지 않아서 그 복을 받지 못할까 두려워하였다. 그러므로 옛 임금의 책이나 성인들의 말을 보면, 한 자 길이의 비단이나 한 편의 책을 펼쳐 보아도 귀신이 있다는 말이 자주 나오며, 그것을 소중히 또 소중히 하고 있는 것이다. 이러한 까닭은 무엇인가? 곧 성왕들이 거기에 힘썼기 때문이다. 지금 귀신이 없다고 주장하는 자들은 말하기를, 귀신은 본래부터 있지 않은 것이다. 라고 한다. 곧 이것은 성왕들이 힘쓰던 일에 반하는 것이다. 성왕들이 힘쓰던 일에 반하는 것은 군자의 도가 될 수 없다.[7]

삼대 성왕들이 천하를 다스리던 때에는 귀신을 믿는 것과 사회정의 사이의 관계를 알고 있었기 때문에 귀신이 백성들의 음란과 악행 그리고 무례함을 방지할 수 있다고 하는 사실을 적극적으로 제창했었다. 그래서 사람들 사이에 불공정한 일이 발생할 수 있는 여지를 사전에 막을 수 있었던 것이다. 그렇기 때문

7 『墨子』, 「明鬼下」, "故古聖王治天下也, 故必先鬼神而後人者此也. 故曰官府選效, 必先祭器祭服, 畢藏於府, 祝宗有司, 畢立於朝, 犧牲不與昔聚群. 故古者聖王之爲政若此. 古者聖王必以鬼神爲, 其務鬼神厚矣, 又恐後世子孫不能知也, 故書之竹帛, 傳遺後世子孫. 咸恐其腐蠹絕滅, 後世子孫不得而記, 故琢之盤盂, 鏤之金石以重之. 有恐後世子孫, 不能敬莙以取羊. 故先王之書, 聖人一尺之帛, 一篇之書, 語數鬼神之有也, 重有重之. 此其故何? 則聖王務之. 今執無鬼者曰: 鬼神者, 固無有. 則此反聖王之務. 反聖王之務, 則非所以爲君子之道也."

에 그들이 귀신과 관련된 사안에 대하여 그만큼 중시했던 것이다. 이뿐만 아니라 그들은 후손들이 이러한 사실을 알 수 없게 될까 염려하여 죽간이나 백서에 기록하거나 금문이나 석문으로 남겨 소중히 보전하려 했던 것이다.

이상과 같은 언급에서 알 수 있는 사실은 귀신에게 상선벌악을 내릴 수 있는 권능이 있다고 하는 사실의 의의는, 하늘의 의지에는 현명한 자에게 포상을 내리고 폭정을 일삼는 자에게 징벌을 내린다고 하는 권능이 있다고 하는 것과 마찬가지로, 현실 정치 속에서 통치자 및 세상 사람들에게 경고의 메시지를 담고 있는 것에 있다고 할 수 있다. 그래서 묵자는 "나라가 음란하고 무례하다면, 그들에게 하늘을 높이고 귀신을 섬길 것을 먼저 말해 주어야 한다."[8]라고 역설했던 것이다. 예의에는 규범이라는 의미가 담겨져 있기 때문에, 예의가 없다면 바로 법도가 없는 것이며 질서가 없게 되어 규범을 상실하게 되는 것이란 의미가 담겨져 있는 것이다. 그렇기 때문에 하늘을 높이고 귀신을 섬기는 것은 무지몽매한 미신이나 광적인 종교 신념이 아닌 것으로, 이는 묵자가 사회의 법도 및 규범을 재건하기 위해서 운용한 수단이었던 것이라고 할 수 있다. 그러한 것들이 가지고 있는 작용은 마치 오늘날의 징계조례가 현재의 사회 속에서 작용하는 것과 같은 것이라고 할 수 있다. 그러나 하늘을 높이고 귀신을 섬긴다고 하는 것에는 초월적인 힘에 의해서 세속사회를 제약한다

8 『墨子』, 「魯問」, "國家遙僻無禮, 則語之尊天事鬼."

고 하는 전통적인 관습이 남아 있으며, 특히 왕공대인 등 권력자들에 대한 제약이 핵심을 이루고 있다고 할 수 있다. 묵자는 천지와 명귀의 권위로써 현실생활 속에서의 제재와 제약을 삼고자 하였으며, 사람들이 서로를 두루 사랑하고 서로가 차별하지 않기를 염원했던 것이다.

4. 천지 관념 속에서의 인심 속박의 해방

묵자 학설의 전반적인 의미에서 말하자면, 천지 혹은 귀신 및 국가차원의 상벌은 모두가 인간 스스로의 행위에 의해서 비롯되는 것이라고 할 수 있다. 즉 인간이 하는 선행과 악행에 따라서 하늘과 귀신의 포상과 징벌을 받게 되는 것이다. 대체적으로 말하자면, 인간 행위의 선악에 따라서 외부적인 포상과 징벌이 초래 되는 것으로, 비록 하늘의 의지나 귀신의 존재를 밝히는 것과 같이 외재적인 요인도 있지만, 궁극적으로는 인간이 자신의 주동적인 행위를 포기하고 귀신의 비호에 의지하지 않는다는 것을 의미한다.

> 계손소와 맹백상은 함께 노나라의 정사를 다스리고 있었는데, 서로 믿지 못하고 있어서 사당에 가서 빌었다. "진실로 우리를 화목하도록 하여 주십시오." 하고. 그것은 마치 그들이 "눈은 가리고 사당에 가서 빌기를 우리를 다 볼 수 있게 하여 주십시오." 하고 비는 거나 같은 것이니, 어찌 잘못이 아니겠는가?[9]

> 질비가 와서 물었다. "선생님께서는 귀신은 밝아서 사람에게 화와 복을 내릴 수 있으며, 착한 자에게는 상을 주고 착하지 않은 자에게는 벌을 내린다 하셨습니다. 지금 선생님은 성인이신데, 어찌하여 병이 나셨습니까? 생각건대, 선생님의 말씀이 착하지 않았다는 것입니까? 귀신이 밝게 알지 못한 것입니까?" 묵자가 말하였다. "비록 네게 병이 났다 하더라도 귀신이 어찌 갑자기 밝지 않아졌겠느냐? 사람이 병을 얻게 되는 이유는 여러 가지 있으니 추위나 더위 때문에 얻는 경우도 있고, 수고나 괴로움 때문에 얻는 경우도 있어 백 개의 문 가운데 한 문을 닫았다 하더라도 도적이 어찌 갑자기 들어갈 데가 없겠는가?"[10]

이러한 하늘의 의지나 귀신은 외부세계에 존재하면서 사람들에게 포상과 징벌 및 재앙과 축복을 내려 줄 수 있다고 하는 견해는 묵자가 생존하던 당시에도 마찬가지로 항상 사람들의 오해와 의문제기에 봉착했었다. 이러한 사례는 위의 인용문을 통해서 충분히 알 수 있다. 물론 묵자의 의도는 단지 하늘과 귀신이 상벌을 내린다고 하는 주장에 머물러 있지 않고 사람들이 하늘과 귀신이 결정한 인간의 행위를 방임함으로써 발생하게 되는 범죄행위의 예방에 초점이 맞춰져 있었던 것이다. 하늘과 귀신

9 『墨子』, 「耕柱」, "季孫紹與孟伯常治魯國之政, 不能相信, 而祝於叢社, 曰: 苟使我和. 是猶弇其目, 而祝於叢社曰: 苟使我皆視. 豈不繆哉?"

10 『墨子』, 「公孟」, "跌鼻進而問曰: 先生以鬼神爲明, 能爲禍福, 爲善者賞之, 爲不善者罰之. 今先生聖人也, 何故有疾? 意者先生之言有不善乎? 鬼神不明知乎? 子墨子曰: 雖使我有病, 何遽不明? 人之所得於病者多方, 有得之寒暑, 有得之勞苦, 百門而閉一門焉, 則盜何遽無從入?"

이 기획한 것은 제도와 심리적인 측면의 필요에 착안한 일종의 감시 시스템이었던 것으로, 사람은 반드시 스스로가 선한 행위와 악한 행위를 구별하여 종사해야만 하는 것이다. 이와 같이 알 수 있듯이 묵자의 하늘과 귀신은 이미 상고시대의 인류가 복을 기원하고 신령함이 강림하는 종교적인 의미의 하늘과 귀신의 성격을 탈피한 형태의 존재였던 것이다. 즉 묵자가 언급한 하늘과 귀신은 인간의 주동적인 행위에 의해서 서로 반응하는 존재로써, 인간이 선한 행위를 할 때에 만이 비로소 하늘과 귀신의 포상을 받을 수 있는 것이며, 인간 자신의 미래는 스스로가 창조할 수 있게 되는 것이다. 다시 말하자면, 하늘과 귀신의 포상과 징벌은 결코 운명적으로 결정된 것이거나 선천적으로 혹은 기원해서 얻어지는 것이 아니라는 것이다.

만일 인간의 모든 행위가 선천적으로 결정되었고 진정으로 운명으로 결정된 존재가 있다고 한다면, 인간의 선한 행위나 악한 행위는 무의미한 것으로 변하게 될 것이다. 선한 행위를 하였을 때 좋지 않은 결과가 발생하게 되거나 악한 행위를 했을 때 오히려 좋은 결과가 발생하게 되는 것과 같이 선행과 악행의 결과가 모두 운명적으로 정해져 있다고 한다면, 결국에는 사람들은 힘써 자신의 생업에 종사하지 않을 것이다. 또한 사람들은 자신의 행위에 대하여 어떠한 형태의 책임도 지지 않으려고 하는 사회적인 풍조가 사회 전체에 만연하게 될 것이다.

운명이 부유하게 되어 있으면 부유하게 되고, 운명이 가난하게 되어 있으면 가난하며, 운명이 많아지게 되어 있으면 많아지고, 운명이 적어지게 되어 있으면 적어지며, 운명이 다스려지게 되어 있으면 다스려지고, 운명이 혼란하게 되어 있으면 혼란해지며, 운명이 장수하게 되어 있으면 장수하고, 운명이 요절하게 되어 있으면 요절한다. 힘이 비록 세다 한들, 무슨 도움이 되겠는가?[11]

윗사람이 상을 주는 것은 운명에 본래부터 상을 받도록 되어 있기 때문이지, 현명하기 때문에 상을 받는 것은 아니다. 윗사람이 벌을 주는 것은 운명에 본래부터 벌을 받도록 되어 있기 때문에 벌을 받는 것이지, 포악하기 때문에 벌을 받는 것은 아니다.[12]

그렇기 때문에 묵자는 이러한 운명론에 대하여 상고시대를 사례로 들어 적극 반박하는 주장을 제기한다.

옛날 하나라와 상나라와 주나라의 포악한 임금들은 그들의 귀와 눈의 지나친 욕망을 바로잡지 않고, 그들 마음이 끌리는 일을 삼가지 않으며, 밖으로는 말 달리며 사냥하여 새와 짐승을 잡고, 안으로는 술을 마시고 즐기는 일에 빠져서, 그의 나라와 백성들을 다스리는 일은 거들떠보지도 않았다. 쓸데없는 일만을 많이 하고 백성들에게 포악한 짓만을 하여 아랫사람은 그의 윗사람들에게

11 『墨子』, 「非命上」, “命富則富, 命貧則貧; 命衆則衆, 命寡則寡; 命治則治, 命亂則亂; 命壽則壽, 命夭則夭; 力雖强勁, 何益哉?”

12 『墨子』, 「非命上」, “上之所賞, 命固且賞, 非賢故賞也. 上之所罰, 命固且罰, 不暴故罰也.”

친해지지 않도록 하였다. 그러므로 나라는 망하여 텅 비게 되고, 그 자신은 처형을 당하게 된다. 그런데도 내가 무력하고 못나서 정치를 잘하지 못하였기 때문이라고는 말하지 않고, 반드시 내 운명이 그렇게 되었기 때문에 망한다. 라고 말하였다. 또 옛날 하나라와 상나라와 주나라의 그릇된 백성들도 역시 그러한 생각을 하였다. 안으로는 그의 부모님을 잘 모시지 못하고, 밖으로는 그의 임금과 윗사람을 잘 섬기지 못하였다. 공경스럽고 검소한 것은 싫어하고, 간단히 아무렇게나 행동하기를 좋아하며, 먹고 마시는 일은 탐하면서도 그가 해야 할 일은 게을리 하였다. 그래서 입고 먹을 재물이 부족하여 자신이 굶주리고 헐벗는 것을 걱정할 지경에 이르렀다. 그런데도 결코 내가 무능하고 못나서 내가 해야만 할 일에 힘쓰지 않았기 때문이다. 라고는 말하지 못하고, 언제나 내 운명이 본래부터 궁핍하게 되어 있다. 라고 말하였다. 옛날 하나라와 상나라와 주나라의 거짓을 일삼는 백성들도 역시 그러한 생각을 하였다. 운명이 있다는 말을 번거로이 꾸며내 가지고 여러 어리석고 순박한 사람들에게 가르쳐 온 지 오래된 것이다.[13]

13 『墨子』, 「非命中」, "故昔者三代之暴王, 不繆其耳目之淫, 不愼其心志之辟, 外之歐騁田獵畢弋, 內沈於酒樂, 不顧其國家百姓之政. 繁爲無用, 暴逆百姓, 使下不親其上, 是故國爲虛厲, 身在刑僇之中, 必不能曰我見命焉. 是故昔者三代之暴王, 不繆其耳目之淫, 不愼其心志之辟, 外之歐騁田獵畢弋, 內沈於酒樂, 不肯曰: 我罷不肖, 我爲刑政不善, 必曰: 我命故且亡. 雖昔也三代之窮民, 亦由此也. 內之不能善事其親戚, 外不能善事其君長, 惡恭儉而好簡易, 貪飮食而惰從事, 衣食之財不足, 使身至有饑寒凍餒之憂, 必不能曰: 我罷不肖, 我從事不疾, 必曰: 我命固且窮. 雖昔也三代之僞民, 亦猶此也. 繁飾有命, 以敎衆愚樸人久矣."

역사적으로 폭군들의 언행을 중심으로 보았을 때, 그들은 향락을 즐기는 마음을 억제하지 못하고 마음속에 자리 잡은 사악한 생각을 제거하지 못하였기 때문에 백성들의 고통을 돌아볼 겨를이 없이 백성들의 노동력을 오직 자신이 즐기는 향락에 낭비하였던 것이다. 이러한 현상은 군주와 백성이 서로 다른 마음을 품게 만들어 결국에는 국가의 멸망을 초래하게 되고 군주 자신은 죽음을 당하게 되는 재앙을 모면하지 못하게 된다. 폭군은 결코 자성할 줄 모르기 때문에 절대로 자신이 능력이 없어서 정치를 잘하지 못한다고는 말하지 않으며, 반대로 자신의 운명이 천하를 잃게 될 것이라고 말하곤 한다. 이러한 풍조 속에서 삼대 시기에 곤궁한 지경에 처했던 백성들 역시 모두가 그렇게 생각하여, 그들이 집에서 부모에게 효도를 다하지 못하는 것이나 군주를 잘 섬기지 못하는 것 및 태만함을 즐기는 것을 좋아하거나 근면하고 검소하게 일을 하는 것을 싫어하여, 결국에는 식량과 재물이 부족하게 되어 굶주리거나 추위에 떨게 되는 지경에 처해서도, 결코 자신이 무능하고 태만하여 그렇게 된 것이 아니고 오히려 운명이 빈궁하게 정해져서 그렇게 된 것 이라고 말한다. 이와 같은 여론이 세상에 만연하게 될 경우 어떠한 결과가 조성될까? 바꿔 말하자면, 묵자가 진정으로 염려한 것은 운명론이 만연하게 되어 사람들의 마음이 도치되어 발생하게 되는 국가적 사회적 후폭풍이었던 것이다.

지금 임금이나 장관 자리에 있는 사람들이 만약 운명이 있다고 믿고서 행동하게 된다면 반드시 소송을 처리하고 정사를 다스리는 일을 게을리 하게 될 것이다. 높은 관리들은 반드시 관청 일을 다스리는 일을 게을리 하게 될 것이다. 농부들은 반드시 밭 갈고 씨 뿌리고 심고 가꾸는 일을 게을리 하게 될 것이다. 부인들은 반드시 실 뽑고 길쌈하는 일을 게을리 하게 될 것이다. 임금과 장관들이 소송을 처리하고 정사를 다스리는 일을 게을리 하게 되고, 높은 관리들이 관청 일을 다스리는 일을 게을리 하게 된다면, 우리는 천하가 반드시 어지러워진다고 생각할 것이다. 농부들이 밭 갈고 씨 뿌리고 심고 가꾸는 일을 게을리 하게 되고, 부인들은 실 뽑고 길쌈하는 일을 게을리 하게 된다면, 우리는 천하의 입고 먹을 재물이 반드시 부족하게 될 것이라고 생각할 것이다. 만약 그렇게 천하의 정치를 해나간다면, 위로 하늘과 귀신을 섬긴다 해도 하늘과 귀신이 따르지 않을 것이며, 아래로 백성들을 먹여 살게 해준다 하더라도 백성들에게 이롭지 못하여 반드시 흩어져서 그들을 이용할 수가 없게 될 것이다. 그래서 들어와 나라를 지킨다 해도 견고하지 못하고, 나아가 전쟁을 한다 해도 이기지 못하게 될 것이다. 그러므로 옛날 삼대의 폭군인 걸임금·주임금과 유왕·여왕이 그들의 나라를 잃어버리고 그들 왕실을 망쳐 버리게 되었던 것도 이 때문이었던 것이다.[14]

14 『墨子』, 「非命下」, "今雖毋在乎王公大人, 蕢若信有命而致行之, 則必怠乎聽獄治政矣, 卿大夫必怠乎治官府矣, 農夫必怠乎耕稼樹藝矣, 婦人必怠乎紡績織紝矣. 王公大人怠乎聽獄治政, 卿大夫怠乎治官府, 則我以爲天下必亂矣. 農夫怠乎耕稼樹藝, 婦人怠乎紡織績紝, 則我以爲天下衣食之財將必不足矣. 若以爲政乎天下, 上以事天鬼, 天鬼不使, 下以持養百姓, 百姓不利, 必離散不可得用也. 是以入守則不固, 出誅則不勝. 故雖昔者三代暴王, 桀紂幽厲之所以共抎其國家, 傾覆其社稷者, 此也."

즉 사람들 모두가 운명론만을 믿고 주어진 직분을 소홀히 하고 태만하게 한다면 장차 국가는 혼란에 빠지게 되고 백성들은 흩어지게 되어 결국에는 사직의 멸망을 초래하게 될 것이다.

사람들 마음속에 운명론을 굳건하게 자리 잡게 할 수만 있다면 집권자는 백성들을 마음대로 조정하고 부릴 수 있게 된다. 하늘의 의지를 확립시키기 위하여 묵자는 삼표三表의 법도를 세워 운명론을 부정했다. 그것을 이용하는 자의 관점에서 말하자면, 운명론에 집착하는 것은 국가적으로나 백성들의 이로움에 부합하지 않는 것이다. 또한 백성들의 눈과 귀를 통하여 관찰한 관점에서 보았을 때도 역시 운명론은 실체가 없는 허상일 뿐이라는 것이다.

> 우리가 운명이 있고 없는 것을 아는 근거로 여러 사람들의 귀와 눈의 감각을 이용하여 있는 것과 없는 것을 아는 데 의존할 수 있다. 그것을 들은 일이 있고, 그것을 본 일이 있다면, 그것이 있다고 말할 것이고, 아무도 그것을 듣지 못하였고, 아무도 그것을 보지 못하였다면, 그것이 없다고 말할 것이다. 그렇다면 어찌하여 백성들의 실제 경험을 고찰해 보지 않는가? 옛날부터 지금에 이르기까지 백성들이 생겨난 이래로 운명이란 물건을 보았거나 운명의 소리를 들어 본 자가 있었던가? 전혀 그런 일이 없다. 만약 백성들은 어리석고 못났으니 그들의 귀와 눈의 실제 경험은 그것을 근거로 법도를 삼을 만한 것이 못된다고 생각한다면, 그러면 어찌하여 제후들의 전하는 말이나 유행하는 얘기들을 고찰해 보지 않는가? 옛날부터 지금에 이르기까지 사람들이 생겨난 이래로

운명의 소리를 들었거나, 운명의 실체를 보았다는 이가 있는가? 전혀 그런 일이 없다.[15]

이와 같이 운명이라고 하는 것이 없다고 하는 사실을 알 수 있게 되는데, 구체적으로 민간에 전해져 내려오는 구비전승 속에서도 어떠한 사람도 운명을 보았거나 들어 본적이 없으며, 지식인 계층에 속하는 제후들이나 선비들마저도 운명의 형체를 보았거나 그것의 소리를 들어본 적이 없기 때문에 묵자는 운명이라고 하는 것은 존재하지 않는다고 주장했던 것이다.

묵자는 진일보하여 고대의 성왕과 관련된 사적 가운데에서도 운명이라고 하는 것이 존재하는 것이 아니라고 하는 사실을 천명한다.

옛날의 성왕들은 효자를 드러내어 백성들에게 어버이를 섬기기를 권하였고, 현명하고 훌륭한 이들을 높이어 백성들에게 착한 일을 하기를 권하였으며, 법령을 반포함으로써 백성들을 가르치고 깨우쳤고, 상과 벌을 분명히 함으로써 백성들에게 권장하고 금하고 하였다. 이렇게 하면 곧 어지러운 것은 다스려지게 할 수 있고, 위태로운 것을 편안하게 할 수 있는 것이다. 그대는 그렇지

15 『墨子』, 「非命中」, "我所以知命之有與亡者, 以衆人耳目之情, 知有與亡. 有聞之, 有見之, 謂之有, 莫之聞, 莫之見, 謂之亡. 然胡不嘗考之百姓之情? 自古以及今, 生民以來者, 亦嘗見命之物, 聞命之聲者乎? 則未嘗有也. 若以百姓爲愚不肖, 耳目之情不足因而爲法, 然則胡不嘗考之諸侯之傳言流語乎? 自古以及今, 生民以來者, 亦嘗有聞命之聲, 見命之體者乎? 則未嘗有也."

않다고 생각하는가? 옛날 걸임금이 어지럽히던 것을 탕임금이 다스렸고, 주임금이 어지럽히던 것을 무왕이 다스렸다. 이것은 세상이 바뀌지 않고 백성들이 달라지지 않았는데도 위의 정치가 바뀌어 지고 백성들을 가르치는 것이 달라진 것이다. 탕임금과 무왕에게 맡기면 곧 다스려지고, 걸임금과 주임금에게 맡겨놓으면 어지러워졌다. 편안함과 위태로움 및 다스려짐과 어지러움은 위의 통치자가 정치를 하기에 달려 있으니, 곧 어찌 운명이 있다고 말할 수가 있겠는가? 운명이 있다고 말하는 자들이 있으나 전혀 그렇지 않은 것이다.[16]

고대의 성왕 예를 들자면 탕임금이나 무왕과 같은 경우 부모에게 효도하고 현명하고 유능한 인재를 존중하며 율법을 제정하여 백성들을 교화시키기 위해서 상벌을 엄정하게 밝힘으로써 백성들 모두가 규범을 준수할 수 있도록 격려했다. 이렇게 하여 천하의 혼란을 다스리고 모든 백성들이 안정된 삶을 구가할 수 있게 만들었던 것이다. "세상이 바뀌지 않고 백성들이 달라지지 않았다."고 하는데, 어떻게 백성들이 탕임금과 무왕의 치세에 온순해지고 걸임금과 주임금의 치세에 난리를 일으켰을까? 정치의 안정과 혼란의 관건은 바로 집권자의 자세와 그가 집행하고

---

16 『墨子』, 「非命中」, "古之聖王, 擧孝子而勸之事親, 尊賢良而勸之爲善, 發憲布令以教誨, 明賞罰以勸沮. 若此則亂者可使治, 而危者可使安矣. 若以爲不然? 昔者桀之所亂, 湯治之; 紂之所亂, 武王治之. 此世不渝而民不改, 上變政而民易教. 其在湯武則治, 其在桀紂則亂. 安危治亂, 在上之發政也, 則豈可謂有命哉? 夫曰有命云者, 亦不然矣."

자 하는 훌륭한 정책에 있는 것이지 운명에 있는 것이 아니다. 그렇기 때문에 모든 운명론 혹은 숙명론의 관념은 맞는 것이 아니라고 하는 주장을 묵자는 했던 것이다.

5. 맺는 말

이상과 같이 묵자의 친지론에 나타난 경세사상에 대하여 천지의 상선벌악과 천지 관념 속에서의 공포의식 및 천지 관념 속에서의 인심 속박의 해방을 중심으로 논의를 진행해보았는데, 이를 정리하면 다음과 같다.

묵자가 제기한 천지 관념의 적극적인 의미는 이상적인 사회 실현의 가능성을 제기한 것에 있다고 할 수 있으며, 소극적인 의미는 하늘의 의지가 시행하는 것을 권면하고 이상이 현실 속에 산재하는 다양한 형태의 폐단을 구제하고 시행하지 않게 되는 것을 방지시키는 것을 제기한 것에 있다고 할 수 있다. 그렇기 때문에 하늘의 뜻을 따른다고 하는 것은 여러 제후국들에게 있어서 각국의 군주들이 백성들을 모두 사랑하고 이롭게 할 수 있게 되는 것이며 하늘의 뜻을 따라 천하를 잘 통치하게 되는 것이다. 하늘의 뜻을 거스르게 되면 각국의 군주들이 서로를 해치기 위해 전쟁을 벌여서 결국에는 백성들에게 어떠한 이로움도 없게 만들며 강력한 무력으로 천하를 정복하려고 하게 되는 것이다. 결국 묵자의 주장의 핵심은 바로 각국의 군주들이 하늘의 의지를 이상으로 삼는 한편 하늘의 뜻을 따라 백성들을 통치해야 만이 하늘로부터 포상을 받을 수 있다고 하는 것에 있다고 할 수 있다. 물론 만일 하늘의 뜻을 거스르게 되면 곧 하늘로부터 징벌을 받게 된다고 하는 사실 역시 언급했다.

묵자는 주로 정치와 사회 및 도덕의 타락과 혼란으로써 사회정의에 대한 왜곡에 관하여 언급했다. 즉 사람들이 타인의 삶과 죽음을 돌보지 않고 오직 자신의 개인적 이익만을 추구하기 때문에, 천하가 정치적 사회적으로 혼란한 상황에 빠져들게 된다고 하는 사실에 대하여 언급했다. 또한 묵자는 사회적으로 정의를 상실하게 되는 주요한 심리적 요인은 바로 사회적으로 불공정함의 범람과 정치적으로 불의함의 횡행에 있는 것이라고 했다. 즉 사람들이 귀신의 권능과 상선벌악을 인정하지 않게 된 결과 옛날부터 이미 존재했던 제도적 장치나 백성들의 음란과 폭력을 방지하기 위한 종교적 장치는 더 이상 사회적으로 통제력을 발휘하지 못하게 된 것이다. 그렇기 때문에 묵자는 천하의 정치적 안정과 사회적 질서를 회복하고자 한다면, 이미 유명무실화 되어버린 귀신의 상선벌악의 권능을 다시 부활시켜야 한다고 생각했다. 그래서 묵자는 귀신의 존재를 밝힌다고 하는 이론을 제기하여 천지 관념을 보완했던 것이다.

하늘의 의지나 귀신은 외부세계에 존재하면서 사람들에게 포상과 징벌 및 재앙과 축복을 내려 줄 수 있다고 하는 묵자의 견해는 단지 하늘과 귀신이 상벌을 내린다고 하는 주장에 머물러 있지 않고 사람들이 하늘과 귀신이 결정한 인간의 행위를 방임함으로써 발생하게 되는 범죄행위의 예방에 초점이 맞춰져 있었다. 하늘과 귀신이 기획한 것은 제도와 심리적인 측면의 필요에 착안한 일종의 감시 시스템이었던 것으로, 사람은 반드시 스스로가 선한 행위와 악한 행위를 구별하여 종사해야만 하는 것이다. 이와 같이 묵자에게 있어서의 하늘과 귀신은 이미 상고시대의 인류가 복을 기원하고 신령함이 강림하는 종교적인 의미의 성격을 탈피한 존재였던 것이다. 즉 묵자가 언급한 하늘과 귀신은 인간의 주동적인 행위에 의해서 서로 반응하는 존재로써, 인간이 선한 행위를 할 때에 만이 비로소 하늘과 귀신의 포상을 받을 수 있는 것이며, 인간 자신의 미래는 스스로가 창조할 수 있게 되는 것이다. 다시 말하자면, 하늘과 귀신의 포상과 징벌은 결코 운명적으로 결정된 것이거나 선천적으로 혹은 기원해서 얻어지는 것이 아니라는 것이다.

참고문헌

孫詒讓, 『墨子閒詁』, 北京, 中華書局, 1954년.

呂振羽, 『中國政治思想史』, 北京, 人民出版社, 1955년.

謝慶奎, 『中國古代政治思想史』, 北京, 北京大學出版社, 1979년.

劉澤華, 『先秦政治思想史』, 天津, 南開大學出版社, 1984년.

朱日耀, 『中國古代政治思想史』, 長春, 吉林大學出版社, 1988년.

제4장

맹자 : 민생의 안정을 위한 제언

1. 시작하는 말

맹자는 공자의 철학사상을 계승하여 발전시켰다고 할 수 있다. 맹자의 경세사상은 농민과 수공업자 등을 포함한 기층의 생산자 계층의 요구를 대표한다고 할 수 있다. 맹자는 분업과 가격 및 농단 등의 개념에서 기본적이고 정확한 자신의 견해를 제기했다. 맹자의 이론이 반영하는 계층은 비교적 복잡하기 때문에, 그의 경제관점에는 마음을 쓰는 것과 육체의 힘을 쓴다고 하는 관점이 존재하고 있으며, 또한 농민들에게 토지를 제공해야 한다고 하는 관점이 담겨져 있고, 농민들을 행복하게 만들고자 하는 관점 역시 포함되어 있는데, 예를 들자면 정전제도井田制度가 바로 그러한 것이라고 할 수 있는 것이다. 그러나 어떤 측면의 문제에 있어서는 맹자가 백성들의 이익을 위해서 변호한다고들 하고는 있지만, 한편으로는 민중들을 대표하는 학파에 대하여 공격적인 태도를 취하기도 한다. 예를 들면 묵가와 농가에 대한 비판이 그것이다.

현대의 일부 학자들은 맹자가 어떤 때에는 자신의 주장을 강력하게 강조하기 위하여 다른 사람들의 학설에 대하여 신랄하게 공격함으로써 자신의 이론을 증명하려 했다고 주장하고 있기도 하다.[1] 예를 들자면 맹자가 주장한 홀아비와 과부 및 고아와 외로운 사람 등의 구제는 왕도정치의 시작인데, 자산子産의 "자신의 수레에 사람들을 태워 진수·유수를 건너게 해주었다"[2]는 것과 같은 구제행위에 대하여 비토를 한 것이 그것이다. 또한 어떤 사람은 맹자가 생산을 장려했기 때문에 구제정책에 반대했다고도 한다. 맹자가 생산을 장려한 것은 정확한 사실이지만, 곤경속에서 신음하고 있는 백성들 한 사람 한 사람을 구제 하는데 그치거나 혹은 백성들 한 사람 한 사람을 기쁘게 하는데 그치는 것이 아니라, 그들의 근본적인 삶을 보장할 수 있는 기반을 마련해주는 정책이 바로 맹자의 왕도정치 정신이 추구하는 가치라고 할 수 있는 것이다.

맹자의 경세사상은 긍정적으로 평가받을 만한 부분이 매우 많다고 판단된다. 특히 정교하게 주장한 사회적인 분업의 이론 같은 경우와 '농단'관념과 실질적으로 경제의 기본정신을 중시한 점들은 정당한 평가를 받을 만한 가치가 있다고 생각된다.

1 陳紹聞, 『中國經濟思想簡史』, 上海, 上海人民出版社, 1978년, 95쪽 참조.

2 『孟子』, 「離婁下」, "以其乘輿濟人於溱洧."

본문에서는 맹자의 경세사상에 대하여 조세이론과 분업이론 그리고 물가정책 이론을 중심으로 논의를 진행해 나가도록 하겠다.

2. 조세이론

맹자의 재정관련 사상은 그의 왕도정치사상의 기초가 된다고 할 수 있으며, 한편으로는 왕도정치를 실행하기 위해서는 충분한 재정수입이 필요조건으로 작용했다.

> 일 아닌 것이 없어서 봄이면 경작하는 것을 살펴 부족한 것을 보충해주고, 가을이면 거두는 것을 살펴서 모자라는 것을 돕습니다.[3]

> 천하를 얻는 것에 도가 있으니, 그 백성을 얻으면 곧 천하를 얻을 것이다. 그 백성을 얻는 것에 도가 있으니 그 마음을 얻으면 곧 백성을 얻을 것이다. 그 마음을 얻는데 도가 있으니, 바라는 것을 그들을 위해 모아주고, 싫어하는 것을 해주지 않는 것이다.[4]

> 군주가 도를 지향하지 않고 인에 뜻을 두지 않는데, 그를 부유하게 함을 구하면 이는 걸을 부유하게 하는 것이다.[5]

3 『孟子』, 「梁惠王下」, "無非事者, 春省耕而補不足, 秋省斂而助不給."

4 『孟子』, 「離婁下」, "得天下有道 得其民, 斯得天下矣. 得其民有道 得其心, 斯得民矣. 得其心有道 所欲與之聚之, 所惡勿施爾也."

> 이와 같이 본다면 군주가 인정을 행하지 않는데도 부유하게 한다면 모두 공자에게 버림받을 자이다.[6]

위의 인용문에서와 같이 볼 수 있듯이 맹자는 국가의 조세정책은 백성들에게 유리하게 시행하는 것을 원칙으로 해야 한다고 생각했으며, 만일 그것이 백성들에게 불리하게 적용된다면 조세를 증세시켜서는 안 된다고 주장했다. 즉 맹자는 조세를 징수하거나 증세하는 것의 기준은 백성들에게 유리한지의 여부에 따라서 결정되어져야 한다고 주장했던 것이다. 호기창胡寄窗은 맹자가 말하는 백성이란 곧 피통치자계층의 사람들을 지칭하는 것으로 신흥지주계층의 사람들 역시 그 속에 포함된다고 하였으며, 조세를 징수하는 국가의 군주는 당시의 봉건영주를 지칭한다고 했다. 즉 맹자는 피통치자계층의 사람들을 대표하여 재정 부담과 조세의 징수를 백성들에게 유리하도록 경감시켜줘야 한다고 주장했다. 맹자의 관념 속에서의 주요한 납세자는 바로 신흥지주와 농민과 공인 등과 같은 생산업에 종사하는 사람들이었다. 맹자는 만일 군주가 "도를 지향하지 않음", "인에 뜻을 두지 않음", "인정을 행하지 않음"과 같은 상태에 있음에도 불구하고 그에게 납세를 한다면, 이는 무도한 군주에게 더 힘을 실어주거나 혹은 백성들에게 폐해를 증가시키는 것과 같은 것이라고 생각했다. 그러므로 맹자의 기본정신은 정치의 좋고 나쁨이 백성들의

5 『孟子』, 「告子下」, "君不鄕道, 不志於仁, 而求富之, 是富桀也."

6 『孟子』, 「離婁上」, "由此觀之, 君不行仁政而富之, 皆棄於孔子者也."

납세여부의 조건이 된다고 하는 것에 있다.[7]

맹자는 단일 농업세라고 하는 조세제도를 시행할 것을 주장했는데[8], 이러한 제도는 전국시대 중기에는 시행하기에 상당한 어려움이 따른 제도였다고 할 수 있다. 왜냐하면 이러한 제도의 시행과 유사한 주장이 서양에서는 18세기에 이르러 비로소 중농주의학파에 의해서 제기되었기 때문이다.

> 시장에서 자릿세만 받고 상품 거래세는 받지 않거나, 법으로 다스리기만 하고 자릿세도 받지 않으면 천하의 장사하는 사람이 다 기뻐하여 그 나라의 시장에 상품을 두고 팔기를 바랄 것이다. 관문에서는 살피기는 하되 세금을 받지 아니하면, 천하의 나그네가 다 기뻐하여 그 나라의 길에 나서기를 바랄 것이다. 농부에게는 공전을 경작하게 할 뿐 다른 세금을 받지 아니하면 천하의 농사짓는 자가 다 기뻐하여 그 나라의 땅에서 농사짓기를 바랄 것이다. 거주하는 주택에 인두세와 가구세가 없으면 천하의 백성이 다 기뻐하여 그 고장의 주민이 되기를 바랄 것이다.[9]

시장에 있는 상점에게 징세하지 않고 상품을 규정된 법에 의

---

7 胡寄窗, 『中國經濟思想史』, 上海, 上海人民出版社, 1983년, 247쪽 참조.

8 葉龍, 『歷代人物經濟故事』, 香港, 壹出版有限公司, 1996년, 31쪽.

9 『孟子』, 「公孫丑上」, "市, 廛而不征, 法而不廛, 則天下之商皆悅, 而願藏於其市矣. 關, 譏而不征, 則天下之旅皆悅, 而願出於其路矣. 耕者, 助而不稅, 則天下之農皆悅, 而願耕於其野矣. 廛, 無夫里之布, 則天下之民皆悅, 而願爲之氓矣."

해서 사고팔게 할 뿐 상품 거래세를 징수하지 않으며, 관문에서 여행객들을 검문만 할 뿐 통행세를 징수하지 않으며, 택지에서 생산된 작물이 없으면 토지세를 징수하지 않고, 직업이 없는 사람들에게 인두세를 매기지 않는다고 하는 맹자의 조세정책은 국가의 재정수입을 주로 농업생산의 세금으로 충당하는 것으로 볼 수 있다.

맹자는 송나라의 대부였던 대영지戴盈之가 주장한 관문세나 시장세의 점진적인 철폐에 대하여 즉시 철폐하고 농업생산에 대한 세금만을 징수할 것을 주장한다. 농업생산세의 징수에 대하여 맹자는 "공전을 경작하게 할 뿐 다른 세금을 받지 않음"을 주장하는데, 이는 곧 국가가 대지주가 되어 백성들에게 공전公田을 경작케 하여 그 생산물로 세금을 충당케 한다는 것이다. 이러한 "공전을 경작하게 할 뿐 다른 세금을 받지 않음"은 맹자의 이상적인 조세정책이었던 것이다. 맹자가 생존했던 시대의 조세 징수 방법은 크게 구분하면 두 가지(현물과 노동) 형식으로 시행되었을 것이다. 즉 맹자가 "직물과 명주로 받는 징수, 곡식으로 받는 징수, 노동력으로 받는 징수가 있다"[10]라고 언급한 것이 그것이다. 고대 중국사회에서 시행된 세금징수는 직물로 하는 과세와 곡식으로 하는 과세와 노동력으로 하는 과세의 세 종류가 있었다. 맹자는 군주가 국가를 통치함에 세 종류의 과세 가운데 하나만을 징수해야 한다고 생각했는데, 만일 두 가지를 징수한

10 『孟子』, 「盡心下」, "有布縷之征, 粟米之征, 力役之征."

다면 백성들은 굶주리게 될 것이며, 세 가지 모두를 징수 한다면 결국에는 백성들은 온 가족이 해체되고 국가질서는 무너지게 될 것이라고 생각했다.

조세제도에서 단일 과세제를 주장한 것 이외에 맹자는 과세 방식에 대해서도 매우 정밀한 분석을 내놓는다. 즉 맹자는 용자龍子의 의견에 동조하여 공납방식이 최악이고 공전을 경작케 하여 그 생산물로 세금을 충당하는 것을 최선으로 보았다. 공납은 그 액수의 많고 적음을 파악하기 위해서는 반드시 사전에 계산을 하여야만 하는데, 그 계산방법은 경작지의 몇 년간의 수확량을 평균으로 삼아서 산정한다. 즉 "공은 여러 해를 비교해서 그 중간치를 표준으로 삼는다."[11] 다시 말하면 납세를 해야 하는 백성들의 공물 수량은 이러한 계산의 평균액을 기준으로 하여 결정되는 것이라고 할 수 있다.

> 풍년이 든 해에는 쌀이 넘칠 정도로 흔하여 세금으로 많이 가져가도 가혹하지 않는데 적게 가져가고, 흉년에는 생산이 그 밭의 비료 값도 안 되는데 반드시 가득하게 가져가니, 백성의 부모가 되어서 백성들이 원망을 품게 하고, 일 년 내내 일을 하고도 그 부모를 봉양하지 못하게 하고, 또 빚으로 보태어 세금을 내게 하여 이자를 더 받아서, 늙은이와 어린이들이 개천과 구덩이 속에 굴러 죽게 하면 어디에 그 백성의 부모 됨이 있는가?[12]

---

11 『孟子』, 「滕文公上」, "貢者校數歲之中以爲常."

12 『孟子』, 「滕文公上」, "樂歲, 粒米狼戾, 多取之而不爲虐, 則寡取之. 凶年, 糞

이와 같이 볼 때, 공납방식을 채용하게 된다면 많은 사회적 문제들이 야기될 수 있다. 즉 공납금액이 한번 결정된 이후에는 융통성과 신축성이 부족할 수밖에 없기 때문에, 백성들의 입장에서는 풍년이 든 해에는 다소 많은 양을 징수한다고 해도 가혹하다고 생각하지 않지만, 한번 정해진 공납금액은 바꿀 수 없기 때문에 더 많은 양을 징수할 수 없는 것이다. 또한 흉년이 든 해에는 비료대기도 부족한데도 불구하고 공납금액 맞춰 징수해 가니 백성들은 과도한 부담을 질 수밖에 없는 것이다. 공전을 경작케 하여 그 생산물로 세금을 충당하는 방법은 백성들이 노동력을 제공하여 공전에서 생산된 수확물로서 세금을 대납하게 하는 것이기 때문에 풍년이나 흉년에 구애받지 않고 안정적으로 세금을 납부할 수 있게 되는 것이다. 그러므로 맹자는 이러한 세금부과 방식이야말로 가장 이상적인 제도라고 생각했던 것이다.[13]

기본적으로 맹자는 수확량의 십분의 일을 농업세로 징수할 것을 주장했는데, 그가 이러한 주장을 한 근거는 바로 하夏·상商·주周 삼대의 "그 실상은 모두 십일조 세 이다"[14] 세율에 의거한 것이라고 할 수 있다. 또한 송나라 대부 대영지戴盈之가 제기했던 "십일조 세와 관문·시장의 세금 철폐"[15]의 세제에 의거했다

其田而不足, 則必取盈焉. 爲民父母, 使民盻盻然, 將終歲勤動, 不得以養其父母, 又稱貸而益之. 使老稚轉乎溝壑, 惡在其爲民父母也?"

13 葉龍, 『歷代人物經濟故事』, 香港, 壹出版有限公司, 1996년, 32쪽.

14 『孟子』, 「滕文公上」, "其實皆什一也."

고 할 수 있다.

> 백규가 "나는 이십분의 일만을 세금으로 받고자 하는데 어떻겠습니까?"라고 말하자, 맹자가 "그대의 도는 맥족의 도이다. 일만 호 가 사는 나라에 한 사람이 질그릇을 만든다면 되겠는가?"라고 물었다. 백규가 "안 됩니다. 그릇이 쓰기에 족하지 않습니다."라고 대답했다. "맥족의 나라는 곡식이 나지 못하고 오직 기장만 나니, 성곽이며 궁실이며 종묘에서 제사하는 예가 없으며, 제후의 폐백이며 손님 접대가 없으며, 백관이며 실무관리가 없는지라 그러므로 이십에서 일을 취하여도 충분하다. 지금 중원에 살면서 인륜을 버리고 군자를 없이하면 어찌 옳겠는가. 질그릇 굽는 사람이 적을지라도 또한 나라를 위하여 옳지 않은데 하물며 군자가 없다니! 요순의 도보다 가볍게 하고자 하는 자는 대맥이거나 소맥이요, 요순의 도보다 무겁게 하고자 하는 자는 대걸 이거나 소걸이다."[16]

백규白圭는 전국시대의 재벌로서 이십분의 일의 세금만을 걷을 것을 주장했는데, 이렇게 할 경우 반드시 농업세 이외의 기타

15 『孟子』, 「滕文公下」, "什一, 去關市之征."

16 『孟子』, 「告子下」, "白圭曰: '吾欲二十而取一, 何如?' 孟子曰: '子之道, 貉道也. 萬室之國, 一人陶, 則可乎?' 曰: '不可, 器不足用也.' 曰: '夫貉, 五穀不生, 惟黍生之. 無城郭宮室宗廟祭祀之禮, 無諸侯幣帛饔飧, 無百官有司, 故二十取一而足也. 今居中國, 去人倫, 無君子, 如之何其可也? 陶以寡, 且不可以爲國, 況無君子乎? 欲輕之於堯舜之道者, 大貉小貉也. 欲重之於堯舜之道者, 大桀小桀也.'"

세수로서 부족분을 충당 해야만 하는 상황이 발생할 수 있다. 맹자는 단일 농업세로부터 충분한 국가재정의 확충 문제까지 고려했기 때문에 백규의 징세방식에 대하여 반대를 했던 것이다. 이와 같이 볼 때 맹자는 과중한 세금징수에 반대했을 뿐만 아니라 국가재정을 부족하게 만들 수 있는 과도한 감세정책 역시 반대했다고 할 수 있다.

3. 분업이론

분업이론은 맹자 경제사상의 핵심이라고 할 수 있는데, 그는 분업의 필요성과 분업의 효용성에 대하여 명확한 인식과 함께 매우 정밀한 이론체계를 수립했다. 호기창胡寄窗은 맹자가 인식하고 이론체계를 수립한 분업이론은 고대의 학자들 가운데서도 매우 찾아보기 드문 경우라고 주장했다.[17]

맹자의 분업 필요성에 관한 사상은 허행許行의 자급자족이론에 대한 반대의 입장표명에서 찾아볼 수 있다.

> 맹자가 "허행이라는 사람은 반드시 곡식을 심은 뒤에 먹는가?"라고 묻자, 진상이 "그렇습니다."라고 대답했다. "허행이라는 사람은 반드시 베를 짠 뒤에 옷을 입는가?"라고 묻자, 진상이 "아닙니다. 허행은 갈옷을 입습니다."라고 했다. "허행은 갓을 쓰느냐?" "갓을 씁니다." "무슨 갓을 쓰느냐?" "흰 갓을 씁니다."

17 胡寄窗, 『中國經濟思想史』, 上海, 上海人民出版社, 1983년, 238쪽 참조.

> "스스로 짜느냐?" "아닙니다. 곡식과 바꿉니다." "허행은 어찌 스스로 짜지 않는가?" "농사를 짓는데 방해가 되기 때문입니다." "허행은 솥과 시루에 불 때어 밥 지으며, 쇠 쟁기로 밭을 가느냐?" "그렇습니다." "스스로 만드느냐?" "아닙니다. 곡식으로 바꿉니다." "곡식으로 기물을 바꾸는 것은 대장장이를 괴롭히는 것이 되지 않으니, 대장장이가 또한 기물로 곡식을 바꾸는 것이 어찌 농부를 괴롭히는 것이 되느냐? 또 허행은 어찌 대장장이를 하여, 모두 그 집안에서 내어다가 취하여 쓰지 않는가? 어찌 어수선하게 온갖 장인으로 더불어 교역을 하는가? 어찌 허행은 번거로움을 거부하지 않는가?" "온갖 장인의 일은 본디 밭을 갈면서 같이 하지 못할 노릇입니다." "그러면 천하를 다스리는 것만은 농사를 지으면서도 또한 같이 할 수 있다는 것이냐? 대인의 일이 있고 소인의 일이 있다. 또 한 사람의 몸에 온갖 장인이 하는 일을 갖추었어도, 만일 반드시 자기가 만든 뒤에 쓴다면 이것은 천하 사람들을 거느리고 분주하게 오가느라 쉴 새가 없는 것이다."[18]

맹자와 진상陳相의 대화 속에서 맹자가 치국의 도리로써 허

18 『孟子』, 「滕文公上」, "孟子曰: 許子必種粟而後食乎? 曰: 然. 許子必織布而後衣乎? 曰: 否. 許子衣褐. 許子冠乎? 曰: 冠. 曰: 奚冠? 曰: 冠素. 曰: 自織之與? 曰: 否. 以粟易之. 曰: 許子奚爲不自織? 曰: 害於耕. 曰: 許子以釜甑爨, 以鐵耕乎? 曰: 然. 自爲之與? 曰: 否. 以粟易之. 以粟易械器者, 不爲厲陶冶. 陶冶亦以其械器易粟者, 豈爲厲農夫哉? 且許子何不爲陶冶. 舍皆取諸其宮中而用之? 何爲紛紛然與百工交易? 何許子之不憚煩? 曰: 百工之事, 固不可耕且爲也. 然則治天下獨可耕且爲與? 有大人之事, 有小人之事. 且一人之身, 而百工之所爲備. 如必自爲而後用之, 是率天下而路也."

행許行의 군주 자급설의 이론을 반박하는 것을 볼 수 있다. 맹자의 분업이론은 매우 명료하고 실제상황과 결합되어 있기 때문에 그 누가 본다고 해도 바로 명확하고 쉽게 사회적 분업의 중요성을 알 수 있게 만든다. 맹자는 곡식으로 기물을 교환하는 행위가 장인에게 해를 끼치는 것이 아니고, 또한 기물로 곡식을 교환하는 것이 농부에게 해를 끼치는 것이 아니라고 역설한다. 이것뿐만 아니라 한 개인이 사용해야할 일용품들은 모두 장인들에 의한 제작 생산이 필요한 것으로, 만일 그렇지 않고 자신이 이용할 일용품을 스스로 제작해서 사용해야만 한다면 모든 사람들은 결국 생업의 포기나 혹은 일용품 생산의 포기라는 극단적인 선택을 강요받게 될 것이라고 했다.

> 그대가 공들인 내용을 서로 소통시키고 일하여 만든 물건을 서로 바꾸게 하여 남는 것을 가지고 모자라는 것을 보충하지 않는다면, 농부에게는 곡식이 남아돌고, 여자에게는 삼베가 남아 돌 것이다. 그러나 그대가 만일 이것을 서로 융통한다면 목수와 수레를 만드는 공인이 모두 그대에게서 먹을 것을 얻을 것이다.[19]

위의 인용문에서 볼 수 있듯이 맹자는 분업의 필요성에 대하여 언급했을 뿐만 아니라, 분업의 장점에 대해서도 이미 숙지하고 있었다. “공들인 내용을 서로 소통시키고 일하여 만든 물건을

19 『孟子』, 「滕文公下」, “子不通功易事, 以羨補不足, 則農有餘粟, 女有餘布. 子如通之, 則梓匠輪輿皆得食於子.”

서로 바꾸는 것"이라고 하는 말은 사람들이 생산한 제품을 융통성 있게 서로 교환하여 사용한다는 것을 의미한다. 즉 사람들이 제각기 지니고 있는 고유한 업무를 통하여 생산한 물품을 서로가 필요한 사람들끼리 교환해서 사용한다는 것이다. 이러한 주장은 물물교환의 효용성뿐만 아니라 사회적 분업의 좋은 효과까지 설명하고 있는 것이라고 할 수 있다. "공들인 내용을 서로 소통시키고 일하여 만든 물건을 서로 바꾸는 것"은 장인이나 농민을 막론하고 모두에게 유익하다고 할 수 있는데, 만일 이러한 물물교환이 없다고 한다면 농민들은 매년 수확한 곡식들 가운데 식량으로 소비하는 것 외에 잉여분을 팔 수 없게 되는 현실에 직면하게 된다. 또한 농가에서 부녀자들이 생산해낸 직물 역시 다른 물품과 교환이 불가능해진다. 마찬가지로 수공업 분야에서도 물물교환이 불가능해질 경우 장인들은 자신들이 생산한 제품으로 곡식과 직물을 교환하는 일이 불가능해지게 된다. 장인과 농민이 분업을 통하여 피차 모두가 필요한 물품을 확보하게 되는 것이니 이는 그들 모두에게 유익한 것이 되는 셈이다. 구체적으로 말하자면 장인은 자신의 수공업에만 전념하면 될 뿐 구태여 농업이나 직물 생산에 종사할 필요가 없는 것이며, 농민 역시 농업에만 전념하면 된다는 것이다.

맹자는 분업의 개념을 한 단계 더 발전시켜 정신적인 노동과 육체적인 노동에까지 응용하는데 다음과 같다.

어떤 이는 마음으로 힘쓰고, 어떤 이는 육체로 힘쓰는 것이니,

> 마음으로 힘을 쓰는 자는 다른 사람을 다스리고, 육체로 힘쓰는 자는 다른 사람에게 다스림을 받는다고 하니, 다른 사람에게 다스림을 받는 자는 남을 먹이고, 다른 사람을 다스리는 자는 남에 의해서 먹는 것이 천하에 통용되는 도리이다.[20]

맹자는 천하를 다스리는 일은 군자의 업무라고 생각하였으며, 이는 마음을 쓰는 일이라고 보았다. 또한 수공업이나 농경은 소인들의 업무라고 생각하였으며, 이는 육체로 힘쓰는 일이라고 생각했다. 마음을 쓰는 자는 다른 사람들을 통치하는 사람이고 육체로 힘쓰는 자는 다른 사람에게 통치를 받는 사람에 해당된다. 이러한 맹자의 주장에 대하여 학자들 간에 다양한 견해들이 존재하는데, 여홍뇌黎紅雷 같은 경우 "유가의 입장에서 볼 때, 관리라고 하는 것은 사람에 대한 관리로 통치행위가 된다.……정신적인 노동을 하는 사람은 관리를 하고 육체적인 노동을 하는 사람은 관리를 받는다."[21]라고 주장하기도 한다.

맹자가 언급한 "마음으로 힘쓰고, 육체로 힘쓰는 일"이론의 논증에 대해서는 다음과 같은 두 가지 측면에서 접근해볼 수 있다. 즉 분업의 필요성 측면과 노동성과물의 교환에 대한 필요성 측면이라고 할 수 있다. 현대적인 관점에서 보았을 때, 맹자의

20 『孟子』, 「滕文公上」, "或勞心, 或勞力. 勞心者治人, 勞力者治於人; 治於人者食人, 治人者食於人, 天下之通義也."

21 黎紅雷, 『現代管理與儒家知慧』, 臺北, 天地圖書出版有限公司, 1992년, 15쪽 참조.

"마음으로 힘쓰고, 육체로 힘쓰는 일"이론에는 분업의 필요성과 합리성에 대하여 인정하고 있음과 동시에 그것에 대한 체계적인 관리를 긍정하고 있음을 내포하고 있다고 할 수 있다. 고대 사회에서의 관리계층의 형성은 바로 이러한 사회적 분업 시스템의 결과물이라고 할 수 있으며, 또한 이러한 사회계층의 출현이 인류문명의 발전사에 끼친 영향은 상당히 지대하다고 말할 수 있다. 맹자가 언급한 "마음으로 힘쓰고, 육체로 힘쓰는 일"이론은 관리자가 마음으로 힘쓴다는 것을 강조하는 하는 한편, 관리자의 두뇌 노동 및 그 성과의 사회발전에 대한 커다란 작용을 긍정한 것이라고 할 수 있다.

진소문陳紹聞과 같은 경우 역시 맹자의 분업 필요성에 대하여 다음과 같은 설명을 한다. 즉 그는 물건교환의 유용성과 장점에 대하여 매우 명확한 인식을 가지고 있는데, 특히 맹자의 "공들인 내용을 서로 소통시키고 일하여 만든 물건을 서로 바꾸는 것"이란 각 개인들이 한 가지 일에만 종사하여 자신의 노동으로 생산한 물품으로 타인이 생산한 다른 물품과 상호 교환한다고 하는 것을 의미한다고 했다. 또한 그는 만일 물품교환 행위가 없다면 사회적 생산은 지속적으로 진행 될 수 없다고 주장하기도 한다.[22]

맹자는 군자의 책무란 국가를 안정시키고 부유하게 만들어야 하는 것으로서, 그 지위의 존귀함과 책무 때문에 많은 사람들의

22 陳紹聞, 『中國古代經濟文選』, 上海, 上海人民出版社, 1983년, 79쪽 참조.

추앙을 받고 있다고 생각했다. 또한 맹자는 이러한 군자의 생산 활동이라는 것이 직접 농토에 나가서 경작을 하여 수확하는 것을 의미하는 것은 아니라고 생각했다. 이러한 관념은 현대 경제학의 노무제공의 개념과 매우 유사한 부분을 갖고 있다고 할 수 있다.

4. 물가정책 이론

맹자는 상품 가격의 비싸거나 저렴함은 상품 자체의 품질에 의해 결정되는 것이라고 생각했다. 또한 그는 각종 상품들 자체의 품질이 제각기 다르기 때문에 상품의 가격 역시 천차만별인 것으로 보았다. 맹자는 허행許行의 개별상품의 수량 관계에 따라 가격을 결정한다고 하는 이론에 대하여 반대의 입장을 취한다.

> 베와 비단의 길이가 같으면 값이 서로 같으며, 베와 명주 그리고 실과 솜이 무게가 같으면 값이 서로 같으며, 오곡의 양이 같으면 값이 서로 같으며, 신의 크기가 같으면 값이 서로 같습니다.[23]

위의 인용문을 통하여 허행이 상품의 가격이나 가치의 문제를 고려할 때, 단지 무게와 수량 크기 및 길이 등의 관계에만 치중하고 있음을 파악할 수 있다. 즉 허행의 논리대로라면 수량이

23 『孟子』, 「滕文公上」, "布帛長短同, 則賈相若. 麻縷絲絮輕重同, 則賈相若. 五穀多寡同, 則賈相若. 屨大小同, 則賈相若."

같을 경우에는 가격 역시 같게 된다는 것이다.

> 물건의 가격이 같지 아니한 것은 물건의 실제정황이니, 어떤 것은 두 배도 되고 다섯 배도되며, 어떤 것은 열배 백배도 되며, 어떤 것은 천배 만배가 되거늘, 그대는 이것을 좇아서 같다 하니, 이것은 천하를 어지럽게 함이로다. 큰 신과 작은 신의 값이 같으면 사람이 어찌 이것(큰 것, 좋은 것)을 만들겠느냐? 허자의 도리를 따르면 서로 거짓을 하는 것이 되니, 어찌 국가를 다스릴 수가 있겠는가?[24]

맹자는 허행이 제기한 같은 종류의 상품이 수량만 동일하다면 같은 가격으로 팔수 있다는 주장에 반대의 입장을 표방한다. 즉 맹자는 개별상품의 품질에 제각기 큰 차별이 있다는 점에 착안하였기 때문에, 품질이 좋은 신발과 품질이 떨어지는 신발이 모두 일률적으로 같은 가격에 거래되는 것에 대하여 반대를 한다. 다시 말하자면, 만일 하등품이나 상등품이 같은 가격에 거래된다면 과연 어떤 수공업자가 상등품의 물건을 생산하려 하겠는가? 라는 의문이 제기 될 수 있다는 것이다.

맹자의 상품가격 개념에 대한 다른 특징은 춘추시대의 자공子貢이나 범려范蠡와 전혀 다른 모습을 보이고 있는데, 맹자는

24 『孟子』, 「滕文公上」, "夫物之不齊, 物之情也. 或相倍蓰, 或相什伯, 或相千萬. 子比而同之, 是亂天下也. 巨屨小屨同賈, 人豈爲之哉? 從許子之道, 相率而爲僞者也, 惡能治國家?"

상품의 수요와 공급의 관계에만 한정하여 상품가격을 결정하지 않고, 상품 자체의 품질과 효용가치까지 포함하여 상품가격을 결정했다는데 그 차이점이 있다고 할 수 있다.[25] 이와는 반대로 허행은 상품의 품질과 같은 요인을 고려하지 않았기 때문에 이론적으로 보았을 때 결점을 가질 수밖에 없었다. 맹자가 언급한 "물건의 가격이 같지 아니한 것은 물건의 실제정황이다"에서의 "실제정황"은 표면적으로는 일반적인 도리인 것처럼 보이지만, 실제로는 그것이 물건의 품질을 의미하는 것인지에 대한 단정은 좀 더 연구가 필요한 부분이라는 판단이 든다.

요명춘廖名春과 같은 경우 진상陳相이 높게 사고 있는 허행의 다른 상품가격 관점에 대한 맹자의 신랄한 비판을 긍정적인 시각으로 본다. 만일 상품의 품질에 관계없이 오직 한 가지 가격만이 존재할 경우 사람들은 경쟁적으로 서로를 기만하려 할 것이며, 그 결과는 반드시 당시의 상품교환 경제 시스템을 훼손했을 것이다. 이러할 경우 국가가 커다란 혼란에 빠지게 되는 것은 자명한 사실이라고 할 수 있다. 맹자의 이러한 관점은 상품가치에 대한 실질적인 인식이 이미 있었기 때문에 가능했던 것이라고 할 수 있다.[26] 맹자는 각종의 다른 상품들의 가격이 서로 차이가 두 배가 되기도 하고 열배 심지어는 천배나 되는 것에는 "물건의 실제정황"이라는 요인이 자리 잡고 있기 때문이라고 생각

25 胡寄窗, 『中國經濟思想史』, 上海, 上海人民出版社, 1983년, 244쪽 참조.

26 廖名春, 『孟子的知慧』, 臺北, 漢藝色研文化事業有限公司, 1984년, 129쪽 참조.

했다. 즉 상품 자체의 품질에 의해서 가격이 결정된다고 하는 것이다. 이렇듯이 상품가격을 결정하는 품질은 곧 그 상품의 가치가 되는 것이다.

요명춘은 "맹자와 비슷한 시기의 고대 그리스의 철학자 아리스토텔레스는 상호 교환되는 상품은 질적인 면에서의 동등성으로 인하여 서로 통할 수 있는 양적인 교환관계가 발생한다고 하였다."[27]라고 하여, 맹자와 아리스토텔레스의 상품 가치이론이 매우 유사한 것으로 보았다. 또한 후가구侯家駒는 맹자의 "공들인 내용을 서로 소통시키고 일하여 만든 물건을 서로 바꾸는 것"을 교환관계로 보았으며, 이러한 교환관계에는 반드시 가격이 발생한다고 생각했다. 아울러 그는 만일 허행의 이론대로 동일한 가격전략을 구사한다면, 판매자는 생산원가도 뽑아내기 힘들 것이며 구매자 역시 상품의 효용성을 극대화 시키지 못하게 될 것이라고 하였다. 그렇기 때문에 수요와 공급의 균형이 깨지게 되어 가격의 기능을 발휘할 수 없게 되는 상황이 발생하게 된다고 보았다.[28]

일반적으로 상품의 가격결정 요인은 주관적인 측면과 객관적인 측면으로 구분할 수 있는데, 상품의 효용성과 구매자의 구매능력과 판매자의 할인의도와 같은 쌍방의 심리상태 등은 주관적

27 廖名春, 『孟子的知慧』, 臺北, 漢藝色研文化事業有限公司, 1984년, 130쪽 참조.

28 侯家駒, 『先秦儒家自由經濟思想』, 臺北, 聯經出版事業公司, 1985년, 115쪽 참조.

인 요인에 해당되고, 상품 자체의 생산가 등은 객관적인 요인에 해당된다고 볼 수 있다. 결국 맹자는 사회경제적 각도에서 시장경제에 관한 이론적 토대를 마련했으며, 이러한 주장은 인지상정의 도리에도 부합된다고 할 수 있는 것이다.[29]

호기창胡寄窗은 '농단壟斷'이라고 하는 개념에 대하여 "맹자가 가리키는 경제행위에서 볼 때, 농단이라고 하는 개념은 맹자가 가장 먼저 제기했다."[30]라고 주장한다. 비록 서주시대 말기에 예량보芮良父가 영이공榮夷公의 이익을 독점하는 사안에 대하여 반대했지만, 그 당시의 이익 독점은 통치자가 정치권력을 이용하여 행한 영리활동들을 의미하는 것이라고 할 수 있다. 이러한 행위가 비록 '농단'의 범위에 들어가기는 하지만, 결국은 정치적 특권을 통하여 누리는 '농단'이라고 할 수 있다. 그러나 맹자가 지적한 '농단'은 앞에서 언급한 정치권력을 이용한 '농단'이 아닌 시장에서 상인이 전횡하는 '농단'에 해당한 것이라고 할 수 있다.

> 예전의 시장거래는 자기가 가진 것과 자기가 없는 것을 바꾸는 것으로, 관리는 세금을 걷지 않고 분쟁을 다스릴 따름이었다. 그런데 어떤 비열한 사람이 있어, 반드시 우뚝한 높은 언덕에 올라가서는 좌우를 둘러보면서 시장의 이익을 모두 거둬들였다. 세상 사람들이 모두 그를 비열하다고 여겼다. 그리하여 그런 행위에 따라서 세금을 부과하게 되었다. 상인에게 세금을 물게 하는 것이

29 錢公博, 『經濟思想論集』, 臺北, 學生書局, 1975년, 45쪽 참조.

30 胡寄窗, 『中國經濟思想史』, 上海, 上海人民出版社, 1983년, 244쪽 참조.

이러한 비열한 사람으로부터 비롯하게 되었다.[31]

고대사회의 시장에서 교역에 종사하는 상인들은 모두가 자신들이 가진 것으로써 부족한 것을 교환했으며, 시장의 교역을 관리하는 정부의 관리들은 시장의 질서를 유지하는 직무만을 수행했었다. 그러나 후대에 비열한 사람이 출현하여 높은 곳에 자리를 차지하고 시장 전체의 동태를 파악한 뒤 그러한 정보를 바탕으로 시장의 이익을 독점 즉 '농단'하게 되는 상황이 발생하게 되었다. 사람들은 모두가 이러한 행위를 비열하고 불공평한 것이라고 생각하였기 때문에, 시장의 교역을 관리하던 정부 관리들이 이런 비열한 사람들에게 세금을 징수하게 되었던 것이다. 상인들에게 세금을 징수하는 제도는 바로 이러한 비열한 사람들 때문에 시작되었던 것이다.

맹자는 상업 활동에 있어서의 이익의 독점 즉 '농단'에 대하여 반대를 했는데, 그 이유는 비열한 사람들만이 이러한 활동에 종사한다고 생각했기 때문이며, 상업 활동에 부과되는 세금 역시 이러한 비열한 사람들 때문에 발생했다고 생각했다. 또한 맹자가 시장의 상거래 질서를 어지럽히는 비열한 사람들의 '농단'에 반대한 것에 대하여 요명춘 같은 경우 "맹자의 이러한 언급을 일반적으로 말하자면, 맹자는 상업세를 받지 않을 것과 상업 활

31 『孟子』, 「公孫丑下」, "古之爲市者, 以其所有易其所無者, 有司者治之耳. 有賤丈夫焉, 必求龍斷而登之, 以左右望而罔市利. 人皆以爲賤, 故從而征之. 征商, 自此賤丈夫始矣."

동을 보호할 것을 주장하였지만, 비열한 상인에 대해서는 엄하게 징벌하고 그들에게서 세금을 받는 것은 동의했음을 알 수 있다. 시장의 이익을 독점하는 비열한 상인들에 대해 엄격하게 징벌하는 목적은 대다수 상인들의 이익을 보호하고 상업을 발전시키기 위한 것이다. 이런 측면에서 볼 때, 맹자는 상업을 억누를 것을 주장한 사람이 아닌 상업을 중시한 사람이었다."[32]라고 분석하고 있다.

이상과 같이 맹자는 시장의 상거래 질서를 어지럽히며 시장의 이익을 독점하는 행위에 대하여 분노했을 뿐만 아니라 한걸음 더 나가 반독점의 방법으로서 이익 독점행위에 대하여 세금을 부과 할 것을 제일 처음 제기했다고 할 수 있다.[33] 또한 맹자는 비열한 상인들이 자행하는 부당한 이익의 독점에 대하여 세금을 부과하는 방식을 통하여 시장에서의 자유경쟁 시스템을 유지하려고 했다고 할 수도 있다.

5. 맺는 말

이상과 같이 맹자의 경세사상에 대하여 조세이론과 분업이론 및 시장물가 이론을 중심으로 살펴보았는데, 이를 정리하면 다

32 廖名春, 『孟子的知慧』, 臺北, 漢藝色研文化事業有限公司, 1984년, 131쪽 참조.

33 侯家駒, 『先秦儒家自由經濟思想』, 臺北, 聯經出版事業公司, 1985년, 82쪽 참조.

음과 같다.

맹자는 국가의 조세정책은 백성들에게 유리하게 시행하는 것을 원칙으로 해야 한다고 생각했으며, 만일 그것이 백성들에게 불리하게 적용된다면 조세를 증세시켜서는 안 된다고 했다. 즉 맹자는 조세를 징수하거나 증세하는 것의 기준은 백성들에게 유리한지의 여부에 따라서 결정되어져야 한다고 주장했던 것이다. 또한 맹자는 농업생산에 대한 세금만을 징수할 것을 주장한다. 농업생산세의 징수에 대하여 맹자는 "공전을 경작하게 할 뿐 다른 세금을 받지 않음"을 주장하는데, 이는 곧 국가가 대지주가 되어 백성들에게 공전公田을 경작케 하여 그 생산물로 세금을 충당케 한다는 것이다. 이러한 "공전을 경작하게 할 뿐 다른 세금을 받지 않음"은 맹자의 이상적인 조세정책이었던 것이다. 그리고 맹자는 과중한 세금징수에 반대했을 뿐만 아니라 국가재정을 부족하게 만들 수 있는 과노한 감세정책 역시 반대했다.

분업이론은 맹자 경제사상의 핵심이라고 할 수 있는데, 그는 분업의 필요성과 분업의 효용성에 대하여 명확한 인식과 함께 매우 정밀한 이론체계를 수립했다고 할 수 있다. 이러한 맹자의 분업이론은 매우 명료하고 실제상황과 결합되어 있기 때문에 그 누가 본다고 해도 바로 명확하고 쉽게 사회적 분업의 중요성을 알 수 있게 만든다. 구체적으로 맹자는 허행의 자급자족 이론에 반대하여 곡식으로 기물을 교환하는 행위가 장인에게 해를 끼치는 것이 아니고, 또한 기물로 곡식을 교환하는 것이 농부에게 해를 끼치는 것이 아니라고 역설한다. 다시 말하자면 사람들이 제각기 지니고 있는 고유한 업무를 통하여 생산한 물품을 서로가 필요한 사람들끼리 교환해서 사용한다는 것이다. 이러한 맹자의 주장은 물물교환의 효용성뿐만 아니라 사회적 분업의 좋은 효과까지 설명하고 있는 것이라고 할 수 있다. 또한 맹자는 분업의 개념을 한 단계 더 발전시켜 정신적인 노동과 육체적인 노동에까지 응용한다. 맹자의 "마음으로 힘쓰고, 육체로 힘쓰는 일" 이론에는 분업의 필요성과 합리성에 대하여 인정하고 있음과 동시에 그것에 대한 체계적인 관리를 긍정하고 있음을 내포하고 있다고 할 수 있다. 맹자가 언급한 "마음으로 힘쓰고, 육체로 힘쓰는 일"이론은 관리자가 마음으로 힘쓴다는 것을 강조하는 하는 한편, 관리자의 두뇌 노동 및 그 성과의 사회발전에 대한 커다란 작용을 긍정한 것이라고 할 수 있다.

맹자는 상품 가격의 비싸거나 저렴함은 상품 자체의 품질에 의해 결정되는 것이라고 생각했다. 또한 그는 각종 상품들 자체의 품질이 제각기 다르기 때문에 상품의 가격 역시 천차만별인 것으로 보았다. 그래서 맹자는 허행의 개별상품의 수량 관계에 따라 가격을 결정한다고 하는 이론에 대하여 반대의 입장을 취한다. 일반적으로 상품의 가격결정 요인은 주관적인 측면과 객관적인 측면으로 구분할 수 있는데, 상품의 효용성과 구매자의 구매능력과 판매자의 할인의도와 같은 쌍방의 심리상태 등은 주관적인 요인에 해당되고, 상품 자체의 생산가격 등은 객관적인 요인에 해당된다고 볼 수 있다. 이렇게 볼 때, 맹자는 사회경제적 각도에서 시장경제에 관한 이론적 토대를 마련했다고 할 수 있는 것이다. 또한 맹자는 시장의 상거래 질서를 어지럽히며 시장의 이익을 독점하는 행위에 대하여 분노했을 뿐만 아니라 한 걸음 더 나가 반독점의 방법으로서 이익 독점행위에 대하여 세금을 부과 할 것을 제일 처음 제기했다고 할 수 있다. 맹자는 비열한 상인들이 자행하는 부당한 이익의 독점에 대하여 세금을 부과하는 방식을 통하여 시장에서의 자유경쟁 시스템을 유지하려고 했다고 할 수도 있다.

참고문헌

趙岐, 『孟子章句』, 『四部叢刊』 本.

朱熹, 『孟子章句集註』, 『海淵閣明刻』 本.

焦循, 『孟子正義』, 『焦氏遺書』 本.

廖名春, 『孟子的知慧』, 臺北, 漢藝色硏文化事業有限公司, 1984년.

侯家駒, 『先秦儒家自由經濟思想』, 臺北, 聯經出版事業公司, 1985년.

陳紹聞, 『中國經濟思想簡史』, 上海, 上海人民出版社, 1978년.

陳紹聞, 『中國古代經濟文選』, 上海, 上海人民出版社, 1983년.

胡寄窗, 『中國經濟思想史』, 上海, 上海人民出版社, 1983년.

葉龍, 『歷代人物經濟故事』, 香港, 壹出版有限公司, 1996년.

錢公博, 『經濟思想論集』, 臺北, 學生書局, 1975년.

黎紅雷, 『現代管理與儒家知慧』, 臺北, 天地圖書出版有限公司, 1992년.

제5장

상앙 : 부국강병으로 가는 첩경

1. 시작하는 말

농전農戰[1]사상 혹은 농전이론은 역대로 상앙商鞅의 변법사상을 연구해온 학자들의 주목했던 포인트라고 할 수 있다. 상앙은 일단 군주가 농전이론을 현실정치에 철저하게 실시하게 되면 그 국가는 백성들의 역량을 집중시킬 수 있게 되어, 그들이 농업과 전쟁에 전념하게 만듦으로써 결국에는 부국강병이라고 하는 최종적인 목표를 달성할 수 있다고 생각했다. 그래서 상앙은 국가를 통치하는 군주는 백성들의 역량을 집중시켜 국가를 부유하게 하고 군대를 강하게 하는 것을 농업과 전쟁을 수행할 수 있는 역량에 포함시켰던 것이다. 그렇기 때문에 상앙은 국가가 흥성

1 농전이란 말은 농업과 전쟁을 유기적 일체로 파악한다는 것을 의미한다. 김용옥, 『맹자 사람의 길』 上, 서울, 통나무, 2012년, 83쪽 참조.

하는 길은 바로 농업과 전쟁이라고 하여, 농전과 국가의 존망이 매우 밀접한 관계에 있음을 역설했던 것이다.

당단정唐端正 같은 경우 상앙의 농전정책은 농전과 여타의 문화 관련 사안과 평행적인 것으로 보지 않았으며, 수많은 문화 관련 사안들 가운데 농전의 중요성만을 부각시킨 것은 아니고, 농전과 여타의 문화 활동을 대립시켜 농전 이외의 모든 문화 활동을 농전을 방해하는 것으로 보았기 때문에 모두 배척해야 하고 금지해야 한다고 하는 주장이 주류를 이루고 있다고 보았다.[2] 이처럼 당단정은 상앙의 정책이 부국강병이라는 전제아래 모든 백성이 농업과 전쟁에 종사해야 한다는 필요성을 강조한 것이라고 생각했다.

후가구侯家駒의 경우 농전이라고 하는 것은 평시에는 농민이었다가 전쟁이 발발했을 때에는 전사가 되는 시스템이라고 보았다.[3] 또한 그는 이러한 병농일치兵農一致의 특수한 형식은 사실상 전쟁을 주요한 목적으로 하고 농업을 전쟁을 보조하기 위한 수단으로 삼는 것이라고 보고 있다.[4] 이러한 후가구의 병농일치 주장은 틀렸다고 보기는 어려우나, 농전이라고 하는 것이 꼭 특정한 직업을 지칭하는 것이 아닌 일종의 백성들의 역량을 집중

2 唐端正, 『先秦諸子論叢』 續編, 臺北, 東大圖書有限公司, 1983년, 123쪽 참조.

3 侯家駒, 『先秦法家統制經濟思想』, 臺北, 聯經出版事業公司, 1985년, 145쪽 참조.

4 侯家駒, 『先秦法家統制經濟思想』, 臺北, 聯經出版事業公司, 1985년, 143쪽 참조.

시키는 방식인데, 그는 이러한 점을 간과했기 때문에 농전을 직업으로 보았던 것이라고 할 수 있다. 또한 전쟁을 주요한 목적으로 하고 농업을 전쟁을 보조하기 위한 수단으로 삼았다는 주장 역시 고려해볼 만한 사안이라고 판단한다.

필자는 상앙의 농전이론에서 전쟁보다는 농업이 우선시 되어야 하고 전쟁보다 더욱 중요한 비중을 차지하고 있다고 생각한다. 그 이유는 백성들이 모두 농업과 전쟁에 집중하게 되면 국가적으로 생산력의 저하가 발생할 것이고 동시에 전쟁이 발생했을 때 농사를 방치하고 전쟁에만 매달린다면 부국강병의 효과를 달성할 수 없을 것이라고 보기 때문에 농업이 전쟁에 우선시 되어야 한다고 생각한다.

2. 농업우선 정책과 법치의 관계

상앙의 사상체계 속에서의 국가의 가장 중요한 기능 가운데의 하나는 바로 농업정책의 확대 추진과 농사일 장려를 가장 우선시하는 것이었다고 할 수 있다.

> 성인은 치국의 요령을 잘 알고 있으며, 그래서 백성들이 농업으로 마음을 되돌리도록 합니다. 마음이 농업으로 되돌아오면, 백성은 순박하여 바로잡을 수 있고, 성실하고 부리기가 쉬우며, 참으로 그들을 써서 적을 방어하고 싸울 수가 있습니다. 백성들이 농업·전쟁에 전일하면 속임수가 줄어들고 살던 곳에 그대로 머무는 것을 중하게 여길 것이며, 백성들이 농업·전쟁에 전일하면 다른

> 나라와의 전투에 쓸 수 있습니다. 백성들이 군주를 친근하게 여기고 법령을 위해 목숨을 바치는 것은 그들이 아침부터 저녁까지 농업에 종사하기 때문입니다.……무릇 국가를 다스리는 자는 백성들이 흩어져서 국력을 집중시킬 수 없는 것을 걱정하나니, 이 때문에 성인은 오직 농업·전쟁 한 방면만을 중시하여 백성들의 힘을 집중시킨 것입니다. 국가가 일 년 동안 농업·전쟁 한 방면에만 전일하면 십년 동안 강성할 수 있고, 십년 동안 농업·전쟁 한 방면에만 전일하면 백 년 동안 강성할 수 있으며, 백 년 동안 농업·전쟁 한 방면에만 전일하면 천년 동안 강성할 수 있고, 천년 동안 강성한 국가는 천하의 왕 노릇을 할 수 있습니다.……오직 성인만이 치국에 있어서 농업·전쟁 한 방면에만 전일하고 백성들을 농업에 집중시켰을 따름입니다.[5]

백성들이 농사일에만 전념할 수 있도록 만든다면 국가생산력에 있어서 많은 장점이 있을 것이다. 즉 농토를 개간하여 농사수확물을 얻는다고 하는 성과 이외에도 백성들이 농사일을 통하여 순박하고 성실하여 군주가 그들을 통치하기 쉬운 장점이 있으며, 또한 군주의 명령에 잘 복종하고 관리들의 지시를 잘 이행하여 국가를 위해 기꺼이 전장에 나설 수 있는 장점이 있다. 그렇

5 『商君書』, 「農戰」, "聖人知治國之要, 故令民歸心於農. 歸心於農, 則民樸而可正也. 紛紛則不易使也, 信可以守戰也. 壹則少軸而重居, 壹則可以賞罰進也, 壹則可以外用也. 夫民之親上死制也, 以其旦暮從事於農.……凡治國者, 患民之散而不可摶也, 是以聖人作壹, 摶之也. 國作壹一歲者, 十歲强; 作壹十歲者, 百歲强; 作壹百歲者. 千歲强, 千歲强者王.……惟聖人之治國作壹, 摶之於農而已矣."

기 때문에 군주는 백성들이 농업 이외의 다른 생업에 종사하는 것을 장려해서는 안 되는 것이다. 그렇지 않을 경우 농업을 매개로 한 백성들의 역량을 응집할 수 없게 되어 강성한 국가는 물론 천하의 왕 노릇을 할 수가 없게 되는 것이다. 바로 이러한 점에서 상앙이 농업을 전쟁보다 중요하게 여겼다는 사실을 파악할 수 있게 되는 것이다.

이상의 주장 이외에도 상앙은 농업이 전쟁보다 우선순위에 있음을 다음과 같이 역설하였다.

> 국가를 다스리는 자는 백성들이 농업·전쟁 한 가지 일에 전념하는 것을 귀하게 여기고, 백성들이 농업·전쟁 한 가지에 전념하면 순박해지며, 순박하면 농업에 종사하게 되고, 농업에 종사하면 근면하기 쉽고, 근면하면 부유해집니다. 부유한 자는 작위를 주어서 그들의 부를 소모시키면 빈둥거리지 않게 되고, 하는 일 없이 빈둥거리는 자는 형벌을 사용해서 놀고먹는 짓을 금하면 힘써 농사일에 종사할 것입니다.[6]

즉 상앙은 군주가 백성들을 농사일에 전념케 하면 그에 따라서 수반되는 효과는 바로 백성들은 근면해지고 국가는 부유해지는 것에 있다고 주장했던 것이다.

농사와 전쟁이라고 하는 두 가지 사안은 일반백성들이 상당히

---

6 『商君書』, 「壹言」, "治國者貴民壹, 民壹則樸, 樸則農, 農則易勤, 勤則富. 富者廢之以爵, 不淫; 淫者廢之以刑, 而務農."

괴로워하고 위험하게 여기는 것이라고 할 수 있다. 상앙은 이러한 점을 매우 분명하게 파악하고 있었기 때문에 군주는 반드시 조심스럽게 백성들이 이익을 계산하는 성향에 영합하여 그들을 통치해야 한다고 했던 것이다.

> 성인이 국가를 다스리면 안으로는 백성들이 농업으로 모여들게 하고, 밖으로는 백성들이 전쟁의 득실을 계산하게 합니다. 농업은 백성들이 괴로워하는 일이고, 전쟁은 백성들이 위험하게 여기는 일입니다. 그들이 괴로워하는 일을 범하고 그들이 위험하게 여기는 일을 수행하는 것, 이것이 바로 계산을 하는 것입니다. 그러므로 백성들은 살아서는 이익을 계산하고 죽어서는 명성을 생각하는 것입니다. 명성과 이익이 나오는 곳은 살피지 않을 수가 없습니다. 이익이 토지에서 나온다면 백성들은 힘을 다 해 농사를 짓고, 명성이 전쟁에서 나온다면 백성들은 목숨을 걸고 싸울 것입니다. 안으로 백성들이 힘을 다 해 농사를 짓도록 한다면 황무지는 거칠지 않게 될 것이고, 밖으로 백성들이 목숨을 걸고 싸우게 한다면 적을 이길 것입니다. 적을 이기고 황무지가 거칠지 않게 된다면, 부강한 국가를 만드는 공적은 앉아서 이룰 수 있을 것입니다.[7]

7 『商君書』, 「算地」, "故聖人之爲國也, 入令民以屬農, 出令民以計戰. 夫農民之所苦; 而戰民之所危也. 犯其所苦, 行其所危者, 計也. 故民生則計利, 死則慮名. 名利之所出, 不可不審也. 利出於地, 則民盡力; 名出於戰, 則民致死. 入使民盡力, 則草不荒; 出使民致死, 則勝敵. 勝敵而草不荒, 富强之功, 可坐而致也."

이상의 인용문에서와 같이 볼 수 있듯이 군주는 반드시 백성들이 살아서는 이익을 계산하고 죽어서는 명성을 생각하는 성향을 잘 파악하여 그에 맞는 시책을 수립해서 백성들이 괴로워하고 위험하게 여기는 농사와 전쟁에 종사할 수 있도록 인도하고 격려해야만 한다. 이러한 방책을 통하여 백성들이 누구나 이익과 명성을 얻을 수 있다고 하는 확실한 루트를 인식하게 만들어서 그들이 농업과 전쟁에 온힘과 목숨을 바쳐 매달릴 수 있도록 만든다면 군주는 부강한 국가의 염원을 달성할 수 있게 되는 것이다. 그렇기 때문에 상앙은 "국가 정무가 농업·전쟁 한 분야로 통일되면 백성들은 국가의 쓰임에 응할 것이요, 국가사업의 근본이 중점적으로 육성된다면 백성들은 기꺼이 농사를 짓고 즐거이 싸우러 나갈 것입니다."[8]라고 주장하여 백성들이 기꺼이 농사를 짓고 즐거이 전쟁터에 나가게 되고, 농사에 온 힘을 쏟고 병력준비에 모든 역량을 집중하게 되면 국가의 물적·인적자원을 최대한 효율적으로 활용할 수 있게 되어 부국강병을 달성할 수 있게 되는 것이라고 보았던 것이다.

상앙의 농전이론의 농업부분에 관하여 정양수鄭良樹의 경우 상앙을 중농주의자로 보았다.[9] 상앙의 사상을 검토해보면 자연히 그가 중농주의를 채택한 이유와 방법 및 어떻게 토지제도를 개혁했는지의 내용을 어렵지 않게 찾아 볼 수는 있으나, 순수한

8 『商君書』, 「壹言」, "國務壹, 則民應用. 事本摶, 則民喜農而樂戰."

9 鄭良樹, 『商鞅及其學派』, 上海, 上海古籍出版社, 1989년, 171쪽 참조.

농업정책에 관한 언급은 어려우며 또한 농업의 구체적인 내용에 관한 언급도 거의 찾아보기 힘든 실정이라고 할 수 있다. 『상군서商君書』, 「간령墾令」 편을 예로 든다면 전편에 걸쳐 언급되어져 있는 것은 거의 농사와 관련된 규정인데, 특히 매 단락 말미에 "황무지는 반드시 개간될 것입니다."라고 기술되어져 있는데, 이는 그만큼 황무지 개간의 절박성을 강조하는 것이라고 할 수 있다. 상앙의 농사에 대한 중시는 「간령」 편에서 볼 수 있는 것처럼 군주의 책무는 백성들을 농업에 집중시켜야만 한다고 하는 기대에서 여실히 드러나고 있음을 발견할 수 있다. 「간령」 편에서 주장하는 여러 종류의 시책과 조치는 황무지를 개간하는 것에 그 초점이 맞춰져 있는데, 이는 농사일에 대한 강조이며 각 항목에 걸쳐 언급하고 있는 황무지 개간 조치는 바로 법치의 정신을 통한 규범의 확립이라고 볼 수 있는 것이다.

편명에서와 같이 볼 수 있듯이 간령墾令은 황무지 개간에 관한 법령으로 농지를 개간하는 것은 농사의 요목이며 기본이 되는 것으로 지체하거나 그르침이 없어야 하는 것이다. 만일 자국 내에 많은 곳에 걸쳐서 아직까지 개간되지 않았거나 개간할 수 없는 황무지가 있을 경우, 군주는 황무지는 반드시 개간한다고 하는 의지를 가지고 백성들이 황무지를 개간하도록 인도하거나 강제해야 하는데, 이때 법령을 보조수단으로 운용해야 하는 것이다.

> 상인 집안에 사람 수에 따라 상인에게 요역을 할당하고, 그들

집안에서 땔나무를 쪼개는 노비와 수레를 끄는 노복과 여러 노예 및 어린 종들도 반드시 관부에 이름을 등록시켜, 그 명부에 근거해서 요역을 하게 한다면 농민은 편안하고 상인은 고달플 것입니다. 농민이 편안하면 좋은 전답이 황폐해지지 않고, 상인이 고달프면 왕래하면서 주는 선물이 여러 현으로 흘러들지 못할 것입니다. 그러면 농민은 굶주리지 않고, 다님에 외관을 형식적으로 꾸미지 않을 것입니다. 농민이 굶주리지 않고 다님에 형식적으로 외관을 꾸미지 않으면, 공적인 일은 반드시 부지런히 하고, 개인적인 일도 방치하지 않을 것입니다. 그러면 농사일은 반드시 잘해낼 것이고, 농사일을 잘해낸다면 황무지는 반드시 개간될 것입니다.[10]

위의 인용문은 상앙의 중농억상重農抑商 경향을 잘 보여주는 것이라고 할 수 있다. 상앙이 상인을 억압하는 이유는 그들이 농업생산에 방해가 되고 백성들을 안일하게 만들어 농지개간 작업에 종사하기를 꺼려하여 농사에 전념하지 못하게 하는 분위기를 조성할 수 있기 때문이었다.[11]

민간의 여관을 철폐하신다면 간사하고 교활한 자, 본업에 안심

10 『商君書』, 「墾令」, "以商之口數使商, 令之廝輿徒重者必當名, 則農逸而商勞. 則良田不荒, 商勞則去來賫送之禮無通於百縣, 則農民不饑, 行不飾. 農民不饑, 行不飾, 則公作必疾, 而私作不荒, 則農事必勝. 農事必勝, 則草必墾矣."

11 王曉波, 『先秦法家思想史論』, 臺北, 聯經出版事業公司, 1991년, 172~173쪽 참조.

하지 못하는 자, 사사로이 결탁하는 자, 농민을 미혹시키는 자가 여행을 떠나지 못할 것입니다. 여관을 운영하는 백성들도 밥벌이 할 것이 없게 되면, 반드시 농사를 지을 것입니다. 이들이 모두 농사를 짓게 되면, 황무지는 반드시 개간될 것입니다.[12]

형벌을 엄중하게 하고 사람들의 죄를 연좌하여 같이 처벌하신다면 속이 좁고 성미가 급한 사람이 싸우지를 않고, 흉악하고 난폭한 사람이 언쟁을 벌이지 않으며, 게으른 사람이 빈둥거리지 않고, 돈을 물쓰듯하는 사람이 낭비하지 않으며, 달콤한 말로 아첨하고 나쁜 마음을 품은 사람이 속이지 않게 됩니다. 이 다섯 종류의 사람들이 국내에 존재하지 않는다면, 황무지는 반드시 개간될 것입니다.[13]

백성들이 마음대로 이사하지 못하게 하신다면 백성들은 무지몽매하게 될 것입니다.(백성들이 무지몽매하고 사는 곳에 안주하여 다른 곳으로 옮기기를 어려워하면) 농민을 미혹시키는 사람들은 밥벌이할 곳이 없을 것이며, 그래서 농사를 지을 것입니다. 마음이 어리석고 다른 일을 하고자 하는 사람들이 한결같은 마음으로 농사를 짓는다면, 농민들은 사는 곳에 안주하여 농사일에 전념할 것입니다. 농민들이 사는 곳에 안주하여 농사일에 전념하고, 무지몽매하다면, 황무지는 반드시 개간될 것입니다.[14]

12 『商君書』, 「墾令」, "廢逆旅, 則姦僞躁心私交疑農之民不行. 逆旅之民無所於食, 則必農, 農則草必墾矣."

13 『商君書』, 「墾令」, "重刑而連其罪, 則褊急之民不鬥, 很剛之民不訟, 怠惰之民不游, 費資之民不作, 巧諛惡心之民無變也. 五民者不生於境內, 則草必墾矣."

농지개간은 백성들의 자체적인 일이고, 그 외에 농지를 개간하지 않는 백성들을 농지개간에 힘쓸 수 있도록 영향력을 발휘하는 일은 군주의 몫인데, 그러한 때에 군주는 황무지 개간 명령을 통하여 백성들을 압박하는 것이다.

「간령」 편의 내용을 통해서 상앙의 농사이론과 법치의 연관을 볼 수 있는 것 외에 「래민徠民」 편에 제기되어진 "선왕들이 토지를 구획하고 백성을 안배한 규율"이라고 하는 언급 역시 군주가 농지와 국토를 중시하는 것 위에 백성들의 노동력을 결합시켜 이용하는 것을 중시한 점을 드러내고 있다고 볼 수 있다.

> 진나라가 근심하는 것은 군대를 일으켜 정벌에 나서자니 국가가 빈궁해지고, 국내에 안주하며 농업에 힘쓰자니 적국이 휴식을 취할 수 있다는 점입니다. 이것은 왕께서 두 가지를 동시에 성취할 수 없는 것이며, 그렇기 때문에 4대에 걸쳐 선왕께서 전쟁에는 승리했지만 천하의 국가들이 굴복하지 않은 것입니다. 지금 진나라 원래의 백성들을 이용하여 적을 대비하고, 새로 귀순해오는 백성들은 농업 생산에 종사토록 한다면, 군대가 비록 국외에서 백날을 보낸다 해도, 국경 안에는 잠시도 농사시기를 놓치지 않을 것이니, 이것은 부유함과 강함 두 가지를 동시에 성취하는 공입니다.[15]

---

14 『商君書』, 「墾令」, "使民無得擅徙, 則誅愚亂農之民無所於食而必農. 愚心躁欲之民壹意, 則農民必靜. 農靜, 誅愚亂農之民欲農, 則草必墾矣."

15 『商君書』, 「徠民」, "夫秦之所患者, 興兵而伐, 則國家貧; 安居而農, 則敵得休息, 此王所不能兩成也. 故四世戰勝, 而天下不服. 今以故秦事敵, 而使新民

위의 인용문은 상앙이 당시 진나라가 직면한 현실문제에 대한 해결의 방안인데, 상앙은 농지의 개간과 군대의 비축 두 사안은 반드시 동시에 고려해야 할 것이라고 생각했다. 또한 상앙은 이와 같은 두 사안을 실행할 수 있는 가장 적절한 방법으로 진나라 주변국의 백성들에게 확실하게 좋은 조건을 내세워 다른 국가들의 백성들을 진나라로 귀순시켜 그들이 농지개간에 종사할 수 있도록 여건을 만들어 줄 것을 제시한 것이다.

당시의 진나라는 지리적 여건과 자연환경이 다른 나라에 비하여 좋았으며, 게다가 법률로 "토지를 구획하고 백성을 안배한 규율"을 보장하고 있었기 때문에 다른 나라의 백성들을 충분히 끌어들일 수 있는 흡인력을 가지고 있었다. 진나라는 이러한 타국 출신의 수많은 이민자들을 농지개간에 종사시켰기 때문에 본래 진나라 출신의 백성들로 구성된 병사들은 더 이상 농사일까지 겸해서 할 필요가 없었다. 그래서 진나라의 군대는 오직 국가수호와 적국에 대한 공격에만 전념할 수 있었던 것이다. 상앙이 "진나라 원래의 백성들을 이용하여 적을 대비하고, 새로 귀순해 오는 백성들은 농업 생산에 종사토록 한다."고 한 것에서 농업생산을 가장 근본이 되는 것으로 언급한 것은, 농사가 국가에 대하여 얼마나 중요한 것인지를 알 수 있게 해주는 것이다.

「일언壹言」 편에 "성인은 법령을 세우고 백성들의 습속을 교화하여 백성들을 아침부터 저녁까지 농업에 종사시켰다는 것을

作本, 兵雖百宿於外, 境內不失須臾之時, 此富强兩成之效也."

살피지 않을 수 없습니다."[16]라고 언급되어 있는 것처럼, 군주가 농사에 지대한 관심을 갖고 법령을 이용하여 백성들을 아침부터 저녁까지 농사에 종사시키게 되면, 이러한 법령은 농사의 촉진제라고 할 수 있으며 또한 백성들이 군주를 도와서 부국이라고 하는 목적을 달성할 수 있도록 만들어주는 역할을 해주는 보완제라고 할 수 있는 것이다.

3. 전쟁과 작록의 관계

농전이론은 상앙의 사상체계를 구성하는 관건적인 이론 가운데의 하나라고 할 수 있다. 그러나 상앙의 사상 가운데 농사이론에 관한 서술은 전쟁에 관한 서술에 비하여 극명하게 적은 것은 사실이다. 그러한 이유는 아마도 농사가 실무적인 부분에 치중된 것으로 이는 국가의 생산력 및 부유함의 근본이 되는 것이기 때문에, 군주가 궁극적으로 황무지 개간에 관한 법령을 통하여 백성들을 완전하게 농사일에 전념할 수 있도록 만들면 충분한 것에 그러한 이유가 있는 것으로 판단된다. 농지를 경작하고 황무지를 개간하는 것 등에 관한 것은 순수 이론적인 측면에 속하는 부분이기 때문에 상앙의 관심 소재가 되지를 못했던 것이며, 실질적인 황무지 개간 성과와 농산물 수확이 더욱 중요한 취급을 받았을 것이라고 생각한다.

전쟁 분야에 대한 언급은 농사 분야에 대한 것보다 더욱 복잡

16 『商君書』, 「壹言」, "夫聖人之立法化俗, 而使民朝夕從事於農也, 不可不知也."

한 양상을 보이고 있는데, 그것은 전쟁의 승패에 대한 관건은 지극히 중요한 사안으로 약간의 실수가 있어도 국가가 망하게 되는 결과를 조성할 수 있기 때문에 상앙은 작전의 법칙과 병력의 운용술 및 용병과 법령의 상호관계에 대하여 많은 부분에 걸쳐서 언급했다. 그 외에 상앙은 전쟁과 농사를 서로 비교하여 실제로 전쟁은 매우 고통스럽고 많은 국력이 소모되며 더욱 위험성이 많은 것이라고 보아서 군주가 농업 생산력을 높이기 위해서 황무지 개간 명령을 내려 백성들을 독려하는 것이 전시동원 명령을 내려 백성들을 전쟁에 보내는 것보다 쉬운 일이라고 보았다. 그렇기 때문에 농사와 같이 법령을 이용하여 백성들의 전쟁동원을 독려한다고 하는 것은 그 범위와 방식에 있어서 황무지 개간 명령보다 더욱 광범위한 것이라고 할 수 있다.

「거강去强」 편에 "전쟁을 사전에 계획하고 준비해서 병사를 부린다면 국가는 강해지고, 전쟁 준비가 어수선하고 병사가 태만하면 국가는 약해집니다."[17]라고 언급되어져 있는 것은 바로 전쟁을 벌일 때에 군대를 상비하고 있는 국가는 강하게 되고, 전쟁 준비가 제대로 되어 있지 못하고 국내정세가 혼란한 국가는 전시에 대비하여 급조한 군대가 무용지물이 되어 결국에는 쇠락의 길을 밟을 수밖에 없다는 것을 의미한다. 이처럼 국가가 평소에 전시를 대비하여 군대를 훈련시키는 것과 전력을 비축하는 것은 필수적인 것이다. 국가가 전쟁에 대한 대비를 중시하는

17 『商君書』, 「去强」, "戰事兵用曰强, 戰亂兵息而國削."

것은 훗날 발생하게 될 적국의 공격에 대한 방비를 위해서라고 할 수 있다.

> 전쟁에서 승리하지 않고도 천하의 왕 노릇을 한다거나 전쟁에서 패배하지 않고도 멸망한 일은 옛날부터 지금까지 없었습니다. 백성이 용감한 국가는 전쟁을 해서 승리하고, 백성이 용감하지 않은 국가는 전쟁을 해서 패합니다. 백성들을 전쟁에 전념 시킬 수 있는 국가는 백성들이 용감하고, 백성들을 전쟁에 전념시킬 수 없는 국가는 백성들이 용감하지 않습니다. 성왕은 천하의 왕 노릇을 하는 것이 전쟁에서 실현된다는 것을 간파하였고, 그래서 거국적으로 백성들에게 군인이 될 것을 요구하였습니다. 어떤 국가에 가서 그 통치 상황을 살펴 볼 때, 군대를 군주가 사용하는 국가는 강합니다. 백성들이 군주에게 사용되는 지를 어떻게 알 수 있겠습니까? 백성들이 전쟁을 보는 것이 굶주린 이리가 고기를 보는 것과 같다면 백성들이 군주에게 사용되는 것입니다. 전쟁이라는 것은 백성들이 싫어하는 것입니다. 백성들을 기꺼이 싸우게 할 수 있는 자는 천하의 왕 노릇을 할 수 있습니다. 강대한 국가의 백성은 아비는 자식을 전쟁터로 전송하고, 형은 동생을 전송하며, 아내는 남편을 전송하며 모두들 "승리를 얻지 못하면 돌아오지 마시오."라고 말합니다.[18]

18 『商君書』, 「畫策」, "不勝而王, 不敗而亡者, 自古及今, 未嘗有也. 民勇者, 戰勝; 民不勇者, 戰敗. 能壹民於戰者, 民勇; 不能壹民於戰者, 民不勇. 聖王見王之致於兵也, 故擧國而責之於兵. 入其國, 觀其治, 民用者强. 奚以知民之見用者也? 民之見戰也, 如餓狼之見肉, 則民用矣. 凡戰者, 民之所惡也., 能使民樂戰者王. 疆國之民, 父遺其子, 兄遺其弟, 妻遺其夫, 皆曰: 不得, 無返."

위의 인용문에서 볼 수 있는 것처럼, 군주가 전쟁에서 승리하거나 천하의 왕 노릇을 하고자 하는 마음이 있다면 오직 전쟁에서의 승리를 통해서 그것들을 쟁취할 수 있게 되는 것이다. 그러나 백성들이 싫어하고 피하고 싶어 하는 전쟁을 과연 어떻게 기꺼이 참여하게 만들 수 있는 것일까? 라고 하는 문제가 걸림돌로 작용하는데, 이러한 문제에 대한 해결방법은 바로 보상인 것이다. 즉 전쟁에 참여하여 전공을 세운 백성들에게 작위와 녹봉을 수여하는 것이다. 바꿔 말하면, 전공을 세우는 것이 일반백성들이 작위와 녹봉을 받을 수 있는 유일한 길이 되는 것이다. 그렇기 때문에 상앙은 일반 병사가 전공을 세워 작록을 받을 수 있다는 점을 강조하여 "저들 가운데 전쟁에 능한 자는 부귀의 문을 밟고 올라설 수 있습니다."[19]라고 했던 것처럼 전쟁에서의 전공을 세우는 것이야 말로 부귀영화를 누릴 수 있는 첩경임을 주장했던 것이다.

> 포상을 통일시킨다는 것은 이익·녹봉·관직·작위 등을 오로지 전공에 근거해서 수여하고, 다르게는 시행하지 않는 것입니다.……그렇게 하면 부귀로 나아가는 문은 주로 전쟁에 있을 따름입니다. 저들 가운데 전쟁에 능한 자는 부귀의 문을 밟고 올라설 수 있습니다.……백성들이 부귀해지고자 하는 마음은 모두 죽어서 관의 뚜껑이 닫힌 후에야 그치게 되지만, 부귀의 문은 반드시 전쟁에서 나옵니다. 이 때문에 백성들은 전쟁이 일어났다는 소식을

19 『商君書』, 「賞刑」, "彼能戰者, 踐富貴之門."

들으면 서로 축하를 해주고, 앉으나 서나 먹고 마실 때도 노래하는 것은 전쟁입니다.[20]

상앙은 전쟁에서의 공적 즉 전공을 부귀영화로 들어가는 문으로 보았기 때문에 설사 목숨을 잃더라도 반드시 부귀영화를 추구하려는 백성들에게는 전쟁발발의 소식은 자연히 서로 축하해주고 즐길 기쁜 소식임과 동시에 노래를 지어 부를 정도로 매우 소중하고 즐거운 소식이었다고 보았던 것이다. 그래서 그는 "포상으로써 백성들을 전쟁에 참여토록 독려하면 죽음도 가볍게 여길 것입니다."[21]라고 했는데, 그 이유는 바로 "백성들이 적극적으로 전쟁에 종사하고 죽음을 두려워하지 않는 것은 작위와 녹봉을 얻고자 하기 때문입니다."[22]에 있는 것이다.

작위와 녹봉을 부여받는 것은 전공의 크고 작음과 관계있는 것인데, 그렇다면 군주가 포상을 시행할 때는 일정한 원칙에 의해서 그러한 것을 집행하는 것일까?라고 하는 의문이 제기될 수 있다. 이에 대하여 상앙은 "포상을 시행하고 녹봉을 주는 것을 공적에 맞게 하지 않으면 전사는 군주에게 쓰이려고 하지 않을 것입니다."[23]라고 하여 전사의 전공의 크기에 따라 그에 합당한

20 『商君書』, 「賞刑」, "所謂壹賞者, 利祿官爵, 摶出於兵, 無有異施也.……然富貴之門, 要在戰而已矣. 彼能戰者, 踐富貴之門.……民之欲富貴也, 共闔棺而後止. 而富貴之門, 必出於兵. 是故民聞戰而相賀也; 起居飮食所歌謠者, 戰也."

21 『商君書』, 「弱民」, "以賞戰民則輕死."

22 『商君書』, 「君臣」, "凡民之所疾戰不避死者, 以求爵祿也."

23 『商君書』, 「修權」, "行賞賦祿, 不稱其功, 則戰士不用."

작위와 녹봉을 주는 것을 군주가 견지해야할 원칙으로 보았던 것이다.

> 상을 시행해서 군대가 강하다는 것은 작위와 녹봉을 말하는 것입니다. 작위와 녹봉은 군대에서 상으로 사용하는 실리입니다. 이 때문에 군주가 작위와 녹봉을 수여할 때는 공명정대한 원칙을 지켜야 합니다. 공명정대한 원칙을 지키면 국가는 날로 강해지고, 불공정한 방법을 적용하면 국가는 날로 약해질 것입니다. 그러므로 작위와 녹봉을 수여할 때 적용하는 원칙은 국가 존망의 관건입니다. 대체로 약한 국가와 망국의 군주는 작위와 녹봉을 상으로 수여하는 것이 없었던 것이 아니었지만, 작위와 녹봉을 수여하는 원칙이 잘못된 것입니다. 삼왕과 춘추오패 그들이 사용한 원칙은 작위와 녹봉에 불과하였지만 다른 군주들보다 만 배의 공적을 이룬 것은 그들이 적용한 원칙이 공명정대했기 때문입니다. 이 때문에 현명한 군주는 그들의 공에 따라 상을 수여합니다. 공에 따라 상을 주는 원칙이 명쾌하면 백성들은 다투어 공을 세우고자 할 것입니다. 국가를 다스리면서 그 백성들이 전심전력으로 공을 다투게 할 수 있다면 군대는 반드시 강해질 것입니다.[24]

위의 인용문에서 삼왕三王과 춘추오패春秋五霸의 이야기를 언

24 『商君書』, 「錯法」, "行賞而兵强者, 爵祿之謂也. 爵祿者, 兵之實也. 是故人君之出爵祿也, 道明. 道明, 則國日强; 道幽, 則國日削. 故爵祿之所道, 存亡之機也. 夫削國亡主非無爵祿也, 其所道過也. 三王五霸, 其所道不過爵祿, 而功相萬者, 其所道明也. 是以明君之使其臣也, 用必出於其勞, 賞必加於其功. 功賞明, 則民競於功. 爲國而能使其民盡力以競於功, 則兵必强矣."

급한 것은 바로 그것으로써 작위와 녹봉을 수여하는 원칙을 명확하게 나타내기 위함이었다고 볼 수 있다. 즉 군주가 포상으로 수여하는 작위와 녹봉에는 반드시 일정한 기준과 원칙이 있어야만이 백성들로부터 신뢰를 받을 수 있게 된다는 것이다. 상앙은 포상을 출정한 횟수와 세운 전공에 의거해서 수여해야 한다고 했다.[25] 또한 그는 군주 개인의 사적인 마음이나 판단 등에 의거해서 포상을 하는 것은 지양해야 한다고 하며 "백성들이 힘을 다하면 작위가 거기에 따르고, 공이 세워지면 상이 거기에 따르며, 군주가 그의 백성들로 하여금 이것이 해와 달처럼 분명하다고 믿게 할 수 있다면 그의 군대는 천하무적이 될 것입니다."[26] 라고 언급 했던 것이다. 군주가 이러한 작위와 녹봉을 수여하는 원칙을 이용하여 포상에 관한 그의 원칙이 백성들의 신뢰를 얻게 되는 상황이 형성되면, 군대는 작위와 녹봉을 수여하는 원칙 때문에 더욱 굳건하게 되는 것이기 때문에 국가의 무력은 더욱 강력해질 수밖에 없는 것이다. 이처럼 군주가 작위와 녹봉을 수여하는 원칙을 타당하고 합리적으로 운용했을 때 발생하게 되는 효과는 군대가 천하무적이 되는 것에만 그치지 않는다고 할 수 있다.

국가가 사람들의 공로에 따라 관직을 주고 작위를 수여한다면,

25 曾振宇, 『前期法家研究』, 濟南, 山東大學出版社, 1996년, 92쪽 참조.

26 『商君書』, 「错法」, "夫民力盡而爵隨之, 功立而賞隨之, 人君能使其民信於此明如日月, 則兵無敵矣."

이것을 일컬어 관직과 작위로써 지략을 늘리고, 관직과 작위로써 용감히 싸우기를 촉진시키는 것이라고 합니다. 관직과 작위로써 지략을 늘리고, 관직과 작위로써 용감히 싸우기를 촉진시킨다면, 그러한 국가는 반드시 대적할 만한 적수가 없을 것입니다.[27]

지혜로운 사람과 우둔한 사람, 고귀한 사람과 비천한 사람, 용감한 사람과 겁 많은 사람, 덕 있는 사람과 미련한 사람이 모두 그들 마음속의 지혜를 다하고, 전신의 힘을 다하며, 목숨을 돌보지 않고 군주를 위해 일할 것입니다. 또한 천하의 영웅호걸과 덕망 있고 유능한 인재들이 흐르는 물처럼 군주를 따르고, 그래서 군대는 천하무적이 되고 명령은 천하에 널리 시행될 것입니다.… …병거 만 대를 보유한 대국 가운데 만약 벌판에서 그의 군대에 대항하는 국가가 있다면 싸워서 그들의 군대를 전복시킬 수 있고, 병거 천 대를 보유한 국가 중에 자신의 성을 방어하는 국가가 있다면 공격하여 그 성을 함락시킬 수 있습니다.[28]

군대가 천하무적이 되고 국가가 대적할 만한 적수가 없고, 전쟁에서는 반드시 적국의 군대를 전복시킬 수 있으며 적국의 성을 공격하여 함락시킬 수 있는 것처럼, 군대가 강하게 되면 국가

27 『商君書』, 「靳令」, "國以功授官予爵, 此謂以盛知謀, 以盛勇戰. 以盛勇戰, 以盛知謀, 其國必無敵."

28 『商君書』, 「靳令」, "夫固知愚, 貴賤·勇怯·賢不肖, 皆盡其胸臆之知, 竭其股肱之力, 出死而爲上用也. 天下豪傑賢良從之如流水. 是故兵無敵, 而令行於天下.……萬乘之國, 若有蘇其兵中原者, 戰將覆其軍. 千乘之國, 若有捍城者, 攻將凌其城."

역시 강하게 되는 것이다.

4. 법치와 농전의 결합

법치와 농전의 관련은 다음과 같이 정리할 수 있다. 우선 군주는 백성들의 역량을 충분히 운용하기 위해서 그들을 고통스럽고 위험한 농사와 전쟁에 종사시켜야 한다. 즉 백성들의 역량을 농사와 전쟁에 집중시켜야 한다는 것이다. 이러한 것이 바로 앞서 언급했던 "성인은 오직 농업·전쟁 한 방면만을 중시하여 백성들의 힘을 집중시킨다."고 하는 도리인 것이다. 만일 어떻게 한 분야로 백성들의 역량을 집중시킬 수 있는 것인가? 라고 하는 문제가 제기 된다면, 법령으로써 백성들의 역량을 한 분야로 집중시킬 수 있다고 하는 것이 바로 답변이 되는 것이라고 할 수 있다. 법령으로써 백성들이 농업·전쟁 한 방면에 역량을 집중시킨다고 하는 것은 바로 법치와 농전이 관련되어 있다는 것을 의미하는 것이다. 백성들을 농사에 전념하도록 독려하는 것은 개간에 관한 법령을 사용하면 되는 것으로, 이렇게 한다면 국가는 부유해지게 되는 것이다. 백성들이 전쟁에 힘써 참여하도록 만드는 것은 포상으로 작위와 녹봉을 주는 원칙을 세워 시행하면 되는 것으로, 이렇게 한다면 군대는 천하무적이 되는 것이다.

다른 관점에서 본 상앙이 강조한 백성들이 농업·전쟁 한 방면에 역량을 집중시킨다고 하는 것은 표면적으로는 농전이 국가에 대하여 불가분의 관계에 있다는 사실을 천명하고는 있지만, 그

이면에는 더욱 중요한 법치사상의 내용이 담겨져 있는 것이라고 할 수 있다. 이러한 사실과 관련해서는 「외내外內」 편에 잘 나타나 있는데, 즉 "백성들의 대외적인 일로는 전쟁보다 어려운 것이 없으며, 그래서 가벼운 법으로는 그들을 부릴 수 없습니다."[29]와 "백성들의 대내적인 일로는 농사보다 어려운 것이 없으며, 그래서 가벼운 정치 조치로는 그들을 부릴 수 없습니다."[30]라고 한 언급에서 볼 수 있듯이 '가벼운 법'과 '가벼운 정치 조치'는 모두가 무용지물이라는 점을 알 수가 있다.

> 무엇을 가벼운 법이라고 하겠습니까? 그것은 상이 적고 형벌이 가벼우며, 요사스러운 도리가 막히지 않은 것을 말합니다. 무엇을 요사스러운 도리라 하겠습니까? 언변이 뛰어나고 지혜로운 자가 존귀하고, 외지로 나다니면서 벼슬을 추구하는 자가 임용되며, 경서를 익혀 개인의 명성을 추구하는 자의 지위가 높은 것을 말합니다. 이 세 가지 도리가 막히지 않으면, 백성들이 싸우려 하지 않아서 전쟁에는 패배할 것입니다. 상이 적으면 법에 복종하고 따르는 자가 이익을 볼 수 없고, 형벌이 가벼우면 법을 범하는 자가 피해를 보지 않습니다. 그러므로 요사스러운 도리를 이용하여 백성들을 유인하고, 가벼운 법으로써 그들을 전쟁에 종사시키는 것을 일컬어서 덫을 설치하여 쥐를 잡을 때 고양이를 미끼로 사용하는 격이라고 하며, 아무런 가망도 없을 것입니다. 그러므로 백성들을 전쟁에 종사시키고자 한다면 반드시 엄중한 법을 사용해야 하는

29 『商君書』, 「外內」, "民之外事, 莫難於戰, 故輕法不可以使之."
30 『商君書』, 「外內」, "民之內事, 莫苦於農, 故輕治不可以使之."

> 것입니다. 상을 주면 반드시 후해야 하고, 형벌을 집행하면 반드시 엄해야 하며, 요사스러운 도리는 반드시 근절되어야 하고, 언변이 뛰어나고 지혜로운 자가 존귀할 수 없고, 외지로 나다니면서 벼슬을 추구하는 자가 임용되지 못하며, 경서를 익혀 개인의 명성을 추구하는 자의 지위가 높아질 수는 없습니다. 상이 후하고 형벌이 엄중하여, 백성들이 전쟁의 공로에 대한 상이 후하다는 것을 본다면 죽음을 무릅쓰고 싸울 것이며, 싸움을 하지 않아서 받게 되는 형벌의 치욕을 본다면 구차하게 사는 것을 고통으로 여길 것입니다. 상은 백성들로 하여금 죽음도 두려워하지 않게 하고, 형벌은 백성들로 하여금 구차한 삶을 고통으로 여기게 합니다.[31]

'가벼운 법'의 쓸모없음은 법령을 따르는 백성들에게 주어지는 포상이 적기 때문에 그러한 법령에 복종하지 않는 것이고, 형벌이 가벼우면 감히 범죄를 저지르는 자가 생기는 것에 기인하는 것이라고 할 수 있다. 또한 백성들은 언변과 지혜가 뛰어난 사람이나 유세하러 다니면서 벼슬을 추구하는 사람 및 경서를 익혀 개인의 명성을 추구하는 사람들만이 포상을 받는다는 것을 인식하게 된다면, 백성들 가운데 그 누구라도 죽음을 무릅쓰고 전쟁에 나가려하지 않을 것이다.

31 『商君書』, 「外內」, "奚謂輕法? 其賞少而威薄, 淫道不塞之謂也. 奚謂淫道? 爲辯知者貴, 游宦者任, 文學私名顯之謂也. 三者不塞, 則民不戰而事失矣. 故其賞少, 則聽者無利也; 威薄, 則犯者無害也. 故開淫道以誘之, 而以輕法戰之, 是謂設鼠而餌以狸也, 亦不幾乎! 故欲戰其民者, 必以重法. 賞則必多, 威則必嚴, 淫道必塞, 爲辯知者. 不貴, 游宦者不任, 文學私名不顯. 賞多威嚴, 民見戰賞之多則忘死, 見不戰之辱則苦生. 賞使之忘死, 而威備之苦生."

> 무엇을 가벼운 정치 조치라고 하겠습니까? 그것은 농민이 가난하고 상인이 부유한 것, 즉 식량의 가격이 떨어지면 돈이 귀해지는데, 식량의 가격이 떨어져서 농민이 가난해지고, 돈이 귀해져서 상인이 부유해지는 것입니다.……그러므로 농업에 의지해서 국가를 부유하게 만들고자 한다면, 국내의 식량 가격이 반드시 오르고, 농업에 종사하지 않는 자에게 부과하는 요역이 반드시 늘어나며, 시장의 이윤에 대한 조세가 반드시 가중될 것입니다. 그렇게 되면 백성들은 농사를 짓지 않을 수가 없고, 농사를 짓지 않는 사람은 식량을 구매하지 않을 수가 없습니다. 식량의 가격이 오르면 농사를 짓는 자들이 유리하고, 농사를 짓는 자가 유리하면 농업에 종사하는 사람이 늘어날 것입니다. 식량의 가격이 오르면, 식량을 사들이는 것이 이롭지 않고, 또한 부세와 요역을 가중시키면, 백성들은 상업과 수공업을 버리고 농업 생산에 종사하지 않을 수가 없을 것입니다. 그러므로 백성들은 농업 생산에 모든 역량을 다할 것입니다.[32]

농업으로 국가를 부유하게 하고 식량의 가격을 오르게 하며 농업에 종사하지 않는 사람들에게 징수하는 세금의 양을 늘리고 아울러 상인들에게 대해서는 시장에서 벌어들인 이윤에 가중된 세금을 부과하는 것이, 바로 상앙이 생각했던 농업에 종사하는

32 『商君書』, 「外內」, "奚謂輕治? 其農貧而商富, 故其食賤者錢重. 食賤則農貧, 錢重則商富.……故曰欲農富其國者, 境內之食必貴, 而不農之徵必多, 市利之租必重, 則民不得無田. 無田, 不得不易其食. 食貴則田者利, 田者利則事者衆. 食貴, 糴食不利, 而又加重徵, 則民不得無去其商賈技巧, 而事地利矣. 故民之利盡在於地利矣."

백성들의 삶을 보장하고 상인들이 식량과 물류유통을 통하여 축재하는 것을 방지하는 방식으로, 이것이 바로 중농억상정책의 요지인 것이다.

상앙은 법령을 무겁게 하여 백성들로 하여금 전쟁에 기꺼이 참여하게 하고 백성들이 전쟁에 참여하지 않고 포상을 받을 수 있는 길을 차단하여 포상은 오직 전쟁에 참여하여 전공을 세운 사람만이 받을 수 있다고 하는 원칙을 수립한다면, 백성들은 죽음을 무릅쓰고 전쟁에 참여하려 할 것이고 그에 따라서 국가는 전력이 매우 강대해질 것이라고 생각했던 것이다. 또한 상앙은 식량의 가격 상승을 주도하고 농사를 짓지 않고 재화를 벌어들인 사람들에게는 그들의 이윤에 대하여 중과세하여 농사에 종사하는 사람들이 유리하게 되면, 즉 농업을 존숭하고 상업을 억압한다면 모든 백성들은 오직 농사에만 집중할 것이라고도 생각했다. 법령을 무겁게 하고 식량의 가격을 상승하게 한다고 하는 주장은 농사에서 이윤을 남기고 전쟁에서 영예를 얻는다고 하는 주장과 상호 보완되는 것이라고 볼 수 있다. 이와 같이 백성들이 반드시 농업에 종사하고 전쟁에 기꺼이 참여하게 할 수 있는 법치 수단은 군주에게 있어서는 "변경에서 얻는 이익은 모두 병사들에게 돌아가도록 하고, 시장에서 얻는 이익은 모두 농민들에게 돌아가도록 해야 합니다."[33]라고 하는 것과 같이 전쟁에서 공을 세우는 병사와 농사에 전념하는 백성들이 제각기 응분의 이

33 『商君書』, 「外內」, "邊利盡歸於兵, 市利盡歸於農."

윤을 챙길 수 있도록 만들어 주는 수단이 되는 것이다. 그래서 상앙은 “변경에서 얻은 이익이 병사들에게 돌아가는 국가는 강해지고, 시장에서 얻는 이익이 농민들에게 돌아가는 국가는 부유해집니다.”[34]라고 언급했던 것이다. 국가가 이미 부강해지고 농전에 종사하는 백성들 모두가 제각기 맡은바 소임을 제대로 하고 군주는 백성들이 농전에 전념할 수 있는 법령을 견지한다면 그러한 국가는 다음과 같이 될 수 있는 것이다.

> 국가에 군주를 원망하는 백성이 없으면 강국이라 합니다. 군대를 일으켜서 다른 나라를 공격함에, 무공에 근거하여 작위를 주고 관직에 임명하면 반드시 승리할 것입니다. 군대를 멈추고 농사를 지음에, 국가에 바치는 식량에 근거해서 작위를 주고 관직에 임명하면 국가가 부유해집니다. 군대를 일으켜서 적을 이기고, 군대를 멈추어서 국가가 부유해진다면 그러한 자는 천하에 왕 노릇을 할 수 있을 것입니다.[35]

이상과 같이 상앙은 부국강병의 중대한 사명을 농전의 실시여부에 기탁했으며, 법치는 백성들이 농전에 전념할 수 있게 만들어주는 유일한 방책이라고 보았던 것이다. 즉 농전이란 국가의 근본이 되는 것이고 법치의 실행은 건국의 수단이 되는 것으로

---

34 『商君書』, 「外內」, “邊利盡歸於兵者强, 市利盡歸於農者富.”

35 『商君書』, 「去强」, “國無怨民日强國. 興兵而伐, 則武爵武任必勝. 按兵而農, 粟爵粟任, 則國富. 兵起而勝敵, 按兵而國富者王.”

이는 법치와 농전의 관계를 여실히 보여주는 것이라고 할 수 있는 것이다.

5. 맺는 말

이상과 같이 상앙의 법치와 농전의 관계에 대하여 농업우선정책과 법치의 관계 및 전쟁과 작록의 관계 그리고 법치와 농전의 결합을 중심으로 논의를 진행해보았는데, 이를 정리하면 다음과 같다.

상앙의 사상체계 속에서의 국가의 가장 중요한 기능 가운데의 하나는 바로 농업정책의 확대 추진과 농사일 장려를 가장 우선시하는 것이었다고 할 수 있다. 상앙은 백성들이 농사일에만 전념할 수 있도록 만든다면 국가생산력에 있어서 많은 장점이 있다고 했는데, 즉 농토를 개간하여 농사수확물을 얻는 성과 이외에도 백성들이 농사일을 통하여 순박하고 성실하여 군주가 그들을 통치하기 쉬운 장점이 있으며, 또한 군주의 명령에 잘 복종하고 관리들의 지시를 잘 이행하여 국가를 위해 기꺼이 전장에 나설 수 있는 장점이 그것이다. 또한 상앙은 백성들이 기꺼이 농사를 짓고 즐거이 전쟁터에 나가게 되고, 농사에 온 힘을 쏟고 병력준비에 모든 역량을 집중하게 되면 국가의 물적·인적자원을 최대한 효율적으로 활용할 수 있게 되어 부국강병을 달성할 수 있게 되는 것이라고 보았던 것이다. 아울러 상앙은 군주가 농사에 지대한 관심을 갖고 법령을 이용하여 백성들을 아침부터 저녁까지 농사에 종사시키게 되면, 이러한 법령은 농사의 촉진제라고 할 수 있으며 또한 백성들이 군주를 도와서 부국이라고 하는 목적을 달성할 수 있도록 만들어주는 역할을 해주는 보완제라고 생각했다.

상앙은 군주가 전쟁에서 승리하거나 천하의 왕 노릇을 하고자 하는 마음이 있다면 오직 전쟁에서의 승리를 통해서 그것들을 쟁취할 수 있다고 했다. 그러나 백성들이 전쟁을 싫어하고 피하고 싶어 하는 경향이 있는데, 상앙은 이러한 문제는 포상으로 해결할 수 있다고 보았다. 즉 전쟁에 참여하여 전공을 세운 백성들에게 작위와 녹봉을 수여하는 것이다. 그렇기 때문에 상앙은 일반 병사가 전공을 세워 작록을 받을 수 있다는 점을 강조하여 전쟁에서의 전공을 세우는 것이야 말로 부귀영화를 누릴 수 있는 첩경임을 주장했던 것이다. 또한 상앙은 군주가 이러한 작위와 녹봉을 수여하는 원칙을 이용하여 포상에 관한 그의 원칙이 백성들의 신뢰를 얻게 되는 상황이 형성되면, 군대는 작위와 녹봉을 수여하는 원칙 때문에 더욱 굳건하게 되는 것이기 때문에 국가의 무력은 더욱 강력해질 수밖에 없는 것이라고 보았다. 아울러 그는 이처럼 군주가 작위와 녹봉을 수여하는 원칙을 타당하고 합리적으로 운용했을 때 발생하게 되는 효과는 군대가 천하무적이 되는 것일 뿐만 아니라 국가 역시 강하게 되는 것이라고 보았던 것이다.

상앙이 강조한 백성들이 농업·전쟁 한 방면에 역량을 집중시킨다고 하는 것은 표면적으로는 농전이 국가에 대하여 불가분의 관계에 있다는 사실을 천명하고는 있지만, 그 이면에는 더욱 중요한 법치사상의 내용이 담겨져 있는 것이라고 할 수 있다. 즉 상앙은 법령을 무겁게 하여 백성들로 하여금 전쟁에 기꺼이 참여하게 하고 백성들이 전쟁에 참여하지 않고 포상을 받을 수 있는 길을 차단한다면, 백성들은 죽음을 무릅쓰고 전쟁에 참여하려 할 것이고 그에 따라서 국가는 전력이 매우 강대해질 것이라고 했다. 또한 상앙은 식량의 가격 상승을 주도하고 농사를 짓지 않고 재화를 벌어들인 사람들에게는 그들의 이윤에 대하여 법령으로 중과세하면, 모든 백성들은 오직 농사에만 집중할 것이라고도 했다. 이처럼 법령을 무겁게 하고 식량의 가격을 상승하게 한다고 하는 주장은 농사에서 이윤을 남기고 전쟁에서 영예를 얻는다고 하는 주장과 상호 보완되는 것이라고 볼 수 있다. 이와 같이 볼 때, 상앙은 부국강병의 중대한 사명을 농전의 실시여부에 기탁했으며, 법치는 백성들이 농전에 전념할 수 있게 만들어 주는 유일한 방책이라고 보았던 것이다.

참고문헌

高亨, 『商君書注譯』, 北京, 中華書局, 1974년.

鄭良樹, 『商鞅及其學派』, 上海, 上海古籍出版社, 1989년.

唐端正, 『先秦諸子論叢』續編, 臺北, 東大圖書有限公司, 1983년.

侯家駒, 『先秦法家統制經濟思想』, 臺北, 聯經出版事業公司, 1985년.

曾振宇, 『前期法家研究』, 濟南, 山東大學出版社, 1996년.

王曉波, 『先秦法家思想史論』, 臺北, 聯經出版事業公司, 1991년.

김용옥, 『맹자 사람의 길』 上, 서울, 통나무, 2012년.

제6장

순자 : 궁극적인 부국으로 가는 길

1. 시작하는 말

한 국가의 경제발전은 그 나라 정부의 정책시행에서 국민들의 삶을 풍요롭게 하고 사회의 체제 및 각종 자원의 이용에 대한 효율적인 관리와 분배에 달려있다고 할 수 있다. 또한 정부의 경제관련 인재를 적재적소에 배치해야만 정책시행에 있어서 국민들과의 불협화음을 막을 수 있으며, 정부 관리가 되기에 부적합한 사람에 의해서 자행되는 혈세의 낭비를 막을 수 있는 것이다. 고대 중국에서는 이러한 요건들에 부합되었던 경세사상이 있었는데, 그것은 바로 순자의 경세사상이라고 말할 수 있다.

선진유가의 경세사상은 공자와 맹자를 거쳐 순자에 이르러 더욱 정밀해지는 한편 현실주의적 경향을 띠게 된다고 할 수 있다. 순자에게 있어서 고대 성왕聖王들의 경제정책은 이상적인 목표가 있는 것으로 이해되는데, 그것은 바로 경제정책의 목표가 실질적인 시행과 이론적인 보충이 조화롭게 발현되는 것이었으며, 또한 그러할 때 비로소 진정한 가치가 드러나는 것이라고 순자는 생각했다. 그렇기 때문에 순자는 이상적인 정치를 실현할 수 있는 실질적인 경제정책으로 형평성 있는 조세정책과 유능한 인재의 등용 및 합리적인 직업시스템의 확립 등을 제시하고 있으며, 이것들이 조화롭게 실현되는 것이 순자의 경제정책 청사진이라고 할 수 있다.

유가의 현실주의자라고 불리는 순자의 경세사상에 대한 연구는 그동안 많은 학자들로부터 주목을 받지 못해왔다. 이러한 순자의 경세사상에 대하여 본문에서는 경제정책의 핵심적인 요소들, 즉 형평성 있는 조세정책과 유능한 인재의 등용 및 합리적인 직업시스템의 확립을 중심으로 분석 해보았다.

2. 형평성 있는 조세정책

고대 중국사회에서 자원의 운용은 인간과 자연 사이의 균형과 협력의 관계 형태를 띠고 있었다고 할 수 있다. 또한 고대 중국사회에서 대부분의 국가의 정부는 정부명령을 통하여 세금을 부과하며 거두어들인 세금을 사회기반구축사업과 국가정책을 시행하는 데에 사용했다고 볼 수 있다. 고대 사회에서의 조세는 천연자원을 제외한 국가의 두 번째로 중요한 수입원이었다고 할 수 있는데, 조세를 거둬들인 후에는 반드시 규모에 맞는 각종 토목건설 사업의 시행을 통하여 백성들의 생활안정을 도모했다.

다른 각도에서 조세정책을 본다면 이는 정부가 백성에게서 세금을 거둬들여 백성을 위해 그것을 사용하는 과정이라는 것을 알 수 있을 것이다.

> 지금 세상은 그렇지 못하다. 오늘날의 임금은 세금을 많이 매겨 백성들의 재산을 무리하게 빼앗아가고, 경작지의 세금을 과도하게 높여 백성들의 양식을 강제로 빼앗으며, 관문의 통관세, 시장세 등을 과중하게 매겨 화폐의 유통을 어렵게 만든다. 뿐만 아니라 민중을 우롱하고 기회를 엿보기만 하고 권모술수로 백성을 피폐하게 한다. 백성들도 그가 난폭하고 추잡하여 장차 위험할 것을 훤하게 알고 있다. 그러므로 혹은 신하가 임금을 시해하기도 하고, 혹은 아랫사람이 윗사람을 죽이기도 하고, 이익을 위하여 국토를 적국에 팔고, 충절을 저버리고 군주를 위하여 생명을 바치지 않는 것은 다름이 아니라 바로 그 군주 자신이 스스로 그러한 재앙을 받게 된 것이다.[1]

위의 인용문을 통해서 알 수 있듯이 순자는 당시 즉 전국戰國시대 중후기의 위정자들이 그들 자신이 자행한 백성들의 고통을 외면한 과도한 세금의 징수는 백성들의 고통과 부담을 더욱 가중시킨다고 하는 사실을 몰랐다고 생각했다. 국가의 세금징수가

1 『荀子』, 「富國」, "今之世而不然, 厚刀布之斂以奪之財, 重田野之稅以奪之食, 苛關市之征以難其事. 不然而已矣, 有掎契伺詐, 權謀傾覆, 以相顚倒, 以靡敝之, 百姓曉然, 皆知其汙漫暴亂而將大危亡也. 是以臣或弑其君, 下或殺其上, 粥其城, 倍其節, 而不死其事者, 無它故焉, 人主自取之也."

과도할 경우 백성들의 삶은 곤궁해질 수밖에 없게 된다. 실례로 "세금을 많이 매겨 백성들의 재산을 무리하게 빼앗아가고, 경작지의 세금을 과도하게 높여 백성들의 양식을 강제로 빼앗는다." 라고 하는 언급은 백성들이 축적해놓은 재화를 조세로 거둬들인 후에 모두 국고에 쌓아놓아서 백성들의 재산은 적어지게 되는 상황 즉 국가가 백성들의 재산을 탈취하는 강도와 같은 행태가 벌어지고 있는 상황에 대하여 설명한 것이다. 이러한 것 이외에도 경작지에 대한 과도한 세금징수로 인해서 백성들이 생산한 곡식의 대부분이 국고로 수납되어 일반 백성들은 삶을 영위하기가 매우 어려운 지경에 처하게 되는 등의 심각한 상황이 발생하게 된다. 백성들의 삶의 기본적인 욕구마저 국가권력에 의해서 찬탈되는 상황은 사회적 불안을 조성하는 사태를 초래하게 된다.

"세금을 많이 매겨 백성들의 재산을 무리하게 빼앗아가고, 경작지의 세금을 과도하게 높여 백성들의 양식을 강제로 빼앗으며, 관문의 통관세, 시장세 등을 과중하게 매겨 화폐의 유통을 어렵게 만든다."라고 하는 세 가지 행태는 정도의 차이는 있는데, 그 가운데 재산과 식량을 찬탈하는 것이 가장 심각하다고 할 수 있다. 이는 모든 백성들의 삶에 영향을 끼칠 수 있는 것이며, 관문의 통관세나 시장세 등을 과중하게 징수한다는 것은 상인들로부터 이익을 빼앗는 것이다. 이와 같이 상인들의 이익을 찬탈한다고 하는 행태의 결과로 파급되는 영향은 두 가지 측면에서 논의될 수 있는데, 하나는 관문의 통관세를 과중하게 징수하면 그것의 직접적인 영향은 상인들의 이익감소로 이어지게 된다는 것이고, 다른 하나는 물류의 유통에 악영향을 끼쳐 결국에는 경제발전에 장애요인으로 작용을 하게 된다는 것이다.

상인들의 이익에 악영향을 준다고 하는 측면에서 본다면, 당시의 중농주의 중심의 국가체제 속에서 상인계층은 소수였으며 그들의 특징은 물류를 유통시키는데 있다고 할 수 있다. 순자는 수공업자들과 상인들이 많으면 국가는 빈궁해진다고 주장했는데, 이는 순자가 상공업의 발전을 과도하게 지지하지 않았음을 표시하는 것이며, 상공업에 종사하는 인구를 일정 정도로 제한시켜야 한다는 것을 포함하고 있는 것이다. 즉 순자의 입장은 전통의 생산방식인 농업을 매우 중시했다는데 있는 것인데, 이는 당시의 사회적 상황에서 볼 때 국가의 안정에 대하여 실질적인 의의가 있는 것이라고 할 수 있다. 그러므로 순자가 상인들에게 대한 과도한 세금징수를 반대했다고 해서 이러한 사실이 상공업에 대한 제한과 모순된다고 하는 것을 대표하지는 않는다고 할 수 있는 것이다.

물류의 유통에 해악을 끼친다고 하는 측면에서 본다면, 상인들은 비록 물류의 유통과정 속에서 이익을 취하기는 하지만 물류의 유통과정은 백성들의 생활을 더욱 편리하게 만들고, 농업생산품은 물류유통을 통하여 더욱 편리하게 교역될 수 있는 장점이 있다고 할 수 있다. 그렇기 때문에 만일 통관세와 시장세를 과중하게 부과할 경우 비록 상인계층들은 이익이 감소하여 어렵게 될지라도 가장 고통을 받는 계층은 1차 생산자인 농민계층이 된다. 그러므로 여기에서 언급한 세 가지의 조세징수 방식 가운데 무거운 세금과 경작지에 대한 과도한 세금은 농민 모두에게 직접적으로 영향을 미치는 것이며, 통관세와 시장세를 과중하게 매기는 것은 상인들을 통하여 또다시 농민들을 착취하는 것이 된다. 이와 같은 백성들의 고혈을 쥐어짜는 행태에 대하여 순자는 "백성들도 그가 난폭하고 추잡하여 장차 위험할 것을 훤하게 알고 있다"는 말로 경고하고 있다.

이러한 정치를 자행하는 군주들의 행태를 시정하기 위하여 순자는 다음과 같은 대안을 「부국富國」 편에서 제시한다.

> 군자는 덕으로써 백성을 대하고, 소인은 힘으로써 대한다는 말과 같이, 힘은 덕을 위해 사용되어야 한다. 백성들의 노력은 위정자의 덕에 의하여 비로소 공적을 거두고, 백성들의 집단도 여기에 의하여 비로소 융화되고, 백성들의 재산도 여기에 의해서 축적되고 , 백성들의 생활도 여기에 의하여 비로소 평안하고, 백성들의 수명도 여기에 의하여 비로소 길어지는 것이다. 부자가 군주가 아니면 친할 수 없고, 형제가 군주가 아니면 우애할 수 없고, 남녀가 군주가 아니면 즐거울 수 없고, 젊은이가 성장하고 노인이 봉양 받는 것도 그것이다.[2]

2 『荀子』, 「富國」, "君子以德, 小人以力, 力者德之役也. 百姓之力, 待之而後功; 百姓之群, 待之而後和; 百姓之財, 待之而後聚; 百姓之勢, 待之而後安; 百姓之壽, 待之而後長. 父子不得不親, 兄弟不得不順, 男女不得不歡, 少者以長, 老者以養."

정책시행의 방침을 장악하고 정치의 도리를 실천하는 군자는 반드시 백성들의 안락한 삶과 질서 있는 사회를 만들어 운영하기 위하여 조세를 거둬들여야만 하는 것이지, 자기 자신의 향락을 위해 조세를 걷는 것이 아니다. 정치를 잘하는 군자는 인간사회의 집단 사이의 관계를 조화롭게 유지시키며, 또한 예의禮義의 교화를 통해서 백성들이 서로를 사랑하게 만든다. 게다가 형평성 있는 세금부과는 백성들 개인이 자신의 재화를 축적할 수 있게 만든다. 이와 같은 기초 위에서 인간사회는 비로소 조화롭게 되고 백성들의 삶은 안정될 수 있게 되는 것이다. 아울러 편안하고 여유 있는 환경 속에서 백성들은 너그러운 마음으로 천수를 누리며 살 수 있게 되는 것이다. 이러한 과정이야말로 인간사회가 조화와 균형이 잡힌 질서 있는 세상으로 가는 첩경이 되는 셈인데, 그 첫 걸음은 바로 사회 구성원 사이의 조화에 있으며, 그 다음은 개인의 소득을 증대시키는 것에 있다. 이럴 때 비로소 사회 안정이라고 하는 이상이 실현되는 것이라고 할 수 있다.

순자는 재위에 있는 군자만이 현명하며 능력이 있고 어진 마음과 덕행을 구비하여 백성들의 행복을 도모할 수 있다는 점을 부단히 강조한다. 이와는 반대로 순자는 군주가 덕행을 구비하지 않고 과도하게 세금을 부과하여 부국강병만을 추구한다면 백성들의 부담을 가중시키게 된다고 하였다. 순자가 가장 중시 한 것은 바로 예의禮義의 교화인데, 그는 이러한 교화를 통하여 백성들이 서로가 화합하며 조화를 이루며 살아갈 수 있다고 하였으며, 정치를 실행하는 군자 자신은 예의禮義를 통하여 덕행을 쌓을 때 교화는 비로소 그 효력을 얻을 수 있는 것이라고 했다. 그러므로 정치를 시행하는 방침과 영향은 바로 위정자 자신과 매우 밀접하게 관련이 있다는 것이다.

조세정책의 근본은 백성들에 대한 관용과 사랑을 기초로 하여 수립해야 하는 것이며, 그 목적은 백성들의 삶을 부유하게 만들어 사회를 안정시키는데 있는 것이다. 그러므로 만일 세금납부가 부담이 되지 않는 상황이 발생한다면 백성들의 삶은 비교적 안정적이게 되고, 백성들 또한 재화에 여유가 생겨 그러한 잉여 재화를 경제활동에 사용하게 된다면, 결국에는 그것이 국가 경제발전을 촉진시키게 되는 작용을 하게 되는 것이다. 그렇기 때문에 순자에게 있어서의 합리적인 조세정책은 가장 먼저 백성들의 재화를 수탈하지 말고 세금을 가볍게 부과하여 재화의 근원을 보장할 수 있게 하는 것을 고려해만 한다는 것이었다.[3] 그 다음에는 정부에서 확보된 세수를 낭비하지 않는 운용의 묘가 고려되어야 한다는 것이다.

3. 유능한 인재의 등용

한 국가의 재정상태가 양호하고 구성원들이 고르게 부유하게 된다면 자연히 각종의 정책들이 활발하게 시행될 수 있지만, 만일 정부에서 유능한 인재를 적재적소에 배치하지 못할 경우 막

3 胡寄窗, 『中國經濟思想史』, 上海, 上海人民出版社, 1978년, 445~446쪽 참조.

대한 조세수입이 탐관오리의 개인 호주머니 속으로 들어가거나 쓸데없이 많은 무능력한 관리들의 유지 경비로 낭비될 개연성이 크다고 할 수 있다. 이러한 상황은 정책시행의 효과를 낼 수 없을 뿐만 아니라 정부가 백성들로부터 신뢰를 받을 수 없게 만드는 요인으로 작용한다. 경제적인 관점에서 볼 때 인재를 적소에 배치하지 않거나 쓸데없는 인력의 낭비는 거둬들인 세금으로 국가의 정책을 수립 운용하는 데에 있어서 치명적인 결함요소로 작용한다고 말할 수 있다.

정부에서 인재를 채용하는 기준은 정치철학에서 줄곧 논의되어져온 중요한 사안으로 위정자는 반드시 유능한 인재를 판별하는 것이 매우 중요한 사항이라는 것 외에, 반드시 인재 선별의 기준과 임용의 기준을 갖춰야만 비로소 유능한 인재와 그렇지 못한 무능한 인재를 판별할 수 있게 된다. 비록 정치사상 가운데 각종의 유능한 인재에 대한 판별의 기준이 있다고 할지라도, 많은 기준들이 시대적 상황에 따라서 달라질 수 있거나 다른 조정을 거치게 되는 경우가 발생할지라도 유능한 인재의 운용은 반드시 적재적소에 배치하는 것을 원칙으로 해야만 한다는 것은 변할 수 없는 사실이다. 예를 들자면 천리마와 백락의 관계처럼 무능한 사람은 천리마를 일반적인 말처럼 취급하고 이용하며 천리마의 가치를 매몰시켜버린다.[4] 그렇기 때문에 유능한 인재를 선택하는 입장에서는 유능한 사람과 무능한 사람을 판별하는 작

4 千里馬와 伯樂에 관한 이야기는 韓愈의 『雜說』, 「馬說」에서 인용했다.

업도 중요하지만 그것 이외에도 개인의 재능에 맞춰 적합한 자리에 배치하여 선택된 인재가 진정한 능력을 발휘할 수 있게 만드는 것 역시 매우 중요하다고 할 수 있다.

순자는 인간의 욕망은 끝이 없기 때문에 반드시 제어와 교화가 필요하다고 생각했으며, 또 한편으로 순자는 인간의 탐욕에는 만족함이 없다는 것을 인정했다. 군자는 캄캄한 방에서도 스스로 속임이 없으나, 일반적인 관리들이나 백성들과 같은 경우 모두가 이러한 경지에 도달하기는 어렵다. 일반적인 사람들은 일단 돈과 권력에 대한 유혹을 쉽게 뿌리치지 못하며 설사 그러한 유혹을 뿌리치는 사람이 있다고 하더라도 극소수에 불과한 것이 일반적인 상황이다. 고대 중국사회의 정부에서 관료를 채용하는 목적은 백성들에 대한 관리와 조세의 징수 및 국가사업을 제대로 시행하기 위해서였다. 그러나 관료 역시 인간인지라 순자가 주장한 악한 본성을 가진 인간의 굴레에서 벗어나기는 어려웠기 때문에 공금을 낭비하거나 무위도식하는 쓸데없는 관리들을 제외한 관리들은 개인의 덕성을 지키는 것에 대하여 반드시 주의를 기울였다. 개인의 덕성을 제대로 지키지 못하는 관리들은 마치 구멍이 뚫린 수도관처럼 조세수입을 낭비하여 국가를 위해 사용되어져야할 재화를 고갈시켜 국가적 사업을 하지 못하게 만들었다. 바로 이러한 점들이 반드시 유능한 인재를 등용하여 적소에 배치해야만 한다는 이유가 되는 것이다. 유능한 인재의 등용에 대하여 순자는 「군도君道」 편에서 다양한 방식으로 그 원칙을 언급했는데 다음과 같다.

먼저 군주는 반드시 유능한 인재의 보좌를 받아야하며 그들을 적재적소에 배치해야만 한다는 것이다.

> 군주가 혼자서는 나라를 다스릴 수 없다고 하는 것이다. 재상과 보좌하는 사람들은 군주에게는 기대는 안석이나 지팡이 같은 것이다. 그것은 서둘러 갖추지 않으면 안 되는 것이다. 그러므로 군주란 반드시 일을 맡길 만한 재상이나 보좌하는 사람들이 있어야만 한다. 그가 덕이 있다는 명성은 백성들을 쓰다듬어 안정시킬만하고, 그의 지혜와 생각은 온갖 변화에 대처할 만한 것이어야 한다. 이러한 것을 나라가 갖추어야 할 요건이라고 한다. 사방 이웃의 제후들과의 관계에서는 서로 교섭 하지 않으면 안 된다. 그렇지만 반드시 모두와 친하게 지낼 수는 없다. 그러므로 군주는 멀리 있는 나라에 가서 자신의 뜻을 설명해 주고 상대방의 의심을 풀어줄 만한 사람이 반드시 있어야만 한다. 그의 옳고 그름의 설명은 번잡한 일을 해결할 수 있고, 그의 지혜와 생각은 의심을 풀어 줄 수 있고, 그의 결단은 어려운 제의를 막아낼 수 있으며, 사사로운 일을 하지 않고, 군주를 배반하지 않아야 한다. 또한 다급한 일에 대응을 잘 하여, 환난을 막아 주어 나라를 잘 지탱할 수 있어야만 한다. 이러한 것을 나라가 갖추어야 할 요건이라고 하는 것이다. 그러므로 군주로서 자기가 좋아하고 사랑하는 믿을 만한 측근이 없다면, 그를 고독한 군주라고 한다. 사방 이웃 제후들에게 사신으로 보내는 사람이 잘못된 사람이라면, 그를 고독한 군주라고 한다. 고독한데다가 어리석다면 그런 군주의 나라를 위태로운 나라라고 한다. 비록 나라가 아직 그대로 있는 것처럼 보여도 옛날 사람들은 그런 나라는 망하였다고 했다.[5]

순자는 유능한 인재의 등용은 국가를 통치하는 군주에게 있어서 매우 중대한 사안이라고 생각했다.[6] 군주가 절대로 혼자서 국가를 통치할 수 없듯이 정부 역시 한 사람에 의해서 운영되어질 수 없는 것이다. 이러한 입장에서 출발한다면 군주가 어떠한 정책을 시행하건 간에 반드시 유능한 인재 혹은 신하들의 보좌를 통할 때에만 비로소 제대로 시행될 수 있다는 것이다. 순자가 제시하는 유능한 인재의 조건은 나음과 같은 것들이 있다. 즉 내정측면에서는 국정을 잘 보좌할 수 있는 재상과 관료이며, 대외적인 측면에서는 제후국들에 사신으로 파견되어 외교적 소임에 전력할 수 있는 관료라고 할 수 있다.

다시 말하면 유능한 재상과 관료의 조건은 "그가 덕이 있다는 명성은 백성들을 쓰다듬어 안정시킬만하고, 그의 지혜와 생각은 온갖 변화에 대처할 만한 것이어야 한다."와 같이 임기응변에 잘 대처할 수 있는 지략을 가지고 있으며, 충분한 덕성을 갖추고 있어서 군주의 또 다른 화신이라고 말할 만한 인재이다. 유능한 외교관은 "그의 옳고 그름의 설명은 번잡한 일을 해결할 수 있

5 『荀子』, 「君道」, "人主不可以獨也. 卿相輔佐, 人主之基杖也, 不可不早具也. 故人主必將有卿相輔佐足任者, 然後可. 其德音足以塡撫百姓, 其知慮足以應待萬變, 然後可, 夫是之謂國具. 四鄰諸侯之相與, 不可以不相接也, 然而不必相親也, 故人主必將有足使喩志, 決疑於遠方者, 然後可. 其辯說足以解煩, 其知慮足以決疑, 其齊斷足以距難, 不還秩不反君, 然而應薄扞患足以持社稷, 然後可, 夫是之謂國具. 故人主無便嬖左右足信者謂之闇, 無卿相輔佐足任者謂之獨, 所使於四鄰諸侯者非其人謂之孤, 孤獨而晻謂之危. 國雖若存, 古之人曰亡矣."

6 韋政通, 『荀子與古代哲學』, 臺北, 臺灣商務印書館, 1992년, 102쪽 참조.

고, 그의 지혜와 생각은 의심을 풀어 줄 수 있고, 그의 결단은 어려운 제의를 막아낼 수 있으며, 사사로운 일을 하지 않고, 군주를 배반하지 않아야 한다."와 같은 능력을 가진 자로 외국에 사신으로 파견되었을 때, 독자적인 판단과 충심이 없다면 쉽게 유혹에 넘어가 변절할 수 있으며, 뛰어난 상황판단과 대처 능력이 없다면 다른 나라가 자국에 대하여 품고 있는 의심과 적의를 용해시킬 수 없게 된다. 또한 모든 일을 국가를 위해서 해야만 하고 결코 사적인 일을 하지 않는 것이야말로 대외 교섭업무를 담당하는 인재의 조건이라는 것이다.

다음으로 군주는 유능한 인재를 적재적소에 배치하여 그들이 자신의 능력을 충분히 발휘할 수 있도록 하기 위해서 인재들의 특성을 파악해야만 한다는 것이다.

> 사람들의 재능을 헤아리되, 신중하고 성실하며 부지런히 일하고, 계산이 세밀하여 전혀 빠뜨리는 일이 없다면, 이는 관청의 일반 관리로 쓸 재목이다. 스스로 잘 수양해서 단정하며, 법을 존중하고 직분을 공경히 지켜 비뚤어진 마음이 없고, 직책을 잘 지키고 할 일에 전념하여, 전혀 더하거나 덜하지 않고 대대로 자손들에게 물려줄 수 있으며, 남이 그가 하는 일을 간섭하거나 빼앗을 수가 없다면, 이는 사대부로서 관청의 우두머리로 쓸 재목이다. 예의를 숭상하는 것은 군주를 존중하기 위한 일임을 알고, 훌륭한 선비를 좋아하는 것은 명성을 아름답게 하기 위한 일임을 알며, 백성을 사랑하는 것은 나라를 안락하게 하기 위한 일임을 알고, 일정한 법도가 있는 것은 풍속을 통일하기 위한 일임을 알며, 현

> 명한 이를 숭상하고 능력 있는 이를 등용하는 것은 공적을 증대하기 위한 일임을 알고, 근본적인 농업에 힘쓰게 하고 말단적인 상업을 억제하는 것은 풍부하게 하기 위한 일임을 알며, 아랫사람들과 작은 이익을 다투지 않아야 하는 것은 일을 하는 데 편리하도록 하기 위한 일임을 알고, 제도를 분명히 하고 사물을 잘 헤아려서 쓰는 데 알맞도록 하는 것은 모든 일이 정체되지 않도록 하기 위한 일임을 안다면, 이는 재상이나 곁에서 보좌하는 신하가 될 재목이다. 그러나 이것은 군주의 도에는 미치지 못하는 것이다. 이러한 세 가지 재목의 사람들을 잘 따지고 골라 벼슬자리에 앉혀 그들의 서열이 잘못되는 일이 없도록 하는 것이 바로 군주의 도이다. 그와 같이 한다면 군주 자신은 안락하고 나라는 잘 다스려지며, 공적은 위대해지고 명성은 아름다워져 위로는 왕자가 될 수가 있고 아래로는 패자가 될 수 있는 것이니, 이러한 것이 군주가 지켜야할 요건이다.[7]

만일 이상과 같은 세 종류의 인재를 군주가 기용할 수만 있다면 국가를 통치하는 일은 기대 이상으로 용이할 것이다. 또한 군주는 스스로가 국가의 모든 정무를 관장할 필요가 없이 유능

---

7 『荀子』, 「君道」, “材人, 願愨拘錄, 計數纖嗇而無敢遺喪, 是官人使吏之材也. 修飾端正, 尊法敬分而無頸側之心, 守職循業, 不敢損益, 可傳世也, 而不可使侵奪, 是士大夫官師之材也. 知隆禮義之爲尊君也, 知好士之爲美名也, 知愛民之爲安國也, 知有常法之爲一俗也, 知尙賢使能之爲長功也. 知務本禁末之爲多材也, 知無與下爭小利之爲便於事也, 知明制度權物稱用之爲不泥也, 是卿相輔佐之材也. 未及君道也. 能論官此三材者而無失其次, 是謂人主之道也. 若是, 則身佚而國治, 功大而名美, 上可以王, 下可以霸, 是人主之要守也.”

한 인재들을 적절하게 운용하여 정무를 관장하게 한다면 효과적으로 국가를 통치할 수 있을 것이다. 이러한 세 종류의 인재는 상급 중급 하급으로 구분할 수 있는데, 하급은 일반 관리로서 기층 백성들과 가장 밀접하게 연결되어 있기 때문에 비록 직위는 낮을 지라도 가장 커다란 영향력을 행사할 수 있다. 예를 들면 일선 현장에서 직접적으로 세금을 거둬들이는 관리들이 이러한 인재에 해당 된다. 그러므로 이러한 관리들은 재무관련 업무를 충분하게 숙지하고 있어야 하고 장부기록에도 한 점 오차가 있어서는 안 된다. 중급은 사대부로서 관청의 수장이 된다. 이들은 법을 존중하고 직분을 공경히 지켜서 법률이나 제도의 제정목적을 명확하게 숙지하고 있으며, 하급관리들에 대한 관리감독뿐만 아니라 하급관리들이 경솔한 행동을 하지 못하도록 단속하기도 하며 그들을 교화시키는 역할도 담당 한다. 상급은 재상이나 군주를 보좌하는 인재들로서, 이들은 비록 군주의 도를 행할 수는 없으나 통치 능력은 가볍게 볼 수 없을 정도이다. 이러한 세 가지 원칙에서 가장 중요한 것은 인재들의 덕성이 주가 되어야 한다는 것이며, 가장 근본적인 원칙은 군주가 유능한 인재를 선임할 수 있는 능력을 가졌는지의 여부인데 만일 그러한 능력이 없다면 모든 것은 공염불이 되어버리게 된다.

유능한 인재를 등용하는 것은 백성들을 사랑하고 국가의 안정을 도모한다고 하는 통치이상에 부합하는 것이지만, 그렇지 않을 경우 순자가 말한 것처럼 국가는 반드시 존망의 위험에 처하게 된다. 이러한 사태가 발생하게 되는 가장 근본적인 원인은 국가 관리들의 행태에 있는 것으로 그들의 행위가 민심에 직접적으로 영향을 끼치고 있기 때문이다. 만일 관리가 청렴해서 백성들의 재화를 수탈하지 않는다면 국가재정에는 어떠한 해악도 없을 것이며 백성들 역시 국가권력에 대하여 원한을 품지 않게 되어 국가의 안정에 커다란 효과를 낼 수 있을 것이다. 그러나 만일 통치자가 "세금을 많이 매겨 백성들의 재산을 무리하게 빼앗는다."와 같이 백성들의 재화를 수탈하게 되면 유능하고 현명한 인재는 결코 그러한 통치자의 앞잡이가 되기를 거부한다. 그렇기 때문에 유능한 인재의 등용은 또 다른 측면에서 의미가 있다고 할 수 있는데, 그것은 바로 군주 자신의 덕성수양을 반영한다는 것이다.

> 군주가 탐욕스럽고 이익을 좋아하면 곧 신하와 여러 관리들은 그러한 것들을 이용하여 자신은 많은 양을 받고 남에게는 조금 주어 백성들을 한도 없이 착취할 것이다.[8]

위의 인용문이 표시하는 것은 신하와 관료들의 현명함과 청렴함의 여부는 군주의 태도와 매우 밀접한 관련이 있다는 사실이다. 순자는 군주가 민심을 안정시키기 위해서는 유능하고 현명한 인재 등용이 중요함을 강조했는데, 경제적 측면에서 본다면 민심의 안정은 정부가 가혹한 형벌과 무거운 세금을 매기지

8 『荀子』, 「君道」, "上好貪利, 則臣下百吏, 乘是而後豐取刻與, 以無度取於民."

않는 것과 과도하게 일반 백성들의 경제생활을 간섭하지 않는 가운데 있는 것이다. 백성들이 만족하며 여유 있는 삶을 영위해 나갈 수 있게 만들어 주기 위해서 군주는 반드시 유능하고 현명한 인재의 보좌가 필요한 것이다. 그렇기 때문에 관리의 등용에 있어서 군주는 방임의 방식을 취해서는 안 된다고 주장하는 것이다.

동서고금을 막론하고 모든 백성들은 자신들이 힘들게 벌어서 국가에 납부한 세금을 쓸데없는 사업에 함부로 낭비하지 않을 것을 염원한다. 동시에 정부가 거둬들인 조세수입을 토대로 국가경제를 발전시키고 사회를 향상시킬 수 있는 용도로 쓰이기를 원하지 정부 관리들의 사사로운 호주머니에 들어가는 것을 원치 않는다.

> 천하의 모든 사람들을 보육하고, 모든 사람들을 애호하며, 모든 사람들을 통제하여, 비록 흉작이나 장마 또는 가뭄이 든 해라 하더라도, 백성들이 헐벗고 굶주리는 걱정이 없도록 하는 것은 바로 성인다운 군주와 현명한 재상들이 할 일이다.[9]

백성들이 정부에 대하여 원하는 것은 홍수로 인해 수재가 발생하거나 가뭄이 들어 기근이 발생했을 때 자신들이 충분히 구제 받을 수 있을까하는 것에 있지 않고, 유능하고 현명한 군주와

9 『荀子』, 「富國」, "若夫兼而覆之, 兼而愛之, 兼而制之, 歲雖凶敗水旱, 使百姓無凍餒之患, 則是聖君賢相之事也."

관료들이 국가의 운영을 계획적이고 준비성 있게 하여 백성들의 생명과 재산이 천재지변에 의해서 훼손되지 않게 하는 것에 있다.

4. 합리적인 직업시스템

직접 농업생산에 종사하는 사람과 그렇지 않는 사람들 사이의 직업분배는 합리적으로 분배가 되어야만 많은 수의 인구를 먹이고 입힐 수 있으며 또한 대다수의 사람들 모두가 농업 생산현장에 투입되어 발생할 수 있는 인적자원의 낭비를 방지할 수 있다. 다시 말하자면 농업생산이 일정한 수준에 도달하게 되었을 때는 반드시 상업과 수공업에 종사하는 계층이 존재하게 되어 백성들이 더 많은 물질적 혜택을 누리게 됨과 동시에 물류유통의 효과를 달성할 수 있게 되는 것이다. 상인과 수공업자 계층은 전국戰國시대 중기의 사회에서 이미 없어서는 안 될 존재로 대두하게 되지만 농업생산 중심의 당시 사회체제 속에서는 역시 농업이 가장 중요한 산업이었다.[10]

> 온 천하가 모두 풍족해지는 도리는 사람들 사이의 분계를 분명히 하는 데 있다. 땅을 잘 다스려 땅의 경계를 분명히 하고, 풀을 뽑아 곡식을 잘 자라게 하며, 비료를 많이 주어 밭을 비옥하게 하는 것은 바로 농민 대중들이 할 일이다. 계절에 맞춰 백성들이

10 趙靖, 『中國經濟思想通史』, 北京, 北京大學出版社, 1996년, 342쪽 참조.

> 일에 힘쓰게 하여 하는 일이 잘 되고 일의 성과가 커지도록 하며, 백성들 모두가 화합케 하여 사람들을 구차하게 지내지 않도록 하는 것은 바로 지방관들이 할 일이다. 높은 곳이라 하더라도 가뭄이 들지 않고, 낮은 곳이라 하더라도 홍수가 나지 않으며, 추위와 더위가 계절 따라 잘 조화되어, 오곡이 때에 알맞게 잘 여물게 하는 것은 바로 하늘이 할 일이다. 천하의 모든 사람들을 보육하고, 모든 사람들을 애호하며, 모든 사람들을 통제하여, 비록 흉작이나 장마 또는 가뭄이 든 해라 하더라도, 백성들이 헐벗고 굶주리는 걱정이 없도록 하는 것은 바로 성인다운 군주와 현명한 재상들이 할 일이다.[11]

위의 인용문에서 언급된 사회체제는 매우 간단하다고 할 수 있는데, 사회의 기본적인 체제조직 방식은 위로는 군주와 재상이 있고 아래로는 농민백성들이 있으며 이들 사이의 매개자로서 지방관들이 있다. 이들 지방관들은 통치계층과 서민계층의 중간자로서 백성들 사이의 분쟁과 상호침탈을 방지하는 등의 사회치안을 담당한다. "온 천하가 모두 풍족해지는 도리는 사람들 사이의 분계를 분명히 하는 데 있다."에서 "분계를 분명히 한다."는 언급은 사람들이 자신의 위치에서 맡은 바의 직무를 이행하며 서로가 월권을 하지 않는다고 하는 의미로서 이는 예의禮義의

11 『荀子』, 「富國」, "兼足天下之道在明分. 撩地表畝, 刺中殖穀, 多糞肥田, 是農夫衆庶之事也. 守時力民, 進事長功, 和齊百姓, 使人不偷, 是將率之事也. 高者不旱, 下者不水, 寒暑和節而五穀以時孰, 是天下之事也. 若夫兼而覆之, 兼而愛之, 兼而制之, 歲雖凶敗水旱, 使百姓無凍餒之患, 則是聖君賢相之事也."

함의를 담고 있는 것이라고 할 수 있다.[12] 그렇기 때문에 이러한 사회는 효율적인 사회 시스템이 존재하게 되어 통치자와 생산에 종사하는 계층의 구분이 명확하게 되어져 있는 것이다.

전국시대에는 상인 계층과 수공업자 계층이 이미 흥기해 있는 상태였는데, 만일 이러한 사회 구조상의 변동을 소홀히 한 채 경제 관련 이론체계를 수립했다면 그것은 당시의 시대적 상황에 부합하지 않는 것이었다고 할 수 있는 것이다.

> 나라의 강하고 약한 것과 가난하고 부유한 것을 알아보는 데에는 그 징표가 있다. 군주가 예의를 존중하지 않는다면 군대는 약하다. 군주가 백성을 사랑하지 않는다면 군대는 약하다. 이미 응낙한 일도 믿을 수 없는 처지라면 군대는 약하다. 포상이 제대로 되지 않고 있다면 군대는 약하다. 장수들이 무능력하다면 군대는 약하다. 군주가 공적을 올리기를 좋아한다면 나라는 가난하다. 군주가 이익을 좋아한다면 나라는 가난하다. 사대부의 수가 많으면 나라는 가난하다. 공인과 상인이 많으면 나라는 가난하다. 도량형 제도가 없다면 나라는 가난하다. 백성이 가난하면 곧 군주도 가난해진다. 백성이 부유하면 곧 군주도 부유해진다. 그러므로 밭과 들판과 시골 마을들은 재물의 근본이다. 나라의 쌀 창고나 곳간 같은 것은 재물의 말단적인 것이다. 백성들이 잘 화합하여 하는 일에 질서가 있는 것이 재화의 근원이다. 차등에 따라서 세금을 거둬들이고 창고에 물건이 쌓여 있는 것은 재화의 말류이다.[13]

12 魏元珪, 『荀子哲學思想』, 臺北, 谷風出版社, 1987년, 212쪽 참조.

13 『荀子』, 「富國」, "觀國之强弱貧富有徵. 上不隆禮則兵弱, 上不愛民則兵弱,

순자는 상공업의 발전에 대하여 일정부분 제한을 가해야 한다고 주장함과 동시에 '도량형 제도'에 통일적인 규격을 사용할 것을 주장한다. 또한 그는 군주가 침략전쟁을 좋아하면 국가는 곤궁해지고, 군주가 자신의 사리사욕 채우기를 좋아한다면 국가는 빈궁해진다고 했는데, 이는 늘 전쟁을 일으키는 국가의 군주가 백성들을 혹독하게 착취한다면 그 국가는 부강해질 수 없다는 것을 말하는 것이다. 전쟁이 경제에 대하여 미치는 부정적인 영향은 농토를 황폐하게 만들 뿐만 아니라 농토를 경작해야 하는 노동인구의 수를 급격하게 감소시킨다는데 있다. 이러한 것 외에도 정부의 치안시스템을 파괴하여 사회 안정에 많은 영향을 미친다는 것이다. 전쟁은 사회적 생산력을 저하시켜 결국에는 사회의 분란을 야기 시키게 된다. 마찬가지로 군주가 일신의 향락을 위해서 가혹하게 세금을 징수한다면 유능하고 현명한 인재들이 정부를 등지고 떠나가게 되며 민심의 이반이 발생하게 된다. 군주가 자행하는 일순간의 향락은 권력의 단축을 촉진시키는 한편 국가멸망의 첩경이라고 할 수 있는 것이다.

조세제도의 측면이나 사회생산 시스템의 측면을 막론하고 농민은 당시 사회의 근간을 이루고 있는 계층으로서, 평상시의 사회생산력을 대표하는 존재였을 뿐만 아니라 전쟁시기에는 활용

已諾不信則兵弱, 慶賞不漸則兵弱, 將率不能則兵弱. 上好功則國貧, 上好利則國貧, 士大夫衆則國貧, 工商衆則國貧, 無制數度量則國貧. 下貧則上貧, 下富則上富. 故田野縣鄙者財之本也, 垣窌倉廩者財之末也. 百姓時和, 事業得敍者, 貨之源也, 等賦府庫者, 貨之流也."

가능한 전투력을 대표하는 존재였다. 상인 계층은 각종 재화를 천하의 모든 곳에 유통시키기 때문에 자연히 여러 나라 사이를 왕래하게 된다. 그래서 일단 유사시 즉 전쟁이 발생하면 항상 전쟁을 피해서 다른 나라로 도피한다. 이러한 상인 계층은 국가의 입장에서 볼 때, 농민 계층의 생산이익을 착취할 뿐만 아니라 국가에도 실질적으로는 도움을 주지 않는 존재로 취급되어졌다. 당시의 상인들은 각국의 물류 유통을 통하여 이익을 취하는 존재들로서, 그들은 실질적인 생산 활동에 종사하지 않고 현란한 언변과 두뇌회전을 통하여 저렴한 가격에 물건을 구입하여 고가에 되파는 방식으로 이윤을 취하는 집단일 뿐이었다. 그렇기 때문에 순자는 당시 사회의 시스템 속에서 상공업에 종사하는 계층은 과도하게 많을 필요가 없다는 주장을 하는 것이다.

순자는 "수공업에 종사하는 사람과 상인은 줄이고 농부들을 늘리며, 도둑을 없애고 간사한 자들을 물리치는 것, 이것이 사람들을 잘 살도록 해주는 방법이다."[14]라고 언급했는데, 이는 그가 상공업에 종사하는 계층의 존재를 부정하거나 그러한 행위를 금지시켜야 한다는 조치를 취해야 한다고 하는 것이 아니라, 당시 사회의 시스템 속에서 좀 더 많은 사람들이 농업생산에 종사해야만 현실 생활의 기본적인 수요를 충족시킬 수 있다는 것을 강조하기 위한 주장이라고 할 수 있다. 그렇기 때문에 순자는 정치적인 측면이나 경제적인 측면 모두에서 볼 때, 상공업에 종사하

14 『荀子』, 「君道」, "省工賈衆農夫, 禁盜賊, 除姦邪, 是所以生養之也."

는 계층이 줄어야만 농업생산력이 증가하여 국가의 경쟁력이 생긴다고 생각한 것이다.[15]

농업과 상공업 시스템 가운데 중요하거나 중요성이 떨어지는 것에 대한 구분 이외에도 순자는 사회 각 계층의 분배와 책임에 대해서도 구분을 한다.

> 천자처럼 귀해지고 온 세상을 차지할 만큼 부유해지는 것은 사람들의 성정으로서는 다 같이 바라는 바이다. 그러니 사람들의 욕심을 따른다면 곧 형세는 그 욕심을 다 받아들일 수가 없고 물건은 충분할 수가 없을 것이다. 그러므로 선왕은 생각 끝에 이를 위해 예의를 재정하고 분별을 마련해, 귀하고 천한 등급이 있게 하고, 어른과 아이의 차별을 두게 하고, 지혜 있는 이와 어리석은 자와 능력 있고 능력 없는 사람의 분별을 마련했다. 언제나 사람들로 하여금 그들의 일을 맡아 하게 함으로써 각기 그에게 합당한 일을 갖게 하셨다. 그런 뒤에야 녹봉으로 받는 곡식이 많고 적고 두텁고 엷은 균형이 있게 되었다. 이것이 곧 여러 사람이 모여 살면서 하나로 조화되는 도리이다. 그러므로 어진 사람이 윗자리에 있으면 곧 농부는 힘써 경작하고, 상인은 잘 살펴 재화를 늘리고, 여러 수공업자들은 기술과 기계를 써서 물건을 만든다. 사대부 이상부터 제후들에 이르기까지는 모두가 인후함과 지혜와 능력으로써 그들의 관직을 다한다. 이러한 것을 지극한 공평함이라고 한다. 그러므로 어떤 사람은 온 세상을 녹봉으로 받아도 스스

15 趙靖, 『中國經濟管理思想史教程』, 北京, 北京大學出版社, 1993년, 95쪽 참조.

로 많다고 여기지 않고, 어떤 사람은 문지기나 객사지기 관문지기 야경꾼이 되어도 스스로 녹봉이 적다고 여기지 않는다. 그래서 "잘라서 가지런히 하고 굽혀 따르게 해, 같지 않으면서도 하나가 된다."고 하였는데, 이러한 것을 인륜이라 일컫는다.[16]

사회 시스템의 구분과 인륜의 구분은 그 의미상에 있어서는 같은 것이라고 할 수 있는데, 이는 모두가 예의禮義 관념에 기원을 두고 있기 때문이다. 그렇기 때문에 예禮의 입장에서서 사람과 사람 사이에서 신중하게 지켜야할 본분은 직업과 직업 사이에서도 마찬가지로 신중하게 직분을 지켜야한다. 물론 농부나 상인 수공업 종사자 및 사대부 심지어는 제후까지도 모두가 그 직분에 맞게 해야 될 업무가 있으며 제 각기 그 특징이 있다. 농부가 체력을 바탕으로 농업생산에 종사하고, 상인이 민첩하고 날카로운 관찰력으로 장사를 하고, 수공업자가 손재주로 수공업 생산품을 제조하거나, 사대부나 제후 등이 어진 마음과 지혜로운 능력으로 정치를 담당하는 것처럼 각기 제 본분과 마땅히 책임져야할 영역이 있는 것이다.

---

16 『荀子』, 「榮辱」, "夫貴爲天子, 富有天下, 是人情之所同欲也. 然則從人之欲, 則埶不能容, 物不能贍也. 故先王案爲之制禮義以分之, 使有貴賤之等, 長幼之差, 知愚能不能之分, 皆使人載其事, 而各得其宜. 然後使穀祿多少厚薄之稱, 是夫群居和一之道也. 故仁人在上, 則農以力盡田, 賈以察盡財, 百工以巧盡械器. 士大夫以上至於公侯, 莫不以仁厚知能盡官職, 夫是之謂至平. 故或祿天下而不自以爲多, 或監門御旅, 抱關擊柝, 而不自以爲寡. 故曰: '斬而齊, 枉而順, 不同而一.' 夫是之謂人倫."

순자의 관념은 예의禮義의 의의가 "귀하고 천한 등급이 있게 하고, 어른과 아이의 차별을 두게 하고, 지혜 있는 이와 어리석은 자와 능력 있고 능력 없는 사람의 분별을 마련했다. 언제나 사람들로 하여금 그들의 일을 맡아 하게 함으로써 각기 그에게 합당한 일을 갖게 하셨다. 그런 뒤에야 녹봉으로 받는 곡식이 많고 적고 두텁고 엷은 균형이 있게 되었다."에 있다고 설명하는데 있다. 즉 모든 개인은 인간관계나 직무관계를 불문하고 모두 일정한 직위를 가지게 되는데, 이러한 일정한 직위는 반드시 그에 상응하는 보수가 주어져야만 한다는 것이다.[17] 구체적인 사례를 들자면 관문지기를 하거나 야경꾼에 종사하거나를 불문하고 모두 그 직위에 상응하는 보수를 받는데 있어서 직위보다 더 많이 받거나 적게 받아서도 안 된다는 것이다. 이러한 것이 바로 예치禮治 사회 안에서의 진정한 평등이며 모든 개인은 자신의 영역 안에서 자신의 능력과 소질에 따라 직업을 가질 수 있다는 것이다.

5. 맺는 말

이상과 같이 순자의 경세사상에 대하여 형평성 있는 조세정책과 유능한 인재의 등용 및 합리적인 직업시스템의 확립을 중심으로 다음과 같이 살펴보았다.

순자는 조세정책이란 백성들에 대한 관용과 사랑을 기초로 수

17 周群振, 『荀子思想研究』, 臺北, 文津出版社, 1987년, 177쪽 참조.

립해야 하는 것이며, 그 목적은 백성들의 삶을 부유하게 만들어 사회를 안정시키는데 있는 것이라고 주장했다. 그렇기 때문에 만일 백성들의 국가에 대한 세금납부가 부담이 되지 않게 된다면 백성들의 삶은 안정적이게 될 뿐만 아니라, 그들이 재화에 여유가 생겨 그러한 잉여재화를 경제활동에 사용하게 된다면, 결국에는 그것이 국가 경제발전을 촉진시키게 되는 작용을 하게 된다고 주장했다. 그러므로 순자에게 있어서의 합리적인 조세정책은 백성들의 재화를 수탈하지 말고 세금을 가볍게 부과하여 재화의 근원을 보장할 수 있게 하는 것을 고려해만 하는 것이었으며, 또한 정부는 확보된 세수를 국가운영의 적시적소에 사용하여 낭비하지 않는 것이었다.

순자는 군주 자신이 국가의 모든 정무를 관장할 필요가 없이 유능한 인재들을 적절하게 운용하여 정부의 업무를 관장하게 한다면 효과적으로 국가를 통치할 수 있을 것이라고 했다. 순자가 생각한 유능한 인재에는 상급 중급 하급의 세 종류가 있었는데, 하급은 일선 현장에서 직접적으로 세금을 거둬들이는 관리들이 이러한 인재에 해당 되며, 이러한 관리들은 재무관련 업무를 충분하게 숙지하고 있어야 한다고 했다. 중급은 사대부로서 이들은 법을 존중하고 직분을 공경히 지켜서 법률이나 제도의 제정목적을 명확하게 숙지하고 있으며, 하급관리들에 대한 관리감독뿐만 아니라 하급관리들이 경솔한 행동을 하지 못하도록 단속하기도 하며 그들을 교화시키는 역할도 담당 한다고 했다. 상급은 재상이나 군주를 보좌하는 인재들로서, 이들은 비록 군주의 도를 행할 수는 없으나 통치 능력은 가볍게 볼 수 없을 정도라고 하였다. 순자는 이러한 세 종류의 인재를 선별하는 원칙에서 가장 중요한 것은 인재들의 덕성이 주가 되어야 한다는 것이며, 가장 근본적인 원칙은 군주가 유능한 인재를 선임할 수 있는 능력을 가졌는지의 여부였다고 했다.

순자가 생각한 사회의 기본적인 체제조직 방식은 위로는 군주와 재상이 있고 아래로는 농민백성들이 있으며 이들 사이의 매개자로서 지방관들이 있는 것이었다. 순자는 "온 천하가 모두 풍족해지는 도리는 사람들 사이의 분계를 분명히 하는 데 있다."라고 하는 언급을 통하여 사람들이 자신의 위치에서 맡은 바의 직무를 이행하며 서로가 월권을 하지 않아야 한다고 주장하는데, 이는 예의禮義의 함의를 담고 있는 것이었다. 또한 순자는 예禮의 입장에서서 사람들 사이에서 신중하게 지켜야할 본분은 마찬가지로 직업들 사이에서도 신중하게 직분을 지켜야한다고 했다. 이는 물론 농부나 상인 수공업 종사자 및 사대부 심지어는 제후까지도 모두가 그 직분에 맞게 해야 될 업무가 있으며 제각기 그 특징이 있다는 의미이다. 즉 농부가 체력을 바탕으로 농업생산에 종사하고, 상인이 기민한 관찰력으로 물류의 흐름을 파악하여 장사를 하고, 수공업자가 손재주로 수공업 생산품을 제조하거나, 사대부나 제후 등이 어진 마음과 지혜로운 능력으로 정치를 담당하는 것처럼 각기 제 본분과 마땅히 책임져야할 영역이 있는 것이다.

참고문헌

王先謙,『荀子集解』, 北京, 中華書局, 1992년.

王忠林,『荀子讀本』, 臺北, 三民書局, 1996년.

韓愈,『韓昌黎全集』, 北京, 中國書店, 1991년.

韋政通,『荀子與古代哲學』, 臺北, 臺灣商務印書館, 1992년.

周群振,『荀子思想硏究』, 臺北, 文津出版社, 1987년.

魏元珪,『荀子哲學思想』, 臺北, 谷風出版社, 1987년.

胡寄窗,『中國經濟思想史』, 上海, 上海人民出版社, 1978년.

趙靖,『中國經濟管理思想史敎程』, 北京, 北京大學出版社, 1993년.

趙靖,『中國經濟思想通史』, 北京, 北京大學出版社, 1996년.

제7장

한비자 : 도덕과 법치의 딜레마

1. 시작하는 말

한비자는 인간이란 자신만을 이롭게 하는 존재라고 하는 인성론 관점을 견지한다. 또한 한비자는 이러한 자신의 인성론의 기초 위에 정치철학을 발전시켜 "덕의 수양에 힘쓰지 않고 법의 집행에 힘쓴다."라고 하는 원칙을 세운다. 그는 이러한 원칙 아래 법法·술術·세勢를 합친 정치학설의 이론적 기초를 세움과 동시에 이것으로써 유가의 윤리도덕 관념 및 그것들의 정치적 조치 즉 '덕치德治'와 '인정仁政'을 비난한다.

한비자가 '덕치'와 '인정'에 대하여 논급을 피하고 그것들의 시행 가능성에 대해서 부정적인 입장을 견지했던 이유는 바로 그가 생존했던 시기와 관련이 있다. 즉 한비자가 생존했던 시기는 도덕규범의 호소와 실천만으로는 당시에 직면한 문제들을 해결할 수 없었기 때문에 그는 고대의 성왕들의 통치방법으로 현재의 백성들을 통치하는 것은 적절하지 못하다고 주장했던 것이다. 여기에서 고대의 성왕들의 통치는 유가에서 적극 주장하는 '덕치'와 '인치'인데, 그는 이러한 '덕치'와 '인치'로서 현재의 백성들을 통치하는 것은 농사일을 멈추고 나무 그루터기에 앉아서 토끼만을 기다리는 행위와 같은 종류의 것으로 매우 우매한 짓이라고 말했던 것이다. 그러므로 한비자는 백성들을 다스리는 데는 일정한 방법이 있는 것이 아니고 오직 법률에 의해서만 다스리면 된다고 했던 것이다.

한비자의 인간이란 이기적인 존재라고 하는 인성론 관점과 도덕적 존재의 가치는 서로 상관관계가 없다고 하는 주장은 후세의 학자들에게 있어서 많은 쟁론을 야기 시키는 결과를 초래했다. 그러한 쟁론의 초점은 바로 한비자가 자신의 학설 속에서 인간의 도덕적 가치를 전면적으로 부정하고 인간은 자신의 이익만을 추구하는 존재라고 하는 입장을 견지했는지의 여부에 있었다. 이러한 문제에 대하여 어떤 학자들은 각자 처한 입장과 바라본 시각이 서로 다르기 때문에 한비자가 언급한 인간은 이기적인 존재라고 하는 주장에 대하여 동의하지는 않으나 도덕적 가치를 전면적으로 부정하지는 않았다고 하기도 하고, 다른 학자들은 한비자가 도덕적 가치를 전면적으로 부정했다고 하는 주장을 굽히지 않는 등 천차만별의 모습을 보이고 있어 그 진위를 판별하는 것이 상당히 어려운 실정이다.

그러므로 본문에서는 이상과 같은 문제에 대하여 한비자가 진정으로 도덕존재의 가치를 부정했는가와 도덕존재의 실제상황을 어떻게 보았는지의 문제를 중심으로 분석해보도록 하겠다.

2. 도덕존재의 가치에 대한 견해

한비자는 인의仁義의 내용과 그 함의에 대하여 일정한 정도의 인지는 가지고 있었다. 한비자는 인仁과 의義라고 하는 것의 의미에 대하여 다음과 같이 생각했다.

> 인仁이라는 것은 그 마음속으로부터 흔연히 기뻐하면서 사람을 사랑하는 것을 말한다. 그 어진 사람은 다른 사람이 축복을 받는 것을 기뻐하고, 재앙을 당하는 것을 싫어한다. 그것은 마음속으로부터 저절로 어찌할 수 없이 우러나오는 것이지 그 보답을 희구하는 것이 아니다.[1]

> 의義라는 것은 군주와 신하 사이에 있어서 위와 아래를 구분하는 것이고, 아버지와 아들 사이에서 높고 낮음을 구별하는 것이고, 알고 사귀는 친구들 사이의 교제의 도리이며, 친한 사람과 소원한 사람 그리고 집안사람들과 외부사람들 사이를 구분하는 것이다. 신하는 군주를 섬기는 것이 마땅하고, 아랫사람은 윗사람을 따르는 것이 마땅하고, 자식은 아버지를 섬기는 것이 마땅하고, 신분이 낮은 사람은 신분이 높은 사람을 공경하는 것이 마땅하고, 알고 사귀는 친구들 사이는 서로 돕는 것이 마땅하고, 친한 사람

1 『韓非子』, 「解老」, "仁者, 謂其中心, 欣然愛人也. 其喜人之有福, 而惡人之有禍也. 生心之所不能已也, 非求其報也."

은 안으로 들이고 소원한 사람은 밖으로 내침이 마땅한 것이다.[2]

인仁이라는 것은 간단하게 말하면 바로 "사람을 사랑하고 은혜를 베풀며 재물을 가볍게 여기는 것"[3]이 되는 것이며, 의義라는 것은 인간이 하는 모든 행위가 사회적 통념에 맞게 하는 것을 의미하는 것이다. 이와 같은 인과 의에 대하여 한비자의 논리로서 추측을 해본다면 다음과 같다. 인과 의 그 자체를 인간의 이기적인 본성과 서로 비교해본다면, 현실적으로는 인간은 이익을 취하고 인과 의는 멀리 한다고 할 수 있다. 즉 인간은 현실상의 요구에 부합하는 존재인 것이다. 이러한 점이 바로 한비자가 생각한 일반적인 인간들이 인과 의를 실행하기 어려운 가장 주요한 원인인 것이다. 또한 한비자는 인과 의로서 정치적인 조치들을 이끌어가기에는 부적합하다고 보았다. 한비자는 일반적인 군주는 이기심을 버리고 인과 의를 실행하는 것은 불가능하다고 봄과 동시에 일반적인 백성들 역시 인과 의를 실행하는 것이 어렵다고 생각했다.

오늘날 학자들이 군주를 설득하는 것을 보면, 모두 이기심을 버리고 서로 사랑하라고 권장하고 있다. 이러한 것은 군주의 백성

2 『韓非子』, 「解老」, "義者, 君臣上下之事, 父子貴賤之差也, 知交朋友之接也, 親疏內外之分也. 臣事君宜, 下懷上宜, 子事父宜, 賤敬貴宜, 知交朋友之相助也宜, 親者內而疎者外宜."

3 『韓非子』, 「八說」, "慈惠而經財者也."

에 대한 애정을 부모의 자식에 대한 사랑보다 더 깊게 하기 위해서이다. 이러한 논급은 결과적으로 사람을 속이는 것이기 때문에 현명한 군주는 받아들이지 않는다.[4]

백성이란 본래 권세에는 복종하지만 의義에 따르는 일은 적은 것이다. 그런데 공자는 천하의 성인이다. 행실을 닦고 도를 밝혀 온 천하를 돌아다니니, 천하의 모든 사람들이 그의 어짊을 칭송하고 의로움을 찬미하였다. 그러나 제자로서 그를 섬기고 따른 사람은 겨우 칠십 명이다. 생각해보니 이는 어짊을 귀하게 여기는 사람은 적고, 의로움을 실행하는 것은 어려운 일이다. 그러므로 천하가 광대한데도 그를 섬기고 따른 사람은 겨우 칠십 명 뿐이니, 어짊과 의로움을 실천한 사람은 자기 한 사람뿐이었다.[5]

"어짊을 귀하게 여기는 사람은 적고, 의로움을 실행하는 것은 어려운 일이다"는 현실적 상황에서 일반 백성들 가운데 인과 의를 실천하고자 하는 사람은 매우 적을 것이라고 이해되어 질 수 있다. 그러므로 한비자는 "인과 의로서 사람들을 가르치려고 하는 것은, 지혜와 수명을 가지고 사람들을 설득시키려는 것과 같으니, 법도를 가진 군주는 받아들이지 아니한다."[6]라고 하여,

4 『韓非子』, 「六反」, "今學者之說人主也, 皆去求利之心, 出相愛之道, 是求人主之過於父母之親也, 此不熟於論恩詐而誣也, 故明主不受也."

5 『韓非子』, 「五蠹」, "民者固服於勢, 寡能懷於義. 仲尼, 天下聖人也, 修行明道以遊海內, 海內說其仁, 美其義, 而爲服役者七十人, 蓋貴仁者寡, 能義者難也. 故以天下之大, 而爲服役者七十人, 而仁義者一人."

6 『韓非子』, 「顯學」, "以仁義教人, 是以智與壽說人也, 有度之主弗受也."

군주가 인정仁政을 실행할 것을 요구하는 한편 이러한 인정仁政의 감화를 통하여 백성들이 군주의 은혜에 감복하고 덕을 쌓도록 만든다면, 국가는 잘 다스려 질 것이라고 하는 주장은 장애요소가 너무 많아서 실행하기 어렵다는 점을 주장했다. 이러한 것들을 실행하는 과정 속에서 직면하게 되는 곤경들이 공자의 경우와 비교했을 때 지나침이 있을망정 부족하지는 않기 때문이다.

> 요즘의 학자들은 군주를 설득함에 있어서 반드시 이길 수 있는 권세를 타라고는 하지 않고, 힘써 어짊과 의로움을 실천하면 군주가 될 수 있다고 한다. 이것은 군주가 공자처럼 되기를 바라면서 세상의 모든 백성들은 그의 제자들같이 되기를 바라는 것이니, 이는 결코 할 수 없는 방법이다.[7]

한비자가 보기에는 백성들을 통치하는 가장 효과적인 방법은 군주의 자애와 의로움이라고 하는 도덕의식에 기인한 인정仁政이나 덕치德治가 아니고, 형벌과 포상 등을 적절하게 활용한 법률에 의한 통치였다. 당시 백성들의 현실적인 모습은 "부모의 사랑으로는 자식을 가르치기에는 부족하고, 반드시 지방관청 관리의 엄한 형벌을 기다려야 한다. 백성들이란 본래 사랑에는 교만하고 위압에는 복종하는 것이다."[8]라는 상황을 보여주고 있었

7 『韓非子』, 「五蠹」, "今學者之說人主也. 不乘必勝之勢, 而務行仁義則可以王, 是求人主之必及仲尼, 而以世之凡民皆如列徒, 此必不得之數也."

기 때문에, 이러한 상황 속에서는 인의仁義 도덕에 의한 인정이나 덕치를 아무리 강조해도 허공을 맴도는 메아리에 불과할 뿐이므로, 백성들을 통치하는 타당한 정치적 조치가 되기에는 확실히 역부족이었다. 전국시대인 당시의 현실은 오직 형벌과 포상을 중심으로 한 강력한 법률에 의한 조처만이 한비자가 주장하는 갖가지 정치적 목적의 실효를 걷을 수 있었던 것이다. 그렇기 때문에 한비자는 현명한 군주는 반드시 "덕의 수양에 힘쓰지 않고 법의 집행에 힘쓴다."[9]라고 하는 법률에 의한 통치방법에 가장 역점을 두었다고 한 것이다. 정치란 백성들을 관리하는 일이다. 여기에는 반드시 규칙을 제정하여 그것을 모든 백성들이 준수하게 만들어야만 국가는 비로소 효과적으로 그들을 제어할 수 있게 된다. 또한 인의仁義 도덕법칙은 개인의 수양과 관련된 범주에 속하기 때문에 그것을 국가 통치 시책의 근거로 사용하기에는 무리가 따른다는 것이다. 그래서 한비자는 다음과 같이 말한 것이다.

> 성인이 나라를 통치할 때는 그에게 선행할 수 있는 사람들을 신뢰하지 않으며, 오히려 악행을 하지 않을 수 있게 한다. 저지를 수 있는 사람들을 제어한다. 그에게 선행할 수 있어 신뢰할 수 있는 사람들은 나라 전체에서 겨우 수 십 명이 있을 수 있을 것인

8 『韓非子』, 「五蠹」, "父母之愛不足以教子, 必待州部之嚴刑者, 民固驕於愛, 聽於威矣."

9 『韓非子』, 「顯學」, "不務德而務法."

데 반해서 악행의 제어를 통해서는 나라 전체의 백성들을 통치할 수 있게 되기 때문이다.[10]

또한 한비자는 "국가에 법이 없어지지 않는 한 한 사람이라도 다스리지 못하는 경우는 없다. 그러므로 통치술을 가지고 있는 군주는 우연한 선행을 따르지 않고 필연적인 원칙을 따라 통치한다."[11]라고 하여 국가를 통치하는 필연적인 원칙이 법에 있는 것이지 우연한 선행에 있는 것이 아니라고 주장하였다. 다시 말하자면 덕으로서 한 통치는 법률에 의한 통치처럼 확실한 효과를 볼 수가 없다는 것이다. 이러한 견해는 동시에 관리임용의 원칙에도 적용된다.

요즘 올바르고 신뢰할 수 있는 선비는 한 나라에 열 명이 되지 않는데 관직은 백 자리가 넘어간다. 올바르고 신뢰할 수 있는 선비만을 임용한다면 사람이 관직의 수에 미치지 못하게 된다. 사람이 관직의 수에 미치지 못하게 되면 통치행위가 적어져 혼란한 상황이 많이 발생하게 된다.[12]

---

10 『韓非子』, 「顯學」, "夫聖人之治國, 不恃人之爲吾善也, 而用其不得爲非也. 恃人之爲吾善也, 境內不什數; 用人不得爲非, 一國可使齊爲治也."

11 『韓非子』, 「顯學」, "國法不可失, 而所治非一人也. 故有術之君, 不隨適然之善而行必然之道."

12 『韓非子』, 「五蠹」, "今貞信之士不盈於十, 而境內之官以百數, 必任貞信之士, 則人不足官, 人不足官則治者寡而亂者衆矣."

이상의 내용들을 통하여 우리는 한비자에게 있어서의 인간에 대한 도덕가치의 존재는 부정할 수 없는 사실임과 동시에 도덕 규범의 존재 역시 부정할 수 없는 사실임을 알 수 있었다. 그러나 인의仁義 도덕을 현실 생활 속에서 실현할 수 있는 사람은 실재로는 극히 적은 수에 불과하다고 할 수 있다. 또한 이러한 인의仁義 도덕은 개인의 수양과 관련된 범주에 속하는 것이기 때문에 국가 통치를 효과적으로 통치할 수 있는 이론적 근거로는 적합하지 않다는 것이다. 그렇기 때문에 한비자가 주장한 "덕의 수양에 힘쓰지 않고 법의 집행에 힘쓴다"고 하는 본래의 함의가 바로 이러한 점에 있는 것이다. 그러므로 한비자는 만일 어떤 군주가 자신이 주창하는 법法·술術·세勢를 합친 정치이론만을 채택하여 정치를 시행하게 된다면 비로소 부국강병을 이룰 수 있어 결국에는 천하를 제패할 수 있다고 했던 것이다.

> 성인은 나라를 통치하는데 있어서 법과 금기를 자세하게 살핀다. 법과 금기를 분명하게 하므로 모든 관리들이 잘 다스린다. 포상과 처벌을 반드시 시행하고, 포상과 처벌이 치우치지 않고 공정하면 백성들은 군주에게 필요한 사람이 되고자 노력할 것이다. 백성들은 군주에게 필요한 사람이 되고자 노력하고 관리들이 직무에 충실하게 되면 국가는 부유해지고, 국가가 부유해지면 강병을 육성할 수 있어, 결국은 패왕의 위업을 이룰 수가 있다.[13]

13 『韓非子』, 「六反」, "聖人之治也, 審於法禁, 法禁明著, 則官治; 必於賞罰,

3. 도덕존재의 실재상황에 대한 견해

한비자는 인간이란 이기적인 존재라고 하는 인성론 관점의 전제 하에 이익에 대한 추구가 인간의 모든 행위의 최종 목표라는 점을 분명하게 표방한다. 그러나 인간이 이기적인 존재로 자신의 이익만을 추구한다고 하는 경향의 가장 주요한 요인은 바로 법치의 필연적인 가능성을 확보하는데 있다고 할 수 있다. 이는 한비자의 "그러므로 현명한 군주는 그 도움 되는 것을 서두르고 그 칭송 같은 것은 늦춘다. 따라서 인의仁義는 언급하지 않는다."[14]라는 말속에 잘 나타나 있다.

이와 같이 한비자는 실제적으로는 결코 도덕의 존재를 전면적으로는 부정하지 않았으며, 주지하는 바와 같이 도덕 가치를 긍정했다고 말할 수 있는 것이다. 즉 『한비자』의 여러 편들 가운데 어떤 부분들 속에서 한비자가 당시에 존재했던 윤리도덕의 질서를 운용했던 언급들이 어렵지 않게 보이고 있기 때문이다. 이상과 같은 문제들에 대하여 다음과 같은 방식으로 논의를 진행해 보도록 하겠다.

먼저 한비자는 결코 도덕존재의 사실을 부정하지 않았다고 하는 문제이다.

한비자는 비록 일반적인 사람들은 도덕을 실천할 수 없다고 여겼지만 극소수의 사람들은 예외적으로 도덕을 실천할 수 있다

賞罰不阿, 則民用. 官治則國富; 國富則兵强, 而霸王之業成矣."

14 『韓非子』, 「顯學」, "故明主急其功而緩其頌, 故不道仁義."

고 생각했다. 한비자는 공자가 인의仁義 도덕의 화신임을 인정하는 한편 공자를 추종하던 여러 제자들 역시 비교적 인의 도덕에 가까운 사람들이라고 했다. 또한 그들이 인의 도덕을 현실정치 측면에 적용하여 시행하고자 노력했던 점 역시 인정하고 있다.

> 그러므로 어지러운 군주와 몽매한 군주의 박해를 꺼리지 아니하고 반드시 백성들의 이익을 보급하려고 생각하는 것은 어질고 지혜로운 행동입니다. 어지러운 군주와 몽매한 군주의 박해를 꺼리어 죽고 망하는 환난을 피함으로써 자기 한 몸의 화복만을 밝힐 줄 알고, 백성들의 이익을 돌보지 아니하는 것은 탐욕스럽고 천박한 행동입니다. 저는 탐욕스럽고 천박한 행위로 나가는 것을 참지 못하고, 또 어질고 지혜로운 행동을 감히 손상할 수 없습니다.[15]

실제적으로는 한비자는 덕행德行의 존재도 인정하고 있다. 그러나 일반적인 사람들에게 있어서는 덕행이 존재하지 않는다고 생각하였다. 다시 말하면 일반인들에게는 어떠한 상황 속에서도 덕행이 존재할 수 없다는 것이다. 그러므로 한비자는 "그러므로 흉년이 든 해의 봄에는 어린 아우에게도 밥을 아껴서 주려하지 않지만, 풍년이 든 해의 가을에는 낯선 나그네라도 반드시 밥을 대접한다. 이는 친형제를 소홀히 하면서 낯선 나그네를 더욱 사

15 『韓非子』, 「問田」, "故不憚亂主闇上之患禍, 而必思以齊民萌之資利者, 仁智之行也. 憚亂主闇上之患禍, 而避乎死亡之害, 知明夫身而不見民萌之資利者, 貪鄙之爲也. 臣不忍嚮貪鄙之爲, 不敢傷仁智之行."

랑해서가 아니라, 물자가 많고 적은 것이 다르기 때문이다."[16]라고 하여, 흉년이 들었을 때 사람들은 생존을 위하여 심지어는 친형제마저 져버리는 비윤리적인 행위를 서슴없이 하다가, 풍년이 들었을 때는 인심이 매우 후덕해져 지나가는 나그네에게까지 음식을 나눠준다고 하는 사례로서 일반 백성들의 덕행부재를 설명하고 있다. 또한 한비자는 이러한 격앙된 행위를 결정하게 되는 원인이 바로 물질적 풍요와 빈곤에 있다고 판단하였지, 인의仁義에 의해서 결정되는 것이 아니라고 주장했다. 그러나 만일 모든 사람들이 털끝만큼의 자비심도 없다면 아무리 재물이 많거나 식량이 많다고 하더라도 그것을 다른 사람들에게 결코 쉽게 베풀어주지는 않을 것이다.

다음은 한비자는 현실정치 속에서 도덕의 효용성을 부정했지만 덕행의 가치는 부정하지 않다고 하는 문제이다.

한비자는 결코 '신뢰'의 정치적 가치에 대해서 부인을 하지 않았다. 그는 "군주란 자신의 술수를 믿고 신하를 믿어서는 안 된다"[17]는 입장을 기반으로 하여 군주가 신하들을 통치함에는 신하들의 충성 혹은 신의에 의지해서는 안 되고 자신의 술수(권력에 의한 통치기술)에 의지해야 한다고 주장하였다. 단 군주가 신하들의 충성이나 신의에 의지하지 않는다고 하는 것은 군주 자신이 신뢰를 져버려도 된다는 것과는 다른 차원의 문제이다. 반

16 『韓非子』, 「五蠹」, "故饑歲之春, 幼弟不餉; 穰歲之秋, 疏客必食; 非疏骨肉愛過客, 多少之實異也."

17 『韓非子』, 「外儲說左下」, "恃術而不恃信."

대로 한비자는 군주의 신용 있는 언행의 작용을 매우 강조하였다. 그래서 한비자는 "작은 신뢰라도 지켜야 큰 신뢰가 세워지는 것입니다. 그러므로 현명한 군주는 신뢰를 쌓는 것입니다. 포상과 처벌을 신뢰 할 수 없으면 금지령도 실행되지 않는 것입니다."[18]라고 언급한 것이다. 또한 그는 진문공晉文公이 원原을 공격한 이야기를 실례로 들면서 군주의 신뢰할 수 있는 언행의 정치적 효과에 대하여 강력하게 역설한다.

> 진나라 문공이 원原을 공격할 때 열흘 분의 군량을 준비하게 하여 열흘 만에 함락시킬 것을 대부들과 기약했다. 그러나 원에 이르러 공격하기를 열흘이 되어도 원을 함락시킬 수 가 없어서 종을 울려 퇴각을 지시했다. 그때 원의 성에서 나온 사람이 '원은 삼일이 지나면 항복할 것입니다'라고 말하자, 여러 신하들이 문공에게 '원은 식량이나 병력이 모두 고갈되어 있으므로 조금만 참아 주십시오.'라고 간언 했다. 문공이 "나는 그대들과 열흘 간의 기약을 했으므로 지금 퇴각하지 않으면 나는 신뢰를 잃게 된다. 원을 얻기 위해 신뢰를 져버리는 행위를 나는 못하겠다"라고 말하고 결국 군대를 이끌고 돌아갔다. 원의 사람들이 그러한 사실을 듣고 "군주 된 사람의 신의가 그와 같다면 귀의하지 않을 수 없다"고 하며 문공에게 투항했다. 위나라 사람들이 이러한 사실을 듣고 "군주 된 사람의 신의가 그와 같다면 따르지 않을 수 없다"고 하며 문공에게 투항했다. 공자는 이러한 사실을 듣고 기록하여 "원

18 『韓非子』, 「外儲說左上」, "小信成則大信立, 故明主積於信. 賞罰不信, 則禁令不行."

을 공격하여 위나라를 얻은 것은 신뢰 때문이다"라고 말했다.[19]

이와 같이 볼 수 있듯이 신뢰의 정치적 효과는 군주에게 반드시 신의가 있어야만 함을 요구한다. 한비자는 이러한 요구의 수준을 "현명한 군주는 신뢰를 세워 시범하기를 증자가 돼지를 잡았던 경우와 같이 해야 하는 것입니다."와 같은 정도에 맞출 것을 강조함과 동시에, 그러한 것은 국가 통치에 상당한 유익을 제공할 수 있다고 보았다.

한비자는 또한 예禮가 도덕규범의 정치적 작용이 된다는 것을 부정하지는 않았다. 그래서 그는 "나라가 작은데도 겸손하지 아니하고, 국력이 적은데도 국력이 강한 나라를 두려워하지 않고, 무례하게도 큰 이웃나라를 업신여기며, 탐욕스럽고 강퍅하면서 외교에 졸렬한 나라는 망할 것이다."[20]라고 하여 군주가 '예'의 정치적 작용에 좀더 세심한 주의를 기울일 것을 당부한다.

유가에서 강조하는 '인'과 '의'의 도덕규범에 대하여 한비자는 비록 그것의 정치적 가치에 대해서는 부정적인 입장을 견지하기

19 『韓非子』, 「外儲說左上」, "晉文公攻原, 裹十日糧, 遂與大夫期十日. 至原十日而原不下, 擊金而退, 罷兵而去. 士有從原中出者曰: '原三日卽下矣.' 群臣左右諫曰: '夫原之食竭力盡矣, 君姑待之.' 公曰: '吾與士期十日, 不去, 是亡吾信也. 得原失信, 吾不爲也.' 遂罷兵而去. 原人聞曰: '有君如彼其信也, 可無歸乎?' 乃降公. 衛人聞曰: '有君如彼其信也, 可無從乎?' 乃降公. 孔子聞而記之曰: '攻原得衛者, 信也.'"

20 『韓非子』, 「亡徵」, "國小而不處卑, 力少而不畏强, 無禮而侮大隣, 貪愎而拙交者, 可亡也."

는 하지만, 그것들의 인간 정신세계에 대한 영향력은 부정하지는 않는다. 그래서 그는 "사람에게 덕이 갖추어지면 그 행위상에도 좋은 결과가 저절로 나타난다. 그 효과가 정신 속에 충실할 때는 스스로 빛이 난다. 인仁은 그 덕의 빛이다. 빛이 있으면 그 빛의 윤택함은 자연히 사물에 미치게 되어 만사가 그 의義를 얻어 어진 것으로 합일되는 것이다."[21]라고 하였는데, 다시 말하자면 인仁은 적은 수의 사람만이 가지고 있는 "마음속에서 흔연히 우러나오는 다른 사람에 대한 사랑"의 정서로 상실될 수 없는 고상한 정신세계의 가치인 것이다. 그리고 '의'는 바로 이러한 정신세계의 외재적 표현이 된다. 이러한 정신세계에 대한 구체적인 실례는 한비자가 공자에 대하여 찬양한 "공자는 천하의 성인이다. 행실을 닦고 도를 밝혀 온 천하를 돌아다니니, 천하의 모든 사람들이 그의 어짊을 칭송하고 의로움을 찬미하였다."[22]는 언급에 가장 잘 나타나있다.

끝으로 한비자가 유가에서 주창하는 윤리도덕 규범에 대하여 혹자는 한비자가 그것을 차용했다는 주장을 하고, 혹자는 한비자 스스로 모순을 범한 것이라는 주장에 대한 문제이다.

한비자는 유가에서 언급하는 '인의'의 도덕관념을 차용하여 상벌과 형법제도의 효용을 설명하려고 했다고 할 수 있다. 전국

21 『韓非子』, 「解老」, "德者道之功. 功有實而實有光, 仁者德之光. 光有澤而澤有事, 義者仁之事也."

22 『韓非子』, 「五蠹」, "仲尼, 天下聖人也, 修行明道以遊海內, 海內說其仁, 美其義."

시대의 상앙商鞅 역시 인의仁義에 대하여 반대했지만, 사람들로부터 받는 엄한 형벌로 백성들을 해친다는 지적에 대한 답변을 위해서 그는 "형벌을 통해 형벌을 제거한다"는 관점을 근거로 "형벌을 무겁게 하고 포상을 가볍게 취급하는 것은 군주가 백성들을 사랑하기 때문이다. 그래서 백성들은 군주를 위해 죽는다. 포상을 후하게 내리고 형벌을 가볍게 하면 군주는 백성들을 사랑하지 않기 때문에 백성들은 군주를 위해 목숨을 바치지 않는다."[23]와 "덕이란 것은 권력에서 나오는 것이다. 현명한 군주만이 그것을 가지고 있기 때문에 인의仁義를 천하에 펼칠 수 있는 것이다."[24]라는 주장을 통해 자신을 변호한다.

한비자 채택한 차용방식 역시 상앙과 대동소이하다고 할 수 있다. 그는 "그러므로 그가 백성에게 가하는 형벌은 백성을 미워하기 때문이 아니고 백성을 사랑하는 근본인 것이다."[25]라고 하고, 또한 "그러므로 법률은 왕권의 근본이며 형벌은 자애의 시초가 되는 것이다."[26]라고 하여 형벌을 엄격하게 집행하고 법령을 엄하게 적용하는 것이 백성들에 대한 애정의 표현이라고 한 것이다. 그러나 실제로 현실은 결코 이와 같지는 않았다. 즉 형벌을 무겁게 하여 엄격한 처벌을 자행하는 시책의 근본적인 출발

23 『商君書』, 「去彊」, "重罰輕賞, 則上愛民, 民死上; 重賞輕罰, 則上不愛民, 民不死上."

24 『商君書』, 「靳令」, "德生於力, 聖君獨有之, 故能述仁義於天下."

25 『韓非子』, 「心度」, "故其與之刑, 非所以惡民, 愛之本也."

26 『韓非子』, 「心度」, "故法者, 王之本也; 刑者, 愛之自也."

점은 백성들을 사랑하거나 백성들을 이롭게 하기 위함이 아니고 통치자가 필요로 하는 더 많은 이익을 위함이었던 것이다. 그러므로 한비자가 언급한 사랑愛이라는 것은 상벌과 형법을 제정할 때 나타나는 백성들의 이익이라고 하는 허상에 불과할 뿐이라고 할 수 있는 것이다. 이러한 사랑이 아닌 사랑과 불인不仁한 인은 인애仁愛의 도덕관념을 차용한 것일 뿐으로, 그것은 오직 법제론적인 필요성을 변명한 것에 불과한 것으로 볼 수 있는 것이다. 한비자가 인애仁愛라고 하는 도덕관념에 대하여 형식상에 있어서 차용한 부분에 관하여 당시 인의仁義 도덕을 정치학설의 근간으로 삼는 사람들에게 많은 영향을 줬다고 할 수 있다.

한비자는 요·순·탕·무왕의 도道를 추앙하는 유가의 학설을 배척하기 위하여 전제군주적인 법치제도의 실행을 관철시키려고 했다. 그래서 그는 "요는 군주가 되어 가지고 그의 신하를 군주로 삼았고, 순은 신하가 되어 가지고 그의 군주를 신하로 삼았다. 탕왕과 무왕은 신하로서 그의 군주를 시해하고 그들의 시신에 형벌을 가했다."[27]라고 하는 사례와 "고수는 순의 아비가 되어 가지고 자식인 순을 버렸고, 상은 순의 동생이 되어 가지고 형인 순을 죽이려고 했다."[28]라고 하는 유가에서 언급한 역사적 사실을 일례로 들어 엄중하게 비판을 한다. 아울러 한비자는 "공자는 본래 효제·충순의 도를 알지 못했다."[29]고 지적하기도 하지만,

27 『韓非子』, 「忠孝」, "堯爲人君而君其臣, 舜爲人臣而臣其君, 湯·武爲人臣而弑其主·刑其尸."

28 『韓非子』, 「忠孝」, "瞽瞍爲舜父而舜放之, 象爲舜弟而殺之."

그가 견지한 입장은 역시 충효의 도가 중요하다는 것을 강조하는데 있었으며 또 한편으로는 삼강三綱이란 관념을 제시하기도 한다.

> 신하는 군주를 섬기며, 자식은 부모를 섬기고, 부인은 남편을 섬기는 법이다. 이러한 세 가지 관계가 순조로우면 천하에 질서가 잡히고, 세 가지 관계가 역행된다면 천하는 문란해진다. 이러한 것은 천하의 일반적인 도인데, 현명한 군주나 유능한 신하는 이러한 것을 바꾸지 않는다.[30]

위의 인용문에서 "신하는 군주를 섬긴다."는 언급에서 신하가 군주를 섬길 때 갖추어야 하는 '충'이라고 하는 것은 충성의 외재적인 표현과 행위의 결과에 불과한 것으로, 신하에게 인애仁愛와 성경誠敬의 정신에 기초한 충성을 갖출 것을 요구할 수는 없다고 한비자는 주장한다. 이렇게 주장하는 이유로서는 한비자가 보기에 군신 사이의 관계에는 "군주와 신하 사이에는 부모와 자식의 관계와 같이 친한 것이 아니다. 서로의 계산에서 나온다."[31]는 관계이기 때문에 신하는 군주를 위하여 사력을 다해 섬기지만 그 군주를 사랑하는 마음은 없다는 것이다. 또한 군주는 공적

29 『韓非子』, 「忠孝」, "孔子本未知孝悌忠順之道也."

30 『韓非子』, 「忠孝」, "臣事君, 子事父, 妻事夫. 三者順則天下治; 三者逆則天下亂, 此天下之常道也. 明王賢臣而弗易也."

31 『韓非子』, 「難一」, "君臣之際, 非父子之親也, 計數之所出也."

이 있는 신하에게는 포상을 내리고 허물이 있는 신하는 반드시 처벌을 한다는 회유와 협박으로 자신의 이익을 추구하고 피해를 비켜간다는 입장을 고수하기 때문에 역시 신하에 대한 사랑이 없다는 것이다. 그러므로 한비자는 "군주에게 확실한 원칙이 있으면 신하들은 자신들의 직무에 최선을 다할 것이며 간사한 짓을 할 생각을 못하게 된다. 군주에게 확실한 원칙이 없게 되면 신하들이 위로는 군주의 영명함을 막고 아래로는 자신들의 사사로운 이익을 달성하게 된다."[32]라고 한 것이다.

한비자가 신하는 군주를 섬겨야 한다는 주장을 한 목적은 신하들과 백성들의 도덕정서를 양성하려는데 있지 않고, 단지 군주의 정치권력을 절대적으로 유지시키기 위한 법률제도의 보조수단으로 사용하기 위해서였던 것이다. 이와 같은 내심에서 우러나오는 충성이 아니고 내재적인 동인을 이미 상실하게 된 진정한 충성이 아닌 충성과 특별히 강조하는 인애仁愛와 성경誠敬의 정신에 기초한 전통적인 충성의 덕목은 물론 말할 것도 없이 서로 확연하게 다른 성질의 것이라고 할 수 있는 것이다. 한비자는 충성의 관념을 자신이 주장하는 법치의 실행을 관철시키기 위해서 차용했을 뿐으로, 충성이라고 하는 도덕관념의 이상적인 기능이 군주의 법치에 효과적이고 유리하기 때문에 차용한 것이다. 그래서 그는 유가에서 주장하는 충忠의 도덕관념의 외재적인 형식만을 차용한 것이다.

---

32 『韓非子』, 「難一」, "君有道, 則臣盡力而姦不生; 無道, 則臣上塞主明而下成私."

한비자는 「충효忠孝」 편에서 자식은 부모를 섬겨야 한다고 언급했는데, 이러한 것은 한비자가 효도의 외재적인 형식으로서의 가치를 긍정했다는 것을 의미한다. 그러나 효도의 내재적인 순수한 동기에 대해서는 전면적으로 부정하지는 않음으로서 한비자 자신의 효도에 대한 가치관에 상호 모순점이 발생하게 만들었다. 한비자가 비록 부모와 자식 사이에 "계산하는 마음으로 서로 대한다."는 점이 있음을 강조하기는 했지만 또한 부모와 자식의 관계에는 정情이라고 하는 정서가 존재하고 있다고 생각했다. 그래서 그는 "실질적으로는 두터우나 얇은 것처럼 보이는 것, 부모와 자식 간의 예가 이러하다."[33] 했던 것이다. 한편으로 한비자는 부모와 자식 사이에도 서로간의 이익을 위하여 서로가 계산한다는 것을 강조하면서 다른 한편으로는 부모와 자식 사이에 효도라는 것이 존재하고 있음을 긍정하여 자기모순을 초래한다. 이러한 자기모순은 사실은 한비자의 인성론적 관점의 편파성을 반영하는 것으로, 이는 법치제도를 위하여 설정된 인간이 이기적인 존재라고 파악한 그의 인성론적 관점이 완벽하지 못함을 반증하고 있는 것이다.

4. 맺는 말

이상과 같은 한비자의 완벽하지 못한 인성론적 관점은 반드시 도덕존재의 사실적 승인을 받아야 함에도 불구하고 도덕실천 가

33 『韓非子』, 「解老」, "實厚者貌薄, 父子之禮是也."

능성의 보편적인 성질 및 그 가치를 부인하고 있다. 비록 극소수의 사람들만이 인의仁義 도덕규범을 성취할 수 있고, 또 우연한 선행이 출현할 수 있어도 이러한 것이 한비자에게 도덕이 존재한다는 사실을 확신시켜주지는 못했다. 그러나 "올바르고 신뢰할 수 있는 선비는 한 나라에 열 명이 되지 않는"다고 하는 현실적인 상황 때문에 한비자가 도덕적 가치는 보편성이 없다고 하는 것을 인정하게 만든 것이다.

한비자는 도덕에는 보편적인 성질의 가치가 결코 존재하지 않는다고 생각함과 동시에 "통치자를 위하여 백성들을 쓰지만 적게 버린다."는 정치적 원칙 아래 다시 한 번 더 "덕의 수양에 힘쓰지 않고 법의 집행에 힘쓴다."는 사실을 강조한다. 그러나 그는 또한 반드시 법치제도를 보완하기 위하여 현존하는 윤리도덕의 외재적인 형식의 틀을 찾는다. 그러므로 남편과 아내 사이나 부모와 자식 사이나 군주와 신하 사이를 막론하고 또한 심지어는 일반 백성들이 서로 알고 지내는 사이에서도 실질적으로는 모두가 자신의 이익만을 추구한다고 하는 이기적인 인성론적 관점과 현존하는 도덕가치 사이에 모순이 존재하는 것이다.

한비자는 진보적인 역사관에 근거하여 "옛날 사람들이 재물을 가벼이 여긴 것은 그들이 어질었기 때문이 아니라 재물이 많았기 때문이다. 오늘날의 사람들이 서로 다투고 빼앗는 것은 그들이 비열하기 때문이 아니라 재물이 적기 때문이다."[34]는 결론

34 『韓非子』, 「五蠹」, "古之易財, 非仁也, 財多也. 今之爭奪, 非鄙也, 財過也."

을 추론해내어 "상고시대에는 도덕으로 경쟁하고 중세시대에는 지혜와 모략으로 서로 쫓고 지금의 시대는 힘으로 다툰다."[35]고 하는 실제 상황을 인식할 수 있도록 한다. 이와 같은 시대적인 요청 속에서 한비자의 치도治道는 법의 집행을 위해 힘을 기울이지 덕의 수양을 위해 힘을 기울였던 것은 아니다.

이와 같이 볼 때, 한비자가 인정한 인간이란 자신의 이익만을 추구하는 이기적인 존재라고 하는 인성론적 관점은 상벌위주의 법치제도에 근거를 마련해주기 위하여 공리적인 입장 아래서 도덕가치의 보편성을 부정했으며, 또한 실제적으로 존재하는 도덕의 실용적 가치를 백안시 한 것이라고 말할 수 있을 것이다. 그러나 한 가지 부정할 수 없는 사실은 바로 인간은 사회적인 동물이기 때문에 본래부터 존재하던 윤리라는 것과 그것을 운용하기 위한 도덕규범이 있었다는 것은 의심할 수 없는 사실이며, 또한 이러한 도덕규범들이 고대사회와 고대국가에서 사회질서의 유지에 필요한 조건들이었다는 것이다. 그렇기 때문에 한비자의 인성론 관점은 확실히 목적을 위해서 이론적 체계를 세울 때 야기된 인식론상의 편파적인 성향이 존재한다고 볼 수 있는 것이다. 또한 도덕 가치와 상관된 많은 부분에 있어서도 자기모순을 안고 있다고 볼 수 있는 것이다. 이러한 점들이 우리가 한비자의 인성론에 대하여 분석을 시도할 때에 발견 할 수 있게 되는 흠결인 것이다.

35 『韓非子』, 「五蠹」, "上古競於道德, 中世逐於智謀, 當今爭於氣力."

참고문헌

王先愼, 『韓非子集解』, 北京, 中華書局, 1998년.

蔣禮鴻, 『商君書錐指』, 北京, 中華書局, 1986년.

張素貞, 『韓非子難篇硏究』, 臺北, 學生書局, 1988년.

張純, 『韓非思想的歷史硏究』, 臺北, 聯經出版事業公司, 1984년.

蔣重躍, 『韓非子的政治思想』, 北京, 北京師範大學出版社, 1998년.

鄭良樹, 『商鞅及其學派』, 臺北, 學生書局, 1987년.

王讚源, 『中國法家哲學』, 臺北, 東大圖書公司, 1989년.

王曉波, 『中國法家思想史論』, 臺北, 聯經出版事業公司, 1991년.

이춘식, 『춘추전국시대의 법치사상과 세勢·술術』, 서울, 아카넷, 2002년.

제8장

육가 : 무위와 덕치로 완성한 제국의 기틀

1. 시작하는 말

한나라 건국 초기에 한고조의 정권을 공고히 하려는 정책적 필요에 의해서 육가陸賈는 당시 직면한 현실적 문제의 해결책을 제시하는 한편 그러한 주장을 담은 저작을 내놓는다. 한나라 초기에 수립된 치국의 도는 대부분 진나라가 망한 역사적 교훈에 의거한 것들이 주류를 이루고 있었다. 육가는 이러한 문제에 착안하여 매우 정교한 견해를 제시한다. 이러한 견해들은 육가사상의 현실적 기초가 되었으며, 한고조의 무력에 의한 정권유지의 태도를 바꾸는 기점이 되었던 것이다.

이러한 육가의 주장을 담은 저작이 바로 『신어新語』인데, 그것의 주된 목적은 한고조의 치국방략의 요구에 부응하기 위하여 역사적 경험과 교훈을 총결하여 한나라 시기의 치국방침을 수립하기 위함에 있었던 것이다. 그렇기 때문에 그것의 주된 내용은 대부분이 정치사상에 관한 것들이었다. 한나라 초기의 사상계는 백가쟁명이면서 다양한 사상체계가 융합되어가는 추세를 보이고 있었으며, 사회적으로나 경제적으로는 매우 피폐한 상황이었기 때문에 백성들은 휴식의 시간을 절박하게 염원했었다. 육가의 사상은 시대적 상황의 영향을 받았기 때문에 유가와 도가 및 음양가 그리고 법가의 사상이 잡다하게 혼재되어 있었지만 유가와 도가의 사상이 그 주요한 토대를 이루고 있었으며, 이러한 유가와 도가의 사상을 바탕으로 시대적 문제에 대한 해결 방안을 모색했던 것이라고 할 수 있다.

한나라 초기는 진나라가 강력한 법치주의 때문에 망한 사실을 거울삼아서 법가의 사상에 대하여 극단적으로 배척하는 분위기였다. 그렇기 때문에 육가는 유가의 인의仁義관념과 도가의 무위無爲관념을 적절하게 배합하여 자신의 정치사상의 주요한 이슈로 삼는다. 그렇지만 육가는 법가의 법치나 권위 및 권력 등의 관념은 유가사상의 인의를 보조하거나 윤색하는 데에만 사용했었다.

이상과 같은 육가의 사상은 한대 초기의 유학을 이해하는데 있어서 가의賈誼의 사상과 함께 빠져서는 안 될 관건적인 사상이라고 할 수 있다. 한나라 초기 국가의 시스템을 갖추는데 지대한 영향력을 발휘했으며, 한무제 시기의 유가사상의 부흥에 있어서 그 단초의 역할을 했던 것이 바로 육가의 사상이라고 할 수 있다.

2. 무위의 숭상

육가는 도道의 최고 경지가 무위無爲라고 생각했다. 그래서 그는 "치국의 도로 무위보다 큰 것은 없으며, 행동의 원칙으로 삼가고 공경하는 것보다 중요한 것은 없습니다."[1]라고 언급했던 것이다. 이처럼 육가는 무위를 이와 같은 위치로 끌어올렸는데, 이는 당시의 시대적 상황의 요청을 반영한 것이라고 할 수 있다. 당시는 한나라 건국초기로 정권이 아직은 공고히 자리 잡히지 못했기 때문에 천하의 백성들은 애타게 안정된 사회를 염원하고 있었으며, 진나라 시기의 "민중들에게 너무 포악한 조치를 내렸으며, 형벌의 적용이 너무 극단적임."[2]이라고 하는 것과 같은 전철을 또다시 밟지 않기 위하여 육가는 무위의 주장을 가장 먼저 제기하여 이를 한나라 제왕들의 치국의 원칙으로 삼고자 했던 것이다.

육가의 무위는 천지의 도를 본받은 것인데,[3] 그가 언급한 천天은 자연현상이라고 하는 의미의 천이라고 할 수 있으며 인간의 도는 이러한 천도天道를 본받아야 한다고 했다. 무위는 치국의 도의 지극한 원칙이 되기 때문에 당연히 천도에 근원을 둔 것이 되는 것이다. 이러한 천도의 표현은 "만물은 천시를 어기지 않으며, 본성을 침탈하지 않으며, 자기 성정을 감추지 않는다."[4]와

1 『新語』, 「無爲」, "夫道莫大於無爲, 行莫大於謹敬."

2 『新語』, 「無爲」, "乃擧措暴衆, 而用刑太極."

3 賀凌虛, 『中國古代政治思想論集』, 南投, 霧峯出版社, 1970년, 81쪽 참조.

같은 것으로, 만물의 성정性情에 순응하여 그것의 생장을 이루게 하는 것이다. 그래서 육가는 "하늘이 선한 도를 내세우니 성인이 그것을 얻도다."[5]라고 했던 것이며, 군주 역시 마찬가지로 이러한 천도를 본받아서 무위를 해야만 한다는 주장을 했던 것이다.

육가는 역사적 경험과 교훈을 총괄하여 무위의 다스림에 대한 전범을 제시하는데 그것은 바로 순임금과 주공의 사례이다.

> 옛날에 순임금은 천하를 다스리면서 오현금을 타시고 「남풍」이란 시를 노래하셨습니다. 평온하기가 마치 치국할 의사가 없는 듯하였고, 조용하기가 마치 천하를 근심하는 마음이 없는 듯하였으나, 천하는 오히려 대단히 잘 다스려졌습니다. 주공이 예악제도를 만들고, 천지에 제사지내고, 산천에 제를 올리고, 군대를 만들지 않았으며, 형법은 한쪽에 놓아두고 사용하지 않았으나 사해 안 모든 나라들이 몰려와 공물을 바쳤습니다. 머나먼 남해 월상국의 군주까지 통역을 거듭해가며 내조하였습니다. 그러므로 무위는 곧 유위인 셈입니다.[6]

위의 인용문을 뒤이은 단락에서 육가는 진나라 시기의 극단적인 형벌의 적용과 무력에 의한 통치로 인하여 국가의 멸망을 초

4 『新語』, 「道基」, "不違天時, 不奪物性, 不藏其情."

5 『新語』, 「明誡」, "天出善道, 聖人得之."

6 『新語』, 「無爲」, "昔舜治天下, 彈五絃之琴, 歌南風之詩, 寂若無治國之意, 漠若無憂民之心, 然天下治. 周公制作禮樂, 郊天地, 望山川, 師旅不設, 刑格法懸, 而四海之內, 奉供來臻, 越裳之君, 重譯來朝. 故無爲也, 乃有爲也."

래하게 된 역사적 사실을 교훈으로 새기고 있다. 이는 순임금과 주공의 무위에 의한 통치와 진나라의 과도한 유위有爲의 통치를 서로 비교하여 그것들의 득실을 나타내고 있는 것이다. 주공의 무위는 예악을 제정하여 예악으로써 나라를 다스린 결과 사방의 국가들에서 사절단이 몰려와 공물을 바치며 찬양하였는데, 이는 덕으로써 사람들을 감복시킨 것이라고 할 수 있다. 또한 순임금과 같은 경우 오현금을 타며 천하를 다스렸는데, 이것 역시 덕으로 천하의 사람들을 감화시킨 사례라고 할 수 있다. 예악제도와 덕에 의한 교화의 주장은 유가의 핵심사상이라고 할 수 있는 것이기 때문에, 육가가 주장한 무위는 이미 원시도가의 사상과는 다른 성격을 띠고 있는 것으로 보아야 할 것이다. 다시 말한다면 이는 유가와 도가의 사상을 종합하여 새로운 의미를 부여한 것이라고 할 수 있는 것이다.

육가가 주장한 무위의 구체적인 내용은 바로 정치의 간소화로서,[7] 이는 곧 국가의 백성에 대한 간섭배제 그리고 재정의 검소함과 절약인데, 이는 번잡하고 가혹했던 진나라 법률의 맹점을 바로잡아 단순하고 안정된 통치의 추구인 것이라고 할 수 있다.

> 형벌이 과중하면 통치자의 마음이 번거로워지고, 사무가 번잡하면 통치자의 몸이 피로해집니다. 마음이 번거로워지는 것은 형벌을 거침없이 운용하고도 아무것도 이룬바가 없기 때문이며, 몸

7 王雲五, 『兩漢三國政治思想史』, 臺北, 臺灣商務印書館, 1969년, 4쪽 참조.

> 이 피로해지는 것은 가지가지 일들이 도리에 어긋나 무엇 하나 성취함이 없기 때문입니다.[8]

형벌이 과도하게 엄중하고 국가행정업무가 번잡한 결과는 단지 형벌이 범람하게 되고 간사한 무리들이 법망의 허점을 파고들 뿐 통치에는 전혀 도움이 되지 않는 것이다. 그렇기 때문에 육가는 관용과 유연해야 함을 주장했던 것이다.

> 군자는 관용과 원만함을 숭상하여 자기 몸을 덕으로 감싸고, 스스로 중화의 도를 실천하여 머나먼 지역까지 그 영향을 미칩니다.[9]

> 굳센 성격을 가진 사람은 시간이 오래 가면서 좌절을 맞지만, 부드러운 성격을 지닌 사람은 오래오래 유지할 수가 있습니다. 조급하고 안달하는 사람은 빠르게 뒤집히지만, 완만하고 신중한 사람은 장구히 존재할 수 있습니다. 용맹을 숭상하는 사람은 후회가 빠르지만, 온순 돈후한 사람은 행동이 너그럽고 편안합니다. 조급하고 빠른 성격을 지닌 사람은 꼭 모자라는 점이 있습니다만, 부드럽고 유연한 사람은 굳세고 강경한 사람을 제압할 수 있습니다.[10]

---

8 『新語』, 「至德」, "夫形重者則身勞, 事衆者則心煩; 心煩者則刑罰縱橫而無所立, 身勞者則百端迴邪而無所就."

9 『新語』, 「無爲」, "君子尙寬舒以苞身, 行中和以統遠."

10 『新語』, 「輔政」, "懷剛者久而缺, 持柔者久而長, 躁疾者爲厥速, 遲重者爲常

강력한 법치는 철저한 개혁조치를 요구하는데, 이는 휴식과 양생의 시대에는 적합하지 않은 것이었다. 그렇기 때문에 육가는 통치자에게 마땅히 정치적 명령을 간소화 할 것을 요구하는 한편 온순 돈후함과 관용과 원만함 및 중화中和의 태도서 백성들을 다스리는 것이야말로 당시의 시대적 요청에 부응할 수 있는 것이라고 했던 것이다.

관용과 원만함 및 온순 돈후한 태도 외에도 육가는 군주에게 백성들의 생활을 안정시켜야 한다고 했는데, 즉 군주가 반드시 자신의 욕망을 절제하여 결코 백성들과 이익을 다투지 말아야 함을 건의했다.

> 땅을 갖고 백성들을 자식처럼 아끼며 국가와 백성을 다스리는 사람이 사사로운 이익을 도모하거나 자신의 산업을 경영한다면 교화가 행해지지 않을 것이고 어떤 정책법령도 집행되지 않을 것입니다.[11]

통치자가 재물과 이익을 탐하게 되면 그는 반드시 백성들과 이익을 다투게 되어 백성들의 원성을 사게 될 것이며, 그러한 결과 그가 추진하고자 하는 정책법령 역시 집행되지 않게 된다. 그래서 육가는 진나라가 망하게 된 이유가 교만하고 사치스러웠

存, 尙勇者爲悔近, 溫厚者行寬舒, 懷促急者必有所虧, 柔懦者制剛强."

11 『新語』, 「懷慮」, "據土子民, 治國治衆者, 不可以圖利, 治産業, 則敎化不行, 而政令不從."

기 때문이라고 했으며, 노나라 장공이 백성들과 이익을 다투었던 것 역시 욕망을 방임한 결과로서 이는 결국 "교만을 부리고 음란한 데 재물을 탕진하고, 불요불급한 일에 인력을 소진했습니다. 결국 위에서 군주는 써야할 재정비용이 모자라고 아래서 백성들은 먹을 것에 굶주리게 되었다."[12]와 같은 상황을 초래하게 되어 노나라는 이때부터 국력이 쇠락하기 시작했던 것이라고 했다. 그렇기 때문에 군주는 우선적으로 재물에 대한 욕구를 절제하고 성인을 본받아야 하는 것이라고 육가는 주장했던 것이다. 군주가 자신의 재물욕구를 줄인 뒤에는 자연히 검약하는 생활을 하며 사치스러움을 사절할 수 있게 되는 것이다. 더나가 육가는 백성들에 대해서도 일일이 간섭하는 것을 배재하는 태도를 취하게 되어 곧 백성들을 번거롭지 않게 만들어 결국에는 백성들이 농업에 집중할 수 있도록 하여 이를 토대로 국력을 회복할 수 있게 되는 것이라고 했다.

백성들의 피로가 쌓이게 만드는 노역이나 군주의 화려하고 사치스러운 사물들에 대하여 육가는 통치자가 마땅히 그러한 것들을 버려야할 것이라고 생각했으며, 백성들을 번거롭지 않게 하고 헛된 토목공사를 일으키지 않거나 백성들에 대한 과도한 수탈을 하지 않는 것이 무위이고 인의仁義의 구체적인 표현이라고 생각했다. 육가의 무위가 최종적으로 귀결되는 곳은 바로 인의의 실천에 있다고 할 수 있다. 그래서 육가는 "나라를 다스림에

12 『新語』, 「至德」, "財盡於驕淫, 人力罷於不急, 上困於用, 下飢於食."

는 도덕을 최상으로 여겨야 하며 일을 실행함에는 인의를 근본으로 삼아야 합니다."[13]라고 했으며, 한걸음 더나가 "군자는 도를 장악하여 다스리고, 덕에 의거하여 행동하며, 인을 바탕에 깔고 앉고 서며, 의를 지킴으로써 강해집니다. 마음을 텅 비고 적막하게 가지며, 모든 데에 통달하여 막힘이 없습니다."[14], "인은 도의 준칙이며 의는 성인의 학문입니다."[15]라고 했던 것이다. 이처럼 무위는 최고의 지도 원칙이 되는 것이고 실질적인 조치를 실현하는 것으로, 이는 정치와 행정을 간소화한 것이면서 백성들에게 편리한 정책인 것으로 결국은 인의仁義에 의거해서 시행되는 덕치德治인 것이다.

육가는 이상적인 치세에 대하여 구체적으로 묘사했는데, 그것은 바로 지극한 덕이 펼쳐지는 세상이었던 것이다.

> 그래서 군자가 정치를 하면 태연자약 아무 일도 없는 듯하며, 고요히 아무 소리도 없는 듯하며, 관청엔 마치 아무 관리도 없는 듯하며, 향촌부락엔 마치 아무 백성도 없는 듯합니다.……노인들은 집에서 쉬고, 장정들은 들에서 경작에 종사하며, 조정에 있는 사람들은 군주에게 충성하고 집에 있는 사람들은 부모에 효도하게 됩니다.……강한 사람과 약한 사람이 서로 돕고, 큰 사람과 작은 사람이 서로 품어주고, 존귀한 사람과 비천한 사람이 서로 받

13 『新語』, 「本行」, "治以德爲上, 行以仁義爲本."

14 『新語』, 「道基」, "君子握道而治, 德而行, 席仁而坐, 杖義而彊, 虛無寂寞, 通動無量."

15 『新語』, 「道基」, "仁者道之紀, 義者聖之學."

들어 마치 줄지어 서로를 좇는 기러기처럼 말하지 않아도 군주를 신뢰하고 화내지 않아도 위엄이 서게 됩니다. 어찌 견고한 갑주와 예리한 병기, 깊은 감옥과 각박한 명령, 아침부터 저녁까지 절절히 권면한 뒤라야 정부명령이 이행되는 것이겠습니까?[16]

지극한 덕이 펼쳐지는 세상의 실현은 절대로 엄격한 형벌과 가혹한 법률로써 도달할 수 있는 것이 아니고 도가의 청정무위와 유가의 인의 교화를 융합한 것을 위주로 해야 하며, 그것에 법가의 법치관념을 보조로 더해야 만이 이룩될 수 있는 것이다. 무위는 바로 그러한 경지를 묘사하고 있는 것이며 실제로 그것을 만드는 것은 유가에 의해서 구체화 되는 것이라고 할 수 있다. 이러한 육가의 무위는 인의를 실행해야 하는 것이며,[17] 지극한 덕이 펼쳐지는 세상에서는 사람들이 제각기 자신의 본분에 맞게 평안한 삶을 구가 하면서 군주와 신하·존귀한 자와 비천한 자·윗사람과 아랫사람·강자와 약자·현명한 사람과 어리석은 사람 등의 인간관계가 모두 조화롭게 유지된다고 할 수 있다. 이러한 조화로운 관계의 유지와 협조는 백성들 스스로 그렇게 하거나 엄혹한 형벌에 의해서 만들어지는 것이 아니고, 교육과 도덕에 의해서 유지되는 것이며,[18] 거기에 적당한 상벌이 보조적인

16 『新語』, 「至德」, "是以君子之爲治也, 塊然若無事, 寂然若無聲, 官府若無吏, 亭落若無民.……老者息於堂, 丁壯者耕耘於田, 在朝者忠於君, 在家者孝於親.……强弱相扶, 小大相懷, 尊卑相承, 鴈行相隨, 不言而信, 不怒而威, 豈恃堅甲利兵, 深刑刻法, 朝夕切切而後行哉?"

17 任繼愈, 『中國哲學發展史-秦漢』, 北京, 人民出版社, 1985년, 139쪽 참조.

역할을 해주는 것이다. 바로 이러한 점에서 육가가 유가·도가·법가의 사상을 창조적으로 융합시켜서 한고조를 위해서 구상한 한나라 초기의 정치경제 환경에 부합하는 새로운 정치시스템을 만들었다고 하는 사실을 확인할 수 있게 되는 것이다.

3. 덕치의 제창

육가는 진나라의 폭정을 교훈삼아서 소극적으로는 형벌을 가볍게 할 것을 주장하고 적극적으로는 덕치德治를 주장했다. 그렇기 때문에 『신어』 속에는 덕德과 형벌이 병립되어 있는 부분이 매우 많이 보이고 있는 실정인데, 예를 들자면 "형벌이 확립되면 덕이 없어진다."[19], "제나라 환공은 덕을 숭상하여 패업을 달성하였고, 진나라 2세는 형벌을 숭상하여 멸망했습니다."[20]와 같은 것들이 그것이다. 육가는 덕에 의한 통치와 형벌에 의한 통치는 서로 대립되는 것이라고 생각했는데, 그는 역사적 사례를 들어서 형벌을 숭상하면 국가는 멸망하고 덕을 숭상하면 강성해진다고 하는 주장을 펼쳤다. 그렇기 때문에 육가는 덕치를 시행할 것을 강력하게 주장했다. 육가가 덕치를 주장하게 된 또 다른 이유는 바로 정치를 한다는 것은 반드시 백성들의 삶에 대한 체험적 인식을 기반으로 해야 한다고 하는 것에 있다고 할

18 金春峰, 『漢代思想史』, 北京, 中國社會科學出版社, 1997년, 89쪽 참조.

19 『新語』, 「術事」, "刑立則德散."

20 『新語』, 「道基」, "齊桓公尚德以霸, 秦二世尚刑而亡."

수 있다.

> 국가를 부유하게 하고 위력을 강화시키며, 토지를 개척하고 먼 지역까지 복종시키려는 사람은 반드시 백성들로부터 지지를 얻어내야 합니다. 공을 세워 명예를 드높이고, 이름을 떨쳐 영화를 후세까지 전하려는 사람은 반드시 제 몸의 수양에 의지해야 할 것입니다.[21]

백성이 근본이라고 하는 민본사상은 유가의 일관된 전통인데, 육가 역시 백성은 국가의 근본이라고 생각하는 한편 국가가 강성해지기 위해서는 반드시 먼저 백성들의 지지를 받아야 한다고 했으며, 이러한 백성들의 지지는 바로 덕치의 실행에서 온다고 생각했다. 또한 육가는 백성들의 지지 여부 즉 민심의 향배에 대하여 직접적으로 알 수 있다고 했다.

> 천지의 본성이든 만물의 온갖 종류 무엇이든 모두가 도덕을 따르는 사람에게 귀의하고, 백성들은 형벌에 의존하는 통치자를 두려워합니다. 귀의해 오면 그 곁에서 붙어살지만, 두려워하면 그 나라에서 떠나게 됩니다.[22]

---

21 『新語』, 「至德」, "夫欲建國疆威, 辟地服遠者, 必得之於民; 欲立功興譽, 垂名流光顯榮華者, 必取之於身."

22 『新語』, 「至德」, "天地之性, 萬物之類, 儴道者衆歸之, 恃刑者民畏之, 歸之則附其側, 畏之則去其域."

육가는 형벌과 덕이 정치적으로 두 종류의 극단적인 효과를 조성할 수 있다고 보았는데, 그가 언급한 "포악한 정치를 시행하면 원한이 쌓이고, 덕에 의한 정치를 펼치면 공적을 이룰 수 있습니다."[23]와 같은 것들이 바로 그것이다. 육가는 백성들이란 덕치에 의해서 군주에게 기대는 것이라고 생각했기 때문에 덕치를 실시해야 만이 비로소 형벌이 범람하는 폐단을 종식시킬 수 있게 되어 백성들의 지지를 얻게 되는 깃이라고 보았다. 백성들의 지지 즉 민심을 얻는 구체적인 방법으로 당시에는 형벌을 가볍게 하고 백성들을 번거롭게 하지 않는다고 하는 구체적인 정책 외에 가장 중요한 것은 군주 자신이 직접 모범을 보이는 것이었다.

> 왕의 도읍지에서 남면하고 있는 군주는 모든 백성들이 본받아야 할 모범이므로 일거수일투족이 법도를 잃어서는 안 됩니다. 옛날 주나라 양왕이 계모를 모실 수가 없어 정나라 지역에 나와 살자 그의 아랫사람들 상당수가 제 부모를 배반했습니다……제 환공이 여색을 좋아하여 고모 자매들까지 아내로 삼으니 나라 안에 골육간의 간음사례가 빈번하였습니다. 초평왕은 사치하고 방종하여 덕으로 아랫사람을 다스리거나 단속할 수 없었습니다……그래서 초나라 사람들은 날로 사치스러워졌으며 군신간의 구별도 없어졌습니다. 그러므로 윗사람이 아랫사람을 교화시키는 일은 바람이 부는 대로 풀잎이 쏠리는 것과 같습니다. 군주가 조정

23 『新語』, 「道基」, "虐行則怨積, 德布則功興."

> 에서 무력을 숭상하면 농부들이 논밭에서 갑옷이나 병기를 수선하게 됩니다. 따라서 군주는 백성들이 사치하면 절검으로 대응하고, 교만하고 음란하면 인의의 도리로 통제하여 아랫사람들을 다스려야 합니다.[24]

통치자는 신분지위가 높은 사람으로서 그의 일거수일투족은 만백성들의 관심의 대상이기 때문에 행동거지는 반드시 법도에 맞게 하여 모든 백성들이 모범으로 삼게 해야만 하는 것이다. 통치자가 이와 같이 할 때에야 비로소 백성들을 덕으로 교화시킬 수 있게 되는 것이다. 육가의 이러한 사상과 선진유가의 덕으로써 백성을 교화시킨다고 하는 사상은 일치한다고 볼 수 있다. 육가는 군주란 최고의 지도자일 뿐만 아니라 백성들의 훌륭한 도덕선생님이 된다고 생각했다. 군주의 말 한마디나 모든 행동거지는 백성들에 대한 영향력이 매우 크기 때문에 "오류가 입에서 한번 발출되기만 하여도 그 혼란은 만 리 밖까지 미치게 됩니다."[25]라고 하는 것이다. 그렇기 때문에 반드시 말을 삼가고 행동을 신중하게 하여 "굽히고 펴는 모든 행동이 법도를 잃어서는 안 되며, 동작 하나하나가 법도를 벗어나서는 안 된다."[26]는 경

---

24 『新語』, 「無爲」, "夫王者之都, 南面之君, 臣姓之所取法, 擧措動作, 不可失法則也. 昔者, 周襄王不能事後母, 出居於鄭, 而下多叛其親.……齊桓公好婦人之色, 妻姑姊妹, 而國中多淫於骨肉. 楚平王奢侈縱恣, 不能制下, 檢民以德, ……於是楚國逾奢, 君臣無別. 故上之化下, 猶風之靡草也. 王者尙武於朝, 農夫繕甲於田. 故君之御下, 民奢侈者, 則應之以儉; 驕淫者, 則統之以理."

25 『新語』, 「明誡」, "謬誤出於口, 則亂及萬里之外."

지에 이르게 되면 비로소 백성들을 덕으로 교화 시킬 수 있게 되는 것이다.

육가는 덕치를 강조하였는데, 이는 그가 덕에 의한 교화의 효과를 매우 깊게 신뢰했기 때문이다. 그래서 그는 "자신이 훌륭한 도를 갖추고 있으면 거리가 멀다고 귀의해오지 않는 사람이 없을 것이며, 제 몸으로부터 악한 행위가 드러나면 아무리 가까운 사람이라도 떠나지 않는 사람이 없을 것입니다."[27]라고 주장했으며, 다만 군주가 "일거수일투족이 법도를 잃지 않는다."[28]라고 할 때에 자연히 윗사람의 행동을 아랫사람이 본받게 되어 "덕이 행하여지면 천하 사람들이 그에 순종하게 된다."[29]라고 언급했던 것이다. 백성들이 주동적으로 선한 정신으로 향하기 위해는 덕치의 계발을 통하여야 만이 비로소 가능한 것이라고 육가는 말했다.

> 군자는 관용과 원만함을 숭상하여 자기 몸을 덕으로 감싸고, 스스로 중화의 도를 실천하여 머나먼 지역까지 그 영향을 미칩니다. 백성들은 군자의 위엄을 두려워하여 그의 교화에 따르고, 군자의 덕을 흠모하여 그의 경내로 귀순하며, 군자의 정치를 찬미하여 감히 그의 통치를 거역하지 못합니다. 백성들은 벌을 주지 않

26 『新語』, 「明誡」, "屈申不可以失法, 動作不可以離度."

27 『新語』, 「明誡」, "夫善道存於身, 無遠而不至; 惡行著於己, 無近而不去."

28 『新語』, 「無爲」, "擧措動作, 不可失法則也."

29 『新語』, 「愼微」, "德行而其下順之矣."

아도 죄를 두려워하고, 상을 주지 않아도 즐겁고 기쁘게 여기게 됩니다. 이는 도덕에 물이 들고 중화의 도에 감복당해서 이루어진 결과입니다.[30]

육가는 군주의 위엄은 마땅히 덕치 위에 건립해야 하는 것으로 생각한 반면 형벌과 무력에 의해서 건립되는 것이 아니라고 여겼다. 그래서 육가는 "덕이 왕성한 사람은 위엄이 광대하지만, 힘이 왕성한 사람은 백성들에게 전횡을 부립니다."[31]라고 언급하여 오직 덕으로 위엄을 세워야 만이 백성들이 벌을 주지 않아도 죄를 두려워하게 만들 수 있으며 또한 군자의 정치를 찬미하여 감히 그의 통치를 거역하지 못하게 만들 수 있다고 했던 것이다.

덕치는 내향적인 정치사상으로서 백성들에 대한 도야에 그 중점이 맞춰져 있다고 할 수 있으며, 통치자 자신이 스스로 모범을 보일 때만이 백성들을 교화시킬 수 있게 되어 안정적으로 통치를 할 수 있는 것이다. 덕성에서부터 정치·사회적 성취 즉 외왕外王에 도달하는 것의 과정은 반드시 내적 수양 즉 내성內聖을 기반으로 해야 하는 것이며, 이러한 내성에서 외왕에 이르는 것은 점진적으로 외부를 향하여 확대해가는 과정이라고 할 수

30 『新語』, 「無爲」, "君子尙寬舒以苞身, 行中和以統遠; 民畏其威而從其化, 懷其德而歸其境, 美其治而不敢違其政. 民不罰而畏罪, 不賞而歡悅, 漸漬於道德, 被服於中和之所致也."

31 『新語』, 「道基」, "德盛者威廣, 力盛者驕衆."

있다. 그렇기 때문에 그 근본은 자신을 수양하는 것으로 귀결되어야 하는 것이며, 자신을 수양해야 만이 비로소 전범을 수립할 수 있게 되어 스스로 모범을 보일 수 있게 되는 것이다.

육가는 통치자의 모범 외에도 동시에 교육의 중요성을 강조했는데, 이는 교육의 사회적 기능을 긍정한 것이라고 할 수 있다. 또한 그는 좋은 정치는 현명한 사람을 등용시켜 시행해야지 만이 비로소 그 효과가 발휘될 수 있다고 주장했다. 이처럼 육가는 덕치를 언급하면서 현명한 인재를 발탁하여 임용하는 것을 매우 중요하게 여겼다. 그렇기 때문에 육가의 덕치사상은 군주가 스스로 모범을 보여서 백성들을 통솔하는 것 외에도 자기수양·교육·현명한 사람을 존중한다고 하는 것 등의 풍부한 의미를 포함하고 있는 것으로 볼 때, 그의 덕치사상은 유가의 색채가 매우 농후하다고 할 수 있는 것이다.

먼저 자기수양에 대하여 살펴보면, 유가의 덕치라고 하는 정치사상은 군주의 자기수양을 기초로 하는 것이라고 할 수 있다. 육가는 군주가 덕으로 백성들을 교화시켜서 통치해야 한다고 강조하면서, 군주 자신의 행위는 삼가고 경건해야 하는 것이라고 했다. 그러므로 군주는 반드시 도덕적이어야 하는데, 이러한 도덕의 구체적인 내용은 바로 인의仁義라고 할 수 있다. 그래서 육가는 군주란 "인의로 보금자리를 만든다."[32]라고 언급했던 것이다. 또한 육가는 도덕수양은 마땅히 작은 것에서부터 착수해야

---

32 『新語』, 「輔政」, "仁義爲巢."

한다고 했다.

> 천하에 큰 공로를 세운 사람은 반드시 가정 내에서 먼저 자기 수양을 잘 하고, 만세에 위대한 명성을 드리운 사람은 반드시 미세한 작은 일부터 실천합니다.……안에서 수양을 잘하여 밖으로 저명해졌으며, 작은 일을 실천하여 큰 영향력을 발휘하였습니다.[33]

덕성의 수양과정은 점차 누적되는 것이며 점진적으로 확충되어 가는 것이기 때문에 천하를 다스리기 위해서는 반드시 먼저 "집안일을 걱정하지 않음."[34]을 해야 하는 것이며, 백성들을 덕으로 교화시키려고 한다면 군주가 자기수양부터 시작해야 한다는 것이다. 육가는 고대의 성현들 모두가 이러한 과정에 의거해서 태평성대를 이룩했다고 생각했다.

> 군주가 현명하게 덕에 의한 정치를 펼치면 그 영향이 먼 곳까지 미칠 수 있고, 신하들이 돈독히 인의를 실천하면 국가가 강대한 상태에 다다를 수 있습니다. 왜 그렇게 말을 하겠습니까? 옛날에 은나라 탕왕은 사방 칠십 리의 봉지로 출발했으나 마침내 제왕의 지위에 올랐으며, 주공은 자신은 삼공의 지위에 있었으나 공덕은 흔히 오제삼왕에 견주어 지는데, 이는 그들이 입으론 항상 선한

33 『新語』, 「愼微」, "夫建大功於天下者必先修於閨門之內, 垂大名於萬世者必先行之於纖微之事.……修之於內, 著之於外; 行之於小, 顯之於大."

34 『新語』, 「懷慮」, "憂不存於家."

말을 뱉고 몸으론 항상 선한 도를 행했기 때문에 그렇게 된 것입니다.[35]

도덕적 세계관 속에서는 군주와 신하가 각자의 직분이 있는데, 군주의 직분은 백성들을 덕으로 교화시키는 것이고 신하의 직분은 의로움으로써 충성을 다하는 것이다. 또한 군주와 신하를 막론하고 누구든지 언행이 도덕에 부합하고 삼가 하여 자신을 수양하기만 한다면 이는 자연히 요순과 주공의 덕에 부합할 수 있게 되는 것이다.

육가는 도덕은 본래 인간의 성정에 근본을 두는 것이며, 또한 인간의 성정에 근원한 근본의 확립으로 인륜도덕의 체계를 마련한 오경五經과 육예六藝를 따르는 것이라고 생각했기 때문에 어렵지 않게 인식할 수 있고 실천에 옮길 수 있는 것으로 보았다. 그러므로 자기수양은 결코 어렵지 않은 것이라고 했던 것이다.

열심히 공부하여 『시경』·『서경』구절을 외는 것은 보통사람도 할 수 있는 일입니다. 장강·황하를 옮기고 태산을 움직이고자 한다면 이는 인간의 힘으로 할 수 없는 일입니다. 몸과 마음을 잘 조절하고, 악을 지양하고 선을 지향하며, 재물을 탐하지 않고, 조

35 『新語』, 「明誡」, “君明於德, 可以及於遠; 臣篤於義, 可以致於大, 何以言之? 昔湯以七十里之封, 升帝王之位; 周公以自立三公之官, 比德於五帝三王; 斯乃口出善言, 身行善道之所致也.”

그만 이익에 구차히 굴지 않으며, 재물을 나눌 때 적게 취하고, 사회에 봉사하며 노고를 아끼지 않는 일 등은 천하 사람들이 쉽게 알 수 있는 도리이며 쉽게 실천할 수 있는 일입니다.……눈으로 흑색 백색을 구별할 수 없고, 귀로 청음 탁음을 구별할 수 없고, 입으로 선함 악함을 설명할 수 없다고 하면 이는 할 수 없다는 말입니다. 그래서 도를 세우는 사람은 누구나 쉽게 알아볼 수 있도록 하므로 보통 사람들의 마음에 꿰뚫고 들어가 할 수 없다는 그 행동들을 할 수 있도록 바꿔줍니다. 도란 사람들이 다니는 길입니다.[36]

도덕의 실천은 본래 앎과 실천 선후의 문제가 아닌 것으로, 본래 마음에서 펼쳐져 도덕에 부합할 수 있게 되는 것이다. 그렇기 때문에 육가는 의로움과 이익의 구별을 특히 강조했는데, 이는 군주가 이익의 유혹을 받지 않게 되어야 만이 비로소 "이익추구 행위가 단절되면 도의가 뚜렷이 드러날 것이고, 무력을 앞세우는 행위가 물러나면 덕이 흥하게 된다."[37] 고 하는 상태에 이를 수 있게 되어, 결국은 군주가 도에 전념하고 행동은 의로움에 부합하게 되는 것이기 때문이다. 육가가 언급한 이익은 물질적

36 『新語』, 「愼微」, "夫力學而誦詩·書, 凡人所能爲也; 若欲移江·河, 動太山, 故人力所不能也. 如調心在己, 背惡向善, 不貪於財, 不苟於利, 分財取寬, 服事取勞, 此天下易知之道, 易行之事也.……夫目不能別黑白, 耳不能別淸濁, 口不能言善惡, 則所謂不能也. 故設道者易見曉, 所以通凡人之心, 而達不能之行. 道者, 人之所行也. 夫大道履之而行, 則無不能, 故謂之道."

37 『新語』, 「懷慮」, "利絶而道著, 武讓而德興."

인 것을 포함하여 부귀함과 무병장수의 유혹까지도 포함하는 것이며, 의로움은 모든 백성의 이익에 부합하는 행위를 의미하는 것이라고 할 수 있다. 그러므로 육가는 군주에게 "한 가지 이익을 보고는 수만의 기회를 잃고, 한 가지 행복을 취하고는 수많은 재앙에 이른다."[38]라고 하는 우를 범하지 말 것을 재삼 권고하고, 군주는 마땅히 "미모의 여색을 멀리하며, 쟁쟁거리는 화려한 음악소리를 내치며, 달콤한 미식을 먹지 않으며, 아양을 떠는 감정표현 따위에 관심이 없다."[39]와 같이 해야 하며, 또한 "의에는 돈독하나 이익은 경시하고, 실천은 민첩히 하나 말에는 신중하다."[40]와 같이 해야 만이 행동이 덕이 부합될 수 있는 것임을 강조했다.

다음은 교육인데, 육가는 덕치에 대하여 언급하면서 통치자가 자기수양을 통하여 스스로 모범을 보이는 것 외에도 반드시 교육의 역량이 필요하다고 주장했다. 육가는 교육의 효과와 공헌에 대하여 매우 강력히 긍정하는 태도를 보여주고 있다.

> 백성들이 법을 두려워할 줄 알면서도 따라야할 예의가 있음을 몰랐습니다. 이에 중고시대의 성인 문왕과 주공이 벽옹·상·서 등 교육기관을 설립하여 상하존비의 의례를 바로잡고 부자간의 예 및 군신간의 의를 밝혀주었습니다. 강한 자가 약한 자를 능멸하지

38 『新語』, 「思務」, "見一利而喪萬機, 求一福而致萬禍."

39 『新語』, 「輔政」, "君遠熒熒之色, 放錚錚之聲, 絕恬美之味, 踈嗌嘔之情."

40 『新語』, 「本行」, "篤於義而薄於利, 敏於事而慎於言."

> 못하도록 하고, 다수가 소수를 해치지 못하도록 하였습니다. 탐욕스럽고 야비한 마음을 버리고 맑고 깨끗한 행동을 일으키도록 가르쳤습니다.[41]

육가는 백성들이 교육을 받은 이후에야 비로소 자신의 본분을 지키게 되고 장유유서와 상하존비의 의례를 분명하게 알게 될 수 있다고 했다. 이와 같이 될 때에 사람들은 자연스럽게 평화롭고 안정된 삶을 유지시켜 나갈 수 있게 되는 것이다. 그리고 교육의 잠재적인 기능은 형벌과 법률에 의한 징계와 비교했을 때, 그 효과적인 측면은 훨씬 더 광범위하고 심원한 것이라고 할 수 있다. 그래서 육가는 지극한 덕이 펼쳐지는 세상에서는 교육이 매우 중요한 지위에 있음을 특히 강조한다.

> 벽옹·상서 등 학교를 일으켜 그들을 교육시키고 나면 현명한 사람과 어리석은 사람이 논의를 달리하게 되고, 청렴한 사람과 비루한 사람이 등급을 달리하게 되고, 어른과 아이들이 예절을 달리하게 되고, 윗사람과 아랫사람 사이에 차등이 있게 됩니다. 강한 사람과 약한 사람이 서로 돕고, 큰 사람과 작은 사람이 서로 품어주고, 존귀한 사람과 비천한 사람이 서로 받들어 마치 줄지어 서로를 좇는 기러기와 같습니다.[42]

41 『新語』, 「道基」, "民知畏法, 而無禮義. 於是中聖乃設辟雍庠序之敎, 以正上下之儀, 明父子之禮, 君臣之義, 使强不凌弱, 衆不暴寡, 棄貪鄙之心, 興淸潔之行."

42 『新語』, 「至德」, "興辟雍庠序而敎誨之, 然後賢愚異議, 廉鄙異科, 長幼異

육가는 교육이 사회를 안정시키고 사회의 질서를 유지시켜주는 기능에 대하여 깊은 신뢰를 가지고 있었다. 육가는 교육의 효과가 매우 광범위한 것으로 생각하여 "말하지 않아도 군주를 신뢰하고 화내지 않아도 위엄이 서게 된다."[43]고 하는 경지에까지 도달 할 수 있다고 보았다. 또한 육가는 가장 이상적인 교재는 바로 공자가 편찬했다고 하는 오경五經과 육예六藝라고 생각했다.[44]

> 후성 공자께서 오경을 확정하시고 육예를 천명하였습니다. 위로 하늘의 뜻을 계승하고 아래로 땅의 이치를 통섭하였으며, 사리를 따지고 미세한 말절까지 헤아려 사람의 성정에 근원한 근본의 확립으로 인륜도덕의 체계를 마련하였습니다. 천지의 법도를 근거로 책을 편찬하여 후세에 남기니 새나 짐승들도 감화를 받았으며 그로써 혼란스런 세상을 구제했습니다. 천의와 인간사가 하나로 합해져 근본적인 도술이 모두 갖추어지게 되었습니다.……사회의 사치풍조를 절제시키고 풍속을 바로잡고 문화적으로 우아한 경지에 다다르게 되었습니다.[45]

節, 上下有差, 强弱相扶, 小大相懷, 尊卑相承, 鴈行相隨."

43 『新語』, 「至德」, "不言而信, 不怒而威."

44 王雲五, 『漢唐教學思想』, 臺北, 臺灣商務印書館, 1970년, 7~8쪽 참조.

45 『新語』, 「道基」, "後聖乃定五經, 明六藝, 承天統地, 窮事微, 原情立本, 以緒人倫, 宗諸天地, 脩篇章, 垂諸來世, 被諸鳥獸, 以匡衰亂, 天人合策, 原道悉備.……以節奢侈, 正風俗, 通文雅."

육가는 오경과 육예가 교육의 교재가 된다고 한 것은 세상이 혼란해진 후에 인륜관계가 타락하지 않도록 하기 위함이라고 생각했다.[46] 그래서 그는 "성인은 오경과 육예를 가지고 혼란을 방지한다."[47]라고 언급했던 것이며, 아울러 예악禮樂의 교육을 통하여 백성들의 도덕과 문화적 소양을 제고시키는 한편 사회의 도덕성을 재건하여 국가가 장기적으로 안정된 상태를 유지할 수 있게 되기를 염원했던 것이다.

끝으로 현명한 사람을 존중하는 것인데, 정치의 도리는 좋은 정책을 만드는 것과 훌륭한 사람을 등용시키는 것에 있다고 할 수 있다. 육가가 말하는 좋은 정책은 바로 인의仁義를 실천하는 것이며, 훌륭한 사람은 바로 현명한 사람을 의미한다.[48] 좋은 정책은 반드시 훌륭한 인재를 통해야만 그 효과를 볼 수 있는 것이기 때문에 육가는 군주가 가장 중요하게 여겨야 하는 일이 바로 인의仁義를 실천하는 것과 현명한 인재를 등용하는 것이라고 생각했던 것이다.

> 성인은 높은 위치에서 있게 되면 인의로 보금자리를 만들고, 위험한 지경에 빠지게 되면 성현을 지팡이로 삼습니다. 그러므로 높아도 추락하지 않고, 위험해도 넘어지지 않습니다. 옛날에 요임금은 인의로 보금자리를 삼았고, 순임금은 직과 설을 지팡이로

46 徐復觀, 『兩漢思想史』 卷二, 臺北, 學生書局, 1985년, 94쪽 참조.

47 『新語』, 「道基」, "聖人防亂以經藝."

48 黃錦鋐, 『秦漢思想研究』, 臺北, 學海出版社, 1979년, 89쪽 참조.

삼았습니다. 그래서 높아질수록 편안하였고 움직일수록 견고하였습니다. 그분들은 편안한 높은 지위에 있으면서도 공경과 겸양을 계속하였습니다. 덕은 천지와 짝을 이루었고, 빛은 팔방을 덮었으며, 공적은 무궁히 후세에 드리워졌고, 명성은 영원히 썩지 않고 전해졌습니다. 그건 그분들 인의의 거처가 적절한 보금자리였으며, 이용할 지팡이로 제대로 사람을 얻었기 때문입니다.[49]

인의仁義는 군주 자신의 자기수양의 도리이며 현명한 인재는 군주가 나라를 다스리는 데에 있어서 반드시 필요한 도구라고 할 수 있다. 이러한 두 가지가 서로 조화롭게 배합되어야 만이 비로소 무위의 다스림의 치세에 도달할 수 있게 되는 것이다. 진나라는 인재를 제대로 등용하지 못했기 때문에 패망의 길로 들어서 결국은 망해버린 것이며, 은나라의 예를 거울삼아 보더라도 알 수 있듯이 국가의 통치와 혼란은 군주가 현명한 인재를 제대로 등용했는지의 여부에 달려있는 것이다. 그래서 육가는 다음과 같이 엄중한 경고를 했던 것이다.

전차 천 대를 낼 수 있는 제후국을 다스리면서 참소하고 아첨하는 신하의 계책을 믿고서도 망하지 않는 경우는 아직 없었습니다. 그래서 『시경』에는 "참소하는 무리 끝없이 날뛰니 온 나라 뒤엉

49 『新語』, 「輔政」, "聖人居高處上, 則以仁義爲巢, 乘危履傾, 則以賢聖爲杖, 故高而不墜, 危而不仆. 昔者, 堯以仁義爲巢, 舜以稷、契爲杖, 故高而益安, 動而益固. 然處高之安, 乘克讓之敬, 德配天地, 光被四表, 功垂於無窮, 名傳於不朽, 蓋自處得其巢, 任杖得其材也."

켜 혼란에 빠지네!"라고 말합니다. 수많은 간사한 무리들이 합심하여 한 명의 군주를 뒤엎는다면 나라는 위태로워지고 백성들은 사라지는 것이 당연한 일 아니겠습니까![50]

이처럼 현명한 인재를 등용하지 않고 참언을 일삼는 무리들의 진언을 듣고 그들을 등용하여 국가를 멸망의 길로 접어들게 만드는 것은 전적으로 군주 자신의 선택에 달려있는 것이다. 또한 군주는 인재를 발탁시킬 때 넓은 시야를 가지고 보아야지 국한된 안목으로 발탁해서는 안 되는 것이라고 하였다. 그래서 그는 "좋은 말이 기기만 있는 것은 아니며, 예리한 검이 간장만 있는 것이 아니며, 미녀가 서시만 있는 것은 아니며, 충신이 여망만 있는 것은 아닙니다."[51]라고 했던 것이다. 국가를 다스리기 위해서는 여러 분야에 걸쳐서 인재가 필요하기 때문에 인재의 발탁은 반드시 심도 있고 광범위하게 해야만 하는 것이다.[52] 그리고 육가가 재세하던 당시에는 아직 과거제도가 없었기 때문에 유능한 인재는 단지 군주의 발굴과 중용에 의해서만이 비로소 등용되어 공적을 이룰 수가 있었다. 또한 육가는 도를 품은 유능하고 현명한 인재가 영명한 성군을 만나지 못하는 것은 천리마가 백

50 『新語』, 「輔政」, "夫據千乘之國, 而信讒佞之計, 未有不亡者也. 故詩云: '讒人罔極, 交亂四國.' 衆邪合黨, 以回人君, 邦危民亡, 不亦宜乎!"

51 『新語』, 「術事」, "良馬非獨騏驥, 利劍非唯干將, 美女非獨西施, 忠臣非獨呂望."

52 薩孟武, 『儒家政論衍義』, 臺北, 東大圖書有限公司, 1982년, 79~80쪽 참조.

락伯樂을 만나지 못하는 것과 같아서 이는 국가적으로도 커다란 손실이라고 했다.

현명한 인재를 가까이 하고 참소를 일삼는 무리를 멀리해야 하는 것이 명백한 치국방략의 도리임에도 불구하고 역사적으로 수많은 현자들이 세상에 드러나지 못하고 매몰되는 경우가 비일비재 하였는데, 이는 간신들이 그들의 등용을 막고 군주를 현혹했기 때문이었다. 그래서 육가는 이러한 간신들의 전횡을 막고 유능하고 현명한 인재를 등용시키기 위해서는 군주가 반드시 인재를 판별할 수 있는 안목과 명철한 지혜를 갖춰야 한다고 하였다. 아울러 군주가 이러한 자질을 갖추기 위해서는 인의를 실천할 수 있어야 하고 의로움과 이익의 추구를 분명하게 판별 할 수 있어야 함과 동시에 간언을 광범위하게 듣고 그것의 명분과 실리를 심사숙고 하게 되면 자연스럽게 시비를 분명하게 판별하고 현신과 간신을 분별할 수 있게 된다고 하였다.

4. 맺는 말

이상과 같이 육가의 경세사상에 대하여 무위의 숭상과 덕치의 제창을 중심으로 논의를 진행해보았는데, 이를 정리하면 다음과 같다.

육가는 무위를 치국의 도라고 하는 위치로 끌어올렸는데, 이는 당시의 시대적 상황의 요청을 반영한 것이라고 할 수 있다. 당시는 한나라 건국초기로 정권이 아직은 공고히 자리 잡히지 못했기 때문에 천하의 백성들은 애타게 안정된 사회를 염원하고 있었으며, 진나라 시기의 폭압에 의한 통치의 전철을 또다시 밟지 않기 위하여 육가는 무위의 주장을 가장 먼저 제기하여 이를 한나라 제왕들의 치국의 원칙으로 삼고자 했던 것이다. 이러한 무위의 구체적인 내용은 바로 정치의 간소화로서, 이는 곧 국가의 백성에 대한 간섭배제 및 재정의 검소함과 절약인데, 이는 번잡하고 가혹했던 진나라 법률의 맹점을 바로잡아 단순하고 안정된 통치를 추구했던 것이라고 할 수 있다.

백성들의 피로가 쌓이게 만드는 노역이나 군주의 화려하고 사치스러운 사물들에 대하여 육가는 통치자가 마땅히 그러한 것들을 버려야할 것이라고 생각했으며, 백성들을 번거롭지 않게 하고 헛된 토목공사를 일으키지 않거나 백성들에 대한 과도한 수탈을 하지 않는 것이 무위이고 인의仁義의 구체적인 표현이라고 생각했다. 육가의 무위가 최종적으로 귀결되는 곳은 바로 인의의 실천에 있다고 할 수 있다. 이처럼 육가가 주장한 무위는 이미 원시도가의 사상과는 다른 성격을 띠고 있는 것으로 보아야 할 것이다. 다시 말한다면 이는 유가와 도가의 사상을 종합하여 새로운 의미를 부여한 것이라고 할 수 있는 것이다.

육가는 이상적인 치세에 대하여 구체적으로 묘사했는데, 그것은 바로 지극한 덕이 펼쳐지는 세상이었으며, 이러한 세상의 실현은 절대로 엄격한 형벌과 가혹한 법률로써 도달할 수 있는 것이 아니고 도가의 청정무위와 유가의 인의 교화를 융합한 것을 위주로 해야 하며, 그것에 법가의 법치관념을 보조로 더해야 만이 이룩될 수 있는 것이라고 생각했다. 무위는 바로 그러한 경지를 묘사하고 있는 것이며 실제로 그것을 만드는 것은 유가에 의해서 구체화 되는 것이라고 할 수 있다.

육가는 덕에 의한 통치와 형벌에 의한 통치는 서로 대립되는 것이라고 생각했는데, 그는 역사적 사례를 들어서 형벌을 숭상하면 국가는 멸망하고 덕을 숭상하면 강성해진다고 하는 주장을 펼쳤다. 그렇기 때문에 육가는 덕치를 시행할 것을 강력하게 주장했던 것이다. 또한 육가는 백성들이란 덕치에 의해서 군주에게 기대는 것이라고 생각했기 때문에 덕치를 실시해야 만이 비로소 형벌이 남발되는 폐단을 종식시킬 수 있게 되어 결국에는 백성들의 지지를 얻게 되는 것이라 했다. 민심을 얻는 구체적인 방법으로 형벌을 가볍게 하고 백성들을 번거롭게 하지 않는다고 하는 정책 외에 더욱 중요한 것은 군주 자신이 직접 모범을 보이는 것에 있었다.

육가가 이처럼 덕치를 강조한 이유는 그가 덕에 의한 교화의 효과를 매우 깊게 신뢰했기 때문이며, 궁극적으로는 백성들을 선하게 유도하기 위하여 덕치의 계발을 해야 하는 것이라고 했다. 또한 육가는 통치자의 모범 외에도 동시에 교육의 중요성을 강조했는데, 이는 교육의 사회적 기능을 긍정한 것이라고 할 수 있다. 아울러 그는 좋은 정치는 현명한 사람을 등용시켜 시행해야 만이 비로소 그 효과가 발휘될 수 있다고 주장했다.

육가는 군주가 덕으로 백성들을 교화시켜서 통치해야 한다고 강조하면서, 군주 자신의 행위는 삼가고 경건해야 하는 것이라고 했다. 그러므로 군주는 반드시 도덕적이어야 하는데, 이러한 도덕의 구체적인 내용은 바로 인의仁義라고 할 수 있다. 또한 육가는 교육이 사회를 안정시키고 사회의 질서를 유지시켜주는 기능에 대하여 깊은 신뢰를 가지고 있었다. 육가는 교육의 효과가 매우 광범위한 것으로 생각하여 "말하지 않아도 군주를 신뢰하고 화내지 않아도 위엄이 서게 된다."고 하는 경지에까지 도달 할 수 있다고 보았다. 게다가 육가는 가장 이상적인 교재는 바로 공자가 편찬했다고 하는 오경五經과 육예六藝라고 주장했다. 그리고 육가는 현명한 인재를 등용하지 않고 참언을 일삼는 무리들의 언론에 의하여 부화뇌동하여 국가를 멸망의 길로 접어들게 만드는 것은 전적으로 군주 자신의 선택에 달려있다고 했다. 그러므로 군주는 인재를 발탁시킬 때 넓은 시야를 가지고 보아야지 국한된 안목으로 발탁해서는 안 되는 것이라고 하였다.

이처럼 육가는 덕치를 언급하면서 현명한 인재를 발탁하여 임용하는 것을 매우 중요하게 여겼다. 그렇기 때문에 육가의 덕치사상은 군주가 스스로 모범을 보여서 백성들을 통솔하는 것 외에도 자기수양·교육·현명한 사람을 존중한다고 하는 것 등의 풍부한 의미를 포함하고 있는 것으로 볼 때, 그의 덕치사상은 유가의 색채가 매우 농후하다고 할 수 있는 것이다.

참고문헌

王利器,『新語校注』, 北京, 中華書局, 1996년.

王雲五,『兩漢三國政治思想史』, 臺北, 臺灣商務印書館, 1969년.

王雲五,『漢唐教學思想』, 臺北, 臺灣商務印書館, 1970년.

黃錦鋐,『秦漢思想研究』, 臺北, 學海出版社, 1979년.

徐復觀,『兩漢思想史』 卷二, 臺北, 學生書局, 1985년.

金春峰,『漢代思想史』, 北京, 中國社會科學出版社, 1997년.

賀凌虛,『中國古代政治思想論集』, 南投, 霧峯出版社, 1970년.

薩孟武,『儒家政論衍義』, 臺北, 東大圖書有限公司, 1982년.

任繼愈,『中國哲學發展史-秦漢』, 北京, 人民出版社, 1985년.

제9장

가의 : 제국의 통치경영 방략

1. 시작하는 말

진시황이 천하를 통일한 이후 십여 년간 벌인 대규모 사업들로 인하여 한나라 건국 초기의 정치·경제적 상황은 그야말로 최악의 상태에 직면해 있었다고 할 수 있다. 구체적으로 『한서漢書』의 기록을 살펴보면, 진시황이 천하를 통일한 이후 안으로는 대규모 공사를 일으키고 밖으로는 오랑캐들을 물리치느라 백성들 대부분이 노역과 전쟁에 동원되어 경작할 수 있는 남성들이 부족하여 식량이 부족했으며, 직조할 수 있는 여성들이 부족하여 의복이 부족했다고 하는 사실이 나타나 있다.[1] 이처럼 한나라 건국 초기는 진나라의 폭정과 진한교체기의 혼란 등으로

1 『漢書』, 「食貨志上」, "至於始皇, 遂并天下, 內興功作, 外攘夷狄……男子力耕不足糧饟, 女子紡績不足衣服."

민생과 정치·경제 상황은 매우 비참한 지경에 처해있었다고 할 수 있다. 그렇기 때문에 한나라 건국 초기에는 사회의 안정을 통하여 정권을 공고하게 다지기 위해서 한나라 조정은 황노사상黃老思想을 채택하여 모든 것을 방임하는 무위無爲의 정책으로 제국을 기본체력을 회복하고자 했다.

한나라 조정은 이러한 황노사상을 피폐한 민생을 회복시키는 정책의 기본방향으로 재택했을 뿐만 아니라 한고조와 혜제의 재위시기에 몇 가지 정치적 조치를 통하여 백성들을 어루만져 주고자 했다. 그 대표적인 조치들에는 노비와 유랑민 및 난민 등 고향을 떠나 호적이 없는 백성들을 고향으로 돌려보내는 것 및 그들이 토지와 주택을 다시 찾을 수 있게 하여 서민의 신분으로 회복시켜주는 것이 있었다. 또한 백성들의 조세를 경감시켜서 그들의 생계부담을 덜어준 것 역시 있었다. 아울러 백성들에게 농업생산을 장려하여 그들의 삶을 윤택하게 만들어주고자 했고, 백성들이 안정된 삶을 바탕으로 그들의 자손을 번성시키는 조치를 취하기도 했다. 끝으로 정치적 조치를 통한 상업의 억제를 들을 수 있다.

서한 초기 유가사상가였던 가의賈誼는 당시 사회가 직면한 민생의 피폐현상에 대한 반성적 사고로부터 시작하여 민생문제 해결을 위한 구체적인 정치적 해법을 제시한다.

2. 서한 초기의 상황

서한 초기는 비록 조정에서 농업을 중시하고 상업을 억제하는 정책을 시행함과 동시에 농업에 종사하는 백성들에게 시혜를 베푸는 수많은 조치들이 시행되었으나, 이러한 시혜 조치들이 농민들이 안고 있는 문제를 해결해주지는 못했다. 그렇기 때문에 농민들의 생활은 여전히 곤궁한 처지를 벗어날 수 없었다. 한나라 문제文帝시기 가의賈誼와 조조晁錯는 당시의 농민들의 생활상을 다음과 같이 묘사했다.

> 한 왕조가 나라를 세운지 거의 30년이 되어 가는데도, 국가적으로나 개인적으로나 비축된 물자를 보면 오히려 애통할 뿐입니다. 그러기에 때 맞춰 비가 오지 않으면 백성들은 놀라서 어쩔 줄 모르게 되고, 흉년이 들어 수확이 없게 되면 벼슬자리를 팔고 자식을 팔겠다고 내놓는 지경이 됩니다.[2]

서한 초기 농민들의 생활이 곤궁하게 된 주요한 원인은 토지 사유제로 인해 불거진 대토지 소유주들의 사적인 세금이 과중했던 것에 있다고 볼 수 있다. 서한 초기 조정에서는 민생경제를 진흥시키기 위해서 농업을 중시하는 정책을 실시하여 고조高祖

2 『新書』, 「無蓄」, "漢之爲漢幾四十歲矣, 公私之積, 猶可哀痛也. 故失時不雨, 民且狼顧矣. 歲惡不入, 請賣爵鬻子, 旣或聞耳矣." 이 글이 쓰인 것은 한 문제 2년(기원전 178년)으로, 한 왕조가 건국 된지 28년이 된 시점이니 「憂民」 편의 내용에 의거하여 '四十歲'를 '三十歲'로 고쳐야 한다.

시기에는 토지세를 가볍게 하여 15분의 1만 징수하는 조치를 취하고,[3] 문제시기에 이르러 농민들의 토지세를 또다시 감면해주었으나, 토지사유제도 시스템 아래서 전국시대부터 시작하여 한나라 초기에 이르는 시기까지 대부분의 비옥하고 경작할 만한 토지는 거의 대지주와 호족의 수중에 넘어가 있는 상황이었으며, 자영농과 반소작농 이외의 수많은 농민들이 소작농신분으로 전락한 상황이었다.[4] 이와 같이 대지주에게 예속된 소작농들은 반드시 지주에게 세금을 바쳐야 했는데, 그 수량은 대략 한 해 수확량의 절반에 해당되었다. 그렇기 때문에 한나라 조정에서 비록 세금을 경감시켜 줬지만 대지주들이 사적으로 거둬들이는 세금은 매우 무거운 상황 속에서 결국 세금 경감의 직접적인 수혜자들은 대부분 대토지를 보유한 지주계층이나 호족들이었다. 그래서 한나라 조정에서 실시한 감세정책은 소작농이나 농노들에게 혜택을 줄 수 없었을 뿐만 아니라 의도하지 않게 지주계층들에게 앉아서 거액의 토지세를 챙길 수 있는 기회를 제공한 셈이 되었다.

서한 초기의 농민들이 져야했던 경제적 부담은 위에서 언급한 것처럼 국가에 대한 조세납부와 대지주들에게 착취당하는 토지세 외에도 국가에게 인두세와 부역 면제세 및 호구세 등과 같은 기타의 세금과 부역을 부담해야만 했다.[5] 이와 같이 서한 초기의

3 『漢書』, 「食貨志上」, "輕田租, 什五而稅一."

4 傅筑夫, 『中國經濟史論叢』, 北京, 三聯書店, 1980년, 112~120쪽 참조.

5 錢穆, 『國史大綱』 上册, 北京, 商務印書館, 1996년, 132~135쪽 참조.

농민들이 져야만 했던 경제적 부담은 대지주들에게 바쳤던 토지세 외에 국가에 대한 부역과 조세로 인하여 발생한 것으로서, 이러한 부담은 곤궁한 삶을 영위하던 농민계층에게는 극도로 불리하게 작용했다. 비록 문제文帝시기에 백성들의 부역과 조세부담을 약간 덜어주는 조치가 시행되기는 했지만,[6] 농민들의 부담은 여전히 막중했다. 이러한 상황 속에서 농민들은 조세를 납부하기 위하여 반드시 곡식을 출하할 수밖에 없었는데, 출하된 곡식은 대부분 헐값에 팔려서 오히려 손해를 보거나 도산하게 되는 자가 속출하는 상황이었다. 그렇기 때문에 농민들은 대지주나 고리대금업자들로부터 비싼 이자를 주고 빚을 낼 수밖에 없는 상황에 처하게 되는 경우가 다반사였다. 결국 거액의 빚을 지게 된 농민들은 토지를 팔거나 처자식을 팔기도 하고 심할 경우 자신을 팔기도 했다. 이와 같은 참상을 가의는 "수확이 나쁜 해에는 부자들이 (곡식을) 빌려 주지 않아 가난한 백성들은 굶주리고, 천재로 인해 제대로 수확하지 못하면 벼슬을 팔고 자식을 팔겠다고 청하는 경우도 있다고 들었습니다."[7]라고 묘사했던 것이다.

농민들의 생활이 열악해져만 가는 상황 속에서 그들은 삶을 도모하기 위하여 근본을 버리고 말단을 추구하는 행태를 보이기

6 『漢書』, 「食貨志上」, "閔中國未安, 偃武行文……民賦四十, 丁南三年而一事."

7 『新書』, 「憂民」, "未穫年, 富人不貸, 貧民且飢, 天時不收, 請賣爵鬻子, 旣或聞耳."

시작한다. 이와 같은 백성들의 근본을 버리고 말단을 추구하는 현상은 전국시대이래로 줄곧 사회적인 문제로 인식되어져 왔다고 할 수 있는데, 이러한 현상은 곧 전국시대부터 형성되기 시작된 백성들 사이에서 유행하게 된 부유함과 이익을 추구하는 관념에서 비롯된 것이라고 할 수 있을 것이다. 이와 같은 현상에 대하여 『사기史記』에 "대체로 가난에서 벗어나 부를 추구할 때, 농업은 공업보다 못하고, 공업은 상업보다 못하다. 수를 놓는 것보다는 시장에 나가 장사를 하라는 말은 말단의 생업인 장사가 가난한 사람에게는 도움이 된다는 것이다."[8]라고 하는 언급이 있는데, 여기에서의 "말단의 생업인 장사가 가난한 사람에게는 도움이 된다는 것이다."라고 하는 언급은 당시의 사람들이 말단의 생업에 종사하는 것이 비교적 생계유지에 훨씬 더 도움이 된다고 생각했기 때문에, 사회적으로 말단의 생업을 추구하는 풍조가 보편적으로 유행하게 되어 이는 결국 백성들이 근본을 버리고 말단을 추구하는 현상을 초래시키는 결과를 가져오게 하는 원인을 제공하게 된 것이다.

한나라가 건국 된 후에 조정에서는 중농정책을 추진하면서 상업의 확산을 막기 위하여 취한 조치는 "고조는 곧 상인들에게 명령을 내려 비단옷을 입는 것과 수레 타는 것을 불허하였으며, 아울러 그들에게 조세를 과중하게 부과하였다.……상인의 자손이 관리가 되는 것은 여전히 불허 하였다."[9]와 같은 것이었다.

8 『史記』, 「貨殖列傳」, "夫用貧求富, 農不如工, 工不如商, 刺繡文不如倚市門, 此言末業, 貧者之資也."

이와 같이 한나라 조정에서는 정치력으로 상인들의 상업행위를 제한하는 억상抑商정책을 적극적으로 실시했다. 그러나 당시 한나라 조정에서 비록 상인을 억압하며 그들에게 비단옷 착용과 수레 탑승 금지령을 내리고 또한 그들의 자손들이 관리가 되는 것을 금지시키고 더나가 조세를 과중하게 부과하는 조치들을 취했지만, 이러한 조치는 다만 부유한 상인들이 사치스러운 생활을 하지 못하도록 하기 위한 것이었다. 조정에서 상인들에게 과중한 조세를 부과하자 상인들은 자신들의 조세부담을 소비자나 일반 백성들에게 전가하는 행태를 보여준다. 이러한 결과 상인들의 백성들에 대한 착취는 더욱 가중되는 현상이 발생하게 되어 실제로 정부의 억상정책은 상업의 확산과 백성들에 대한 착취를 막는 데에는 그다지 커다란 효과를 내지 못하게 되었던 것이다. 그렇기 때문에 조조鼂錯의 경우 "오늘날 법률로 상인들을 제재하지만 상인들은 이미 부유해졌으며, 농민들을 우대해줬지만 농민들은 이미 가난해졌다."[10]라고 말했던 것이다.

이와 같이 한나라 조정의 억상정책이 효과를 거두지 못하게 되자 사회적 생산력은 매우 불안정해질 수밖에 없는 결과를 초래하게 된다. 이처럼 중농억상정책은 한나라 초기의 상업경제의 확대로 인하여 촉발된 토지겸병과 농민들의 근본을 버리고 말단을 추구하는 사회적 문제를 효과적으로 해결하지 못하게 되었던

9 『史記』, 「平準書」, "高祖乃令, 賈人不得衣絲乘車, 重租稅以困辱之.……市井之子孫亦不得仕宦爲吏."

10 『漢書』, 「食貨志上」, "今法律賤商人, 商人已富貴矣. 尊農夫, 農夫已貧賤矣."

것이다.[11]

한나라 초기의 정치상황은 황노사상의 무위 숭상과 조정의 중농정책 아래서 표면적으로는 사회적인 번영과 안정된 모습을 보여주고 있지만, 실제로는 조정에서 역점을 두고 추진한 중농억상정책이 그 실효를 거두지 못하면서 백성들의 생활은 개선되지 못했다고 볼 수 있다. 그렇기 때문에 백성들은 더 이상 근본이 되는 농업에 종사하지 않고 말단에 속하는 상업에 종사하는 추세를 보이기 시작한다. 그 결과 대량의 농업인구가 유실되는 현상이 발생하게 되었으며, 정부의 통제능력이 약화 되어 상업이 기형적으로 발전하는 현상이 발생하게 되어 상인의 숫자가 급격하게 증가하게 되는 사태를 초래하게 된다. 상업이 기형적으로 발전한 결과 사회적으로 사치를 조장하는 풍조가 만연하게 되어 국가경제와 정치질서에 심각한 타격을 주게 된다.

3. 농업의 중시와 물자축적 정책

한나라 건국 초기 조정에서 시행한 중농억상정책이 실효를 거두지 못하는 가운데 문제文帝 재위시기에 이르러 한제국의 정치 경제적 상황은 과연 어떠했을까?

> 지금은 근본을 배반하고 말단적인 것에 의지해서 먹고 사는 자가 매우 많으니 이는 천하를 크게 해치는 현상이요, 삶을 해치는

11 田昌五 外, 『秦漢史』, 北京, 人民出版社, 1993년, 121~124쪽 참조.

일에 종사하는 자가 아주 많으니 이는 천하의 큰 도적이며, 사치하고 음탕하고 화려한 풍속이 날로 성해지니 이는 천하의 큰 해악입니다. 세상을 해치는 도적들이 공공연히 횡행하는데도 이를 금지하는 사람이 없고, 천하백성의 목숨이 걸린 비축물자가 흩어져 없어져도 이를 구원하는 자가 없으니, 무슨 계책이 있는 자이며 어디 취할 일이 있겠습니까? 생산하는 자는 아주 적은데 소비하는 자는 매우 많으니, 천하의 형세가 어찌 위태롭지 않겠습니까? 한 왕조가 나라를 세운지 거의 30년이 되어 가는데도, 국가적으로나 개인적으로나 비축된 물자를 보면 오히려 애통할 뿐입니다. 그러기에 때 맞춰 비가 오지 않으면 백성들은 놀라서 어쩔 줄 모르게 되고, 흉년이 들어 수확이 없게 되면 관작을 팔고 자식을 팔겠다고 내놓는 지경이 됩니다. 이미 이런 일을 귀로 들었다면, 천하가 이처럼 위급해졌는데 놀라지 않는 주군이 있겠습니까?[12]

이제 한나라가 일어선 지 30년이 되었는데 천하는 더욱 곤궁해지고 식량은 몹시 부족하니, 폐하께서는 이런 상황을 모르시는지요? 수확이 나쁜 해에는 부자들이 (곡식을) 빌려 주지 않아 가난한 백성들은 굶주리고, 천재로 인해 제대로 수확하지 못하면 벼슬을 팔고 자식을 팔겠다고 청하는 경우도 들었습니다. 얼마 전에도

12 『新書』, 「無蓄」, "今背本而以末食者甚衆, 是天下之大殘也; 從生之害者甚盛, 是天下之大賊也; 汰流淫佚侈靡之俗日以長, 是天下之大祟也. 殘賊公行, 莫之或止, 大命泛敗, 莫之振救, 何計者也, 事情安所取? 生之者甚少, 而靡之者甚衆, 天下之勢, 何以不危? 漢之爲漢幾四十歲矣, 公私之積, 猶可哀痛也. 故失時不雨, 民且狼顧矣. 歲惡不入, 請賣爵鬻子. 旣或聞耳矣, 安有爲天下阽危若此而上不驚者!"

> 비가 내리지 않아 사람들이 놀랐다가 비가 한차례 내리자 모두 죽었다 다시 살아난 듯 기뻐했습니다. 천하에 물자비축이 없으면 이와 같은 심한 지경에 이르게 되는 것입니다.[13]

가의가 언급한 "세상을 해치는 도적들이 공공연히 횡행하는데도 이를 금지하는 사람이 없고, 천하백성의 목숨이 걸린 비축물자가 흩어져 없어져도 이를 구원하는 자가 없다." 및 "한왕조가 나라를 세운지 거의 30년이 되어 가는데도, 국가적으로나 개인적으로나 비축된 물자를 보면 오히려 애통할 뿐입니다." 그리고 "수확이 나쁜 해에는 부자들이 (곡식을) 빌려 주지 않아 가난한 백성들은 굶주리고, 천재로 인해 제대로 수확하지 못하면 벼슬을 팔고 자식을 팔겠다고 청하는 경우도 들었습니다."라고 하는 것과 같은 지적들 속에서 한나라 조정의 중농억상정책이 실질적인 효과를 내지 못한 결과 국가의 양식비축은 부족한 상황이 발생하게 되고 그에 따라 농민들의 생활여건은 조금도 개선되지 못하게 된다. 이러한 상황은 백성들이 농업을 버려두고 상업에 종사하게 만드는 현상을 가속화시킴과 동시에 사회적으로 사치스러운 풍조를 만연하게 만들었던 것이다.

가의는 농민들의 생활이 곤궁하게 된 것과 국가가 비축한 양식이 부족하게 된 주요한 원인으로 조정의 농업홀시 정책이라고

13 『新書』, 「憂民」, "今漢興三十年矣, 而天下愈屈, 食至寡也, 陛下不省邪? 未穫年, 富人不貸, 貧民且飢, 天時不收, 請賣爵鬻子, 旣或聞耳. 曩頃不雨, 令人寒心, 壹雨爾, 慮若更生. 天下無蓄, 若此甚極也."

생각했다. 그래서 가의는 민본의 관점에서 농업의 중시와 물자 비축 정책을 시행할 것을 강력하게 주장하였던 것이다.

> 우임금은 십년은 견딜 수 있는 비축이 있었기 때문에 구년이나 계속 되었던 물난리를 벗어났고, 탕임금은 십년은 견딜 수 있는 비축이 있었기 때문에 칠년이나 계속 되었던 가뭄을 이겨냈습니다. 물자를 쌓아 비축하는 것은 천하 백성들의 큰 목숨이 달린 일입니다. 곡식이 많고 재물이 남아돈다면 무엇을 한들 안 되겠습니까? (성을)공격하면 빼앗을 수 있고 수비를 한다면 견고하게 지킬 수 있을 것이며, 전쟁을 하면 반드시 이길 것이고, 먼 지역(에 사는 사람들)을 귀순하도록 회유하면 불러서 찾아오지 않을 사람이 누가 있겠습니까? 관자가 말하기를 "창고가 차있으면 예절을 알게 되고, 입고 먹을 것이 넉넉하면 영화와 치욕을 알게 된다."고 했습니다. 백성들의 삶이 넉넉하지 못했는데도 세상이 잘 다스려진 경우는 옛날부터 지금까지 들어 본 적이 없습니다. 옛사람의 말에도 "남자 한 명이 농사를 짓지 않으면 굶주리는 이가 있고, 여자 한 명이 베를 짜지 아니하면 추위에 떠는 사람이 있다."고 하였습니다. 생산하는 데에는 일정한 때가 있는데, 이를 무절제하게 사용하면 물자는 소진되고 맙니다. 옛날에 천하를 다스리던 분들은 아주 주도면밀해서 충분히 비축해두고 있었습니다.[14]

14 『新書』, 「無蓄」, "禹有十年之蓄, 故免九年之水, 湯有十年之積, 故勝七歲之旱. 夫蓄積者, 天下之大命也. 苟粟多而財有餘, 何嚮而不濟? 以攻則取, 以守則固, 以戰則勝, 懷柔附遠, 何招而不至? 管子曰: '倉廩實, 知禮節; 衣食足, 知榮辱.' 民非足也, 而可治之者, 自古及今, 未之嘗聞. 古人曰: '一夫不耕, 或

선왕의 법도는 백성들이 3년 농사를 지으면 1년 먹을 식량을 남기고, 9년 농사를 지으면 3년 먹을 식량을 남기며, 30년 농사를 지으면 백성들에게 10년 먹을 식량을 비축하도록 합니다. 이 때문에 우임금 때 9년 연속으로 물난리가 나고 탕임금 때 7년 동안이나 가뭄이 들어 심지어는 들판에 풀 한 포기 없었는데도, 백성들이 굶주리는 기색이 없고 길에는 걸인이 없었습니다. 그리고 농사가 회복된 후에는 한번 농사지은 땅에 또 다시 농사짓는 것을 금지했습니다. 이렇게 옛날 제왕들이 천하를 다스리는 데에는 훌륭한 방책이 있었습니다. 선왕의 법도에 있어서는 나라에 9년 먹을 양식을 비축하지 못하면 부족하다 하였으며, 6년 먹을 양식을 비축하지 못하면 위급하다 하였고, 3년 먹을 양식을 비축하지 못하면 나라가 나라답지 못하다고 하였습니다.[15]

이제 이들 백성들을 농사짓는데 돌아가도록 해서 모두 근본에 발을 붙이도록 한다면, 천하의 모든 사람이 제 힘으로 먹고 살 것입니다. 말단적인 기교나 부리면서 놀고먹던 백성들이 앞산의 밭을 일구는 데로 돌아가게 되면, 백성들이 타고난 본성대로 편안히 살면서 열심히 일하고 방탕한 마음이 없어지고, 구차스런 생각이 없어져서 공손하고 검약하면서 재화를 비축하게 될 것이니,

---

爲之飢; 一婦不織, 或爲之寒.' 生之有時, 而用之無節, 則物力必屈. 古之爲天下者至悉也, 故其蓄積足恃."

15 『新書』, 「憂民」, "王者之法, 民三年耕而餘一年之食, 九年而餘三年之食, 三十歲而民有十年之蓄. 故禹水九年, 湯旱七年, 甚也, 野無青草, 而民無飢色, 道無乞人, 歲復之後, 猶禁陳耕. 古之爲天下, 誠有具也. 王者之法, 國無九年之蓄, 謂之不足, 無六年之蓄, 謂之急, 無三年之蓄, 日國非其國也."

사람들이 각자 사는 곳을 즐거워할 것입니다.[16]

가의는 관자의 민본사상을 계승하여 백성들을 부유하게 만든다고 하는 관점에서 백성들의 윤택한 삶이야말로 국가질서 유지의 선결조건이라고 생각하여 "백성들의 삶이 넉넉하지 못했는데도 세상이 잘 다스려진 경우는 옛날부터 지금까지 들어 본 적이 없습니다."라고 하는 관자의 주장을 강조했던 것이다. 그러므로 국가의 정치적 안정과 사회적 질서의 정착은 국가의 물자비축이 충분한지 여부에 달려있는 것이기 때문에 조정에서 농사를 근본으로 삼는 것을 중시하는지 여부의 문제는 매우 중요했던 것이다. 그렇기 때문에 가의는 "물자를 쌓아 비축하는 것은 천하 백성들의 큰 목숨이 달린 일입니다. 곡식이 많고 재물이 남아돈다면 무엇을 한들 안 되겠습니까? (성을)공격하면 빼앗을 수 있고 수비를 한다면 견고하게 지킬 수 있을 것이며, 전쟁을 하면 반드시 이길 것이고, 먼 지역(에 사는 사람들)을 귀순하도록 회유하면 불러서 찾아오지 않을 사람이 누가 있겠습니까?"라고 언급한 것이었으며, 또 "선왕의 법도에 있어서는 나라에 9년 먹을 양식을 비축하지 못하면 부족하다 하였으며, 6년 먹을 양식을 비축하지 못하면 위급하다 하였고, 3년 먹을 양식을 비축하지 못하면 나라가 나라답지 못하다고 하였습니다."라고 주장했던

16 『新書』, 「瑰瑋」, "今敺民而歸之農, 皆著於本, 則天下各食於力, 末技游食之民, 轉而緣南畝, 則民安性勸業, 而無縣愆之心, 無苟得之志, 行恭儉蓄積, 而人樂其所矣."

것이다. 그리고 조정에 대해서 가의는 백성들이 농업에 힘써 전념할 수 있도록 안정된 여건을 조성해줄 경우 "백성들이 타고난 본성대로 편안히 살면서 열심히 일하고 방탕한 마음이 없어지고, 구차스런 생각이 없어져서 공손하고 검약하면서 재화를 비축하게 될 것이다."와 같은 현상이 발생하게 될 것이라고 생각했다. 이러할 경우 조정의 입장에서는 백성들을 통치하고 관리하기가 유리할 뿐만 아니라 조정의 조세수입 측면에도 유리하게 작용할 것이라고 가의는 생각했던 것이다. 그렇기 때문에 가의는 민본적인 관점이나 정치적인 관점을 막론하고 조정에서는 반드시 농업을 중시하고 물자를 비축하는 정책을 시행해야 한다고 강력하게 주장했던 것이다.

가의는 농업을 중시하고 물자를 비축하는 정책의 구체적인 효과가 유비무환에 있다고 하는 점을 극력 강조한다. 한나라는 문제文帝시기에 내부적으로는 제후국들의 반란과 외부적으로는 흉노의 침략으로 인하여 내우외환의 상황에 직면하게 된다. 이러한 내우외환의 상황 속에서 가의는 국가적으로는 "국가적으로나 개인적으로나 비축된 물자를 보면 오히려 애통할 뿐입니다."[17]와 같은 지경에 이르고 백성들의 삶은 극도로 곤궁한 나머지 부득이하게 농토와 자식을 내다 파는 지경에까지 이르게 된다고 보았다. 그렇기 때문에 이러한 내우외환을 제거하기 위하여 가의는 조정에서 물자를 충분하게 비축해야만 한다고 주장했

17 『新書』, 「無蓄」, "公私之積, 猶可哀痛也."

으며, 그러할 경우에야 만이 국력을 비축하여 유사시에 대비할 수 있다고 역설했던 것이다.

얼마 전에도 비가 내리지 않아 사람들이 놀랐다가 비가 한차례 내리자 모두 죽었다 다시 살아난 듯 기뻐했습니다. 천하에 물자비축이 없으면 이와 같은 심한 지경에 이르게 되는 것입니다. 선왕의 법도에서는 이를 무엇이라 말하겠습니까? 반드시 곤경에 빠진 다음에야 계책을 생각하고 궁색해진 다음에야 일을 도모한다면, 역시 늦지 않겠습니까? 그렇다면 이른바 나라에 사람이 없다는 것은 무슨 뜻입니까? 천하를 갖고서 그것이 평안하기를 바라는 분이 바로 폐하가 아니십니까? 임금께서 스스로 걱정하지 않는다면 장차 누구에게 맡기시겠습니까? 5년에 한번 작은 흉년이 들고, 10년 만에 한번 흉년이 들며, 30년에 한차례 큰 흉년이 드는 것은 대개 자연의 규율입니다. 사람이 사람을 잡아먹은 것이 이미 몇 년이 지났습니다. 만일 불행히도 이·삼천리 넓은 지역에 큰 가뭄이라도 든다면, 천하에 무엇으로 서로 구휼케 할 것입니까? 갑자기 변경에 수십만 명의 군사를 모아야 하는 일이 발생한다면 천하에 장차 무엇으로 이들을 먹이겠습니까? 병란과 가뭄이 잇달아 발생하고 (굶어 죽은) 백성들이 골짜기에 가득하며 도적들의 습격이 계속 일어나는데, 나라가 이를 제지하지 못한다면 외적이 반드시 소란을 일으킬 것입니다. 하루만에도 이런 상황이 벌어지게 될 것이 틀림없습니다.[18]

18 『新書』, 「憂民」, "曩頃不雨, 令人寒心, 壹雨爾, 慮若更生. 天下無蓄, 若此甚極也. 其在王法謂之何? 必須困至乃慮, 窮至乃圖, 不亦晚乎! 然則所謂國無

세상에 흉년이 들어 굶주리게 되는 경우는 흔히 있는 일이며, 우임금과 탕임금도 겪었던 일입니다. 만일 불행히도 사방 이·삼천리나 되는 지역에 가뭄이 든다면 나라에서는 무엇으로 이들을 구휼할 것입니까? 갑자기 변경에서 급한 사태가 발생하면 수십만의 병사들을 나라에서는 무엇으로 이들을 먹여 살릴 것입니까? 병란에 가뭄이 겹쳐 천하가 크게 궁핍하게 되면, 힘깨나 쓰는 자들은 도당을 모아 제멋대로 습격을 하고, 힘없는 노약자들은 자손들을 서로 바꾸어 잡아먹게 될 것입니다. 이렇게 되면 명령과 법률이 다 통하지 못할 것이며, 먼 곳에서 천자와 한번 견주어 보려는 자들이 다투어 들고 일어날 것입니다. 백성들의 왕이 된 자가 그제서야 수습하려한들 어떻게 되겠습니까? 천하를 부유하고 평안하게 만들어야 하건만 (도리어) 이처럼 위태로운 상태가 되고 말았으니, 폐하를 위하여 이를 안타깝게 여깁니다.[19]

유비무환의 관점에서 볼 때, 가의가 제기한 농업을 중시하고 물자를 비축한다고 하는 정책은 국가 안위의 중요성에 대한 것

人者, 何謂也? 有天下而欲其安者, 豈不在於陛下者哉. 上弗自憂, 將以誰倫? 五歲小康, 十歲一凶, 三十歲而一大康, 蓋曰大數也. 卽不幸有方二三千里之旱, 天下何以相救, 卒然邊境有數十萬之衆, 聚天下將何以饋之矣? 兵旱相承, 民填溝壑, 剽盜攻擊者, 興繼而起, 中國失救, 外敵必駭, 一日而及, 此之必然."

19 『新書』, 「無蓄」, "世之有饑荒, 天下之常也, 禹湯被之矣. 卽不幸有方二三千里之旱, 國何以相恤? 卒然邊境有急, 數十百萬之衆, 國何以餽之矣? 兵旱相乘, 天下大屈, 勇力者聚徒而橫擊, 罷夫羸老, 易子孫而沦其骨, 政法未畢通也, 遠方之疑者並擧而爭起矣. 爲人上者, 乃試而圖之, 豈將有及乎? 可以爲富安天下, 而直以爲此廩廩也, 竊爲陛下惜之."

이라고 할 수 있다. 그렇기 때문에 가의는 "곤경에 빠진 다음에야 계책을 생각하고 궁색해진 다음에야 일을 도모한다면, 역시 늦지 않겠습니까?"라고 언급한 것이며, 더나가 "물자를 쌓아 비축하는 것은 천하 백성들의 큰 목숨이 달린 일입니다. 곡식이 많고 재물이 남아돈다면 무엇을 한들 안 되겠습니까?"라고 주장한 것이다. 그러므로 조정은 국가를 부유하게 만들고 백성들의 삶을 안정되게 하기 위해서는 마땅히 국가의 근간이 되는 농업을 중시하고 물자비축 문제를 중요한 사안으로 삼아야만 한다는 것이다.[20]

4. 상업에 대한 탄압과 사치금지 정책

가의는 농업을 중시하고 물자를 비축해야 한다고 하는 주장을 하면서 한나라 초기 조정의 방임정책을 분석하는 과정 속에서 백성들 사이에 만연해 있는 상업을 숭상하고 이익을 추종하며 사치와 향락을 추구하는 풍조가 심각한 사회적 병폐가 된다는 점을 지적했다. 더나가 가의는 만일 조정에서 백성들 사이에 퍼져있는 상업을 숭상하고 이익을 추종하는 풍조를 방임할 경우 이는 반드시 사회적으로 질서를 해치게 되고 국가경제의 근간을 위태롭게 만든다고 생각했다. 그렇기 때문에 농업을 중시하고 물자를 비축해야 다고 하는 주장 아래 가의는 조정에서는 반드

20 侯家駒, 「從西周到漢初經濟制度暨思想之演變」, 『漢學研究』, 第12卷, 2期, 1994년, 106~109쪽 참조.

시 백성들 사이에 만연해 있는 상업을 숭상하는 풍조를 제지해야만 한다고 하는 주장을 강력히 피력했다.

> 백성들은 튼튼한 것을 버리고 교묘하게 장식하는 일에만 힘써 서로 경쟁하고 있습니다. 하루면 만들던 것이 지금에 와서는 열흘이 걸려도 쉽게 만들 수 없지만, 1년은 쓸 수 있었던 것이 지금은 반년이면 부서지고 맙니다. 시일을 들여 정교하게 만들었어도 써 보면 쉽게 망가지고 맙니다. 또 농사를 짓지 않는 많은 사람들이 농민들이 생산해낸 식량을 축내고 있으니, 이것이 바로 천하가 궁핍한 까닭입니다. 그러므로 백성들에게 말단적인 일을 하게 하면 백성들이 크게 빈곤해지지만, 백성들에게 근본적인 일을 하게 하면 백성들은 크게 부유해지는 것입니다. 아름답게 장식된 수를 짜느라 여자들이 공을 들입니다. 백 사람이 만들어도 한사람을 입힐 수가 없으며, 또 천하의 백성들이 힘을 써 봐도 필요한 물품을 갖추기가 쉽지 않으니, 이런 형세에 어떻게 백성들이 추위에 떨지 않을 수 있겠습니까?[21]

> 백사람이 만들어도 오히려 한 사람을 입히기가 부족하니, 이러고도 천하에 추위에 떠는 사람이 없기를 바란다면 되겠습니까? 한 사람이 농사를 짓는데 열 사람이 모여들어 먹어대니, 이러고도

21 『新書』, 「瑰瑋」, "民棄完堅, 而務雕鏤纖巧, 以相競高. 作之宜一日, 今十日不輕能成; 用一歲, 今半歲而弊. 作之費日挾巧, 用之易弊. 不耕而多食農人之食, 是天下之所以困貧而不足也. 故以末予民, 民大貧, 以本予民, 民大富. 黼黻文繡纂組害女工, 且夫百人作之, 不能衣一人, 方且萬里, 不輕能具, 天下之力, 勢安得不寒?"

> 천하에 굶주리는 사람이 없기를 바란다면 어떻게 되겠습니까? 굶주림과 추위가 백성들의 피부에까지 닥쳐있는데, 그런 상태에서 그들이 악한 짓을 하지 않고 도둑질을 하지 않기를 바래보았자 될 수 없는 일입니다.[22]

가의는 상업과 수공업을 비롯한 말단이 되는 산업이 흥성하게 되면 백성들이 근본을 버리고 말단을 추구하는 경향이 두드러지게 많이 나타난다고 생각하였다. 이러한 현상은 반드시 농민들이 농토를 떠나 농업생산에 종사하지 않게 되어 결국에는 농토는 황폐해지고 곡식이 부족하게 되는 사태를 초래하게 될 것이라고 가의는 생각했다. 그래서 가의는 "시일을 들여 정교하게 만들었어도 써보면 쉽게 망가지고 맙니다. 또 농사를 짓지 않는 많은 사람들이 농민들이 생산해낸 식량을 축내고 있으니, 이것이 바로 천하가 궁핍한 까닭입니다."라고 언급한 것이며, 또 "한 사람이 농사를 짓는데 열 사람이 모여들어 먹어대니, 이러고도 천하에 굶주리는 사람이 없기를 바란다면 어떻게 되겠습니까?"라고 언급했던 것이다. 그렇기 때문에 농업을 중시하고 물자를 비축해야 한다고 하는 주장 아래 가의는 조정은 마땅히 적극적으로 상업에 대하여 탄압을 해야 한다고 역설했던 것이다.

가의는 상인들은 10퍼센트의 이윤만을 챙겨야한다고 생각했

22 『新書』, 「孽産子」, "夫百人作之, 不能衣一人也, 欲天下之無寒, 胡可得也? 一人耕之, 十人聚而食之, 欲天下之無飢, 胡可得也? 飢寒切於民之肌膚, 欲其無爲姦邪盜賊, 不可得也."

다. 그러한 이유는 상인들의 부유함은 결국 백성들로부터 거둬들인 것이기 때문이며, 또한 그렇게 벌어들인 재화로 상인들이 지나치게 사치와 향락을 추구하는 것을 통제하기 위해서였다. 당시 부유한 상인들의 행태에 대하여 가의는 "오늘날에는 부자나 큰 장사치네 벽에 황제의 옷이 걸리고, 장사치의 부인 및 배우자나 비첩들까지 황후의 복식을 하게 되었다."[23]라고 지적하고 있다. 이와 같은 부유한 상인들의 행태는 예의법도를 파괴하는 것일 뿐만 아니라 황제의 권위까지도 훼손하는 것이었다.

> 백성들이 비첩을 팔 때 아름답게 수놓은 옷과 꽃신·화려하게 꾸민 깃을 입혀 노비를 사고파는 나무 우리 안에 넣어놓는데, 이는 옛날 황후들이 입던 옷입니다. 황후도 종묘제사를 드릴 때나 입었지 평상시에는 입지 않았던 옷인데, 지금 서민들은 그들의 천첩에게 입히고 있습니다. 흰 망사를 겉의 천으로 하고 엷은 비단으로 속을 대서, 가장자리에 꽃무늬를 두르고 아름답게 도끼무늬를 수놓은 의복은 옛날 천자들이 입던 옷이었습니다. 그런데 요즘 부자나 장사치들은 손님을 청하게 되면 이를 벽에 장식으로 걸어 놓습니다. 옛날에는 천하가 황제 한 사람과 황후 한 사람을 봉양하고 또 적절하게 법도를 지켰으나, 오늘날에는 부자나 큰 장사치네 벽에 황제의 옷이 걸리고, 장사치의 부인 및 배우자나 비첩들까지 황후의 복식을 하게 되었으니, 그러고도 천하의 재력이 고갈되지 않을 수는 없을 것입니다. 황제 자신은 검고 거친

23 『新書』, 「孽產子」, "今富人大賈屋壁得爲帝服, 賈婦優倡下賤產子得爲后飾."

> 비단 옷을 입으나, 사치스러운 장사치나 부자들의 벽장에는 수놓은 옷이 널리고, 황후는 단지 동정 깃에나 수실을 두르지만, 천첩들은 신발에까지 수실을 두릅니다. 이것이 바로 신이 어긋났다고 말하는 것입니다.[24]

> 세상은 세속적인 사치를 서로 뽐내니 사람들은 자신이 남보다 못한 것을 바라면서 서로 경쟁하고 있으나, 나라에서는 이에 대응하는 제도가 없습니다. 오늘날 체형을 당한 자나 몸을 파는 계집종들은 미천한 계층임에도 불구하고, 입는 옷은 오히려 제후를 능가해서 천자와 맞먹습니다. 이는 천하에 공공연하게 군주를 범하는 것입니다.[25]

가의는 황제가 검고 거친 비단 옷을 입는데 반하여 부유한 상인들은 "벽장에는 수놓은 옷이 널리고, 황후는 단지 동정 깃에나 수실을 두르지만, 천첩들은 신발에까지 수실을 두른다."라고 하여 복식에 있어서 "옷은 오히려 제후를 능가해서 천자와 맞먹는다."고 하며 상인들의 사치와 참월을 신랄하게 지적했다. 더나가

---

24 『新書』, 「孽産子」, "民賣産子, 得爲之繡衣編經履偏諸緣, 人之閑中, 是古者天子后之服也, 后之所以廟而不以燕也, 而衆庶得以衣棄妾. 白縠之表, 薄紈之裏, 緁以偏諸, 美者黼繡, 是古者天子之服也, 今富人大賈召客者得以被牆. 古者以天下奉一帝一后而節適, 今富人大賈屋壁得爲帝服, 賈婦優倡下賤産子得爲后飾, 然而天下不屈者, 殆未有也. 且帝之身, 自衣皁綈, 而靡賈侈貴, 牆得被繡, 后以緣其領, 孽妾以緣其履, 此臣之所謂踳也."

25 『新書』, 「瑰瑋」, "世以俗侈相耀, 人慕其所不如, 悚迫於俗願, 其所未至, 以相競高, 而上非有制度也. 今雖刑餘鬻妾下賤, 衣服得過諸侯, 擬天子, 是使天下公得冒主."

가의는 부유한 상인들의 이러한 행태는 공공연하게 군주를 범하는 것이며 사회에 마땅히 존재해야할 등급제도와 질서를 파괴하는 것이라고 생각했다. 또한 부유한 상인들이 추구하는 극도로 사치스러운 생활은 수공업자들이 일상용품보다는 사치품 생산에만 주력하게 만드는 결과를 조장하게 되는 부작용을 낳기도 하였다.

> 일용품마다 복잡하게 무늬를 아로새기고 정교하게 만든 기물들이 날마다 생겨나니, 백성들은 튼튼한 것을 버리고 교묘하게 장식하는 일에만 힘써 서로 경쟁하고 있습니다. 하루면 만들던 것이 지금에 와서는 열흘이 걸려도 쉽게 만들 수 없지만, 1년은 쓸 수 있었던 것이 지금은 반년이면 부서지고 맙니다. 시일을 들여 정교하게 만들었어도 써보면 쉽게 망가지고 맙니다.……아름답게 장식된 수를 짜느라 여자들이 공을 들입니다. 백 사람이 만들어도 한사람을 입힐 수가 없으며, 또 천하의 백성들이 힘을 써봐도 필요한 물품을 갖추기가 쉽지 않으니, 이런 형세에 어떻게 백성들이 추위에 떨지 않을 수 있겠습니까?[26]

가의는 상인들이 이익을 숭상하고 사치를 뽐내는 것을 경쟁적으로 한 결과 사회적으로 사치를 추구하는 풍조가 발생했다고

26 『新書』, 「瑰瑋」, "夫雕文刻鏤, 周用之物繁多, 纖微苦窳之器, 日變而起, 民棄完堅, 而務雕鏤纖巧, 以相競高. 作之宜一日, 今十日不輕能成; 用一歲, 今半歲而弊. 作之費日挾巧, 用之易弊.……黼黻文繡纂組害女工, 且夫百人作之, 不能衣一人, 方且萬里, 不輕能具, 天下之力, 勢安得不寒?"

생각했다. 이와 같은 풍조는 건전한 사회적 분위기를 해칠 수 있으며 세속적인 탐욕과 정의를 천시하는 가치관을 조성할 수 있기 때문에, 천박한 풍속을 교화하고 건전한 사회적 분위기를 만들기 위해서라도 가의는 조정에서 반드시 상업에 대한 탄압을 해야 한다고 주장했던 것이다.

가의의 중농억상정책의 관점에서 볼 때 그가 제기한 농업을 중시하고 물자를 비축해야 한다고 하는 주장과 상업에 대한 탄압과 사치를 금지시켜야 한다고 하는 주장은 바로 가의가 농업이 국가의 기간산업이라고 하는 점을 분명하게 인식하고 있었다는 것을 나타내고 있다고 볼 수 있다. 또한 가의가 주목한 부유한 상인들의 사치스러운 행태를 통제하지 않을 경우 수반되는 사회적 질서의 파괴와 사치풍조의 만연은 국가를 위험에 빠뜨릴 수 있다고 하는 점은 당시에 보기 드문 혜안이었다고 할 수 있을 것이다.

5. 민간차원의 화폐주조 금지 정책

한나라 문제文帝시기에 시행된 민간차원의 화폐주조 허가 정책은 결과적으로 사회 전반에 걸쳐 불량화폐의 유통과 위조화폐의 남용이라고 하는 폐단을 발생하게 만들었다. 또한 각지에서 주조된 화폐의 품질이 제각각 달라서 민간에서의 무역활동에 상당한 타격을 주게 되었다. 게다가 화폐주조를 통하여 얻게 되는 이윤이 적지 않음을 알게 된 백성들은 너도나도 할 것 없이 농사일을 내팽개치고 화폐주조에 뛰어들어 결국에는 국가의 기간산업인 농업에 심각한 타격을 주게 되는 현상이 발생했다. 이러한 사회적 분위기 속에서 부호들은 화폐주조를 통하여 더 많은 이익을 챙겼으며 막대한 재력을 바탕으로 빈민들을 자신의 노예로 편입시키기도 하였다. 그렇기 때문에 가의는 조정에서 민간에서의 화폐주조를 금지시키는 정책을 다시 시행해야 한다고 주장했던 것이다. 그렇게 할 때에 비로소 교역의 기준을 마련할 수 있게 되어 시장경제를 안정시킬 수 있을 뿐만 아니라 백성들을 본업인 농업에 전념시킬 수 있다고 가의는 생각했던 것이다. 그렇다면 어떠한 방법으로 민간에서의 화폐주조를 금지시키는 조처를 효과적으로 시행할 수 있을까? 이러한 문제에 대하여 가의는 백성들이 너나할 것 없이 화폐주조에 뛰어드는 것은 바로 화폐의 주원료인 구리를 쉽게 구할 수 있기 때문이라고 보았다. 그래서 가의는 민간에 부여된 화폐의 주조권한을 조정에서 회수해야 한다고 하는 한편 백성들이 구리를 채굴하여 사적으로 화폐를 주조하는 것을 엄격하게 금지시켜야 한다고 주장했다.

> 구리가 민간에 유포되면 천하의 재앙이 되니, 무엇 때문에 이렇게 말하는가? 구리가 민간에 유포되면 백성들 가운데 돈을 주조하는 이들이 반드시 납과 철을 섞게 되어, 이마에 죄명을 새기는 형벌을 받게 되는 사람들이 날로 늘어날 것이니 이것이 첫째 재앙이다. 구리가 민간에 유포되면 동전의 위조가 그치지 않아서 쓰이

는 돈을 믿지 못하게 되고 백성들이 더욱 서로 의심하게 되니 이것이 둘째 재앙이다. 구리가 민간에 유포되면 구리를 채굴하는 사람들이 농토를 버리게 되고, 집에서 돈을 주조하는 사람들은 그 농사짓는 일을 덜하게 되어 곡식을 수확할 수 없어 곧 굶주리게 될 것이니, 이것이 셋째 재앙이다. 그러므로 돈을 주조하는 것을 금하지 않으면, 돈은 항상 문란해지고 묵형을 받는 사람은 날로 늘어나게 되니, 이는 결국 사람을 빠뜨리는 함정이 된다. 또 농사를 짓지 않으면 새로운 재앙이 생겨날 것이므로, 백성들이 돈을 만드는 것을 금하지 않을 수가 없다. 위에서 주전을 금지시키는 데에 있어서는 반드시 죽을죄로 다스려야 한다. 주전이 금지되면 돈은 다시 귀해질 것이고, 돈이 귀해지면 몰래 숨어서 돈을 주조하는 이가 생길 것이며, 그러면 죽을 자가 또 늘어날 것인데, 이는 (민간에 유포된) 구리가 만든 결과이다. 그러므로 구리가 민간에 유포되면 그 재앙이 매우 크다는 것이다.[27]

가의는 백성들이 몰래 숨어서 화폐를 주조하게 된 원인을 손쉽게 구할 수 있는 구리 때문이라고 보았다. 그렇기 때문에 가의는 조정에서 민간에서 만연되어 있는 화폐주조를 근절시키기 위

27 『新書』, 「銅布」, “銅布於下, 爲天下菑, 何以言之? 銅布於下, 則民鑄錢者, 大抵必雜石鉛鐵焉, 黥罪日繁, 此一禍也. 銅布於下, 僞錢無止, 錢用不信, 民愈相疑, 此二禍也. 銅布於下, 采銅者棄其田疇, 家鑄者損其農事, 穀不爲則鄰於飢, 此三禍也. 故不禁鑄錢, 則錢常亂, 黥罪日積, 是陷阱也. 且農事不爲, 有疑爲菑, 故民鑄錢, 不可不禁. 上禁鑄錢, 必以死罪. 鑄錢者禁則錢必還重, 錢重則盜鑄錢者起, 則死罪又復積矣, 銅使之然也. 故銅布於下, 其禍博矣.”

해서는 반드시 백성들이 화폐를 주조하는 원료인 구리를 취득하는 것에 대한 통제가 필요하다고 생각했다. 즉 조정에서 구리 채굴을 국가에서 독점하는 조치를 취하게 되면 비로소 민간에서 사사로이 주조하는 화폐를 더 이상 만들지 못하게 근절시킬 수 있다고 보았던 것이다. 한걸음 더나가 가의는 구리 채굴을 국가에서 독점할 경우 조정은 다음과 같은 일곱 종류의 이득을 얻을 수 있다고 보았다.

먼저 조정은 형벌을 감소시킬 수 있게 되어 백성들을 괴롭히지 않게 된다는 것이다. 즉 법률을 간소화 하고 형벌을 줄인다고 하는 국시를 달성할 수 있다는 것이다. 다음은 구리 채굴권을 국가에서 독점하게 되면 화폐 주조를 조정에서 장악하게 되고 법정화폐의 기준을 확립시킬 수 있어 민간에서의 분쟁을 감소시킬 수 있다는 것이다. 또한 백성들이 사사로이 화폐를 주조할 수 없게 되어 다시 본업인 농사에 전념하게 된다는 것이다. 그리고 화폐 가치의 경중과 수량을 조절할 수 있다는 것이다. 즉 화폐의 가치가 떨어지면 정책적으로 거둬들이고, 화폐의 가치가 올라가면 정책적으로 풀어서 시장의 물가를 안정시킬 수 있게 된다는 것이다. 또한 구리로 병기를 만들어 고위직 신하들에게 주는데, 크고 작음과 많고 적음을 각각 제도로 규정하여 귀천을 구별하고 상하의 차이를 두게 되면 등급질서가 분명해질 것이라고 하는 것이다. 그 다음은 국가의 수입과 재정은 풍족해지고, 무역을 통제하여 부유한 상인들과 백성들을 착취하는 토호세력의 발호를 억제시킬 수 있는 것이다. 끝으로 국력이 부강해지면 그러한 국력을 바탕으로 흉노에 대항할 수 있게 된다는 것이다.

가의가 언급한 일곱 종류의 이익의 내용은 한나라 초기에 직면했던 정치적 경제적 문제들과 대외정책문제 등을 포괄하고 있다. 가의는 조정이 구리 채굴을 국가에서 독점하는 정책을 시행한 후에 얻게 되는 일곱 종류의 이익뿐만 아니라 구리가 민간에 유포되어 발생하게 되는 세 가지 해악을 없앨 수 있다고 생각했다. 이와 같이 구리 채굴권을 국가에서 독점하고 민간에서의 화폐주조 금지령을 내릴 경우 한나라 조정은 당면한 제반 문제들을 해결할 수 있을 것이라고 가의는 생각했기에 그러한 주장했던 것이다.

한나라 건국초기 황노사상의 영향을 받은 조정의 방임정책 아래서 일면 국가는 백성들에게 수많은 시혜를 베풀어주고 사회는 안정과 번영을 구가하는 것처럼 보였다. 그러나 실제적으로는 급속한 토지사유화와 상업의 융성은 토지와 자본을 부유한 상인들과 호족들에게 집중시키는 상황을 발생시켰다. 조정의 농업중시 정책과 백성들에 대한 시혜 조처는 백성들의 삶을 좀 더 나은 방향으로 개선시키지 못했으며, 사적·공적세금을 통한 과중한 착취와 빈번한 부역은 일반 농민들과 소작농들의 삶을 위협할 지경에 이르고 있었다. 그렇기 때문에 백성들은 생활고를 견디지 못하고 농업을 팽개치고 상업에 뛰어드는 상황이 발생하게 된다. 조정의 백성들에 대한 시혜 조처가 오히려 사회적으로 빈부의 격차를 더욱 크게 벌려놓은 셈이 되었으며, 사회적으로 사치풍조를 조장하고 질서를 파괴하는 분위기에 심각한 영향을 끼치게 되었다.

이러한 상황 속에서 가의는 민생회복을 위하여 농업중시와 물자축적 정책의 추진과 상업에 대한 탄압과 사치금지 정책 및 민간 차원의 화폐주조 금지 정책을 주장했던 것이다. 특히 가의는 민간에서의 구리 채굴과 화폐주조를 엄격하게 금지시켜야 한다고 하는 주장을 강력하게 한다. 즉 조정에서 구리 채굴권을 독점해야만 화폐 주조의 원료를 통제할 수 있다고 보았으며 더나가 민간에서의 화폐주조를 효과적으로 제지할 수 있다고 보았던 것이다. 조정이 비록 화폐의 원재료가 되는 구리를 독점했지만 국가에서 발행하는 법정화폐가 시장에서 확실하게 자리를 잡지 못하게 된 상황에서 민간에서는 여전히 법정화폐나 다른 구리제품을 원재료로 하여 사사로이 화폐를 주조하고 있는 실정이었다. 그렇기 때문에 민간에서의 화폐주조를 금지하는 정책은 그렇게 큰 실효는 거두지 못했다고 할 수 있다.[28]

6. 맺는 말

이상과 같이 가의의 정치사상에 대하여 서한 초기의 상황과 농업중시와 물자축적 정책의 추진과 상업에 대한 탄압과 사치금지 정책 및 민간 차원의 화폐주조 금지 정책을 중심으로 조명해 보았는데, 이를 정리하면 다음과 같다.

28 蕭淸, 『中國古代貨幣思想史』, 臺北, 臺灣商務印書館, 1992년, 71~72쪽 참조.

한나라 초기의 정치상황은 황노사상의 무위 숭상과 조정의 중농정책 아래서 일면 번영과 안정된 모습을 보여주고 있는 것 같지만, 실제로는 국가에서 역점을 두고 추진한 중농억상정책이 그 실효를 거두지 못하면서 백성들의 삶은 매우 곤궁했다고 볼 수 있다. 그렇기 때문에 백성들은 더 이상 농업에 종사하지 않고 상업에 종사하는 추세를 보이기 시작한다. 그 결과 대량의 농업 인구가 유실되는 현상이 발생하게 되었으며, 정부의 통제능력이 약화 되어 상업이 기형적으로 발전하는 현상이 발생하게 되어 상인의 숫자가 급격하게 증가하게 되는 사태를 초래하게 된다. 상업이 기형적으로 발전한 결과 사회적으로 사치를 조장하는 기풍이 만연하게 되어 국가경제와 정치질서에 심각한 타격을 주게 된다.

가의는 농민들의 생활이 곤궁하게 된 것과 국가가 비축한 양식이 부족하게 된 주요한 원인으로 조정의 농업홀시 정책이라고 생각했다. 그래서 가의는 민본의 관점에서 농업의 중시와 물자 비축 정책을 시행할 것을 강력하게 주장하였던 것이다. 또한 가의는 농업을 중시하고 물자를 비축하는 정책의 구체적인 효과가 유비무환에 있다고 하는 점을 극력 강조한다. 한나라는 문제文帝 시기에 내부적으로는 제후국들의 반란과 외부적으로는 흉노의 침략으로 인하여 내우외환의 상황에 직면하게 된다. 이러한 내우외환의 상황 속에서 가의는 국가적으로는 "국가적으로나 개인적으로나 비축된 물자를 보면 오히려 애통할 뿐입니다."와 같은 지경에 이르고 백성들의 삶은 극도로 곤궁한 나머지 부득이하게 농토와 자식을 내다 파는 지경에까지 이르게 된다고 보았다. 그렇기 때문에 이러한 내우외환을 제거하기 위하여 가의는 조정에서 물자를 충분하게 비축해야만 한다고 주장했으며, 그러할 경우에야 만이 국력을 비축하여 유사시에 대비할 수 있다고 역설했던 것이다.

가의는 상업과 수공업을 비롯한 말단이 되는 산업이 흥성하게 되면 백성들이 근본을 버리고 말단을 추구하는 경향이 두드러지게 많이 나타난다고 생각하였다. 이러한 현상은 반드시 농민들이 농토를 떠나 농업생산에 종사하지 않게 되어 결국에는 농토는 황폐해지고 곡식이 부족하게 되는 사태를 초래하게 될 것이라고 가의는 생각했다. 이와 같은 가의의 중농억상 정책의 관점에서 볼 때, 그가 제기한 농업을 중시하고 물자를 비축해야 한다고 하는 주장과 상업에 대한 탄압과 사치를 금지시켜야 한다고 하는 주장은 바로 가의가 농업이 국가의 기간산업이라고 하는 점을 분명하게 인식하고 있었다는 것을 나타내고 있다고 볼 수 있다. 또한 가의가 주목한 부유한 상인들의 사치스러운 행태를 통제하지 않을 경우 수반되는 사회적 질서의 파괴와 사치풍조의 만연은 국가를 위험에 빠뜨릴 수 있다고 분석한 점은 가의의 탁견이라고 할 수 있다.

가의는 조정이 구리 채굴을 국가에서 독점하는 정책을 시행한 후에 얻게 되는 일곱 종류의 이익뿐만 아니라 구리가 민간에 유포되어 발생하게 되는 세 가지 해악을 없앨 수 있다고 생각했다. 이와 같이 구리 채굴권을 국가에서 독점하고 민간에서의 화폐주조 금지령을 내릴 경우 한나라 조정은 당면한 제반 문제들을 해결할 수 있을 것이라고 가의는 생각했기에 그러한 주장했던 것이다.

참고문헌

司馬遷,『史記』, 北京, 中華書局, 1982년.

班固,『漢書』, 北京, 中華書局, 1990년.

賈誼,『新書』,『四庫全書』本.

王興國,『賈誼評傳』, 南京, 南京大學出版社, 1992년.

傅筑夫,『中國經濟史論叢』, 北京, 三聯書店, 1980년.

錢穆,『國史大綱』上册, 北京, 商務印書館, 1996년.

田昌五 外,『秦漢史』, 北京, 人民出版社, 1993년.

蕭淸,『中國古代貨幣思想史』, 臺北, 臺灣商務印書館, 1992년.

제10장

동중서 : 제왕의 천하경영 비전

1. 시작하는 말

동중서의 경세사상 가운데 가장 중요한 관념은 바로 '천天'이라고 할 수 있는데, 그렇기 때문에 동중서의 경세사상을 이해하는 관건적 요소는 바로 그의 '천'관념의 내용을 이해하는데 있다고 할 수 있다. 동중서의 '천'관념은 상당히 복잡하다고 할 수 있는데, 그러한 '천'관념의 전반적인 모식을 인식할 수 있는 방법으로는 '천'과 관련된 문헌자료의 분석을 통하는 것이 주요한 루트가 될 수 있다고 생각한다. 동중서는 '천'이 모든 문제를 해결해줄 수 있는 답안이기 때문에 '천'사상이 수립된다면 모든 우주와 인생의 문제 역시 해결된다고 생각했다. 경세사상 역시 이러한 사상관념의 범주 속에 들어간다고 할 수 있다. 동중서는 '천'을 천하 만물의 기원이면서 최종적인 판단의 준거로 삼았는데, 그러한 이유는 바로 인간의 생명은 '천'에서 온 것이고, 세계의 운행 역시 '천' 자체의 운행이기 때문이다. 그래서 그는 "천이 변하지 않으면, 도 역시 변하지 않는다."라고 말했던 것이다. 이렇게 볼 때 '천'은 동중서 경세사상의 총체적인 원리가 되는 것이라고 할 수 있다.

본문에서는 동중서의 경세사상에 대하여 다음과 같은 도식을 중심으로 살펴보도록 하겠다. 우선 동중서 경세사상의 총체적인 근간으로서의 '천'관념의 분석을 통하여, '천'으로 만물의 존재원리에 대하여 해석을 하고, 군주의 권력은 바로 '천'이 부여해준 것이라는 점을 분석함과 동시에 '천'이 군주의 권력을 회수해 갈 수 있다는 점을 살펴보겠다. 또한 이러한 관념들을 바탕으로 하여 동중서가 주장한 군주의 백성 통치방식에 대하여 군주와 백성의 관계를 중심으로 조명하고, 백성에 대한 통치의 일환으로 수립한 경제정책에 대하여 살펴보도록 하겠다. 아울러서 동중서 정치사상의 중요한 핵심이라고 할 수 있는 군주와 그의 통치를 보좌해주는 지식인과의 관계설정에 대하여 분석을 진행해보도록 하겠다. 그리고 끝으로 제후들에 대한 정책과 외국과의 관계설정에 대한 문제를 심층 고찰해보도록 하겠다.

2. 천과 군권의 관계

동중서의 사상 가운데 있어서 인간의 구조는 '천'과 매우 유사한 것이라고 할 수 있으나, '천'의 구조를 가지고 그것을 인간에게 견강부회 한 것은 아니다. 그러한 이유는 바로 인간은 '천'에서 나온 존재이기 때문에 인간은 '천'과 동류라고 하는 것이다. 인간은 '천'에서 생긴 존재이기 때문에 많은 부분에 있어서 '천'과 유사한 것이다. '천'은 인간의 조상이며, 인간은 '천'이 낳은 존재라는 것이 인간의 출현에 대한 해석이 되는 것이다. 인간이 '천'에서 왔기 때문에 '천'과 인간은 서로 간에 영향을 주고받는 것이며 또한 그들 사이에는 '기氣'가 존재한다. '천'은 만물의 근원이면서 인간 생명의 기원이 되는 것이기에 인간은 반드시 군주에 의해서 통치되어야만 한다는 것이다. 이는 '천'의 권능에는 한계가 있기 때문인데, '천'은 인간을 낳기만 할 뿐 인간의 교양은 반드시 후천적인 왕도교화를 통해서만 가능한 것이기에, 군주가 예의법도를 제정하여 다스려야 한다는 것이다.

그렇다면 이러한 '천'은 과연 어디에서 온 존재라는 것일까? 이러한 의문에 대하여 동중서는 '원元'의 관념을 제기한다.[1] '원'

1 '원' 관념에 대한 학자들의 해석은 다음과 같다. 먼저 徐復觀과 같은 경우 "음양이 나오는 곳은 기인데, 이것을 원기라고 한다. …… 천도는 음양이고, 음양이 나오는 원기는 그 층차가 자연히 천도의 위에 있는 것이다. …… 동중서 마음속의 원년의 원은 실제로는 원기의 원으로 간주된다." 라고 해석하고 있다. 徐復觀, 『兩漢思想史』 卷二, 臺北, 學生書局, 1985년, 354~355쪽 참조. 馮友蘭 같은 경우는 "동중서가 말하는 '원'은 도대체 무엇이란 말인가? 우리는 이것에 대하여 명확한 설명을 할 수가 없다. 그러나 분명한 것은 동중서의 사상체계 가운데 '원'은 일종의 물질성의 실체가 되지 못한다는 것이다. 즉 '원'을 '원기'로 해석하게 되는데, 이러한 '원기'는 의식과 도덕성질을 가진 것이라는 것이다."라고 해석하고 있다. 馮友蘭, 『中國哲學史新編』, 臺北, 臺灣商務印書館, 1996년, 70~71쪽 참조.

은 천지가 있기 전에 이미 존재하고 있었던 것으로, '원'이라고 하는 것은 만물의 본원이 되며 인간의 '원' 역시 그 안에 있는 것이다. '천기天氣'가 음양을 분별하게 되는데, 이러한 것이 천지의 시작임과 동시에 사계절의 순환과 오행의 '기' 및 인간의 활동을 생산하는 것이다. 또한 인간과 '천'은 동일한 '원'에 근본을 둔다. 그러나 인간이 비록 '천'·'기'에서 생겨난 존재이면서 '천'·'기'를 받들어야 하지만 '천원天元'을 얻을 수는 없는 것이다. 또한 인간의 모든 것은 '천명'에 근거해서 생긴 것이기 때문에 일체의 자연현상 역시 '천'과 '명'이 결정하는 것으로 '천명'을 위배할 수 없다는 것이다.

동중서에 의하면 인간은 '천'에 의해서 제약을 받을 수밖에 없는 존재인데, 군주 역시 인간이기 때문에 군주도 '천명'의 결정 범주에 속하게 되는 존재인 것이다. 아울러 인간은 '천'의 제약을 받기 때문에 군주에 의한 통치를 받는다고 하는 사실을 받아들일 수밖에 없는 것이다. 군주가 '천'에 의해 제약을 받기 때문에 집권자는 천도를 준수함으로써 천하를 다스리게 되는 것이다. 그러므로 통치의 도리는 단 하나 즉 '천'을 본받는 것이며, 선왕은 '천'을 본받아 천하를 통치한 것이기 때문에 선왕을 본받는 것과 『춘추春秋』로부터 통치의 도리를 터득한다는 것이다.

동중서가 언급한 '명命'의 관념은 군주의 '천명'은 군주가 되는 것이고, 일반적인 사람들 자신에게도 '명'이 있는데, 이는 일반인의 '명'이 되는 것이다. 또한 동중서는 만일 '천명'을 받은 군주가 덕을 상실하게 되면 바로 '재이災異'가 발생하게 된다고 했는데, 이러한 '재이'는 덕을 상실했기 때문에 발생하는 것으로 '천'과 인간 사이의 덕을 혼란하게 만드는 한편 음양오행의 조화를 깨트려 각종의 비정상적인 현상을 발생케 한다고 했다.

동중서의 사상체계 속에서 제국 군주의 정권의 정당성은 '천'에 근원을 두는 것이라고 할 수 있는데, 이때의 '천'과 인간은 일체로서 천인지간의 권력관계는 '천'이 가장 우선이고 그 차선이 군주이며 백성이 그 다음이다. 이는 매우 중요한 관념인데, '천'과 인간의 관련은 분리할 수 없는 것으로 정치는 단지 인간들 사이의 사무만이 아닌 '천'과 인간의 관련업무 가운데의 일부분이라는 것이다. 그렇기 때문에 동중서는 인간세계의 권력 구조에 대해서만 언급한 것에 그치지 않고 '천'으로부터 인간의 권력에 이르는 체계를 언급한 것이다. 즉 그는 "천자는 하늘로부터 천명을 받았다."[2]라고 했는데, 이는 '천'이 '천명'을 군주에게 내려주고, 군주는 '천명'을 받아서 인간 세계를 통치하고 관리한다고 하는 의미인 것이다. 이처럼 군주의 지위와 권력은 '천'에서 비롯된 것이지 백성들로부터 부여받은 것은 아닌 것이다. 이러한 관념체계는 일종의 '군권천수君權天授' 혹은 '군권신수君權神授'라고 말할 수 있다. 동중서는 '천'·군주·백성의 세 계층은 관계가 "백성의 바람을 억제 시키고 군주의 의지를 신장시키고 또한 군주의 의지를 억제시키고 하늘의 뜻을 신장시킨다."[3]는 것과 같

2 『春秋繁露』, 「順命」, "天子受命於天."

은 것으로 이루어졌다고 생각했다. 이러한 관념은 『춘추』에서 말하는 "백성은 군주를 추종해야 하고, 군주는 하늘을 추종해야 한다."에서 온 것으로 동중서의 사상체계 속에서 더욱 확대 되어 "백성의 바람을 억제 시키고 군주의 의지를 신장시키고 또한 군주의 의지를 억제시키고 하늘의 뜻을 신장시킨다."는 형태로 진화하여 나타나는 것이다.

군주는 '천'의 인간세계 대리자로서, 만일 이러한 인간세계의 대리자인 군주가 덕을 상실하게 된다면 '천'은 그의 권력을 박탈하고 새로운 대리자를 선정할 수 있다고 동중서는 생각했다.[4] 덕을 상실한다고 하는 것은 군주가 백성들을 통치할 때, '인덕仁德'에 부합하는지의 여부를 의미하는 것이다. '천'은 어떻게 인간 세계의 대리자 즉 군주에게 만족함이나 불만족함을 표시하는 것일까? '천'의 뜻은 직접적인 언어로 표출되는 것이 아니고 상서로운 조짐을 내려주거나 재앙을 내려주는 것을 통하여 보여주는 것이다. 그러므로 동중서는 "제왕이 미래에 출현하려고 하면 상서로운 조짐이 먼저 나타나고, 머지않아 사라지려고 하면 요망한 이변 현상이 먼저 나타난다."[5]라고 하여 군주의 흥망성

3 『春秋繁露』, 「玉杯」, "故屈民而伸君, 屈君而伸天."

4 이와 같은 '천'에 의한 군주의 권력 박탈 관념은 은·주 교체기에 '천명불상天命不常' 관념에 기인하는 것이라고 할 수 있다. 김혜승, 『유교의 뿌리를 찾아서』, 서울, 지식의 풍경, 2001년, 69쪽 참조.

5 『春秋繁露』, 「同類相動」, "帝王之將同也, 其美祥亦先見; 其將亡也, 妖孽亦先見."

쇠와 관련하여 인간 세상에는 상서로운 조짐과 재앙이 발생하게 된다고 주장했던 것이다.

군주의 덕이 천지를 덮으면 '천명'이 마땅하게 일어나게 되는데, 이는 통치자가 덕이 있으면 '천'은 상서로운 조짐을 내려주는 반면 통치자가 덕이 없으면 '천'은 재이를 내려준다는 것과 일맥상통하는 것이라고 할 수 있다. 음양오행의 운행이 정상적이면 천하는 조화롭고 기후는 일상적이게 된다. 즉 음양오행의 정상적인 운행 속에서는 사물은 일정한 시기와 상황에 맞게 출현하게 되는 것으로 이는 덕에 부합되는 것이다. 그러나 음양오행의 운행이 순조롭지 못하게 되면 재난과 변고가 발생하게 되고, 이는 결국 덕에 부합되지 못하는 것이 된다. 인간의 행위 역시 마찬가지로 정상적인 상황 아래서는 인의예仁義禮를 말하며, 군주는 언행거지가 일정하게 되고 관리들은 백성을 위한 정책을 시행하게 된다. 그렇기 때문에 '재이'가 출현했을 때는 인간의 행위가 덕에 부합되지 못하기 때문에 인간의 행위가 덕에 부합되도록 요구하여 이러한 비정상적인 자연현상을 소진시키려고 하는 것이다. 동중서는 만일 통치자가 비정상적인 행태를 지속적으로 일삼게 되어 상황이 악화 되면 '재이'는 더욱 심화 되는 것이며, 결국에는 '천명'이 다른 사람에게로 넘어가게 된다고 했는데, 이는 원래의 군주가 통치자의 지위를 상실하게 되는 것이기 때문에 군주는 반드시 덕에 귀의해야 한다고 했던 것이다.

따라서 어떤 사람의 은덕이 백성을 편안하고 즐겁게 만들 수 있으면 하늘이 그에게 왕권을 부여한다. 이와 달리 왕이더라도 그의 해악이 백성의 재산을 빼앗고 손상시킨다면 하늘은 그이에게서 왕권을 빼앗는다.[6]

군주가 덕에 귀의하는 것을 통하여 '천'과 인간 사이의 정상적인 운행의 순서가 회복되어지는 것이다. 동중서는 이와 같은 '천명불상天命不常'의 관념을 통하여 집권자의 정권유지에 대한 커다란 위협적인 견해를 표명했던 것이다.[7]

현실정치 상황 속에서 물리적 의미 '천'은 일체의 자연현상 원리를 해석해주고, 도덕적 의미의 '천'은 정치적인 부분이나 처세적인 부분에 근본적인 목적과 이상적인 경계를 제공해준다. 그러나 이러한 이상은 구속력이 없는 이상일 뿐이다. 종교적 의미의 '천'은 '천'과 인간 및 종교와 정치를 신앙의 형태로 연결하여 정치적 사안에 대하여 종교적 방식으로 결정하려는 시도를 한다. 그래서 종교정치라는 것은 정치가 많은 종교의식과 종교적 관념으로 변질되어 운행되는 것이다. 이와 같은 도덕적 의미의 '천'과 종교적 의미의 '천'은 동중서의 정치사상에 있어서 매우 중요한 지위를 점하고 있다고 할 수 있다.

6 『春秋繁露』, 「堯舜不擅移, 湯武不專殺」, "故其德足以安樂民者, 天予之; 其惡足以賊害民者, 天奪之."

7 徐復觀, 『兩漢思想史』 卷二, 臺北, 學生書局, 1985년, 297쪽 참조.

3. 백성에 대한 통치 방식

동중서의 사상체계 속에서의 '천'과 군주는 '천'과 천자의 관계로 이루어져있으며, 또한 '천명'을 내리는 자와 '천명'을 받는 자의 관계이고 군주와 백성은 통치자와 통치를 받는 자의 관계이다. 백성은 '천'이 내려준 존재이며, 군주는 '천'이 선택한 백성들의 통치자로서, 군주는 백성들을 잘 대해줘야 할 의무가 있다. 그렇지 않으면 '천'은 '천명'을 회수함과 동시에 다른 사람을 군주로 임명한다고 동중서는 생각했다. 동중서의 사상체계 속에서 보여 지는 '천'과 군주와 백성의 도식은 '천' → 군주 → 백성의 형태로 이루어져 있다.

> 『춘추』의 원칙에 따르면 백성은 군주를 추종해야 하고, 군주는 하늘을 추종해야 한다. …… 그러므로 (『춘추』의 세계에서는) 백성의 바람을 억제 시키고 군주의 의지를 신장시키고 또한 군주의 의지를 억제시키고 하늘의 뜻을 신장시킨다. 이것이 바로 『춘추』 세계의 커다란 기준이다.[8]

동중서의 정치사상 가운데 핵심문제는 바로 천자의 직권이라고 할 수 있다. '천인관계天人關係'의 체계 속에서 군주와 백성은 모두 인간인데, 어떻게 해서 한쪽은 군주가 되고 다른 한쪽은

8 『春秋繁露』, 「玉杯」, "春秋之法, 以人隨君, 以君隨天. …… 故屈民而伸君, 屈君而伸天, 春秋之大義也."

백성이 되는 것인가? 이러한 군주와 백성의 구별은 '천명'의 유무에 달린 것이고, 이러한 '천명'의 유무는 또한 덕이 있는지의 여부에 달린 것이다.

군주의 백성에 대한 직분은 한편으로는 그들을 예악으로 교화시키는 것이고, 다른 한편으로는 법도로써 그들을 다스리는 것이라고 할 수 있다. 규정과 칭호의 관념에서 출발했을 때, 군주가 만백성을 통치하고자 한다면 먼저 백성의 본질을 파악해야 한다는 것이다. 동중서는 이러한 규정과 칭호의 관념에서 출발하여 규정과 칭호의 관념을 바르게 하여 『춘추』의 사상을 뽑아내고자 했던 것이다. 동중서는 이러한 사상을 '천'에 접목시키고자 했다. 동중서는 규정과 칭호는 성인聖人이 제정한 것이며, 성인은 '천'의 뜻을 근거로 그러한 규정과 칭호를 제정한 것이라고 생각했다. 성인은 규정과 칭호를 근거로 마땅히 있어야할 내용을 규정했는데, 이는 군주와 백성들의 규정과 칭호 및 그 함의를 포함하고 있는 것이다. 동중서는 백성들의 본질에 대하여 '명瞑'으로 즉 몽매함으로 이해했는데, 이는 군주의 교화를 통하여 선한 존재로 거듭나게 될 수 있다는 것을 의미한다. 예를 들자면 잠들어 있는 사람은 다른 사람의 깨우는 소리에 의해서 잠에서 깨어나 의식을 회복할 수 있는 것과 같은 이치라고 할 수 있다.[9]

왕은 백성이 찾아와 의지한다는 뜻이고, 군주는 자신에게 소속

9 薩孟武『中國政治思想史』, 臺北, 三民書局, 1967년, 208~209쪽 참조.

> 된 무리를 잃지 않는다는 뜻이다. 그래서 (누군가가) 수많은 백성들이 (자발적으로 자신에게) 찾아오게 하고 온 세상에 가득 찬 무리의 지지를 얻을 수 있는 인물이라면 천하에서 어느 누구도 그 사람에 대적할 길이 없다.[10]

동중서는 천자나 제후왕은 윗자리에 있으면서 '천'의 인자함을 가진 사람을 지칭하는 것이라고 보았으며, 그들은 모든 백성들의 마음을 얻고 온 천하가 흠모하는 존재로서 백성들 모두가 앞을 다투어 그들에게 귀의한다고 생각했다. 이는 맹자가 언급한 "어진 사람은 대적할 사람이 없다."[11]라고 하는 것과 같은 의미이다. 이러한 사실을 통해서 동중서가 언급하는 천자나 혹은 제후왕은 이미 숭고한 도덕수양을 갖춘 윗자리에 있는 사람임을 예단할 수 있다. 이러한 군주와 백성의 관계는 인간의 마음과 육체의 관계와 매우 유사하다고 할 수 있는데, 이는 고대인들이 육체는 마음의 지시에 의해서 행동하는 것이라고 생각한 소치라고 할 수 있다. 군주가 만일 "효도와 공경을 소중히 하고 예절과 직분을 달가워하며 사랑과 염치를 중시하고 재물과 이익을 경시한다."[12]라고 한다면 백성들은 자연히 아래에서도 착한 짓을 하게 되는 것이다.

10 『春秋繁露』, 「滅國上」, "王者, 民之所往. 君者, 不失其群者也. 故能使萬民往之, 而得天下之群者, 無敵於天下."

11 『孟子』, 「梁惠王上」, "仁者無敵."

12 『春秋繁露』, 「爲人者天」, "貴孝弟而好禮義, 重仁廉而輕財利."

백성들이 제대로 된 군주에 의해서 통치 받기 위해서는 무엇보다도 먼저 군주 자신의 정서와 성품이 올바르게 되어야만 한다. 비록 동중서에게 있어서의 군주와 백성들 사이에는 정치적인 관계로 연결되어 있지만, 그 출발점은 여전히 '천'에 연결되어져 있기 때문에 군주는 '천'의 뜻을 계승하여 백성을 교화시켜야만 한다고 하는 것이다. '천'이 비록 백성을 낳아서 백성은 선한 성품을 가질 수 있지만 그들의 성품은 온전히 선한 것은 아닌 것이다. 즉 백성들의 인성에는 선함도 있고 악함도 있기 때문에 선함이 많고 악함이 적거나 혹은 선함이 적고 악함이 많을 수 있는 것이다. 그러나 인성은 역시 선함을 향하는 것이라고 할 수 있다. 이와 같은 사실로 미루어 본다면 후천적으로 선함으로 향하는 능력이 강할 경우 선한 쪽으로 가게 되고, 후천적으로 악함으로 향하는 능력이 강할 경우 악한 쪽으로 기울어지게 된다는 것을 알 수 있게 된다.

동중서는 인성에 대하여 본성과 선함의 관계를 벼와 쌀로 비유한다.

> 성은 벼에 비유되고, 선은 쌀에 비유될 수 있다. 쌀이 벼 안에서 생겨나더라도 벼 단계는 아직 온전하게 쌀과 동일시될 수 없다. 이처럼 선과 쌀은 사람이 하늘의 생성 작업을 이어받아서 외적인 노력을 들여서 완성시키는 것이므로 하늘이 생성하는 내적 계기 안에서 완결되는 것은 결코 아니다.[13]

13 『春秋繁露』, 「深察名號」, "性比於禾, 善比於米. 米出禾中, 而禾未可全爲米

즉 쌀은 벼에서 나오는 것이지만 그렇다고 해서 벼를 쌀이라고 부르지는 않는다는 것처럼 선함은 본성에서 나오는 것이지만 본성 자체를 선함이라고 하지는 않는다는 것이다. 동중서는 비유의 방법을 통하여 인성에 대하여 언급하면서, 한편으로는 인간의 본성은 선한 가능성을 갖고는 있지만 온전한 선함을 갖추기 위해서는 군주의 예악에 의한 교화가 반드시 필요하다고 했다. 군주의 통치는 반드시 인간의 선천적인 정욕과 애증을 기반으로 시행되어야 하는 것으로, 이러한 것이 바로 동중서 정치실행의 출발점이 되는 것이다.

동중서의 정치사상 가운데 통치의 원칙에 대해서는 언급하자면 한마디로 말해서 '천'의 통치원리를 본받는 것이라고 할 수 있다. 즉 덕을 주로 하고 법률을 보조로 하는 것으로서 사상의 교화를 주로하고 법률과 예의규범을 보조 수단으로 한다는 것이다. 군주의 통치에 관한 총체적인 원칙은 바로 '천'의 통치원리를 본받는 것으로 덕을 주로하고 법률을 보조로 하는 것에 있다. 그렇기 때문에 사상적인 측면에 있어서 가장 중요한 것은 '육예六藝'의 학문으로 백성들이 선함을 향하여 나갈 수 있도록 인도해야함과 동시에 예의와 법률로서 보조를 해야 하는 것이다. 이처럼 덕을 위주로 하고 법률로 보조하는 것은 비유하자면 천도天道에 음기陰氣와 양기陽氣가 병존하고 있지만, 일반적으로 양기를 위주로 하는 것과 같은 것으로 군주 역시 덕과 법률을

也. 善出性中, 而性未可全爲善也. 善與米, 人之所繼天而成於外, 非在天所爲之內也."

가지고 있지만 덕을 위주로 해야 한다는 것이다. 또한 동중서는 덕의 중요성에 대하여 역설 했지만 덕만을 베풀 것을 주장하지 않고 법률을 필요할 때 시의 적절하게 적용해야 함도 강조했다.

동중서는 백성들을 통치함에는 우선적으로 그들을 부유하게 만들어주고 난 뒤에 교육을 시켜야 한다고 생각했다. 또한 그는 만일 백성들을 부유하게 만드는 것이 여의치 않을 경우 최소한 그들이 빈곤한 지경에 처하지 않게 해야 한다고 했다. 동중서는 공자의 "빈곤함은 걱정하지 않고 고루 분배되지 않음을 걱정한다."[14]라고 하는 언급을 인용했는데, 이는 사회적 재화를 조정에서 균등하게 골고루 분배해야 하는 것을 의미하는 것이지만, 그렇다고 해서 일률적으로 평등하게 배분하라는 의미는 아니고 신분계층에 맞춰 분배하라는 의도가 담겨져 있다고 할 수 있다. 동중서는 귀천에도 차등이 있으며 백성들이 제각기 계급제도의 규정에 의거해서 신분에 맞는 물질적 향유를 누려야 한다고 생각했다.

> 성인이 하는 일은 제방을 쌓는 것과 닮았다. 그는 제도를 정비하고 예절을 마련한다. 그 결과 고귀한 신분과 비천한 신분이 등급으로 구분되고 옷과 장신구가 제도에 의해 착용되고 조정에도 품계를 두고 지역 공동체에도 나이에 따라 서열을 두게 되면 백성들은 양보를 하게 되어 결코 다투는 일이 없게 된다. 이것은 백성들을 통일시키는 바탕이다.[15]

14 『春秋繁露』, 「度制」, "不患貧而患不均."

동중서는 공자의 "군자는 이익을 독점해서는 안 되며 일반 백성의 몫을 남겨 두어야 한다."[16]는 언급을 인용하여 권력자가 백성들과 이익을 다퉈서는 안 된다고 했다. 그래서 그는 "현명한 성왕께서는 하늘이 한 바에 따라 한계를 제도로 만들었다. 이에 많은 봉록을 받는 자라면 모두 자잘한 곳에서 나는 이익을 차지할 수도 없고 일반 백성들과 이익을 다투는 생업에 종사해서도 안 된다. 이것은 하늘이 정한 이치다."[17]라고 했는데, 이와 같이 하게 되면 사회를 안정적으로 통치할 수 있게 된다는 것이다.

동중서는 군주가 백성들의 노역을 경감시켜주고 대지주의 토지독점 문제를 해결하여 백성들 사이에 빈부의 격차를 줄여야 한다고 하였으며, 백성들이 재화를 축적할 수 있도록 소금과 철 등의 천연자원에 대한 전매를 폐지할 것을 주장했다. 이러한 정책들은 동중서가 일반 백성들의 경제적 수준을 향상시키기 위해 고심한 끝에 제시한 정책들이라고 할 수 있다. 동중서가 언급한 군주와 백성의 관계설정에 있어서 최종적인 목적은 군주가 백성들을 아끼고 사랑하는 것이고 백성들은 군주를 공경으로 모시는 것에 있었다고 할 수 있다. 이러한 목적을 달성시키기 위해서 동중서는 '천'의 권위로 군주를 제약하려고 했으며, 교육을 통하

15 『春秋繁露』, 「度制」, "聖人之道, 衆堤防之類也. 謂之度制, 謂之禮節. 故貴賤有等, 衣服有制, 朝廷有位, 鄉黨有序, 則民有所讓而不敢爭, 所以一之也."

16 『春秋繁露』, 「度制」, "君子不盡利以遺民."

17 『春秋繁露』, 「度制」, "明聖者象天所爲, 爲制度, 使諸有大奉祿亦皆不得兼小利, 與民爭利業, 乃天理也."

여 백성들의 도덕성을 제고시키고자 했던 것이다.

4. 군주와 지식인의 관계

동중서의 정치사상 가운데 가장 핵심적인 요소는 정부 시스템을 사대부 계층으로 구성해야 한다는 주장이다. 이러한 사대부들의 지식체계는 『춘추공양春秋公羊』과 음양오행사상이 그 구심점의 역할을 하고 있다. 사대부 계층은 동중서의 정치사상 가운데 중요한 부분을 차지하고 있는데, 동중서는 군주가 현명한 신하를 얻어 군주와 신하가 일심동체가 될 때 비로소 국가의 통치가 원활하게 될 수 있다고 생각했다. 그래서 군주는 반드시 사대부 계층을 양성하고 사대부의 수를 늘려야하는 것이며, 그 일환으로 태학을 건립하여 사대부들을 길러내야 한다고 했다. 태학에서의 연구범위는 '육예'와 공자의 학설만으로 제한했으며, 재학생들 가운데 시험을 통하여 정부에 필요한 유능한 인재를 선발하였다. 또 다른 유능한 인재를 선발하는 방법으로는 천거제도가 있었다. 이러한 시스템은 기존에 존재하고 있었지만 동중서는 이러한 시스템의 효용성을 매우 강하게 강조했다.

'육예'는 태학에서 가르치는 주요한 과목이었으며, 이는 춘추전국시대 이래로 전해져 내려온 '육예'의 전통과 해석이 결합되어진 것이다. 그렇기 때문에 음양오행 및 잡가의 해석학적 전통이 남아있었던 것이다. 당시의 지식인들은 이러한 의식형태를 흡수했으며, 이러한 관념들을 제국 전체의 운영과 발전의 방향으로 삼았던 것이다. 동중서는 음양과 오행의 관점으로 만물의 구성을 보았으며, 사물과 사물의 관계 역시 그러한 관점을 중심으로 파악했다. 오행이라고 하는 것은 사물을 구성하는 다섯 가지의 원소로서, 그것들 사이에는 즉 금·목·수·화·토 사이에는 상생과 상승의 관계로 이루어져 있다. 동중서는 인간 세상의 운행은 즉 정치를 포함한 모든 운행은 반드시 오행의 상생과 상승의 법칙을 준수해서 진행되는 것이라고 보았다.

> 천지의 기는 서로 결합하여 일체를 이루었다가 음과 양으로 나누고 네 계절로 쪼개어지고 오행으로 펼쳐진다. 행이란 나아가는 길이다. 그 길이 같지 않기 때문에 다섯 가지 길이라고 한다. 오행은 다섯 가지의 직무를 가리킨다. 바로 옆에 붙어있는 두 행은 상생의 관계고, 하나를 건너뛴 두 행은 상승의 관계다. 따라서 이러한 관계를 잘 관리해야 한다. 이러한 관계를 어기면 혼란스러워지고 이 관계를 잘 준수하면 질서 있게 된다.[18]

동중서는 음양의 관계에 대해서 음이 양을 이길 수도 있고 양이 음을 이길 수도 있다고 보았다. 그러나 양의 기운이 매우 강력하게 되더라도 음은 완전히 소실되는 것이 아니고, 음의 기운이 매우 강하게 되더라도 양이 완전하게 소실되는 것은 아니다.

---

18 『春秋繁露』, 「五行相生」, "天地之氣, 合而爲一, 分爲陰陽, 判爲四時, 列爲五行. 行者行也, 其行不同, 故謂之五行. 五行者, 五官也, 比相生而間相勝也. 故爲治, 逆之則亂, 順之則治."

이 둘은 상존과 상충의 관계라고 할 수 있으며, 동중서의 견해에 의하면 양이 음을 이기는 것이 정도이지만 때로는 음이 양을 이기는 경우도 출현한다고 했다.[19] 또한 동중서는 제국의 정치적 운용은 반드시 이와 같은 음양오행의 관념을 준수하여 이루어져야 한다고 생각했다.

동중서의 정치사상 가운데 있어서 관직 체계는 사대부들을 중심으로 조직되었는데, 그러한 조직 체제는 '천도'를 모방하여 구성되었는데, 그의 『천인삼책天人三策』 속에서는 군주→조정→관료→백성→천하의 도식으로 나타나 있다. 군주로부터 백성에 이르는 중간에 관직 체계가 존재하는데, 이러한 체계는 백성들을 다스리고 교화하는 기능을 담당하고 있다. 이러한 체계에 대해서는 『춘추번로春秋繁露』, 「관제상천官制象天」에 자세하게 기술되어져 있는데, 간략하게 언급하자면 삼공三公과 구경九卿, 이십 칠 대부大夫와 팔십일 원사元士로 모두 백 이십 명으로 이루어진 관직 시스템이다.

동중서의 정치사상 속에서의 군주의 실제적인 통치는 무위無爲의 통치를 추구하는 것이었다고 할 수 있다. 그는 "군주가 권력을 내려놓고서 자신의 권세를 유지한 적은 없었고, 귀천의 차등이 없으면서 자신의 지위를 온전하게 한 적이 없다."[20]라고 언급

19 음양의 관념을 변증법의 존재형식으로 보는 관점도 있다. 이러한 변증법적 관점은 선진사상사에서 이미 출현했다고 한다. 宮哲兵, 『晩周辨證法史硏究』, 上海, 上海古籍出版社, 1988년, 47쪽 참조.

20 『春秋繁露』, 「王道」, "未有去人君之權, 能制其勢者也; 未有貴賤無差, 能全

하고 있는데, 이는 군주가 반드시 군왕의 권력을 장악해야 하며 한시도 그러한 권력을 놓아서는 안 되는 것임을 강조하는 것이며, 신분상의 귀천의 차등을 반드시 두어야 함을 역설하면서, 만일 그렇지 않을 경우 군주의 지위를 보전하지 못한다는 것을 강조한 것이다. 또한 이러한 신분상의 귀천의 차등은 예의와 법도로서 제정해야 하는 것이라고 했다. 동중서는 "이렇기 때문에 군주가 된 자는 자신의 시은권을 굳건하게 지켜서 백성들을 자신에게 달라붙게 만들고 자신의 권력을 잡아서 신하를 규제해야 한다."[21]고 했는데, 시은권施恩權을 굳게 지킨다는 것은 군주의 내재적 요구에 해당하는 것이고, 자신의 권력을 잡는다는 것은 외재적 운용을 의미한다고 볼 수 있다. 또한 동중서는 군주는 인간사에 대하여 매우 정밀한 변별능력을 가지고 있어야 한다고 했다. 무위의 통치는 완벽한 제도적 뒷받침과 군주의 뛰어난 능력을 기초로 해서 시행될 수 있는 것이며, 이러한 무위의 통치는 '천'의 법칙을 모방하여 만든 것이라고 할 수 있다.

동중서는 또 다른 방식으로 무위에 대하여 언급하는데, 바로 '귀신貴神'이다. '신神'이란 것은 그것이 어떻게 그렇게 된 것임을 알지 못한다는 의미인데, 마찬가지로 군주는 음에 거하면서 양에서 실행해야 한다는 것이다. 즉 양은 군주의 지위에 있으면서 권력을 행사함을 의미하고, 음은 일을 진행하는 과정을 의미한

其位者也."

21 『春秋繁露』, 「保位權」, "是故爲人君者, 固守其德, 以附其民; 固執其權, 以正其臣."

다. 이러한 것 역시 무위의 통치술이라고 할 수 있는 것이다.

동중서는 군주가 덕을 상실했을 때뿐만 아니라 신하가 참월을 했을 때에도 하늘이 '재이'를 내린다고 하였다. 그렇다면 '천'이 어떻게 인간 세계의 대리자인 천자에 대하여 만족하는지 그렇지 않은지를 표시할까? '천'의 뜻은 직접적인 말을 통하여 표출되는 것이 아니고 상서로운 조짐과 재앙을 통해서 표출되는 것이기 때문에 제왕이 흥성하거나 멸망의 길을 가게 될 때는 반드시 인간 세상에 상서로운 조짐이나 재앙이 출현한다는 것이다. 그래서 그는 "제왕이 미래에 출현하려고 하면 상서로운 조짐이 먼저 나타나고, 머지않아 사라지려고 하면 요망한 이변 현상이 먼저 나타난다."[22]고 했던 것이다. 그렇다면 누가 이러한 '천'의 뜻을 헤아려 해석하는 것일까? 동중서는 유학자들에 의해서 해석되어져야 한다고 했다. 동중서나 유향劉向과 같은 학자들이 『한서漢書』, 「오행지五行志」에서 '재이'에 관한 해석들을 해놓은 것을 바탕으로 추론해볼 때, 일정한 학식과 도덕을 겸비한 학자에 의해서 '재이' 현상이 해석되었다는 사실을 파악할 수 있다. 이러한 해석은 동일한 사상의 훈습을 받은 사대부들의 정신적인 연대감을 형성시켜 줬는데, 이러한 점들이 바로 사대부들을 양성하는 주요한 원인으로 작용했던 것이다. 다시 말하자면 이러한 유학자들의 '재이'에 대한 해석은 '천'의 권위를 통하여 천자의 권력에 일정한 제약을 가하려 했던 당시의 지식인들의 염원

22 『春秋繁露』, 「同類相動」, "帝王之將同也, 其美祥亦先見; 其將亡也, 妖孽亦先見."

이 담겨져 있었던 것이라고 할 수 있다.

동중서의 정치사상에는 『춘추』와 음양오행사상이 융합되어져 있는데, 이는 천자의 정치권력을 그러한 사상체계 속에 넣으려는 의도 역시 담겨져 있다고 판단된다. 이와 같은 유가의 학설은 제왕의 권력을 지도하고 감독하고 제한하는 역할을 할 수 있는 것이다. 즉 동중서의 목적 역시 『춘추』와 음양오행의 이론을 근거로 『춘추』의 윤리질서에 부합하는 정치권력의 운용 시스템을 건립하는데 있었던 것이라고 할 수 있다. 천자의 권력은 '천'으로부터 온 것이고, 이러한 권력의 합리성은 덕에 있는 것이라고 할 수 있다. 마찬가지로 '천명'의 부여와 그 대상은 항상 바뀔 수 있는데, 그러한 근거는 바로 덕을 유지하고 있는지의 여부에 관련되어 있는 것이다.

5. 제후에 대한 정책과 대외정책

동중서가 언급한 제후에 대한 정책과 이국에 대한 정책은 『춘추번로』에 다음과 같이 잘 나타나 있다.

> 『춘추』의 세계는 정립한 원칙에 따르면, 천자는 하늘과 대지에 제사 드리고, 제후는 토지 신과 곡식 신에게 제사 드리지만 분봉받은 영토 밖의 산천의 신에게는 제사 지내지 않는다. 천자가 건재할 때 제후는 독단적으로 토지를 취득할 수 없고, 독단적으로 영토를 타인에게 분봉할 수 없고, 독단적으로 천자에게 소속된 대부를 체포할 수 없고, 천자가 즐기는 음악과 무용을 공연할 수

> 없고, 천자가 거두는 세금을 징수할 수 없고, 천자를 대변하는 인물과 필적할 수 없다. 신하와 자식들은 군주와 아버지를 거슬리거나 죽이려는 마음을 품어서는 안 된다. 만일 그들이 그렇게 계획한다면 그 자체만으로도 처형의 대상이 된다. 대부는 자신의 지위를 세습시킬 수 없다. 대부는 군주의 명령을 따르기만 할 뿐이다. …… 가까운 이를 친하게 대우해서 먼 이를 오게 하니 가까운 이를 먼저 하지 않고 먼 이를 이르게 하는 경우는 아직 없었다. 그러므로 『춘추』의 작자는 노나라와 중원 국가가 상충할 때 전자를 우선으로 하고 후자를 차선으로 여긴다. 또 중원과 사방의 이민족이 상충할 때 전자를 우선으로 하고 후자를 차선으로 여긴다. 이것은 가까운 데에서 시작하는 것을 말한다.[23]

한나라 초기의 제후는 그 존재만으로도 중앙정부에 위협적인 요인이었다. 그래서 동중서가 군주와 신하의 구분을 특별하게 강조한 것도 그러한 제후들의 위협적인 요인을 염두에 둔 맥락에서 나온 것이라고 할 수 있는 것이다. 또한 중원과 주변의 이민족 국가들과의 관계에 대해서 동중서는 이민족 국가들은 중원에 비하여 문화적으로 낙후해 있기 때문에 그들에게는 강력한 변화의 요인이 존재하지 않는 다고 생각했다. 또한 그는 이민족

23 『春秋繁露』, 「王道」, “春秋立義, 祭天地, 諸侯祭社稷, 諸山川不在封內不祭. 有天子在, 諸侯不得專地, 不得專封, 不得專執天子之大夫, 不得舞天子之樂, 不得致天子之賦, 不得適天子之貴. 君親無將, 將而誅. 大夫不得廢置君命. …… 親近以來遠, 未有不先近而致遠者也. 故內其國而外諸夏, 內諸夏而外夷狄, 言自近者始也.”

국가들의 변화 역시 피동적이기 때문에 문화를 이용하여 점진적으로 감화시켜 중원에 순응하게 만들어야 한다고 주장했던 것이다.[24] 천자나 제후는 함께 천하를 다스리기는 하지만 각자에게 주어진 직권은 분명한 차이가 존재한다. 춘추시대의 제후들은 그 세력이 매우 강력했던 반면 천자의 통치력은 매우 미약했었기 때문에 천자의 권위를 강조했던 것이다. 이러한 현상은 한나라 초기의 정치적 상황과 매우 흡사했었지만, 경제景帝와 무제武帝시대를 거치면서 천자의 권력은 점차 공고해져 간다. 동중서의 이러한 관념은 천자의 권위를 더욱 공고하게 만들어주는 수단으로 변모하게 된다.

만일 『춘추』의 봉건제도 정신 및 동중서가 언급한 제후제도의 설립 원리에 의한다면 제후제도는 마땅히 있어야만 하는 것이다. 동중서는 제후제도의 문제는 천자와 제후왕 사이의 권력의 균형을 어떻게 유지하느냐에 있는 것으로, 단지 도덕관념이나 사상으로서 제약한다는 것은 공허한 메아리에 불과한 것으로 아무런 실효성이 없다고 생각했다. 제후는 천자의 아래에 있는 한 국가의 군주로 『춘추』의 대부분의 언급은 천자와 제후 및 제후와 제후들 사이의 관계설정에 대한 것으로 채워져 있다고 할 수 있다. 춘추시대의 정치제도는 중앙과 지방분봉제도 시스템이었다고 할 수 있는데 이를 봉건제도라고도 한다. 동중서는 『춘추』의 학설을 계승하였기 때문에 그는 자연히 봉건제도를 지지했던

---

24 周桂鈿, 『董仲舒評傳』, 南寧, 廣西敎育出版社, 1995년, 122쪽 참조.

것이다.

천자의 아래에 있는 제후 역시 자신이 통치하는 국가의 관직 시스템을 정교하게 갖추고 있는데, 이러한 제후국의 관리들은 어떻게 선발하는 것일까? 만일 중앙정부에서 양성하고 그들을 제후국의 관리로 임명한다면 중앙집권제로 변모하기 쉽게 되어 제후의 권력은 명목상에만 존재하는 것이 될 것이다. 또한 만일 제후국의 관리들을 제후국 자체에서 양성하고 자체적으로 임명하게 된다면 중앙정부의 권위는 쉽게 무시될 것이고 제후들의 권세는 크게 신장될 것이다. 이와 같은 문제점에 대하여 동중서는 다음과 같은 방안을 제시한다.

> 나무의 줄기 즉 천자의 위세를 강화시키고, 가지 즉 제후왕의 권세를 약화시키고 본류에 있는 자를 중시하고 곁가지에 있는 자를 경시한다. 네 번째 지침이다. 범죄로 진행될 수 있는 행위와 그렇지 않은 행위를 구별하고 같은 종류의 차이를 밝힌다. 다섯 번째 지침이다. 탁월한 재능의 역할을 논의하고 탁월한 분야의 능력을 구별한다. 여섯 번째 지침이다. …… 나무의 줄기 즉 천자의 위세를 강화시키고, 가지 즉 제후왕의 권세를 약화시키고 본류에 있는 자를 중시하고 곁가지에 있는 자를 경시하면, 군주와 신하의 직분이 뚜렷하게 나뉘게 된다. 범죄로 진행될 수 있는 행위와 그렇지 않은 행위를 구별하고 같은 종류의 차이를 밝히면, 옳고 그름의 기준이 뚜렷하게 된다. 탁월한 재능의 역할을 논의하고 탁월한 분야의 능력을 구별하면, 모든 관원의 서열이 매겨지게 된다.[25]

동중서의 나무의 줄기와 가지 및 본류에 있는 자를 중시하고 곁가지에 있는 자를 경시한다는 언급은 천자와 제후의 관계를 지칭하는 것이라고 할 수 있다. 또한 그는 천자와 제후의 관계는 군주와 신하라고 하는 관계설정을 분명하게 구분 지어야한다고 했는데, 그러한 관계설정의 방법론으로는 본류에 있는 자를 중시하고 곁가지에 있는 자를 경시한다는 것이 있다는 것을 제시하고 있다. 그러나 천자가 어떠한 방법으로서 본류에 있는 자를 중시하고 곁가지에 있는 자를 경시한다고 하는 것을 유지할 수 있는가에 대해서 동중서는 법가의 사상을 참고하여 천자가 권력과 통치술을 적절하게 운용하고, 태학을 설립하여 중앙정부에서 인재를 육성하는 방법 등을 대안으로 제시한다.

한나라 초기의 대외정치 상황은 흉노의 위협이 매우 심각한 상태였다고 할 수 있다. 그러나 동중서는 이러한 점에 대해서는 역점을 두어 정책대안을 제시 하지 않는다. 동중서는 자신의 사상체계 속에서 "그러므로 『춘추』의 작자는 노나라와 중원 국가가 상충할 때 전자를 우선으로 하고 후자를 차선으로 여긴다. 또 중원과 사방의 이민족이 상충할 때 전자를 우선으로 하고 후자를 차선으로 여긴다. 이것은 가까운 데에서 시작하는 것을 말한다."[26]라는 점을 강조하는 한편 문화적 우월성의 측면에서 출

25 『春秋繁露』, 「十指」, "强干弱枝, 大本小末, 一指也. 別嫌疑, 異同類, 一指也. 論賢才之義, 別所長之能, 一指也. …… 强干弱枝, 大本小末, 則君臣之分明矣. 別嫌疑, 異同類, 則是非著矣. 論賢才之義, 別所長之能, 則百官序矣."

26 "故內其國而外諸夏, 內諸夏而外夷狄, 言自近者始也."

발하여 "사방의 이민족이 몇 차례 통역을 해가면서 중원지역의 국가로 조회를 온다."[27]는 상황이 되기를 희망했던 것이다. 그러나 흉노의 한나라에 대한 위협은 매우 심각했기에 직접적인 무력충돌은 피할 수 없는 상황에까지 이르게 되었다. 그렇지만 동중서는 무력의 사용에 대하여 반대의 입장을 견지하면서 전대의 정책을 계승하여 화친을 주장한다. 이처럼 동중서는 이민족과의 대외관계에 있어서 전쟁의 수단을 사용하지 말 것을 강력하게 주장하는데, 그러한 주된 목적은 바로 백성들을 아끼고 사랑하는 데에 있었던 것이라고 할 수 있다. 그렇지만 이러한 사상은 피동적으로 흉노의 수용여부를 기대할 수밖에 없었기 때문에 강력한 반격의 책략을 수립할 수 없었다. 그렇기 때문에 이러한 대외정책은 무제에게 채택되지 못하는 신세로 전락하고 만다.

6. 맺는 말

이상과 같이 동중서의 경세사상에 대하여 '천'과 군권의 관계, 백성에 대한 통치 방식, 군주와 지식인의 관계, 제후에 대한 정책과 대외정책을 중심으로 살펴보았는데, 이를 정리하면 다음과 같다.

동중서의 사상체계 속에서 제국 군주의 정권의 정당성은 '천'에 근원을 두는 것이라고 할 수 있는데, 이때의 '천'과 인간은

27 『春秋繁露』, 「王道」, "四夷傳譯而朝."

일체로서 천인지간의 권력관계는 '천'이 가장 우선이고 그 차선이 군주이며 백성이 그 다음이다. 이러한 도식은 '천'으로부터 인간의 권력에 이르는 체계를 언급한 것이라고 할 수 있다. 즉 그는 '천'이 '천명'을 군주에게 내려주고, 군주는 '천명'을 받아서 인간 세계를 통치하고 관리한다고 하는 의미인 것이다. 이러한 관념체계는 일종의 '군권천수' 혹은 '군권신수'라고 말할 수 있다. 군주는 '천'의 인간세계 대리자로서, 만일 이러한 인간세계의 대리자인 군주가 덕을 상실하게 된다면 '천'은 그의 권력을 박탈하고 새로운 대리자를 선정할 수 있다고 동중서는 생각했다. 또한 '천'의 뜻은 직접적인 언어로 표출되는 것이 아니고 상서로운 조짐을 내려주거나 재앙을 내려주는 것을 통하여 보여주는 것이기 때문에 군주의 흥망성쇠와 관련하여 인간 세상에는 상서로운 조짐과 재앙이 발생하게 된다고 주장했던 것이다.

동중서는 군주가 백성들의 노역을 경감시켜주고 대지주의 토지독점 문제를 해결하여 백성들 사이에 빈부의 격차를 줄여야 한다고 하였으며, 백성들이 재화를 축적할 수 있도록 소금과 철 등의 천연자원에 대한 전매를 폐지할 것을 주장했다. 이러한 정책들은 동중서가 일반 백성들의 경제적 수준을 향상시키기 위해 고심한 끝에 제시한 정책들이라고 할 수 있다. 동중서가 언급한 군주와 백성의 관계설정에 있어서 최종적인 목적은 군주가 백성들을 아끼고 사랑하는 것이고 백성들은 군주를 공경으로 모시는 것에 있었다고 할 수 있다. 이러한 목적을 달성시키기 위해서 동중서는 '천'의 권위로 군주를 제약하려고 했으며, 교육을 통하여 백성들의 도덕성을 제고시키고자 했던 것이다.

사대부 계층은 동중서의 정치사상 가운데 중요한 부분을 차지하고 있는데, 동중서는 군주가 현명한 신하를 얻어 군주와 신하가 일심동체가 될 때 비로소 국가의 통치가 원활하게 될 수 있다고 생각했다. 그래서 군주는 반드시 사대부 계층을 양성하고 사대부의 수를 늘려야하는 것이며, 그 일환으로 태학을 건립하여 사대부들을 길러내야 한다고 했다. 태학에서의 연구범위는 '육예'와 공자의 학설만으로 제한했으며, 재학생들 가운데 시험을 통하여 정부에 필요한 유능한 인재를 선발해야 한다고 하였다. 또한 그는 유능한 인재를 선발하는 방법으로는 천거제도를 적극 활용해야 한다고 주장했는데, 이러한 시스템은 기존에 존재하고 있었지만 동중서는 이러한 시스템의 효용성에 더욱 커다란 의미를 부여했던 것이다.

동중서는 군주와 신하의 구분을 특별하게 강조했는데, 이는 제후들의 위협적인 요인을 감안한 것에서 나온 것이라고 할 수 있다. 또한 중원과 주변의 이민족 국가들과의 관계에 대해서 동중서는 이민족 국가들은 중원에 비하여 문화적으로 낙후해 있기 때문에 그들에게는 강력한 변화의 요인이 존재하지 않는 다고 하였으며, 이민족 국가들의 변화 역시 피동적이기 때문에 문화를 이용하여 점진적으로 그들을 감화시켜 중원에 순응하게 만들어야 한다고 했다.

동중서는 천자와 제후의 관계는 군주와 신하라고 하는 관계설정을 분명하게 구분 지어야한다고 했는데, 그러한 관계설정의 방법론으로는 본류에 있는 자를 중시하고 곁가지에 있는 자를 경시한다는 것이 있다는 것을 제시하고 있다. 또한 이러한 것을 유지할 수 있는 방법에 대해서 그는 법가의 사상을 참고하여 천자가 권력과 통치술을 적절하게 운용하고, 태학을 설립하여 중앙정부에서 인재를 육성하는 방법 등을 대안으로 제시한다. 또한 동중서는 이민족과의 대외관계에 있어서 전쟁의 수단을 사용하지 말 것을 강력하게 주장하는데, 그러한 주된 목적은 바로 백성들을 아끼고 사랑하는 데에 있었던 것이라고 할 수 있다.

참고문헌

蘇輿,『春秋繁露義證』, 北京, 中華書局, 1992년.

班固,『漢書』, 北京, 中華書局, 1990년.

周桂鈿,『董學探微』, 北京, 北京師範大學出版社, 1989년.

周桂鈿,『董仲舒評傳』, 南寧, 廣西教育出版社, 1995년.

徐復觀,『兩漢思想史』, 卷二, 臺北, 學生書局, 1985년.

馮友蘭,『中國哲學史新編』, 臺北, 臺灣商務印書館, 1996년.

薩孟武『中國政治思想史』, 臺北, 三民書局, 1967년.

宮哲兵,『晚周辨證法史研究』, 上海, 上海古籍出版社, 1988년.

김혜승,『유교의 뿌리를 찾아서』, 서울, 지식의 풍경, 2001년.

제11장

양웅 : 예악교화를 통하여 완성하는 경세

1. 시작하는 말

중국의 진정한 통일제국은 진나라시기부터 시작되었다고 할 수 있다. 상나라나 주나라 정권은 수많은 제후국의 수장의 역할을 했었으며, 제후국과 그들의 수장은 친족관계로 연결되어 있었다. 진나라에 의한 통일제국의 건국은 그 후로 이천 여 년에 걸쳐서 중국의 운명에 지대한 영향을 끼치게 된다. 진나라에 의한 통일은 봉건제도처럼 각국에 혈연관계에 있는 사람들을 제후로 파견하여 중앙정부와 평면적으로 결합된 정치체제의 출현을 철저하게 봉쇄하는 효과를 가져왔다.

진한시기 통일제국의 건립은 군주와 신하의 관계에 새로운 전기를 마련하는 계기가 되었는데, 즉 군주와 신민 사이에는 종속관계가 형성되어 신민은 군주에게 예속되었으며, 군주는 정치적으로 신민계층의 지위를 통솔하는 입장에 있게 된다. 진시황의 수많은 정치적 조치들은 제도상에 있어서 봉건제도를 폐지하고 군현제를 시행하여 중앙집권체제를 공고히 하였던 것에 잘 나타나 있다. 이러한 조치는 중국만의 독자적인 정치시스템으로서 청나라 말기까지 이어지게 된다. 문화적인 측면에서는 문자를 통일시키는 조치를 단행하여 결과적으로 각각의 지역에 존재하던 각종각양의 지역문화들을 하나로 융합시키는 계기를 마련하게 된다. 이러한 대변혁은 역사발전의 이정표가 되었을 뿐만 아니라 정치사적으로도 일대 혁신적인 사건이었다고 할 수 있다.

양웅은 서한말기에 생존했었는데, 당시의 정치현실은 외척세력이 정치권력을 제멋대로 휘두르며 간신배무리가 득세하여 정치를 농단하던 매우 혼란한 상황이었다. 양웅이 과거의 역사적 사실에 대하여 언급한 것은 사실은 그러한 역사적 사실을 통하여 경각심을 높이기 위해서였다고 할 수 있다. 진나라가 육국을 통일하고 한무제가 사방의 이민족을 복종시킨 이후로부터 양웅의 시대에 이르기까지 이백 여년의 세월이 흘러 한제국의 운명이 쇠락해가는 시점에서 그는 진나라와 한나라의 흥망에 대한 해석을 통하여 자신의 현실정치의 변화에 대한 느낌과 견해를 투영해 보였던 것이다.

서한시기의 유학사상을 전반적으로 종합 정리하여 자신만의 사상체계를 이룩한 양웅의 정치사상은 서한말기의 정치현실을 이해하는 관건적인 요소라고 할 수 있으며, 서한시기의 유학사상과 동한시기의 유학사상을 연결시켜 주고 있는 연결고리로서 그 중요성은 충분하다고 판단된다.

2. 성인의 통치

양웅이 『법언』에서 나타낸 정치사상은 기본적으로 예악문화에 의한 교화를 중시하는 것이었으며, 구체적으로는 법도와 국가기강의 확립을 통하여 고대의 성왕이 통치하던 이상국가의 실현을 염원하는 것이었다. 이러한 양웅의 정치에 대한 견해는 완전히 공자의 정치사상과 일맥상통하는 것이라고 할 수 있다.

> 어떤 사람이 "태고 시절에는 법이 없이도 평화롭게 다스려졌다고 합니다. 법이 세상을 다스리는 수단은 아닌 듯합니다."라고 말했다. 그러자 "방법이나 도리가 없는 태고 시절에는 사람들의 생활도 동물적이어서 성인은 좋다고 하지 않았다. 그런 까닭에 법은 복희씨 때에 시작되어 요임금 때에 완성 된 것이다. 복희씨도 요임금도 아닌 다른 사람이었다면 예의에 결점이 많아 후세의 성인이 쓰지 않았을 것이다."[1]

> 요임금이나 순임금 문왕에게로 가는 사람은 정도요, 요임금·순임금·문왕이 아닌 데로 가는 사람은 타도이다. 군자는 정도로 향하여 갈 것이지 타도로 가서는 안 된다.[2]

> 어떤 사람이 무위에 대해 물으니, 무엇 때문에 인위적으로 일을

1 『法言』, 「問道」, "或曰: 太上無法而治, 法非所以爲治也. 曰: 鴻荒之世, 聖人惡之, 是以法始乎伏犧而成乎堯, 匪伏匪堯, 禮義哨哨, 聖人不取也."

2 『法言』, 「問道」, "適堯舜文王者爲正道, 非堯舜文王者爲它道, 君子正而不它."

하겠습니까? 옛날 순임금과 우임금은 요임금의 지위를 물려받아 요임금의 도를 그대로 행했는데, 법도가 밝혀지고 예악이 현저하게 드러났으며, 소매를 늘어뜨리고서 두 손을 마주 잡고 아무 일도 하지 않으면서 천하의 백성들이 풍부하게 번영하는 모습을 지켜보는 것이 바로 무위입니다. 탕왕은 걸왕의 뒤를 잇고 무왕은 주왕의 뒤를 이었는데, 법도는 이미 폐기되고 예악은 어그러진 상태였으니, 편안히 앉아서 천하 백성들이 죽어가는 것을 보고 있는 것이 무위라고 할 수 있겠습니까? 라고 말했다.[3]

양웅이 언급하고 있는 법은 제도를 만들 수 있는 것을 가리키는 것이며, 인의仁義가 쌓여서 법도를 밝히는 것이기 때문에 고대의 성인들은 세상을 통치하는 데에 있어서 법도의 수립을 가장 우선적인 임무로 삼았던 것이다.

도가학파를 제외한 선진시기의 정치사상은 모두가 유위有爲의 통치를 주장했었다. 그 가운데에서도 유가학파는 국가의 통치는 반드시 현명한 군주에 의해서 이루어져야 한다는 사실을 더욱 강조했다. 유가사상의 본질적인 의미는 도덕주체의 가치를 중시하는 것에 있었는데, 즉 인간의 문제에 대하여 큰 관심을 가지고 있었으며 자신의 생명에 대해서도 역시 비중 있는 관심을 가지고 있었다. 이러한 것들 외에도 가장 중시했던 부분은 아무래도

3 『法言』, 「問道」, "或問無爲. 日: 奚爲哉! 在昔虞夏襲堯之爵, 行堯之道, 法度彰, 禮樂著, 垂拱而視天下民之阜也, 無爲矣. 紹桀之後, 纂紂之餘, 法度廢, 禮樂虧, 安坐而視天下民之死, 無爲乎?"

도덕세계의 건립에 있지 않았나 하고 판단한다. 그들은 이와 같은 도덕세계의 건립을 최종적인 목적으로 삼기 때문에 자기반성 가운데에서 개인의 도덕생명의 발휘를 통한 완성을 추구하는 것이지, 자신만의 홀로 선함 속에서 그러한 목적을 달성할 수 있게 되는 것은 아니라는 것이다.

하늘이 만물을 생성하였으니 생성된 모든 만물에는 저마다 각기 법칙을 가지고 있게 되는 것이다. 즉 생명이 있는 존재건 생명이 없는 존재이건 간에 하늘에 수놓아져 있는 뭇별들처럼 반드시 그 운행의 원리와 궤적이 있는 것이다. 이와 같은 광범위하면서 조화롭게 상호작용을 하는 모든 존재자들은 제각기 능동적이면서 또 수동적인 능력을 가지고 있으며, 반드시 목적성을 구비한 유력한 수단을 가지고 모든 존재자의 질서와 평형을 유지시킨다. 천도天道관념은 바로 이러한 이유 때문에 건립되었으며, 이러한 천도로써 인도人道를 설명한다. 또한 유가에서는 백성들의 일상생활에 질서가 있고 예의가 있기를 희망하는 염원을 성왕의 치세에 기대하였으며, 그의 덕성에 의해서 그러한 기대가 이루어질 수 있는 것으로 보았다. 그러므로 만일 군주가 하늘과 같은 존재라면, 그는 백성들을 양육해야 하는 것이다. 그 대표적인 사례가 요임금·순임금·우임금·탕왕·문왕·무왕 등의 치세이며, 이들의 치세는 곧 백성들의 민심이 향하는 것의 전형적인 사례가 되었던 것이다. 그래서 공자는 요임금에 대하여 "오직 하늘만이 크다고 하였는데, 요임금은 그것을 본받았도다. 너무나 광대해서, 백성들은 그것을 이름 지을 수도 없었다."[4]라고 언급했으며, 순임금에 대해서는 “애쓰지 않고도 잘 다스린 분은 순임금이라 할 것이다. 어찌 하겠나? 자신을 공손히 하고 바르게 남쪽을 향해 앉아 계셨을 따름이었다.”[5]라고 언급했던 것이다. 공자가 언급한 요임금과 순임금의 덕성은 바로 이와 같았던 것이다.

선진유가는 백성들의 좋아하고 싫어하는 것과 고통스러워하고 즐거워하는 것을 정치의 목적과 지표로 삼았으며, 정치를 행하는 사람들의 정치적 성과의 득실을 평가하는 기준으로 삼았다. 그래서 “하늘은 우리 백성들로부터 통하여 보시고, 하늘은 우리 백성들로부터 통하여 들으신다.”[6]라고 하는 관념을 이용하여 천하의 백성들을 이해했던 것이다. 군주가 하늘과 같은 존재라고 한다면, 본래는 그 덕의 가장 왕성한 것으로 규정하는 것이다. 하늘로써 군주를 규정한다는 것은 바로 군주의 권력 및 명망은 본래 그 지위에 의해서 규정되는 것이 아니고 민심의 향배에 따른 하늘의 뜻에 의해 규정되는 것이다. 군주가 하늘과 같은 존재라면 마땅하게 백성들이 좋아하고 싫어하는 것을 따라야 하지만, 백성들의 좋아하는 것과 싫어하는 것이 때로는 옳지 않을 수도 있기 때문에 군주는 반드시 하늘의 가르침으로 모든 백성들을 교화해야 하는 것이다. 또한 이러한 목적을 달성하기 위해서는 군주 된 사람은 반드시 스스로를 수양해야만 하는 것이다.

4 『論語』, 「泰伯」, “唯天爲大, 唯堯則之. 蕩蕩乎! 民無能名焉.”

5 『論語』, 「衛靈公」, “無爲而治者, 其舜也與? 夫何爲哉, 恭己正南面而已矣.”

6 『尚書』, 「泰誓」, “天視自我民視, 天聽自我民聽.”

이처럼 덕성이 있는 사람만이 비로소 백성들의 삶을 안정되게 만들 수 있는 것이기 때문에 먼 나라에서도 이러한 소문을 듣고 사람들이 몰려오게 되는 것이다. 마찬가지로 양웅의 정치에 대한 도리는 바로 자기 자신의 수양을 정치 확립의 근본으로 삼는 것에 있었다고 할 수 있다.

> 어떤 사람이 나라를 다스리려면 어떻게 하는 것이 좋겠습니까? 라고 묻자, 정치를 확립해야 한다고 대답했다. 어떤 사람이 또 그러면 정치를 확립하는 데 어떻게 하는 것이 좋겠습니까? 라고 묻자, 정치의 근본은 위정자 자신에게 있다. 위정자가 바른 것을 잡고 흔들리지 않으면 정치는 확립될 것이라고 대답했다.[7]

> 어떤 사람이 큰 것에 대해 물으니, 작은 것이라고 대답했다. 어떤 사람이 또 먼 것에 대해 물으니, 가까운 것이라고 대답했다. 어떤 사람이 그 말의 뜻을 깨닫지 못하니, 천하는 큰 것이지만 그것을 다스리는 방법은 미묘한 도에 있다. 얼마나 작은 것인가? 사해는 멀리까지 퍼져있지만 그것을 다스리는 것은 천자의 마음이다. 얼마나 가까운 것인가? 라고 말했다.[8]

천하는 매우 광대한 것이고 백성들은 매우 많지만 그것을 다

7 『法言』, 「先知」, "或問: 何以治國? 曰: 立政. 曰: 何以立政? 曰: 政之本, 身也, 身立則政立矣."

8 『法言』, 「孝至」, "或問: 大. 曰: 小. 問: 遠. 曰: 邇. 未達. 曰: 天下爲大, 治之在道, 不亦小乎? 四海爲遠, 治之在心, 不亦邇乎?"

스리는 도는 바로 마음에 있는 것이다. 이러한 마음의 함의는 마땅히 "하늘이 덮어주고 땅이 실어 주어 모든 만물이 생겨나고 자라는 것이지만 그 생겨나고 자라는 것의 공이 완성되는 것은 하늘과 땅의 마음인 사람이 있어서 되는 것이다. 모든 백성이 사람으로서의 도에 살 수 있게 되는 것은 천자가 위에 있어 이끌어 줌으로써 이루어지는 것이다. 천자가 천하의 모든 백성을 통치할 수 있는 것은 자기의 마음을 바르게 하여 미치게 함으로써 이루어지는 것이다."[9]라고 하는 것 가운데의 마음으로 규정해야 한다. 즉 이러한 마음은 마땅히 백성들의 마음을 자신의 마음으로 삼는 다고 하는 함의를 가지고 있다고 할 수 있다. 사람들을 자신의 덕성으로 교화시킬 수 있다면 이는 무력으로 사람들을 복종시키는 것 보다 더욱 높은 경지에 있게 되는 것이다. 그렇기 때문에 양웅은 "천자가 크고 넓어서 그 끝을 알 수 없는 성인의 덕으로써 교화하여 먼 나라의 사람들까지 다 그 덕을 사모하고 조회에 참가하게 하는 것이 가장 좋은 정치이다. 정의로움이 빛나는 군대로써 사방의 무도한 나라를 정벌하는 것은 그 다음 가는 정치이다. 야만족이 중원에 침입하여 천자의 관리와 백성을 움직여 맞서 싸우느라 나라의 힘을 다 기울이고 군대를 약화시키는 따위는 가장 좋지 않은 정치이고 그 아래는 없다."[10]라고 언급했던 것이다.

---

9 『法言』, 「孝至」, "天地之得, 斯民也; 斯民之得, 一人也; 一人之得, 心矣."

10 『法言』, 「孝至」, "芒芒聖德, 遠人咸慕, 上也; 武義璜璜, 兵征四方, 次也; 宗夷猾夏, 蠢迪王人, 屈國喪師, 無次也."

양웅의 국가통치자에 대한 견해는 공자가 계강자에게 대답한 "정치란 올바르게 한다는 것입니다. 선생님께서 올바르게 이끄신다면, 누가 감히 올바르지 않겠습니까?"[11]라고 하는 언급과 "군자의 덕이 바람과 같다면 소인의 덕은 풀과 같은 것이라, 풀 위에 바람이 불면 반드시 쓸리게 마련입니다."[12]라는 언급 및 "덕으로 정치를 하는 것은 마치 북극성은 제자리에 있고 여러 별들이 이를 떠받들며 돌고 있는 것과 같다."[13]라고 하는 것과 유사하다고 할 수 있다.

양웅의 구체적인 정치 시행은 요임금이 구족을 화목하게 하고 온 세상이 화평하게 되어 백성들을 고루 밝게 잘 다스린 것을 본받아서 하는 것에 그 중점이 있었다. 그렇기 때문에 양웅은 군자가 나라를 다스림에는 먼저 완벽한 정치시스템을 수립하여 훌륭한 신하들로써 국가의 기강을 확립하고, 이를 바탕으로 예악의 교화를 잘 시행하게 되면 국가사회 전반에 걸쳐서 선량한 도덕 분위기가 만연하게 되는데, 여기에 법령을 보조적인 수단으로 추가하면 국가 통치는 완성된다고 했던 것이다.

> 어떤 사람이 군주는 법령을 배우지 않으면 안 됩니까? 라고 묻자, 군자가 나라를 다스릴 때에는 정치의 근본인 기강을 단단히 잡아 펴고 백성의 교화에 세밀하게 마음을 써야한다. 백성을 인으

11 『論語』, 「顔淵」, "政者, 正也. 子帥以正, 孰敢不正?"

12 『論語』, 「顔淵」, "君子之德風, 小人之德草. 草上之風, 必偃."

13 『論語』, 「爲政」, "爲政以德, 譬如北辰, 居其所而衆星共之."

로써 이끌면 아랫사람들은 서로 해치는 일이 없어질 것이다. 군주 자신이 청렴하고 검소하면 아랫사람들은 서로 도둑질하는 일이 없어질 것이다. 군주가 늘 정직하게 행동하면 아랫사람들은 서로 속이지 않을 것이다. 예의로써 자신을 바르게 하면 아랫사람들은 덕으로써 양보하게 될 것이다. 이러한 일이 군자가 배워야 할 마땅한 것이다. 만약 법을 범하는 사람이 있을 경우에는 군주 자신이 지휘하지 않더라도 재판을 담당하는 관리가 있는 것이다.[14]

어떤 사람이 어지러운 정무를 곤혹스럽게 여겨 물으니, 그것을 그물과 벼리라고 대답했다. 어찌하여 그물과 벼리에 있냐고 묻자, 그물을 이루고 있는 큰 벼리를 강이라 하고, 작은 벼리를 기라고 한다. 큰 벼리를 당기고 작은 벼리를 가지런히 하면, 그물의 눈은 다 팽팽하게 펴지는 것이다. 만약 강과 기가 각각 그 역할을 다 하지 않는다면 비록 그물망이 있다고 하더라도 어떻게 한 눈으로 제대로 된 그물을 갖출 수 있겠는가? 라고 대답했다.[15]

강綱과 기紀라고 하는 것은 비유하자면 최측근의 신하라고 할 수 있는데, 이처럼 양웅은 국가에 유능하고 현명한 신하가 있어야 함을 매우 중시하였으며, 이는 법령보다 우선적으로 필요하다고 생각했다. 그러므로 그는 "나라를 바로 잡으려면 무엇을

---

14 『法言』, 「先知」, "人君不可不學律令. 曰: 君子爲國, 張其綱紀, 謹其教化. 導之以仁, 則下不相賊; 莅之以廉, 則下不相盜; 臨之以正, 則下不相詐; 修之以禮義, 則下多德讓. 此君子所當學也. 如有犯法, 則司獄在."

15 『法言』, 「先知」, "或苦亂. 曰: 綱紀. 曰: 惡在於綱紀? 曰: 大作綱, 小作紀, 如綱不綱, 紀不紀, 雖有羅網, 惡得一目而正諸?"

먼저 해야 합니까? 자신의 행실이 올바르면 남도 또한 그것을 따르는 것이다."[16]라고 언급 했던 것이다. 즉 군주가 먼저 자신을 올바르게 하여 신하들을 대한다는 것으로, 이는 먼저 자신을 다스린 뒤에 백성들을 다스린다는 것이다. 또한 양웅은 법령의 역할은 도덕에 의한 감화 뒤에 이루어져야 한다고 생각했다. 이처럼 도덕을 우선하고 법령을 뒤로 하는 것은 유가학파의 전통적인 주장이며, 유가는 특히 엄하고 잔혹한 형벌로 백성들에게 해를 끼치는 것을 금기시했다. 그렇기 때문에 양웅은 진나라의 천의에 위배되는 가혹한 법률을 비판했던 것이며, 이러한 혹독한 법률로 인하여 멸망을 초래했다고 생각했다.

> 진나라는 가혹한 형벌로 엄격하게 천하를 다스렸으나 관리들은 그 법령을 어겼다. 그리고 진나라의 가혹한 형벌로 나라를 통치하는 방법은 성인의 예악에 의한 정치를 거스르는 것이다. 진나라는 성인의 도를 저버리는 동시에 크게 천지의 도에 거슬렀다. 그리하여 천지도 또한 진나라의 기대를 저버림이 컸다.[17]

> 어떤 사람이 진나라의 법령에 바탕을 두고 청렴한 정치를 행한다고 하면 태평성대를 실현시킬 수 있겠습니까? 라고 묻자, 그것을 거문고와 비파에 비유하면, 정나라와 위나라의 음란한 음악을 순임금 시대에 음악을 관장하던 기에게 연주하게 하여도 또한 그

16 『法言』, 「先知」, "正國何先? 曰: 躬工人績."

17 『法言』, 「寡見」, "秦之有司, 負秦之法度; 秦之法度, 負聖人之法度. 秦弘違天地之道, 而天地違秦亦弘矣."

것으로 순임금의 음악인 소소를 이룰 수는 없을 것이다. 라고 대답했다.[18]

진나라의 법령이 천지가 만물을 낳고 길러주는 것처럼 만백성들을 교화하고 양육하는데 있지 않았으며, 그 법률제도의 본질은 매우 가혹하고 포악했기 때문에 성인은 이러한 법령에 의하지 않고 그것을 변혁시켜버린 것이다.

3. 예악교화에 의한 치국

덕에 의한 정치는 반드시 인성론을 기초로 해서 언급되어져야 한다. 양웅이 "변화는 그것으로 할 수 있다."[19]와 "그 선을 닦으면 선인이 된다."[20] 및 "뽕나무 벌레의 애벌레가 죽어서 나나니벌을 만났다."[21]라고 언급한 것에서와 같이, 그는 인간이 교화되고 학습을 할 수 있다는 사실을 긍정했다. 이러한 사실은 인성이 선할 수도 있고 악할 수도 있다고 하는 이론에 기초했기 때문이다. 그러나 인간이 반드시 교화되고 학습을 받을 수 있다고 하는 것은 이러한 인성은 선할 수도 있고 악할 수도 있다고 하는 이론의 기초위에 건립된 것은 아니다. 즉 인성이 선할 수도 있고 악

18 『法言』, 「寡見」, "或曰: 因秦之法, 淸而行之, 亦可以致平乎? 曰: 譬諸琴瑟鄭衛調, 俾夔因之, 亦不可以致蕭韶矣."

19 『法言』, 「先知」, "化其可以."

20 『法言』, 「修身」, "修其善則爲善人."

21 『法言』, 「學行」, "螟蛉之子殖而逢蜾蠃."

할 수도 있다고 하는 것은 단지 인간이 교화를 받는 것을 접할 수도 있고 접하지 못할 수도 있다는 것만을 추론시킬 수 있을 뿐이기 때문이다. 일반적으로 인간이 성현의 경지에 도달할 수 있는 것은 인성이 선할 수 있다고 하는 것만으로 보증될 수 있는 것이 아니라, 반드시 인간이 성현의 경지를 이룩해야 한다고 하는 목적에 기초한 교화를 통해서만이 가능하다고 하는 것이다. 이처럼 자연히 본심으로써 본성이 선하다고 하는 것을 유추해낼 수 있게 되는 것이다. 양웅은 이러한 점을 간과했기 때문에 그의 이론은 결국에는 인의仁義는 외재하는 것이라고 하는 측면으로 기울어지게 되었던 것이다.

예악제도는 유가정치사상의 대표적인 이론체계라고 말할 수 있을 것이다. 이와 같은 예악제도에 관한 공자의 논의는 상당히 많은 편이라고 할 수 있으며, 공자가 설계하였던 사회 역시 예악의 교화가 보편적으로 이루어진 사회라고 할 수 있다. 양웅은 먼저 교화를 하고 후에 법률로 보충할 것을 주장했는데, 그는 교화를 시행하는 데는 예악제도보다 더 적당한 것은 없다고 생각했다.

> 하늘이 처음으로 백성을 내림에 눈으로는 보게 하고 귀로는 듣게 하였다. 그렇기 때문에 보고 듣는 것의 본보기로 예와 악을 만들었다. 만약 예와 악을 물리치고 인간이 보고 듣고자 하는 것을 제멋대로 하게 한다면, 비록 백성이 있을지라도 이제 다시 어떻게 그것을 막을 수가 있겠는가?[22]

22 『法言』, 「問道」, “天之肇降生民, 使其目見耳聞, 是以視之禮, 聽之樂. 如視

진실로 천하를 다스리면서 예법의 명문과 다섯 가지 가르침에 의하지 않는다면, 황제나 요임금·순임금과 같은 옛날의 성왕도 나에게 있어서는 사마귀나 혹과 같은 불필요한 존재라고 생각된다.[23]

> 성인은 실용적인 것에다가 문식을 더하는 것이다. 마차나 의복을 다르게 만들어 귀천의 구별을 짓고, 무늬와 색채로써 존비를 밝히고, 노래와 음악으로 그 덕을 기리고, 시와 서의 기록으로 그 공적을 빛나게 한다. 제기가 바르게 진설되지 않고, 구슬과 비단의 예물이 분수에 맞지 않고, 거문고와 비파가 연주되지 않고, 종과 북이 울리지 않는다면, 나는 성인의 존재 가치를 인정할 수가 없었을 것이다.[24]

> 성인이 천하를 다스리는데 있어서는 예악을 기준으로 하여 행한다. 예악이 없이 살아가는 인간은 새나 짐승과 같다. 성인의 예악과는 다른 풍속 아래에서 생활하는 자는 중원이 아닌 야만족에 지나지 않는다.[25]

위의 인용문들 가운데 예악의 작용은 「악기」에 언급되어 있는 것처럼 "예로써 그 뜻을 이끌고, 악으로써 그 소리를 화평하게

不禮, 聽不樂, 雖有民, 焉得而塗諸."

23 『法言』, 「問道」, "允治天下, 不待禮文與五教, 則吾以黃帝堯舜爲疣贅."

24 『法言』, 「先知」, "聖人文質者也. 車服以彰之, 藻色以明之, 聲音以揚之, 詩書以光之. 籩豆不陳, 玉帛不分, 琴瑟不鏗, 鐘鼓不抎, 則吾無以見聖人矣."

25 『法言』, 「問道」, "聖人之治天下也, 礙諸以禮樂, 無則禽, 異則貊."

하고, 정치로써 그 행동을 한결같게 했으며, 형벌로써 그 간사함을 막았다. 이렇듯 예·악·형벌·정치의 네 가지는 서로 다르다고 할지라도 그것이 이루고자 하는 궁극적인 목적은 하나이다. 즉 백성들의 마음을 통일하여 치국의 도를 이룩하도록 하는 것이다."[26]와 같이 정서를 조절해주는 의미만 가지고 있을 뿐만이 아니라, 정서를 소통시켜주는 의미도 가지고 있는 것이다. 만일 예악이 없다고 한다면 곧 정서는 소통될 수가 없게 되고 결국에는 짐승과 같게 되는 것이다. 이와 같이 볼 수 있듯이 예악이라고 하는 것은 모두 인간의 감정을 순화시키면서 의로움에 맞게 사용할 수 있게 해주는 것이다. 또한 예악의 작용은 일탈을 막아줄 수가 있는 것이다.

> 개울에는 둑이 있어서 물이 넘치는 것을 막고, 그릇에는 정해진 형태가 있어 모양의 가지런하지 않음을 막는다. 이것으로 보더라도 예절의 교육이 인간다움을 벗어나는 일을 막는 데에 그보다 더 좋은 것이 없음을 알 수 있다.[27]

공자의 통치술은 소극적으로는 법령과 형벌에 의한 제재를 경시했으며, 적극적으로는 예악에 의한 교화를 중시하는 경향이 있었다.[28] 공자는 늘 "시에서 흥취를 갖게 되고, 예로써 자립하

---

26 『禮記』, 「樂記」, "禮以道其志, 樂以和其聲, 政以一其行, 刑以防其奸. 禮樂刑政, 其極一也; 所以同民心而出治道也."

27 『法言』, 「五百」, "川有防, 器有範, 見禮敎之至也."

게 되고, 악에서 자기를 완성시키는 것이다."[29]라고 언급했으며, 또 "정령으로써 인도하고 형벌로써 다스리면 백성들은 형벌을 면하려고만 하지 수치를 모르게 된다. 덕으로써 인도하고 예로써 다스리면 백성들은 수치를 알게 되고 또 바로잡히게 된다."[30]라고 언급한 것처럼, 양웅 역시 이와 같은 공자의 통치에 관한 도리를 본받아 자신의 견해를 피력해나간다.

한나라 시기의 유학자들이 언급한 예악은 학술적인 측면의 이론으로서 의미뿐만이 아니라 실질적으로 그 특별한 시대적 의미를 가지고 있었다. 예악제도는 주나라 문화의 특징적인 부분이라고 할 수 있다. 전국시대의 제후국들 가운데 주나라 문화의 영향을 깊게 받은 나라일수록 그 국력은 매우 미약했었다. 예를 들자면 공자의 조국인 노나라의 경우가 그러하며, 반대로 진나라나 초나라의 경우처럼 줄곧 오랑캐취급을 받았던 나라들일수록 국력은 매우 강성했었다. 진나라의 효공은 상앙의 변법을 채용하여 정치개혁을 한 결과 진나라를 일약에 강대한 제후국의 반열에 올려놓는다. 진시황은 육국을 통일한 후에 "법률로 교화하고 관리로 스승을 삼는다."[31]라고 하는 원칙을 만들었는데, 이러한 원칙은 이천 여년의 중국정치사에 있어서 학정의 표본으로

28 蕭公權, 『中國政治思想史』(上), 臺北, 聯經出版事業公司, 1990년, 67쪽 참조.

29 『論語』, 「泰伯」, "興於詩, 立於禮, 成於樂."

30 『論語』, 「爲政」, "道之以政, 齊之以刑, 民免而無恥; 道之以德, 齊之以禮, 有恥且格."

31 『史記』, 「李斯列傳」, "以法爲教, 以吏爲師."

형성된다.

한나라 개국시조인 고조는 평범한 서민계층 출신의 인물로 본래 문화적 소양이 부족했던 탓에 그가 채택한 정치제도는 대부분 진나라의 구습을 계승하였으며, 황노사상의 영향으로 번잡한 새로운 정치시스템으로 백성들을 피곤케 하는 행위를 하지는 않았다. 문제와 경제의 치세 때에는 황노사상의 풍조가 더욱 만연하여 무위에 의한 통치를 선명하게 표방했다. 그렇기 때문에 한나라 초기의 정치제도는 그 시스템적인 측면에서는 법가적인 모식을 띠고 있었으나, 치국의 정신의 측면에 있어서는 역시 도가적인 색채가 강했다. 이와 같이 한나라 초기에는 법가적인 색채와 도가적인 색채가 미묘하게 결합한 사상이 주류를 이루고 있었다고 할 수 있다. 법률이라고 하는 것은 단지 인간의 행동을 규제하는 기능만이 있을 뿐 교화의 의미는 없다고 할 수 있다. 또한 도가사상 가운데에서의 교화는 유위有爲에 해당 되는 것이기 때문에 황제가 소매를 늘어뜨리고서 두 손을 마주 잡고 아무 일도 하지 않으면서 천하를 다스렸다고 하는 것과 노자의 인의仁義를 끊어버린다고 하는 주장에는 부합하지 않는 것이다. 이처럼 예악의 교화를 어떻게 회복 시켜야 하는 것인가가 당시 유학자들의 고민 가운데 가장 큰 것이었으며, 더나가 유가의 정치이론이 가장 우선적으로 해결해야할 문제였던 것이다. 그렇기 때문에 그들은 반드시 예악의 교화기능을 새롭게 제기하여 유가의 정치이론을 실현시켜야만 했던 것이다.

한나라 고조 시기의 숙손통叔孫通은 고대의 예악제도와 진나라의 풍속을 채택했다고 하였으며,[32] 문제文帝시기에는 가의가 "제도를 정비하고 예악을 중흥시키면, 그런 뒤에 제후들은 제자리를 잡게 되고 백성들은 순박하게 되어 서로 간에 소송하는 일이 없게 될 것이다."[33]라고 한 것처럼 유가의 정치이상은 이미 제기되기 시작했다. 무제武帝시기에 이르러서는 동중서가 결국에 독존유술 정책을 실현시키게 되어 예악에 의한 교화를 중시하게 되었으며, 이에 따라 지식인들은 법가에 대한 반대의 입상을 적극적으로 표방하게 된다. 양웅은 비록 노자 사상의 영향을 깊이 있게 받았지만, 그는 노자의 인의仁義를 끊어버리고 예악을 폐지하라고 하는 주장에 대해서는 비판적 입장을 표명한다.

> 노자의 도덕론은 나도 취할 바가 있다. 그러나 인의를 던져 버리고, 예학을 없애 버리라고 한 것에 이르러서는 나는 아무것도 취할 것이 없다.[34]

> 어떤 사람이 무위에 대해 물으니, 무엇 때문에 인위적으로 일을 하겠습니까? 옛날 순임금과 우임금은 요임금의 지위를 물려받아 요임금의 도를 그대로 행했는데, 법도가 밝혀지고 예악이 현저하게 드러났으며, 소매를 늘어뜨리고서 두 손을 마주 잡고 아무 일도 하지 않으면서 천하의 백성들이 풍부하게 번영하는 모습을 지

32 『漢書』, 「叔孫通傳」, "采古禮與秦儀.."

33 『漢書』, 「賈誼傳」, "定制度, 興禮樂, 然後諸侯軌道, 百姓素樸, 獄訟衰息."

34 『法言』, 「問道」, "老子之言道德, 吾有取焉耳. 及捶提仁義, 絕滅禮學, 吾無取焉耳."

켜보는 것이 바로 무위입니다. 탕왕은 걸왕의 뒤를 잇고 무왕은 주왕의 뒤를 이었는데, 법도는 이미 폐기되고 예악은 어그러진 상태였으니, 편안히 앉아서 천하 백성들이 죽어가는 것을 보고 있는 것이 무위라고 할 수 있겠습니까?라고 말했다.[35]

재정정책 측면에 있어서 양웅은 토지제도의 개혁과 납세제도의 변화를 통하여 백성들의 삶을 윤택하게 만들 것을 주장했다.

군주 된 사람은 백성들을 번창 하게 하고 재물을 풍족하게 하며, 도를 밝히고 의로움을 펼치며, 제왕의 사업을 성취하고 천지가 만물을 화육하는 것을 이루며, 곡물을 주식으로 하는 화하의 백성들을 빛나게 하고 안정되게 해야 할 것이다.[36]

정전의 전제가 이상적인 전제이며, 육체에 형벌을 가하는 육형이 이상적인 형벌이다. 정전제는 공전을 백성들이 다 함께 경작하는 것이고, 육형이란 공공장소에서 백성들과 함께 그 죄인을 처벌하는 것이다.[37]

수확의 십분의 일을 거두는 것이 천하의 공정한 세법이다. 그보

35 『法言』, 「問道」, "或問無爲. 曰: 奚爲哉! 在昔虞夏襲堯之爵, 行堯之道, 法度彰, 禮樂著, 垂拱而視天下民之阜也, 無爲矣. 紹桀之後, 纂紂之餘, 法度廢, 禮樂虧, 安坐而視天下民之死, 無爲乎?"

36 『法言』, 「孝至」, "君人者, 務在殷民阜財, 明道信義, 致帝者之用, 成天地之化, 使粒食之民粲也, 晏也."

37 『法言』, 「先知」, "井田之田, 田也. 肉刑之刑, 刑也. 田也者, 與衆田之. 刑也者, 與衆棄之."

다 많으면 걸왕과 같은 폭정을 하는 셈이고, 그보다 적으면 맥인들과 마찬가지로 문명 없는 야만의 사회가 된다.[38]

이러한 주장들에는 비록 어떠한 형태의 새롭고 획기적인 견해가 드러나 있지는 않지만, 양웅은 상업 활동에 종사하는 상인들에 대해서는 매우 심각하게 비난을 함과 동시에 혐오했다. 양웅은 상인들을 모기와 같은 무리들이라고 폄하했는데, 모기들이 인간의 피를 빨아먹는 것처럼 상인들 역시 일반 백성들의 고혈을 빨아서 자신들의 이익만을 챙기기에 급급한 무리들이기 때문에 그들을 모기와 같은 존재라고 폄하했던 것이다. 이러한 양웅의 주장은 소금과 철이 국가에서 전매되었던 무제 시절에 국가의 재정을 담당했던 상홍양桑弘羊의 주장과는 매우 커다란 차이를 보이고 있었다. 그만큼 양웅의 경제관은 상당히 보수적인 색채를 띠고 있었다고 볼 수 있다.

어떤 사람이 한 무제 때 재무를 담당했던 상홍양은 소금과 철의 전매로 이익을 독점해 국가의 재정을 풍족하게 한 바 있습니다. 그런데 어찌하여 전매 정책을 실시하지 않는 것입니까? 라고 하니, 이를 아버지와 자식으로 비유해보자면, 아버지를 위해 자식의 이익을 독점해 이익을 낸 것이니 자식은 어떻게 되겠습니까? 큰 가뭄이 지속되자 무제 때 재정을 담당했던 또 다른 관리였던 복식이라는 사람이 상홍양을 희생으로 바치면 하늘이 비를 내려줄 것

38 『法言』, 「先知」, "什一, 天下之中正也. 多則桀, 寡則貊."

이라고 했던 말도 지당하지 않습니까? 라고 말했다.[39]

양웅의 정치사상은 대체로 공자의 정치사상을 직접 계승했다고 볼 수 있다. 비록 그가 처한 현실적 상황 속에서 다른 학파의 학설을 수용하고 또 그것의 영향을 받은 사실 즉 그의 사상 속에 작지만 법가의 관념이 섞여 있는 사실을 부정할 수는 없을지라도, 그가 요임금이나 순임금 및 주나라 문왕과 무왕의 태평성대를 이룬 치세를 본받아서 덕에 의한 정치와 예악에 의한 교화를 통하여 자신의 주장을 구체적으로 실현하려고 했던 측면에서 본다면, 양웅은 확실히 공자 학설의 내용과 모식에서 벗어날 수 없었다고 볼 수 있다. 그리고 학설의 규모와 깊이 측면에서 볼 때, 그가 공자의 학설에 대하여 장악한 부분은 분명히 한계가 있다고 볼 수 있다.[40] 그렇지만 양웅이 『법언』을 저술하게 된 것에는 근본적으로 정치적인 동기가 있다고 할 수 있는데, 이는 한나라 당시의 학풍이 대부분 정치적 여건의 영향을 받지 않을 수 없었기 때문이라고 할 수 있다.

유가의 학설이 독존의 지위에 머물게 된 이후로 유학은 자주 정치권력에 의해서 권력유지의 수단으로 이용되는 신세로 전락하게 되며, 한편으로는 명목상 선진시기의 공자와 맹자의 유학을 계승했다고 하는 사실을 표방한다. 그러나 한나라 시기의 유

39 『法言』, 「寡見」, "或曰: 弘羊榷利而國用足, 盍榷諸? 曰: 譬諸父子, 爲其父而榷其子, 縱利, 如子何? 葡式之雲, 不亦匡乎?"

40 徐復觀, 『兩漢思想史』 卷二, 臺北, 學生書局, 1985년, 509쪽 참조.

학은 천인감응 이론과 음양오행설 및 재이설을 이용하여 통치계급을 만족시키는 한편 그들이 누리고 있는 지위를 유지하게 만들어주는 이론적 근거로 변모하게 된다. 양웅이 처했던 시대적 상황은 왕망의 정치적 변혁이 진행되었던 시기로, 시대적 상황의 변화에 대하여 더욱 민감했던 때에 그는『법언』과『태현』을 저술하여 시대적 상황에 의해 초래된 재앙을 피하고자 하는 세태에 영합하지 않았으며, 오히려 복고적인 경향을 누차에 걸쳐서 표방했다.

이처럼 양웅이 논의했던 내용들은 공자의 견해를 크게 벗어나지 못하는 창의적인 견해였다고는 말할 수 없다. 대부분의 사람들이 겉으로는 유가의 사상을 표방하면서 안으로는 법가의 사상을 추종하던 복잡하고 다양한 시대에 비록 양웅은 미관말직으로 봉직하면서 현실정치에 있어서 어떠한 역할도 할 수는 없었지만, 그가『법언』에서 표방했던 사상 특히 정치방면의 사상은 그 순수함과 정당함이 돋보인다고 할 수 있을 것이다. 이러한 양웅은 양한시기 유가의 사상가였던 육가나 가의 동중서 등과 비교해보아도 대사상가로서 전혀 손색이 없다고 할 수 있을 것이다.

4. 맺는 말

이상과 같이 양웅의 정치사상에 대하여 성인의 통치와 예악교화에 의한 치국을 중심으로 논의를 진행해보았는데, 이를 정리하면 다음과 같다.

양웅이 『법언』에서 나타낸 정치사상은 기본적으로 예악문화에 의한 교화를 중시하는 것이었으며, 구체적으로는 법도와 국가기강의 확립을 통하여 고대의 성왕이 통치하던 이상국가의 실현을 염원하는 것이었다. 이러한 양웅의 정치에 대한 견해는 완전히 공자의 정치사상과 일맥상통하는 것이라고 할 수 있다.

양웅의 구체적인 정치 시행은 요임금이 구족을 화목하게 하고 온 세상이 화평하게 되어 백성들을 고루 밝게 잘 다스린 것을 본받아서 하는 것에 그 중점이 있었다. 그렇기 때문에 양웅은 군자가 나라를 다스림에는 먼저 완벽한 정치시스템을 수립하여 훌륭한 신하들로써 국가의 기강을 확립하고, 이를 바탕으로 예악의 교화를 잘 시행하게 되면 국가사회 전반에 걸쳐서 선량한 도덕 분위기가 만연하게 되는데, 여기에 법령을 보조적인 수단으로 추가하면 국가 통치는 완성된다고 했던 것이다. 또한 양웅은 국가에 유능하고 현명한 신하가 있어야 함을 매우 중시하였으며, 이는 법령보다 우선적으로 필요하다고 생각했다. 그래서 그는 군주가 먼저 자신을 올바르게 하여 신하들을 대해야 한다고 했는데, 이는 먼저 자신을 다스린 뒤에 백성들을 다스린다는 것이다.

예악제도는 유가정치사상의 대표적인 이론체계라고 말할 수 있을 것이다. 이와 같은 예악제도에 관한 공자의 논의는 상당히 많은 편이라고 할 수 있으며, 공자가 설계하였던 사회 역시 예악의 교화가 보편적으로 이루어진 사회라고 할 수 있다. 양웅은 먼저 교화를 하고 후에 법률로 보충할 것을 주장했는데, 그는 교화를 시행하는 데는 예악제도보다 더 적당한 것은 없다고 생각했다. 양웅은 예악의 작용이 백성들의 마음을 통일하여 치국의 도를 이룩하도록 하는 것처럼 정서를 조절해줄 뿐만이 아니라, 정서를 소통시켜주는 의미도 가지고 있다고 했다. 그렇기 때문에 그는 만일 예악이 없다고 한다면 곧 정서는 소통될 수가 없게 되고 결국에는 짐승과 같게 된다고 했다. 이처럼 예악이라고 하는 것은 모두 인간의 감정을 순화시키면서 의로움에 맞게 사용할 수 있게 해주는 것임과 동시에 일탈을 막아주는 기능도 있다.

이상과 같은 양웅의 정치사상은 대체로 공자의 정치사상을 직접 계승했다고 볼 수 있다. 비록 그가 처한 현실적 상황 속에서 다른 학파의 학설을 수용하고 또 그것의 영향을 받은 사실 즉 그의 사상 속에 작지만 법가의 관념이 섞여 있는 사실을 부정할 수는 없을지라도, 그가 요임금이나 순임금 및 주나라 문왕과 무왕의 태평성대를 이룬 치세를 본받아서 덕에 의한 정치와 예악에 의한 교화를 통하여 자신의 주장을 구체적으로 실현하려고 했던 측면에서 본다면, 양웅은 확실히 공자 학설의 내용과 모식에서 벗어날 수 없었다고 볼 수 있다. 그리고 학설의 규모와 깊이 측면에서 볼 때, 그가 공자의 학설에 대하여 파악한 부분은 분명히 한계가 있다고 볼 수 있다.

참고문헌

朱彬,『禮記訓纂』,『宜祿堂』 淸刻本.

孫星衍,『尙書今古文注疏』,『平津館叢書』 本.

黃侃,『論語義疏』,『皇淸經解』 本.

司馬遷,『史記』, 北京, 中華書局, 1982년.

班固,『漢書』, 北京, 中華書局, 1990년.

汪榮寶,『法言義疏』, 北京, 中華書局, 1996년.

徐復觀,『兩漢思想史』, 臺北, 學生書局, 1985년.

蕭公權,『中國政治思想史』(上), 臺北, 聯經出版事業公司, 1990년.

祝瑞開,『兩漢思想史』, 上海, 上海古籍出版社, 1989년.

제12장

왕충 : 운명론의 극복을 통한 사회의 안정

1. 시작하는 말

일반적으로 중국철학은 우환의식의 각성에서 시작되었다고 한다. 은상시대의 사람들은 점복의 방식을 이용하여 하늘의 뜻과 하늘의 명령 즉 천의와 천명을 체득하고 이해했는데, 이러한 시기의 인간 사고의 초점은 주재자적 의미를 가진 천에 맞춰져 있었다. 은나라 이후 들어선 주나라 사람들의 경우 천명은 일정한 것이 아니라고 하는 관념을 수립하여 주나라 시기의 사람들 마음속에 우환의식을 깊게 심어놓는다. 이러한 우환의식의 작용 아래서 인간은 기존의 우주와 천명에 대한 관심의 초점을 인간 자신에게로 전환시켜서 경덕敬德이나 명덕明德이라고 하는 관념을 내놓는다.

공자와 맹자는 인간을 도덕성의 존재로 획정하였으며, 또한 아래로는 인간의 사리를 배우고 위로는 하늘의 도리에 통함이나 인간으로서 해야 할 일을 다 하고 나서 하늘의 뜻을 기다린다는 주장을 통하여 천명과 인간 자신의 노력의 조화를 도모했다. 순자는 직접적으로 천을 기계적으로 운행하는 자연계로 취급하는 한편 더나가 인간이 천을 극복할 수 있다고 하는 주장을 통하여 인간이 자연계를 개조하여 이용할 수 있다고 하는 사실을 부각시켰다.

한나라 시기는 통일제국의 봉건제도적 배경으로 인하여 동중서와 같은 사상가의 천에 대한 관점이 주류를 이루고 있었다. 즉 당시의 천에는 주재성과 자연과 인간사회의 질서를 유지시켜 준다고 하는 인격신의 성격이 구비되어 있어서, 인간에 대하여 명령과 감시를 한다고 하는 관념이 보편적으로 산재해 있었다. 그렇기 때문에 인간은 천에 종속되어 있는 존재로 변모하게 되었던 것이다. 왕충은 천을 자연물로 보았는데, 즉 천을 원기가 응집되어 이루어진 물질실체로 보는 한편 천의 주재성에 대해서도 부정적인 태도를 표방했다. 이와 같이 왕충이 천의 주재성에 대하여 부정적인 태도를 견지하고 있는 가운데서 그가 인간 주체성에 대하여 각성한 의미를 발견할 수 있게 된다.

그렇다면 왕충의 인간이란 무엇인가 라고 하는 관점에 대한 분별 이후 진일보 하여 인성 가운데 무엇을 확대하여 완성시킬 수 있을까?와 어떻게 한 인간으로서 거듭날 수 있을까? 및 인성의 선악문제 등에 관한 물음을 제기할 수가 있다. 이러한 물음에 대한 왕충이 인간의 선악에 대한 자질 및 부귀빈천의 현상에 관하여 응답을 할 때, 본성이 일단 형성되면 운명이 결정된다고 하는 관점을 주장하는 것과 그가 천의 주재성을 부정하여 인간 주체성의 각성을 촉진시킨다고 하는 관점 사이에는 표면적으로 병존할 수 없는 모순이 존재한다고 볼 수 있다. 이러한 점이 왕충의 성명론性命論이 비판을 받게 만드는 요인인 것이다.[1]

역대로 수많은 연구자들이 제기한 왕충의 성명론에 대한 비판 속에서 공통적인 요소를 발견할 수 있는데, 그것은 바로 이러한 연구자들 대부분이 통상적으로 왕충의 성명론을 『논형』과 별개의 것으로 독립시켜서 이론 자체의 논리적 합리성에 대한 고찰을 진행하고 있다는 것이다. 이러한 작업을 진행한 결과 인성과 운명의 결정은 두 개의 고립된 이론으로 변모하게 되었던 것이다.

그렇지만 『논형』을 분석하는 과정 속에서 전혀 다른 형태의 이해와 판단을 할 수가 있다고 생각하는데, 그것은 바로 왕충의 성명론이 인성의 존재에 대하여 순수하게 이론적인 형이상학적 탐색을 진행하기 위해서 설정된 것이 아니라는 것이다. 즉 학술이론적으로 인간에 대한 인식의 완전한 관점을 얻는 것이 왕충의 성명론이 추구하는 목적이 아니라는 것이다. 그러므로 본문에서는 이러한 관점에서 왕충의 성명론에 대하여 논의를 진행하지 않고 왕충이 성명에 대하여 진행한 각양각색의 언급을 통하여 나타내고자 하는 주장을 조명해보도록 하겠다.

---

1 田鳳台, 『王充思想析論』, 臺北, 文津出版社, 1989년, 65쪽 참조.

2. 성명론 제기의 배경

왕충은 봉건제도와 천신을 믿는 종교가 발달했던 시대에 생존했었다. 이러한 시기에는 각종의 천신 신앙이 만들어낸 우주자연의 질서를 이용해서, 그것을 다시 인간 사회에 투영시켜 특수한 사회윤리 관념을 창출하여 모든 개인의 일상생활 속에 심도있게 개입하고 있는 실정이었다. 이러한 시대적 상황과 사회구조를 이해한 배경 아래서 왕충의 성명론 관점은 정치적 사회적 현상을 비판하는 것과 새로운 가치기준의 긍정적인 의미를 건립하는 것을 동시에 구비하고 있었던 것이다.

동한시기의 정치권력은 호족집단과 사족계층의 결합에 의하여 이루어진 것으로, 사회적으로는 문벌귀족과 빈한한 선비계층이라고 하는 두 종류의 지식인 계층이 형성되어 있었다. 호족집단과 사족계층은 막대한 토지와 재물을 보유하고 있었으며, 황실과 인척관계를 형성하고 있었으며 또한 중앙정부의 경학을 농단하여 정권의 요직을 독차지 하는 등의 방법을 통하여 세력을 확대시키고 있었다.

이처럼 동한왕조는 경제적으로나 정치적인 측면이나 문화적인 측면을 막론하고 서한왕조를 계승발전 했다고 볼 수 있는데, 사회적으로 수많은 문제점과 폐단이 존재하고 있었다. 즉 동한사회는 서한사회의 문제와 폐단을 품은 상태로 건립되었기 때문에 안고 있는 문제는 갈수록 엄중해져갔던 것이다. 이러한 시기에 가장 돋보이는 특징은 다음과 같다.

> 지주계급 가운데에서 성장한 호족세력은 강력한 힘을 바탕으로 조정과 재야에서를 막론하고 단번에 더욱 강력하고 커다란 세력을 형성 하였으며 더욱 황음무도하여 부끄러움을 몰랐다. 조정에서 외척과 환관이 점진적으로 양대 적대적 세력집단으로 발전하면서 중앙정부의 정치권력을 좌지우지했다. 지방에서는 여전히 고리대금업자와 대지주라고 하는 강력한 두 계층이 지방의 정치권력을 멋대로 행사하고 있었다. 이러한 호족세력의 권력은 대대로 세습되어 이른바 명문사족이라고 하는 권력층을 형성시켰다. 그들은 토지를 겸병하고 떠돌이 농민을 받아들이면서 권세로 백성을 억압하는 등 사실상 봉건영주와 같은 행태를 자행했다. 조정과 지방의 두 세력은 중구난방으로 분열되어 상호간에 투쟁만 일삼을 뿐이었다. 일반적으로 말해서 환관세력은 고리대금업자와 결탁해 있었으며 외척세력은 대지주와 서로 결탁하여 의지하고 있었다. 그들의 투쟁은 갈수록 격렬해져만 갔는데 결국에는 양측 모두가 패망하게 되는 국면으로 치닫게 되었다.[2]

그렇기 때문에 정치적 실권과 사회적 지위에 있어서 문벌귀족은 이익을 취득하는 계층이었던 것이다. 당시의 빈한한 선비계층의 지식인들은 한편으로는 문벌귀족들의 부조리한 행태에 대한 비판을 진행하면서 다른 한편으로는 황실을 옹호하고 황제의 권력을 선양하는 태도를 취함으로써 정치적 실세들과 접촉할 수 있기를 기원했으며 아울러 자신의 사회적 지위가 향상되기를 염

2 孫叔平, 『中國哲學史稿』(上), 上海, 上海人民出版社, 1991년, 224쪽 참조.

원했다.

이상과 같은 두 가지의 기본적인 배경을 파악하는 것에서 다시 『논형』으로 돌아가 성명론에 관한 편장 가운데 비교적 상응한 이해를 얻을 수 있는 부분들은 대략적으로 말해서 다음과 같은 것들이 있다고 하겠다. 「봉우逢遇」·「누해累害」·「명록命祿」·「기수氣壽」·「행우幸偶」·「명의命義」·「무형無形」·「솔성率性」·「길험吉驗」·「우회偶會」·「골상骨相」·「초품初稟」·「본성本性」·「물세物勢」·「기괴奇怪」 등의 편들 인데, 이러한 편들에는 성과 명에 관련된 언급들이 있는데, 바로 이와 같은 곳들에서 왕충은 당시의 정치구조와 사회현상에 대하여 날선 비판을 시작했던 것이다.

또한 「답녕答佞」·「정재程材」·「양지量知」·「사단謝短」·「효력效力」·「별통別通」·「초기超奇」·「상류狀留」 등의 편은 왕충이 유학자들과 문관에 대하여 비교한 것을 통하여 성명론을 기반으로 한 인재의 평가와 아울러 새로운 관료의 모습을 수립한 것을 언급하고 있다.

「실지實知」·「지실知實」·「정현定賢」·「정설正說」·「서해書解」·「안서案書」등의 편은 왕충이 성명론의 가치에 근거하여 새롭게 수립한 가치규범을 언급하고 있으며, 지식인의 모습에 대하여 제창하며 이러한 기준으로 경학과 제자학의 이론을 광범위하게 평가했다.

만일 왕충이 『시경』의 가르침으로서 당시의 병폐에 대하여 애통해 했다는 것을 이해한다면, 그가 사회를 비판한 것에 대해

처음 품은 뜻을 담아서 쓴 문장 즉 「제세齊世」·「선한宣漢」·「회국恢國」·「험부驗符」·「수송須頌」·「일문佚文」 등의 편에 대하여 비교적 공정한 태도로 이해할 수 있을 것이다.

> 『논형』·『정무』는 『시경』과 같아서 채집될 수 있기를 바라며, 그것에 어떠한 잘못이 있는지 말한다. 이것이 바로 내가 『논형』이라고 하는 책을 쓰게 된 동기다. 무릇 책을 잘못 쓰게 된 것은 반드시 그것의 언급 가운데 황당하고 군왕을 비방한 것이 있는 것 때문이라고 생각한다. 『논형』의 실사구시는 허망한 것을 통렬히 배척한 것으로 「제세」·「선한」·「회국」·「험부」·「성포」·「수송」 속에 언급되어져 있으며, 비방하는 언급이 없다. 글을 쓰는 것을 이렇게 한다면 죄짓는 것에서 벗어날 수 있다.[3]

왕충은 당연히 분명하고도 거리낌 없이 직설적으로 사회와 정치상황을 비판하였기 때문에 다른 사람들로부터 비난을 유발했을 것이다. 그러나 그는 자신이 저술한 문장이 채택되거나 심지어는 황실의 눈에 들기를 희망했다. 의심할 여지없이 왕충은 자신이 발표한 시국에 관한 논의가 집권자에게 채택되어 벼슬길에 나갈 수 있기를 희망했다. 「제세」·「선한」 등의 편을 저술한 것은 적극적으로는 관료로 등용될 수 있는 기회를 더 많이 만들기 위

3 『論衡』, 「對作」, "論衡政務, 其猶詩也, 冀望見采, 而云有過. 斯蓋論衡之書所以興也. 且凡造作之過, 意其言妄而謗誹也. 論衡實事疾妄, 齊世宣漢, 恢國驗符, 盛褒須頌之言, 無誹謗之辭, 造作如此, 可以免於罪矣."

함이었으며, 소극적으로는 사상에 대한 탄압이 엄혹했던 시기에 자기 보호의 비책을 잃지 않기 위함이었던 것이다.

이상과 같이 『논형』 가운데의 성명론과 관련 있는 편장의 주요한 내용의 분류와 왕충이 처했던 시대적 상황의 분석을 통하여 그가 성명론을 제기하게 된 배경에 대하여 논의를 해보았는데, 대체적으로 언급하자면 왕충의 성명론은 그가 사회를 비판하는 언급들 가운데 간접적으로 드러나게 된 것임을 알 수가 있다.

3. 사회적 현상의 비판을 통한 성과 명의 구분

앞의 장에서 언급한 것에서 알 수 있듯이 왕충이 『논형』을 저술한 가장 큰 목적은 당시 사회가 안고 있었던 시대적 병폐를 비판하기 위해서였는데, 특히 사회제도의 시스템 가운데 인위적인 요인으로 인하여 조성되는 불공정한 처사를 비판하기 위해서였던 것이다. 이러한 비판 가운데 인성의 유동성에 대한 한계성을 발견할 수 있는데, 이는 그가 구분한 성과 명의 주요한 이론적 근거가 된다. 다시 말하자면, 현실 속에서 사안에 당면하여 성과 명을 논의한 것이다.

예를 들자면 『논형』에서 언급되어진 벼슬아치에 대한 문제를 중심으로 논의한 것이 바로 그러한 것이다.

현명한 사람의 행동은 항상 현명하지만 벼슬하는 사람은 항상 임금의 마음에 들 수가 없다. 현명 한가 아닌가는 재질의 문제이며, 임금의 마음에 드느냐의 여부는 시운에 달린 것이다. 재질이 뛰어나고 행동이 고결해도 반드시 존귀하게 되리라고 보증할 수는 없다. 재능이 모자라고 행동이 비열해도 반드시 비천하리란 보증은 없다. 어떤 사람은 재질이 뛰어나고 행동이 고결해도 임금의 마음에 들지 못하여 낮은 지위에 머물러 있고, 재주가 천박하고 비열한 행동을 해도 임금의 마음에 들어 뭇사람들의 위에 설 수 있다. 세상은 나름의 기준에 따라 선비를 등용하고 선비도 나름의 방법으로 벼슬할 수 있다. 중용됨은 임금의 마음에 든 것이며, 중용되지 못함은 임금의 마음에 들지 못한 것이다. 높고 혁혁한 지위에 있어도 꼭 현명해서가 아니라 임금의 마음에 들었기 때문이다. 낮은 지위에 있어도 꼭 어리석은 것은 아니며 임금의 마음에 들지 못했기 때문이다.……신하와 임금 모두가 큰 재주를 지녀도 도덕상으로 깨끗하고 더러운 차이가 날 수 있다. 도덕적이지 못해도 기예로 임금의 마음에 들기도 하고 기예가 없어도 타고난 용모로 총애를 받기도 한다.[4]

왕충은 한 개인이 관료가 되어 정치적 실권을 쥐고 있는 군주와의 접촉을 할 수 있는지의 여부 및 비교적 존귀한 사회적 지위를 누릴 수 있는지의 여부와 그 사람의 재질과 품행은 결코 절대

4 『論衡』, 「逢遇」, “操行有常賢, 仕宦無常遇. 賢不賢, 才也; 遇不遇, 時也. 才高行潔, 不可保以必尊貴; 能薄操濁, 不可保以必卑賤. 或高才潔行, 不遇, 退在下流; 薄能濁操, 遇, 在衆上. 世各自有以取士, 士亦各自得以進. 進在遇, 退在不遇. 處尊居顯, 未必賢, 遇也; 位卑在下, 未必愚, 不遇也.……或俱大才, 道有清濁; 或無道德, 而以技合; 或無技能, 而以色幸.”

적인 관계가 없다고 생각했다. 오히려 이러한 것들은 권력자의 특별히 좋아함과 싫어함에 의한 영향을 받아서 누릴 수 있는 것으로 결국에는 시운의 요인에 달린 것으로 귀결될 수 있는 것이라고 보았다. 왕충은 수많은 역사적인 인물들의 사례를 들어서 자신의 관점을 표명한다.

> 오원과 백희는 함께 부차를 섬겼어도 백희는 존중받았고 오원은 죽었다.[5]

> 이윤과 기자의 재능은 같았지만 이윤은 재상이 되었으며 기자는 노예가 되었으니, 이윤은 탕임금을 만났고 기자는 주를 만났기 때문이다.[6]

> 공자가 진나라와 채나라의 경계지역에서 식량이 떨어지고 맹자가 제나라와 양나라 땅에서 곤란을 겪은 것.[7]

『논형』의 「누해」는 「봉우」의 진일보한 보완으로, 왕충은 그러한 재능과 품성이 뛰어난 사람이 외부적인 적대시함과 질시로 인해서 손해를 입게 되는 것이라고 여겼다. 이는 왕충이 당시의 관리의 임용을 담당하던 지방정부와 중앙의 조정에 대하여 제기

5 『論衡』, 「逢遇」, "伍員帛喜, 俱事夫差, 帛喜尊重, 伍員誅死."

6 『論衡』, 「逢遇」, "伊尹箕子才俱也, 伊尹爲相, 箕子爲奴; 伊尹遇成湯, 箕子遇商紂也."

7 『論衡』, 「逢遇」, "孔子絶糧陳蔡, 孟軻困於齊梁."

한 엄정한 비판이었던 것이다.

자신을 수양해서 올바른 행동을 해도 복이 오게 할 수 없고, 전전긍긍 삼가고 조심해도 화를 피할 수 없다. 복과 화에 이르는 것은 행운을 만나느냐 불행을 당하느냐에 달렸다. 그러므로 자신의 힘으로 얻은 것이 아니기 때문에 복이라 하고, 자기에게서 말미암은 것이 아니기 때문에 화라고 한다. 자신에게서 나온 것이 아니라면 어디서 말미암은 것인가? 그것은 향리와 조정에서 말미암는다. 향리에는 세 가지 누累가 있고 조정에는 세 가지 해害가 있다. 누는 향리에서 생기고 해는 조정에서 발생한다. 예나 지금이나 재능이 많고 행실이 고결한 사람들 중에는 이런 일을 당하는 경우가 많다.……친구와 마음이 맞지 않으면 서로 소원해지고 미워하여 상대방의 행동을 헐뜯게 되니 이것이 첫 번째 누이다. 함께 관직에 나가도 재능이 뛰어난 자가 영화를 얻으면 재주가 없는 자는 원망을 하게 된다. 이것이 두 번째 누이다.……화가 나면 소원해지고 소원해지면 원한이 생겨 상대의 행실을 헐뜯게 된다. 이것이 세 번째 누이다.……장을 만나서 상대방을 헐뜯고 과장하며 사실을 날조한다. 이 때 장이 현명하지 못하면 그가 한 말을 믿고 받아들이니 이것이 첫째 해다.……행실이 좋지 못한 관리는 행실이 고결한 관리에 대해 원한을 품고 서서히 기회를 보며 허물을 찾아낸다. 그래서 조그만 비방으로 죄를 받게 되는 것이 두 번째 해다.……행실이 바르고 깨끗한 관리가 품행을 고상하게 가지고 뜻을 크게 가지면 결국 그들의 미움을 받게 되고 그들은 장에게 비방할 것이니 이것이 세 번째 해다.[8]

『논형』의 「봉우」와 「누해」에 언급되어진 것들 가운데 왕충이 개인의 품행이 고결한 것과 부귀하고 빈천한 사회적 지위는 일치하지 않는다는 주장을 제기하고 있음을 발견할 수 있다. 즉 왕충은 재능이 많고 행실이 고결한 사람이 반드시 존귀해진다는 것을 보증할 수 없고, 재능이 없고 행실이 지저분한 사람이 반드시 비천해진다는 것도 역시 보증할 수 없는 것이라고 주장했다. 왕충은 인간을 사회구조의 시스템 가운데에 놓고 보는데, 그는 반드시 이와 같은 매우 많은 시스템의 제한 아래서 인성의 문제를 반성해야만 한다고 했다.

왕충은 인간의 재능과 품행 등을 개인이 장악하고 진행한 부분을 성性의 문제로 돌렸으며, 개인이 부귀하거나 빈천한 사회적 지위를 취득하는 것에 대하여 반드시 개인이 조절할 수 없는 외적인 요인이 작용한다고 생각했다. 또한 왕충은 윗사람의 좋아하고 싫어하는 것과 여러 간신배들의 참언 등과 같은 외적인 시운과 관련하여 인간에 대한 제한적인 요인을 명命의 문제로 돌렸다. 그렇기 때문에 성과 명은 두 종류의 각기 다른 범주로

8 『論衡』, 「累害」, “修身正行, 不能來福; 戰栗戒慎, 不能避禍. 禍福之至, 幸不幸也. 故曰: 得非己力, 故謂之福; 來不由我, 故謂之禍. 不由我者, 謂之何由? 由鄉里與朝廷也. 夫鄉里有三累, 朝廷有三害, 累生於鄉里, 害發於朝廷, 古今才洪行淑之人, 遇此多矣.……異心踈薄, 踈薄怨恨, 毁傷其行, 一累也.……同時並進, 高者得榮, 下者慚恚, 毁傷其行, 二累也.……忿則踈遠, 踈遠怨恨, 毁傷其行, 三累也.……見將相毁, 增加傳致, 將昧不明, 然納其言, 一害也.……濁吏懷恚恨, 徐求其過, 因纖微之謗, 被以罪罰, 二害也.……淸正之仕, 抗行伸志, 遂爲所憎, 毁傷於將, 三害也.”

변모하게 되는 것이다. 「명록」에서부터 「기괴」 등의 편들에 이르기까지에서 왕충은 성과 명의 생성원인과 작용에 대하여 명확하게 구분하고 있다. 앞에서 언급한 것처럼 왕충은 결코 호기심 차원에서 성과 명에 관한 주장을 제기한 것이 아니라 당시 사회에 출현했던 개인의 품행이 고결한 것과 부귀하고 빈천한 사회적 지위는 일치하지 않는 사회적 현상에 대한 해답의 일환으로 성명과 관련 있는 문제에 대한 논의를 발전시켜나갔던 것이다. 그래서 그는 한편으로는 세상 사람들이 한 개인의 존귀한 사회적 지위를 통하여 그가 반드시 재능이 많고 품행이 고결한 사람일 것이라고 판정하는 하는 편파적인 관념을 비판하고, 다른 한편으로는 품행을 헤아려 재능을 살핀다고 하는 인물평가 방법을 제기하는데, 그는 이러한 것이 마땅히 인간에 대한 가치기준이 되는 것이라고 여겼으며, 인간의 품행과 재능에 의해서 그를 평가해야하고 임용해야만 하는 것으로 보았던 것이다.

한나라 시기 천인감응론의 보편적인 유행은 오랜 전통인 선한 행위는 선한 보답을 받고 악한 행위는 재앙을 받는다고 하는 인과론 관념과 서로 결합하여, 일반적인 사람들의 하늘은 선악에 대한 대갚음을 한다고 하는 인생관 혹은 가치관으로 변모하게 된다. 선한 행위를 하면 하늘은 상을 내리고 악한 행위를 하게 되면 하늘이 벌을 내린다고 하는 관점은 세상 사람들에게 제왕이나 문벌귀족들이 존귀한 지위를 누리는 현실에 대한 최상의 설명 근거로서, 그들의 품행이 선량하기 때문에 하늘의 축복을 받은 것으로 여기게 만들었으며, 일반 백성들과 빈한한 선비계층이 빈천한 것에 대해서는 우물 속에 떨어진 돌멩이처럼 그들의 품행이 바르지 못했기 때문에 천벌을 받은 것으로 여기게 만들었던 것이다.

> 세상에는 다음과 같은 통념이 있다. 현명한 사람은 군주의 마음에 들 수 있다. 군주의 마음에 들지 못하는 것은 바로 자기 탓이다.[9]

이러한 가치관은 무의식중에 계급구성원들의 사회적 신분에 대한 상대적 안정성을 조성하며 아울러 인간이 부단한 노력을 통하여 자신의 이상을 성취할 수 있다고 하는 신념을 부정한다. 이와 같은 가치관은 사회적 불평등 현상을 더욱 심화시키며 인간 존재에 대한 가치에도 부정적인 영향을 가지고 있었다.

만일 사회비판의 각도에서 왕충의 성명론을 새로운 시각으로 볼 수 있다면 왕충이 성과 명에 대하여 언급한 주장들이 결코 자가당착이거나 자기모순의 사상이 아님을 알 수 있을 것이다. 빈한한 선비계층 출신인 왕충은 매우 가난하고 불우한 현실에 직면하여 자신의 재능과 품행을 고결하게 만들기 위해서 최선의 노력을 기울였으나, 결국에는 현실 사회의 정치적 시스템 속에서 중시 받지를 못했다.

일반적인 학자들은 왕충의 성명론이 그가 경험했던 인생의 여

9 『論衡』, 「逢遇」, "世俗之議曰: 賢人可遇, 不遇, 亦自其咎也."

정과 매우 밀접한 관련이 있으며 또한 시대적 상황이 사상가에 대하여 영향을 줄 수 있다고 여기고 있지만, 이러한 학자들의 기본적인 이해의 태도는 소극적이고 부정적인 측면이 강하다고 말할 수 있다. 동한 사회의 정치 시스템 속에서 개인의 품행이 고결한 것과 부귀하고 빈천한 사회적 지위는 일치하지 않는 사회적 현상이 존재하는 것은 바로 정치권력이 문벌귀족들에 의해서 농단되고 있기 때문에 빈한한 선비계층 출신의 유능하고 현명한 인재들이 발탁될 기회를 가질 수 없었기 때문이라고 할 수 있다. 이러한 현상은 왕충 개인의 특수한 상황의 문제가 아니라 전체적인 환경의 구조적 문제에서 발생하게 된 현상이라고 할 수 있는 것이다. 왕충의 성과 명에 대한 구분은 개인의 불만에서 비롯된 것이 아니고 사회에 대한 적극적인 비판의식에서 비롯된 것이라고 할 수 있는 것이다.

4. 성명론의 확대

중국의 역대 사상가들 가운데 명命에 대하여 언급한 사람들은 매우 많다고 할 수 있다. 『논어』에 기록되어져 있는 “선생님께서 드물게 말씀 하신 것은 이익과 운명과 인에 관해서이다.”[10]라고 하는 언급이 있으나, 그렇다고 해서 공자가 명에 대하여 중시하지를 않았다고 하는 의미는 아니다. “운명을 알지 못하면 군자가 될 수 없다.”[11]라고 하는 언급에서와 같이 공자의 명의 인식 대

10 『論語』, 「子罕」, “子罕言利與命與仁.”

한 중량감을 알 수 있다. 그 외에도 묵자의 비명非命이나 맹자의 입명立命 장자의 안명安命과 순명順命 순자의 제명制命 등을 비롯하여 진한시기 이래로 사상가들이 명에 관하여 언급하고 주장한 이론들은 특히 많다고 할 수 있다.[12]

어떤 한 사상가의 어떠한 관점에 대하여 명확하게 파악하고자 한다면, 먼저 마땅히 그러한 사상가의 논저 가운데서 그가 주장하고 있는 이론적 구조를 찾아내야 한다. 많은 사상가들이 비록 모두가 일찍이 명의 문제에 관한 논의를 진행했지만 그들이 언급한 명의 함의와 이론적 구조는 제각기 다른 의미를 가지고 있다. 후대학자들은 마땅히 어떤 사람의 견해로 다른 사람의 이론이 잘못되었다고 하는 것을 피해야 하며 혹은 그것에 상응하지 않는 이해역시 피해가야 한다.[13]

그렇기 때문에 본문에서는 왕충이 『논형』에서 언급한 인성의 문제에 관련된 편장의 내용에 대한 분석과 이해를 통하여 그가 논의한 성명론의 함의와 이론적 구조를 살펴보도록 하겠다.

개인에게 있어서의 명은 두 종류로 분류할 수 있다고 왕충은 생각했다.

---

11 『論語』, 「堯日」, "不知命, 無以爲君子也."

12 唐君毅, 『中國哲學原論-導論篇』, 臺北, 學生書局, 1986년, 520~521쪽 참조.

13 黃俊傑編, 『中國文化新論思想篇(一)』, 臺北, 聯經出版事業公司, 1989년, 9~10쪽 참조.

> 사람이 품수 받은 명에는 두 가지가 있다. 첫째는 우연히 밖에서 닥친 명이며, 둘째는 체질의 강약과 장수와 요사의 명이다. 밖에서부터 우연히 당하는 명이란 병기에 죽는 것, 불에 타 죽는 것, 흙에 깔려 죽는 것, 물에 빠져 죽는 것 등을 말한다. 체질의 강약과 일찍 죽고 오래 사는 것은 받은 기의 두텁고 얇은 정도를 말한다.[14]

우연히 밖에서 닥친 명은 우연적인 운명이라고도 부를 수 있는데, 이것은 곧 병란이나 화재로 인한 죽음이나 토사에 매몰되거나 물속에 익사하는 것 등의 의외의 사고로 인한 것을 의미하며 인간 생명의 정상적인 현상이 아닌 것으로 인간이 재앙을 만나게 되어 당하게 되는 것이다. 반면 체질의 강약과 장수와 요절의 명은 숙명이라고도 불리는데, 이것은 인간이 처음 태어날 때 부여 받아서 갖게 된 기에 의해서 결정된 장수와 요절 및 건강하고 허약하게 되는 운명을 의미한다.

> 삶과 죽음, 장수와 요절의 운명이 있고, 또한 귀천과 빈부의 운명이 있다. 왕공에서 서인에 이르기까지, 성현에서 지극히 어리석은 사람에까지, 모두 머리와 눈이 있고 혈기를 지닌 동물이라면 운명을 지니지 않을 수 없다. 빈천해질 운명이면 비록 부귀하게 해 주더라도 화를 만나고, 부귀해질 운명이면 비록 빈천하게 해도

14 『論衡』, 「氣壽」, “凡人稟命有二品, 一曰所當觸值之命, 二曰彊弱壽夭之命. 所當觸值, 謂兵燒壓溺也; 彊壽弱夭, 謂稟氣渥薄也.”

> 복을 만난다. 때문에 귀하게 될 운명이면 비천한 위치에 있어도 절로 부귀에 이르고, 비천해질 운명이면 부귀한 위치에 있어도 절로 위태로워진다.[15]

부귀빈천과 관련 있는 녹명祿命은 「봉우」와 「누해」에 담겨져 있는 내용에 비춰볼 때, 그것은 마땅히 우연히 밖에서 닥친 운명으로서 의미의 범위에 속하는 것으로 볼 수 있다.

개인 외에 국가에 대해서 말하자면, 국명國命이라는 것이 있는데 이는 국가의 안위와 치란의 정세를 가리키는 것이다. 만일 개인의 운명과 국가의 운명이라고 하는 둘 사이의 중요성에 대하여 말하자면, 국가의 운명이 개인의 운명보다 더욱 중요한 것이 되며 국가의 운명이 개인의 운명을 지배한다고 할 수 있다. 다시 말하자면, 본래 개별적인 인간에 속하는 개인의 운명은 전체 국가의 운명에 의하여 영향과 제어를 받게 된다는 것이다. 만일 국가의 운명이 쇠퇴해지게 되면 좋은 운명을 타고난 개인도 재앙을 맞이할 수밖에 없다는 것이다.[16]

> 역양성에서는 남자 여자 할 것 없이 모두 죽었고, 장평에서는 젊은이건 노인이건 할 것 없이 모두 매몰되었다. 수만 명 가운데

15 『論衡』, 「命祿」, "有死生壽夭之命, 亦有貴賤貧富之命. 自王公逮庶人, 聖賢及下愚, 凡有首目之類, 含血之屬, 莫不有命. 命當貧賤, 雖富貴之, 猶涉禍患矣; 命當富貴, 雖貧賤之, 猶逢福善矣. 故命貴從賤地自達, 命賤從富位自危."

16 唐君毅, 『中國哲學原論-導論篇』, 臺北, 學生書局, 1986년, 584쪽 참조.

도 명이 길어서 죽어서는 안 될 사람이 반드시 있었겠지만, 혼란한 시대를 만나 여기저기 전쟁이 일어나자 타고난 수명대로 살 수 없었던 것이다. 사람의 수명에는 길고 짧음이 있고 시세에도 성쇠가 있다. 세상이 어지러우면 질병에 걸려서 죽기 쉬우니 재앙을 당하게 되는 것은 국운이 쇠퇴한 증거다. 송·위·진·정나라는 같은 날 모두 같이 재해를 당했다. 네 나라 사람들 중에는 반드시 녹명이 왕성해서 망하지 않아야 할 사람도 있었겠지만, 다 함께 화재를 당했으니 나라의 재앙이 그들의 녹명을 이긴 것이다. 그러므로 국가의 명은 개인의 명을 이기고 개인의 수명은 녹명을 이긴다.[17]

왕충은 총괄적으로 운명의 함의를 “사람에게는 운명과 녹명이 있고 불행한 운명과 행운이 있다. 운명은 빈부와 귀천이며 녹명은 그것에 따르는 흥망성쇠이다.”[18]라고 생각했다. 어떠한 사람이라도 태어날 때부터 본래 부여받은 삶 죽음 장수 요절과 현실적인 인생 가운데의 빈부귀천 모두는 균일하게 운명의 지배와 제어를 받는 것이다. 다시 말하면, 운명은 인간의 자연적인 삶과 사회적인 삶을 지배하고 제어하는 일종의 객관적인 힘이라

17 『論衡』, 「命義」, “而歷陽之都, 男女俱沒; 長平之坑, 老少並陷, 萬數之中, 必有長命未當死之人, 遭時衰微, 兵革並起, 不得終其壽. 人命有長短, 時有盛衰, 衰則疾病, 被災蒙禍之驗也. 宋衛陳鄭同日並災, 四國之民, 必有祿盛未當衰之人, 然而俱災, 國禍陵之也. 故國命勝人命, 壽命勝祿命.”

18 『論衡』, 「命義」, “人有命, 有祿, 有遭遇, 有幸偶. 命者, 貧富貴賤也; 祿者, 盛衰興廢也.”

고 할 수 있는 것이다.

인간에게는 우연적인 운명과 숙명 그리고 공동체적인 성격의 국가의 운명이 있는데, 도대체 이러한 운명이라는 것은 왕충의 사상 속에서 어떻게 인식되어지고 취급되어진 것일까? 대략적으로 말해서 왕충은 모든 것에는 제각기 운명이 있으며, 이러한 운명은 기에 의해서 결정되는 것이라고 생각했다. 왕충의 기에 의해서 운명이 결정된다고 하는 것의 내용에 관하여 다음과 같은 주장을 찾아볼 수 있다.

먼저 인간 수명의 길고 짧음과 육체의 크고 작음 모두는 공히 기에 의해서 결정된다고 하는 것이다.

> 사람은 하늘에서 원기를 부여받고 제각기 수명을 받아서 크고 작은 형체를 지닌다. 이것은 마치 도공이 흙으로 곡식과 술을 담는 용기를 빚고, 대장장이가 구리로 쟁반과 주전자를 만드는 것과 같다. 그릇의 형태가 일단 만들어지면 다시 줄이거나 늘일 수 없듯이, 일단 사람의 형체가 이루어지면 다하거나 줄일 수 없다.[19]

왕충은 인간이 천지음양의 기를 부여받은 자연물이며, 이러한 원기元氣는 자연의 규정이며, 인간 생명의 길고 짧음과 육체의 크고 작음은 바로 이러한 원기에 의해서 결정되는 것이기 때문

19 『論衡』, 「無形」, "人稟元氣於天, 各受壽夭之命, 以立長短之形, 猶陶者用土爲簋廉, 冶者用銅爲柈杅矣. 器形已成, 不可小大; 人體已定, 不可減增."

에 인간은 이러한 원기의 결정에 대하여 어떠한 형태의 영향력도 행사할 수 없다고 생각했다.

다음은 인간의 부귀빈천과 길흉화복은 모두 기에 의해서 결정된다고 하는 것이다.

> 부귀와 빈천은 모두 처음 기를 부여받았을 때 결정되는 것이지 성장한 뒤에 행실에 따라 이르는 것은 아니다.[20]

> 일반적으로 사람이 명을 받을 경우에, 부모가 기를 베풀 때 길흉의 명을 얻는다.[21]

왕충은 한 개인의 신분이 세습되어지고 있는 봉건제도의 시스템적 상황 아래에서는 인간이 처음 태어날 때 이미 그의 일생에 부귀와 빈천이 결정 되어지는 것이라고 생각했다. 왕충의 이러한 견해는 사실상 개인적인 감정의 발로라고 볼 수 있는 것이지, 그가 인성에 대하여 규정한 진정한 의미의 견해라고는 생각되지 않는다. 단 이러한 왕충의 견해 속에는 당시 사회의 진실한 상황이 반영되어져 있다고 볼 수는 있다. 오히려 그는 인간이 그의 부모가 기를 베풀어 줄 때에 이미 길흉의 운명은 받는다고 하는 것은 인간이 선천적으로 부여받은 유전적인 의미를 나타내는 것이라고 여겼다.

20 『論衡』, 「命義」, "富貴貧賤皆在初稟之時, 不在長大之後, 隨操行而至也."

21 『論衡』, 「命義」, "凡人受命, 在父母施氣之時, 已得吉凶矣."

다음은 각 개인 수명의 길고 짧음과 부귀빈천에 차이가 있게 되는 원인은 바로 각 개인이 부여받은 기에 두텁고 얇음의 차별이 있기 때문이라는 것이다.

> 다 같이 원기를 받아도 유독 사람이 되기도 하고 금수가 되기도 한다. 다 같은 사람이라도 귀하기도 하고 천하기도 하며, 가난하기도 하고 부유하기도 한다. 부유한 중에도 큰 재물을 모으는 사람이 있고, 가난한 중에도 걸식까지 하는 사람도 있다. 고귀한 제후에 봉해지는 지위에까지 이르기도 하고 천한 노복이 되기도 한다. 하늘이 기를 베풀 때 편애하는 것이 아니라 사람과 사물이 품수 받는 기에 두텁고 얇은 차이가 있기 때문이다.[22]

왕충은 인간이 원기를 부여받아 생겨났다고 생각했으며, 또한 그는 이러한 인간의 운명은 하늘이 기를 베푸는 것과 차이점이 있다고 보았는데, 운명은 인간을 제한하는 것으로 이는 하늘에서 부여받은 것이 아니고 인간과 사물이 부여받은 기의 두텁고 얇음에 의해서 정해지는 것이라고 여겼다.

끝으로 부여받은 기의 두텁고 얇음의 근원은 동일한 것이지만, 기를 부여받은 이후에 존비와 대소의 차이가 조성된다는 것이다.

---

22 『論衡』, 「幸偶」, "俱稟元氣, 或獨爲人, 或爲禽獸. 並爲人, 或貴或賤, 或貧或富. 富或累金, 貧或乞食; 貴至封侯, 賤至奴僕. 非天稟施有左右也, 人物受性有厚薄也."

하늘의 별들에는 백 가지 등급이 있다. 하늘이 기를 베풀고 뭇 별들이 정기를 발산하는데, 하늘이 베푼 기 가운데는 뭇 별들의 기가 있다. 사람은 기를 받고 태어나서 자라다가 귀해질 명을 얻었다면 귀하게 되고, 천해질 명을 얻었다면 천하게 된다. 존귀함에도 높고 낮은 등급이 있으며 부유함에도 재물이 많고 적은 차이가 있는데, 이는 모두 별자리의 높고 낮음과 크기에 따라 부여된 것이다.[23]

위의 인용문 가운데 왕충이 민간에서 유행하고 있는 천인감응론의 관점에서 주장하는 운명의 문제와 관련 있는 견해를 채용한 것처럼 보이는 곳이 발견되어진다. 즉 그는 인간이 비록 기를 받고 태어나서 자라지만 인간의 부귀와 빈천은 녹명祿命에 의해서 결정되는 것이며 오히려 이는 모두 별자리의 높고 낮음과 크기에 따라 부여되는 것이라고 여겼다. 다시 말하자면 인간이 처음 태어날 때 부여받은 기는 하늘의 뭇 별들이 담고 있는 정기라는 것이다. 하늘의 뭇 별들에는 높고 낮음과 크고 작음의 구분이 있기 때문에 인간이 부여받은 정기에도 수명의 길고 짧음과 부귀와 빈천의 차이가 존재하는 것이다.[24]

---

23 『論衡』, 「命義」, "天有百官, 有衆星, 天施氣而衆星布精, 天所施氣, 衆星之氣在其中矣. 人稟氣而生, 含氣而長, 得貴則貴, 得賤則賤. 貴或秩有高下, 富或貲有多少, 皆星位尊卑小大之所授也."

24 方立天, 『中國古代哲學問題發展史』(下), 北京, 中華書局, 1990년, 451쪽 참조.

5. 맺는 말

이상과 같이 왕충의 성명론에 대하여 왕충이 성명론을 제기한 배경과 사회적 현상의 비판을 통한 성과 명의 구분 및 성명론의 확대를 중심으로 논의를 진행해보았는데, 이를 정리하면 다음과 같다.

동한시기의 정치권력은 호족집단과 사족계층의 결합에 의하여 이루어진 것으로, 사회적으로는 문벌귀족과 빈한한 선비계층이라고 하는 두 종류의 지식인 계층이 형성되어 있었다. 호족집단과 사족계층은 막대한 토지와 재물을 보유하고 있었으며, 황실과 인척관계를 형성하고 있었으며 또한 중앙정부의 경학을 농단하여 정권의 요직을 독차지 하는 등의 방법을 통하여 세력을 확대시키고 있었다. 그렇기 때문에 당시의 빈한한 선비계층의 지식인들은 한편으로는 문벌귀족들의 부조리한 행태에 대한 비판을 진행하면서 다른 한편으로는 황실을 옹호하고 황제의 권력을 선양하는 태도를 취함으로써 정치적 실세들과 접촉할 수 있기를 기원했으며 아울러 자신의 사회적 지위가 향상되기를 염원했다. 빈한한 선비계층의 지식인이었던 왕충 역시 자신이 발표한 시국에 관한 논의가 집권자에게 채택되어 벼슬길에 나갈 수 있기를 희망했다. 「제세」·「선한」 등의 편을 저술한 것은 적극적으로는 관료로 등용될 수 있는 기회를 더 많이 만들기 위함이었으며, 소극적으로는 사상에 대한 탄압이 엄혹했던 시기에 자기 보호의 비책을 잃지 않기 위함이었던 것이다.

왕충은 인간의 재능과 품행 등을 개인이 장악하고 진행한 부분을 성性의 문제로 돌렸으며, 개인 혹은 부귀하거나 빈천한 사회적 지위를 취득하는 것에 대하여 반드시 개인이 조절할 수 없는 외적인 요인 작용한다고 생각했다. 또한 왕충은 윗사람의 좋아하고 싫어하는 것과 여러 간신배들의 참언 등과 같은 외적인 시운과 관련하여 인간에 대한 제한적인 요인을 명命의 문제로 돌렸다. 그렇기 때문에 성과 명은 두 종류의 각기 다른 범주로 변모하게 되는 것이라고 했던 것이다. 또한 왕충은 결코 호기심 차원에서 성과 명에 관한 주장을 제기한 것이 아니라 당시 사회에 출현했던 개인의 품행이 고결한 것과 부귀하고 빈천한 사회적 지위는 일치하지 않는 사회적 현상에 대한 해답의 일환으로 성명과 관련 있는 문제에 대한 논의를 발전시켜나갔던 것이다. 즉 동한 사회의 정치 시스템 속에서 개인의 품행이 고결한 것과 부귀하고 빈천한 사회적 지위는 일치하지 않는 사회적 현상이 존재하는 것은 바로 정치권력이 문벌귀족들에 의해서 농단되고 있기 때문에 빈한한 선비계층 출신의 유능하고 현명한 인재들이 발탁될 기회를 가질 수 없었기 때문이라고 할 수 있다. 이러한 현상은 왕충 개인의 특수한 상황의 문제가 아니라 사회 전체의 구조적 문제에서 발생하게 된 현상이라고 할 수 있는 것이다. 왕충의 성과 명에 대한 구분은 개인의 불만에서 비롯된 것이 아니고 사회에 대한 적극적인 비판의식에서 비롯된 것이라고 할 수 있는 것이다.

왕충은 개인에게 있어서의 명은 두 종류로 분류할 수 있다고 생각했다. 그것은 바로 우연적인 운명과 숙명이라고 할 수 있다. 이외에 국가의 운명이 있는데, 이것은 개인의 운명보다 더욱 중요하며 개인의 운명을 지배한다고까지 할 수 있다. 왕충은 총괄적으로 어떠한 사람이라도 태어날 때부터 본래 부여받은 삶 죽음 장수 요절과 현실적인 인생 가운데의 빈부귀천 모두는 균일하게 운명의 지배와 제어를 받는 것이라고 생각했다. 즉 운명은 인간의 자연적인 삶과 사회적인 삶을 지배하고 제어하는 일종의 객관적인 힘이라고 말했던 것이다.

또한 왕충의 기에 의해서 운명이 결정된다고 했는데 그 내용으로는, 먼저 인간 수명의 길고 짧음과 육체의 크고 작음 모두는 공히 기에 의해서 결정된다는 것과 인간의 부귀빈천과 길흉화복은 모두 기에 의해서 결정된다고 하는 것 및 각 개인 수명의 길고 짧음과 부귀빈천에 차이가 있게 되는 원인은 바로 각 개인이 부여받은 기에 두텁고 얇음의 차별이 있기 때문이라는 것 그리고 부여받은 기의 두텁고 얇음의 근원은 동일한 것이지만, 기를 부여받은 이후에 존비와 대소의 차이가 조성된다는 것이 바로 그것이다.

참고문헌

黃暉,『論衡校解』, 北京, 中華書局, 1995년.

田昌五,『王充及論衡』, 北京, 三聯書店, 1958년.

陳正雄,『王充學術思想述評』, 臺北, 文津出版社, 1987년.

田鳳台,『王充思想析論』, 臺北, 文津出版社, 1989년.

鍾肇鵬, 周桂鈿,『桓譚 王充評傳』, 南京, 南京大學出版社, 1993년.

陳拱,『王充思想評論』, 臺北, 臺灣商務印書館, 1996년.

祝瑞開,『兩漢思想史』, 上海, 上海古籍出版社, 1989년.

唐君毅,『中國哲學原論-導論篇』, 臺北, 學生書局, 1986년.

黃俊傑編,『中國文化新論思想篇(一)』, 臺北, 聯經出版事業公司, 1989년.

孫叔平,『中國哲學史稿』(上), 上海, 上海人民出版社, 1991년.

方立天,『中國古代哲學問題發展史』(下), 北京, 中華書局, 1990년.

제13장

왕부 : 중농억상으로 이르는 부국의 길

1. 시작하는 말

유가의 전통사상은 처음부터 백성이 국가의 근본임을 강조해 왔다. 그래서 모든 정치사상의 기저에는 민생에 대한 안정 방안이 포함 되어있었던 것이다. 서한西漢을 계승한 동한東漢 사회의 체제 역시 농업을 입국의 근간으로 삼는 정책을 취하였다. 이러한 동한 사회의 경제생산의 주체는 농업에 종사하던 자작농이었는데, 이들은 동한시대 말기에 발생한 여러 차례의 천재지변으로 인하여 고통을 받았으며, 외척과 환관 등의 발호로 인하여 촉발된 정치적 혼란을 틈타 백성들을 갈취하는 탐관오리들과 가혹한 부역 및 과중한 세금부담은 농민들을 도탄에 빠지게 만드는 형국을 조성하게 된다.

민생도탄의 형국은 결국 농민들의 삶을 황폐하게 만들어 당장의 생계유지를 위하여 토지를 팔고 농노의 신분으로 전락되거나, 고향을 떠나 각지를 유랑하는 유랑민이 되는 사람들이 속출하게 된다. 이들 유랑민들 가운데 일부는 도시로 들어가 상공업에 종사하는 사람도 있었지만 대부분은 일거리가 없는 신세로 하루하루를 근근이 연명하고 있는 상황이었다. 이러한 민생도탄의 현상은 국가세수 감소로 이어져 결국 국가재정은 그 근간부터 흔들리게 되고 결과적으로 국고는 텅 비어지게 되는 상황에 이르게 된다. 또한 이시대의 모든 재화는 외척과 환관 및 관료집단과 거대상인 집단과 대지주 집단이 독점하고 있는 상황으로, 이러한 세력들은 재화를 통한 권력의 집중과 사치스러운 생활 그리고 끝없는 향락을 추구하고 있었던 반면에 대다수의 농민들은 과중한 부역과 과도한 조세정책 속에서 착취를 당해야만 했다.[1] 왕부王符는 이러한 동한 사회의 정치 사회적 문제와 경제적 문제에 직면하여 기층백성들의 입장을 대변하기 위하여 홀로 고군분투했던 당대의 사상가였다고 할 수 있다.

동한말기에 생존했던 유가사상가 왕부는 자신의 정치적 이상과 사회체제에 대한 변혁 그리고 경제사상에 대한 주장들을 『잠부론潛夫論』이라고 하는 한 권의 정치평론政治評論서에 담고 있다. 이러한 왕부의 『잠부론』은 정치 사회적 문제에 관한 논의 외에도 우주론이나 천도天道의 문제나 귀신·운명·인성人性 등 형이상학적 문제에 관해서도 심도 있는 논의를 진행한 저작으로 동한시기의 다른 사상가들의 저작들에서는 찾아 볼 수 없는 새

1 李申, 『中國儒敎史』(上), 上海, 上海人民出版社, 1999년, 602~603쪽 참조.

로운 견해들을 담고 있는 저작이라고 할 수 있다.

2. 동한시대 사회문제의 발생원인

「무본」 편은 왕부가 당시의 정치 사회 및 경제적 위기 가운데의 각종 비정상적인 현상에 대하여 그 원인과 해결책을 제시한 이론이라고 할 수 있다. 왕부는 정치 사회 및 경제의 영역들 속에는 모두 근본과 말단의 문제가 내포되어 있다고 생각하고, 만일 이러한 문제들을 해결할 수 있다면 정치 사회 및 경제는 그 본래의 질서를 회복할 수 있다고 믿었다.

> 지금 백성은 농업을 버리고 상업에 내달으면서 백성들의 이익을 긁어 이를 한 집의 문으로 모아들이고 있으니, 비록 개인에는 부유함이 있을지 모르나 공적으로 계산해 보면 더욱 가난해지고 만다. 백공이란 자들은 사람들이 온갖 기구를 갖추게 하려는 것이다. 그러나 기구란 일에 편리함을 주는 것으로써 훌륭함을 삼고, 질기고 견고함을 최상으로 삼는다. 지금의 공인들은 조탁한 그릇 만들기를 좋아하고 교묘하게 거짓으로 꾸며 백성을 속이고 재물을 취하니, 이는 공인에게는 비록 이익이 될지 모르나 나라 전체로 헤아려보면 더욱 병들고 마는 것이다. 또 상고라는 자들은 물건을 유통시키는 사람들이다. 물건이라는 쓰임에 맡기는 것이 요체이며 견실하고 튼튼한 것이 그 자질이다. 오늘날의 상인들은 쓸모없는 물건, 사치와 음일의 재물을 다투어 팔면서 백성을 미혹하게 하여 재산을 모으고 있으니, 이는 못된 상인에게는 이익이 있지만 나라 전체로 보면 더욱 큰 손실만 있을 뿐이다.[2]

> 지금 온 세상이 모두 농업을 버리고 상업에 치닫느라 우마차와 수레가 도로를 메우고 있으며, 손을 놀리고 있는 것을 훌륭한 일인 것처럼 여겨 이러한 부류가 도시에 가득하다. 근본을 다스리는 자는 적고 부식하는 자는 많다. 상읍은 번화한 곳, 사방의 표준이 되는 훌륭한 시장. 지금의 낙양을 살펴보면 말단에 들떠 있는 자의 수가 농부의 열 배는 되며, 헛된 행동으로 손을 놀리고 있는 자가 말단에 들떠 있는 자의 열 배나 된다.[3]

왕부가 묘사한 당시 동한 사회의 현실은 상공업이 매우 번영하고 있었으며, 이러한 경제 발전에 따라 사회 전반에 걸쳐 사치스러운 풍조가 만연하고 있는 모습을 보이고 있다. 당시의 사치성 소비재 물품은 대중들로부터 좋은 호응을 얻고 있었는데, 상공업자들은 이윤을 극대화하기 위하여 경쟁적으로 이러한 사치성 소비재를 생산 판매하고 있었다. 또한 파산한 일반 농민들은 생계유지를 위해서 도시로 유입되어 상공업에 종사하는 신세로 전락하게 된다. 이러한 농촌인구의 유입으로 인하여 사치성 소비재를 생산 판매하는 상공업은 더욱 발달하게 되며, 동시에 더

---

2 『潛夫論』, 「務本」, “今民去農桑, 赴游業, 披采衆利, 聚之一門, 雖於私家有富, 然公計愈貧矣. 百工者, 所使備器也. 器以便事爲善, 以膠固爲上. 今工好造彫琢之器, 巧僞飭之, 以欺民取賄, 雖於姦工有利, 而國計愈病矣. 商賈者, 所以通物也, 物以任用爲要, 以堅牢爲資. 今商競鬻無用之貨. 淫侈之幣, 以惑民取産, 雖於淫商有得, 然國計愈失矣.”

3 『潛夫論』, 「浮侈」, “今擧世舍農桑, 趨商賈, 牛馬車輿, 塡塞道路, 游手爲巧, 充盈都邑, 治本者少, 浮食者衆. 商邑翼翼, 四方是極. 今察洛陽, 浮末者什於農夫, 虛僞游手者什於游末.”

많은 사회적 문제를 야기 시킨다.[4] 왕부는 「부치浮侈」 편에서 당시 낙양洛陽의 대부분의 사람들이 모두 생산의 근본이 되는 일을 팽개치고 오락성 일에만 몰두 하고 있는 모습을 서술하였다. 왕부는 당시 낙양의 남자들은 "탄환을 지니고 서로 손잡고 일없이 놀기만 한다."[5]거나 "어떤 사람은 이거·와구·마기·창배를 만들어 여러 가지 어린아이의 완구를 삼아 속임수를 쓰며 놀기까지 하고 있다."[6]고 언급하고 있으며, 여자들은 "베틀 짜는 것도 그만둔 채 모두가 무축을 배워 북치고 춤추며 신을 섬긴다. 그리하여 아무것도 모르는 백성을 속이며 미혹하고 있다."[7]고 언급하고 있다. 또한 부유한 사람들은 "의복·음식·수레·문식·여사가 모두 왕이 정한 법도를 넘었다.……종복과 노비의 처들까지도 월 땅에서 나는 세갈포를 입었다."[8]고 하고 있으며, 그들이 혼례나 상례를 치르거나 하는 등의 대사를 오랫동안 치르니, 가난한 사람들은 그러한 것을 따라하지 못함을 부끄러워하고 부유한 사람들의 사치스러운 행태를 모방하여 자신이 감당하지 못할 정도의 "한번 잔치에 드는 비용으로 종신의 본업을 깨뜨리고 만다."[9]와

4 劉文英, 『王符評傳』, 南京, 南京大學出版社, 1993년, 85~86쪽 참조.

5 『潛夫論』, 「浮侈」, "懷丸挾彈, 攜手遨游."

6 『潛夫論』, 「浮侈」, "或作泥車、瓦拘、馬騎、倡俳, 諸戲弄小兒之具以巧詐."

7 『潛夫論』, 「浮侈」, "休其蠶織, 而起學巫祝, 鼓舞事神, 以欺誣細民, 熒惑百姓."

8 『潛夫論』, 「浮侈」, "衣服、飮食、車輿、文飾、廬舍, 皆過王制,……從奴僕妾, 皆服葛子升越."

9 『潛夫論』, 「浮侈」, "一饗之所費, 破終身之本業."

같은 일을 벌이곤 했다. 이와 같은 왕부가 묘사한 당시 사회의 모습으로부터 다음과 같은 몇 가지의 정보를 알 수 있게 된다.

먼저 사회적으로 빈부의 격차가 갈수록 심화되는 상황이 발생했다는 것이다. 그 다음은 농업생산의 축소로 인한 사회적 불안 요인의 증가이다. 끝으로 사회 전체에 만연한 사치풍조로 인한 사회 기강이 헤이해지는 현상이 발생했다는 것이다. 왕부가 묘사한 당시의 사회적 현상은 정치문제와도 매우 밀접하게 관련되어 있었다고 할 수 있다. 왕부는 경제문제로부터 당시 동한 사회의 근본과 말단이 도치되어져 있는 사회적 현상을 파악하고, 이러한 현상이 실질적으로는 정치적인 문제를 반영하고 있다고 판단하였다. 그러므로 왕부는 이러한 문제에 대한 언급의 대상을 일반인 계층에 국한하지 않고 통치계층에까지 확대했던 것이었다. 왕부가 '무본론務本論'을 주장하게 된 주된 이유는 바로 일반인과 통치계층의 인사들 모두가 하나같이 마땅히 수행해야할 임무와 직책에 충실하지 못했기 때문이다. 그 결과 사회적 가치관의 혼란이 발생하여 사회와 정치질서의 파괴를 불러 일으켜 동한 사회를 혼란의 도가니로 만들었기 때문에 왕부는 '무본론'을 역설하였던 것이다.

왕부는 당시 사회의 근본과 말단이 도치되어져 있는 사회적 현상을 서술하는데 그치지 않고 이러한 현상이 발생하게 된 원인과 그것이 초래하게 될 결과에 대하여 심도 있는 분석을 했다.

공자가 "많은 재물은 덕을 상하게 하며 돈이 많으면 예가 묻히

> 고 만다."라고 말했다.……그런데 하물며 여러 관리와 서민으로서 군주를 참월하는 사치를 부리고 있으니, 이는 천도를 위반하는 것이 아니겠는가? 경제 때에 무원후 위불해가 장례를 법률을 넘어 과도하게 했다고 하는 죄에 걸려 그 봉토를 빼앗겼다. 그리고 명제 때에는 창양후 상민이 역시 규제를 뛰어 넘는 큰 무덤을 만들었다가 삭발 당했다. 지금 천하가 사치에 들떠 근본을 잃고 있으며, 그 참월과 사치가 군주를 넘고 있으니 이 또한 심한 일이로다! 이상 여러 가지 비평한 일들은 모두 백성의 본성이 아니다. 그런 일에 다투어 힘쓰는 자들이 정치를 어지럽히고 교화를 야박하게 함으로써 그런 쪽으로 가게 한 것이다.[10]

왕부는 경제적으로 부유하게 된 결과는 사회적으로 각종 불량한 현상을 초래하게 되는데, 이러한 불량한 사회적 현상이 출현하게 된 주요한 원인으로는 정치적 혼란에 의한 것이라고 말한다. 정치적 혼란이 발생하게 된 주된 이유는 바로 당시의 예악제도가 중시되지 못했다는데 있다고 할 수 있다. 예악제도가 대표하는 것은 정치윤리의 규범으로 존귀하고 비천한 신분에는 정연한 질서가 있어서 약간의 참월도 허용될 수 없는 것이었다. 앞의 인용문 가운데 "참월과 사치가 군주를 넘는다."라는 언급은 통치계층 최고의 권력자의 권위가 철저하게 무시되고 있는 상황을

10 『潛夫論』, 「浮侈」, "孔子曰: '多貨財傷於德, 弊則沒禮.'……況於群司士庶, 乃可僭侈主上, 過天道乎? 景帝時, 武原侯衛不害, 坐葬過律奪國; 明帝時, 桑民摐陽侯, 坐冢過制髡削. 今天下浮侈離本, 僭奢過上, 亦已甚矣! 凡諸所譏, 皆非民性, 而競務者, 亂政薄化, 使之然也."

의미하고 있는 것이다. 이러한 상황이 발생하게 된 원인은 동한 왕조의 외척과 환관 등이 정치를 마음대로 주무르면서부터 나타나게 된 것에 있다고 할 수 있다. 즉 황제의 권위가 쇠락하게 되면서 통치계층에는 구조적인 동요가 발생하게 되어 결국에는 정치윤리 규범이 파괴되는 지경에 이르게 된다. 이러한 정치윤리 규범의 파괴는 자연히 사회규범에도 변화를 가져오게 되는데, 구체적으로는 사회적으로나 정치적인 계층을 총망라해서 모두 근본을 경시하는 풍조가 만연하게 되는 것이다. 왕부가 「무본」에서 드러낸 동한 사회의 경제적 문제는 반드시 정치적 역량에 의해서만이 해결할 수 있는 것으로, 정치체제 자체의 역량이 강력하게 된다면 그것이 각 분야에 적용되어 필요한 효과를 낼 수 있을 뿐만 아니라 경제측면에도 번영을 추구할 수 있게 되는 것이다. 아울러 정치적 사회적 질서에 대해서도 효과적으로 관리를 할 수 있을 것이다. 만일 반대로 정치체제의 역량이 유약하게 된다면 그것이 각 분야에 적용되어도 필요한 효과를 얻을 수 없을 것이다. 즉 정책의 추진이나 질서유지에 대하여 효과적인 관리를 못하게 될 것이다.

왕부는 이와 같이 당시 사회에 만연해 있었던 근본과 말단이 도치되어져 있는 풍조로 인하여 초래될 사태에 대하여 매우 정확하게 분석하고 있다.

> 이와 같이 농부 하나가 농사를 지어 백 명을 먹여 살려야 하며, 아낙 하나가 명주를 짜서 백 명을 입혀야 하니, 그 누가 이를 공급

> 할 수 있겠는가? 천하의 수많은 군현에 수만 개를 헤아리는 시읍이 모두 이와 같이 변한다면 근본과 말단이 어찌 충분하게 공급해 줄 수 있겠는가? 백성에게 어찌 추위와 굶주림이 없도록 할 수 있겠는가? 추위와 굶주림이 함께 몰려온다면 어찌 그릇된 짓을 하지 아니할 수 있겠는가? 그릇된 행동을 하면 간사하고 올바르지 않게 되고, 간사하고 올바르지 않은 사람이 많아지면 관리가 어찌 엄격하고 혹독하게 하지 않을 수 있겠는가? 관리의 엄격함과 혹독함이 심해지면 어찌 근심과 원망이 없을 수 있겠는가? 근심과 원망하는 사람이 많아지면 흉악한 조짐이 몰려올 것이며, 백성이 애오라지 힘쓸 곳이 없어지면 하늘은 재앙을 내리게 될 것이요, 그렇게 되면 나라가 위태로워지게 마련이다.[11]

동한 시기에 있어서의 농업은 백성들의 생계유지의 근본이 되는 것으로, 만일 이러한 산업생산의 근간이 되는 농업에 종사하는 사람들의 수가 갈수록 줄어든다면 식량과 의복 등의 공급은 부족하게 되는데, 이러한 입는 것과 먹는 것이 부족하게 되는 상황 속에서 사람들은 쉽게 위험을 무릅쓰고 모험을 감행하게 되어 사회적 혼란을 야기할 것이다. 예를 들면 동한 시기의 화제和帝·안제安帝·순제順帝·충제沖帝·질제質帝의 재위 때에 발생

11 『潛夫論』, 「浮侈」, “是則一夫耕, 百人食之; 一婦桑, 百人衣之. 以一奉百, 孰能供之? 天下百郡千縣, 市邑萬數, 類皆如此, 本末何足相供? 則民安得不饑寒? 饑寒並至, 則安能不爲非? 爲非則姦宄, 姦宄繁多, 則吏安能無嚴酷? 嚴酷數加, 則天安能無愁怨? 愁怨者多, 則咎徵並臻, 下民無聊, 而上天降災, 則國危矣.”

한 대량의 유랑민들 문제가 바로 그것에 해당된다고 할 수 있다. 당시의 유랑민 문제가 초래한 사회적 혼란은 매우 극심했었다고 할 수 있다.[12] 정부가 백성들의 폭동에 대하여 만일 고압적인 태도로 강경진압을 하게 된다면 상황은 오히려 더욱 악화 일로의 길을 가게 되어 결국은 국가의 근본이 위험해지는 상황에까지 이르게 될 것이다. 왕부는 여기에서 농업문제에만 집중하여 자신의 주장을 펼치고 있는데, 이러한 농업은 당시 국가경제의 가장 중요한 재원이었다. 농업이 국가경제의 가장 중요한 재원이었기 때문에 농업문제는 바로 경제문제와 직결되는 것이라고 할 수 있는 것이다.

3. 근본과 말단의 구분을 통한 사회문제 해소

왕부는 '무본론'에서 도대체 어떤 것이 근본이 되고, 또 어떠한 것이 말단이 되는지의 문제와 근본과 말단에 대한 가치판단은 또한 어떤 것인가에 대하여 심도 있는 분석을 했다.

> 무릇 다스림의 대체는 말단을 억제하고 근본을 힘쓰는 것보다 훌륭한 것이 없고, 근본을 떠나 말단을 꾸미는 것보다 잘못된 것이 없다. 무릇 나라를 다스리는 자는 백성을 부유하게 하는 것을 근본으로 삼고, 학문을 바르게 하는 것으로 기초를 삼아야 한다.……무릇 백성을 부유하게 하려면 농업을 근본으로 하고 상공

12 金春峰, 『漢代思想史』, 北京, 中國社會科學出版社, 1997년, 610쪽 참조.

업을 말단으로 해야 한다. 공인은 쓸모 있음을 근본으로 삼고 보기 좋게 꾸미는 것을 말단으로 삼아야 한다. 상인은 재화를 유통시키는 것을 근본으로 삼고 특이한 물건을 파는 것을 말단으로 삼아야 한다. 이러한 세 가지에서 근본을 지키고 말단을 버리면 백성들이 부유해질 것이며, 반대로 근본을 버리고 말단을 붙들고 늘어지면 백성들은 가난해지고 만다. 백성들이 가난해지면 궁액에 빠져 선을 잊게 되고, 백성이 부유하게 되면 즐거움을 알게 되고 가르칠 수가 있다. 교훈이라는 것은 도의를 근본으로 삼고 교묘한 말을 말단으로 삼는다. 사어는 신뢰할 수 있는 것을 근본으로 삼고 아름답게 꾸미는 것을 말단으로 삼는다. 열사는 효제를 근본으로 삼고 교유를 말단으로 삼는다. 효제라는 것은 정성을 다해 봉양하는 것을 근본으로 삼고 외양만 화려하게 보이는 것을 말단으로 삼는다. 남의 신하된 사람은 충정을 근본으로 삼고 총애 받는 것을 말단으로 삼는다. 이러한 다섯 가지에서 근본을 지키고 말단을 버리면 인의가 일어날 것이고, 근본을 버리고 말단을 지키면 도덕이 붕괴된다. 근본을 신중히 하면서 말단을 홀략하게 하는 것을 옳은 것이고, 근본을 버리고 말단에 힘쓰게 되면 나쁜 것이다.[13]

13 『潛夫論』, 「務本」, "凡爲治之大體, 莫善於抑末而務本, 莫不善於離本而飾末. 夫爲國者, 以富民爲本, 以正學爲基.……夫富民者, 以農桑爲本, 以游業爲末; 百工者, 以致用爲本, 以巧飾爲末; 商賈者, 以通貨爲本, 以鬻奇爲末. 三者守本離末則民富, 離本守末則民貧; 貧則阨而忘善, 富則樂而可教. 教訓者, 以道義爲本, 以巧辯爲末; 辭語者, 以信順爲本, 以詭麗爲末; 列士者, 以孝悌爲本, 以交游爲末; 孝悌者, 以致養爲本, 以華觀爲末; 人臣者, 以忠正爲本, 以媚愛爲末. 五者守本離末則仁義興, 離本守末則道德崩. 愼本略末猶可, 舍本務末則惡矣."

왕부의 근본을 숭상하고 말단을 억누른다고 하는 주장의 핵심은 당시 사회의 정치 경제적 위기 상황의 극복에 있었는데, 이는 바로 정상적인 정치와 경제의 질서를 회복하는 것을 의미한다. 왕부의 근본과 말단에 대한 가치판단 역시 이러한 정치 및 경제 질서의 회복에 초점이 맞춰져 있었던 것이다. 정상적으로 정치 및 경제 질서를 유지하는 것이 근본이 되는데, 여기에서의 근본은 근본적인 것이라는 의미 외에도 중요한 것·선한 것이라고 하는 평가까지 그 속에 포함하고 있는 개념이라고 할 수 있다. 반대로 정치 및 경제 질서를 혼란하게 만드는 것은 말단이 되는데, 여기에서의 말단은 중요하지 않은 것 악한 것이라고 하는 가치판단을 의미하는 것이다.

왕부가 제기한 '무본론'의 중점은 두 가지 측면에서 언급되어질 수 있는데, 그중 하나는 경제이고 다른 하나는 도덕교화가 된다. 농민과 상인 및 공인은 경제문제를 고려하고 사인과 신하는 도덕문제를 고려한다. 왕부는 농민과 상인 및 공인 그리고 신하 등의 각 계층의 인사들에 대하여 근본과 말단의 가치표준을 그들에게 균등하게 부여한다.

왕부는 경제적인 문제를 고려했을 때는 농업이나 상공업을 막론하고 모두 반드시 국가전체의 이익을 출발점으로 하여 매사에 대하여 실효성을 추구해야한다고 했으며, 국가의 이익에 전혀 도움이 되지 않으며 전문적으로 사치와 향락을 일삼는 자들은 모두 말단에 속하는 것으로 일률적으로 배척해야 한다고 했다. 또한 왕부는 상공업이 사람들로 하여금 쉽게 부를 축적할 수 있게 한다는 것을 알고 있었지만, 많은 이익이 한 사람에게만 집중되는 현상이 발생하여 결과적으로는 개인적으로 부유한 사람이 생기지만 일반 백성들은 더욱 빈곤해지게 된다고 보았다. 즉 상공업이 그것에 종사하는 개인을 부유하게 만들어 주기는 하지만 국가적 차원에서 볼 때는 농업생산에 필요한 노동력을 감소시키기 때문에, 왕부는 국가의 공적인 이익이 근본이 되어야하고 개인의 사적인 이익은 말단이 되어야 한다고 생각했다. 게다가 왕부는 상공업은 유동적인 성향이 강해서 사회질서 유지에 부정적인 영향을 줄 수 있다고 보았는데, 예를 들면 부유한 사람들은 그 재력을 이용하여 고위직에 올라서 정치질서를 어지럽히고 거대상인들은 금전을 이용하여 물류를 독점함으로써 시장의 유통질서를 교란시켜서 결국에는 사회전체에 불량한 풍조를 조성하게 된다는 것이다.

> 오늘날의 거대상인들이 많은 돈을 풀어놓으니, 유력한 가문의 자제들이 돈을 위해서 일을 하며 심지어는 그들을 쫓아서 가신이나 종복 등으로 근무하여 그 수입이 봉토를 가진 군주에 비견된다. 그러므로 많은 사람들이 그러한 것을 부러워하여 농사짓지 않고 먹거나 사치와 향락에 빠져 눈과 귀를 어지럽힌다.[14]

14 『後漢書』, 「桓譚傳」, “今富商大賈, 多放錢貨, 中家子弟, 爲之保役, 趨走與臣僕等勤, 收稅與封君比入. 是以衆人慕效, 不耕而食, 至乃多通侈靡, 以淫耳目.”

왕부는 농업과 상공업 가운데 농업을 근본 중에 근본으로 선택했다.[15] 또 한 가지 주목할 만한 것은 왕부의 근본과 말단에 대한 가치판단이 전통적인 중농억상重農抑商의 관념과는 완전히 일치하지는 않는다고 하는 점이다. 즉 왕부가 채택한 상공업에 대한 직접적인 평가는 사마천司馬遷과 상홍양桑弘羊과 비슷하다고 할 수 있다.[16] 왕부가 상공업에 대하여 배척한 것은 사치성 소비재 물품을 생산하고 판매하는 행위였던 것이다. 그는 수공업자들에게 편리하며 질기고 견고한 제품을 생산할 것을 독려했는데, 이는 그가 생산된 제품의 실용적 가치에 의미를 두고 있다는 사실을 알 수 있게 하며, 또한 상인들에게는 유용하고 견고한 물품을 판매할 것을 독려했는데, 이는 그가 물품의 효용성에 의미를 두고 있다는 사실을 알 수 있게 해준다. 왕부는 상공업자들이 기구를 갖추고 물건을 유통하는 능력을 갖추고 있는 것으로 여기는 한편 상공업이 재화를 창조할 뿐만 아니라 또한 국가사회 전체의 경제발전을 촉진시킨다고 하는 점을 긍정하였다. 그러나 어떠한 형태의 물품을 생산하거나 판매하거나를 막론하고

15 劉文英, 『王符評傳』, 南京, 南京大學出版社, 1993년, 78쪽 참조.

16 『史記』, 「貨殖列傳」, "天下熙熙, 皆爲利來; 天下壤壤, 皆爲利往.……農、工、商、賈畜長, 固求富益貨也."에서 알 수 있듯이 사마천 역시 상공업의 영리행위에 대해서 배척하는 태도를 취하지는 않았다. 또한 상홍양 역시 『鹽鐵論』, 「力耕」에서 농업과 상공업이 서로 보완적인 관계에 있음을 역설했다. 이와 같이 사마천과 상홍양은 기본적으로는 상공업 활동에 대하여 배척하거나 경시하는 태도를 취하지 않고 집적으로 긍정적인 평가를 했다.

반드시 주의해야 할 점은 물품의 실용성이었다. 오직 실용성이 있어야 만이 비로소 정확한 소비관념이 발생하게 되는 것이며, 정확한 소비관념은 상공업이 비정상적인 방향으로 발전하는 것을 막아주는 역할을 한다는 것이다.

왕부는 도덕적인 문제에 대한 고려에서 윤리질서의 유지에 역점을 두는데, 이러한 윤리질서의 유지는 국가 정권의 안정을 더욱 공고히 하기 위해서 필요한 것이라고 생각했다. 사회 윤리의 측면에서 왕부는 가정윤리의 효도를 근본으로 삼았고, 정치윤리의 측면에서는 충성을 근본으로 삼았다. 이러한 충효를 위주로 하는 도덕가치는 개인의 요구에 대하여 절대적 대가를 지불한다. 이러한 도덕규범은 사회와 정치적인 측면의 안정성을 유지시키는데 적지 않은 도움을 준다.

왕부의 「무본」 편에 나타나 있는 경제이론의 가치방향은 국가 전체의 이익과 정권 시스템의 안정적 유지를 위한 전제로서 이러한 요구는 근본이 되는 것이며 이는 좋은 사회적 규범에 속하는 것이다. 이와는 반대의 경우는 말단이 되는 것이며 이는 비정상적인 사회적 혼란 현상에 속하게 되는 것이다.

왕부가 주장한 「무본」 편의 경제정책은 근본과 말단에 관한 가치관의 명확한 정립을 통하여 당시 사회의 위기국면을 극복하고자 한 것이었다고 할 수 있다. 이러한 위기상황에 대하여 그가 제시한 구체적인 해결방안은 크게 두 가지 측면으로 요약할 수 있다. 즉 하나는 경제방면의 농업정책 장려문제로 왕부는 '시간을 아낌'과 '백성과 토지가 서로 균형을 이룸'이라고 하는 의견을 제시한다. 다른 하나는 정치방면의 윤리교화 문제로 왕부는 '도덕교화'와 '유능한 인재의 등용'이라고 하는 이론을 내놓는다.

농업정책에 관해서 왕부는 농업생산성을 진작시키기 위해서는 반드시 토지와 인력이라고 하는 두 측면으로부터 착수하여야 한다고 했다. 즉 토지분야에 대해서 그는 토지와 인구가 알맞게 조설되어야 만이 비로소 최대의 재화를 창출해낼 수 있다고 하였다.

> 『주서周書』에서는 "땅은 넓으나 사람이 적으면 충분히 그 땅의 소출을 다할 수 없다. 이를 허토라고 말한다. 이런 땅은 쳐서 점령해도 된다. 그러나 땅은 좁고 사람은 많아 그 백성이 백성 노릇을 다하지 못할 때에는, 스스로 쇠갈하도록 두면 된다."고 말했다. 그러므로 토지와 백성들은 반드시 서로 균형을 이루어야 한다.[17]

토지가 넓고 백성들이 적으면 토지의 혜택을 충분하게 이용할 수 없게 된다. 이러한 것을 일컬어 토지를 헛되이 버린다고 하는 것이다. "허토虛土"는 토지자원의 낭비를 초래할 뿐만 아니라 적국으로부터 침략 받을 수 있는 빌미를 제공하기도 한다. 이와는 반대로 토지는 협소하고 백성들이 많으면 백성들의 생존경쟁에 대한 스트레스가 증가하게 된다. 또한 토지겸병 현상이 발생하여 국가적 위기를 초래할 수 있기 때문에 왕부는 '백성과 토지가

17 『潛夫論』, 「實邊」, "『周書』曰: '土多人少, 莫出其材, 是謂虛土, 可襲伐也. 土少人衆, 民非其民, 可匱竭也.' 是故土地人民必相稱也."

서로 균형을 이룸'이라고 하는 방법적 대안을 제시하여 모든 사람들이 토지가 있어 농사를 지을 수 있게 하고자 했다. 또한 이러한 '백성과 토지가 서로 균형을 이룸'이라고 하는 자신의 주장을 실현시키기 위해서 왕부는 내지의 백성들을 변방으로 이주시켜 변방을 튼튼하게 만드는 정책을 제시함과 동시에 토지는 넓고 백성들이 적은 현상과 토지는 협소하고 백성들이 많은 현상의 문제를 해결하고자 했다.

왕부는 노동인력이란 국가의 재화 창출에 없어서는 안 될 소중한 재원이면서 자원 가운데 하나라는 사실을 강조하는 한편 노동에 대하여 계량화의 개념을 적용한다. 또한 그는 이러한 계량화 개념을 통하여 농업생산량이 백성들의 노동시간에 의해서 결정된다고 하는 사실을 설명한다.

> 나라가 나라답게 될 수 있는 것은 백성들이 있기 때문이며, 백성이 곧 백성이 될 수 있는 것은 곧 곡식이 있기 때문이다. 또 곡식이 풍성하게 늘어날 수 있는 것은 사람이 힘을 기울이기 때문이며, 노력이 건강하게 솟아날 수 있는 것은 시간의 성과 때문이다. 질서가 잡힌 나라는 시간이 느긋하고 때문에 그로 인해 백성이 한가하여 힘을 축적할 수 있다. 그러나 혼란한 나라의 시간은 촉박하고 짧기 때문에 그로 인해 백성은 일에 곤핍하여 힘이 늘 부족한 것이다.……하늘이 감응하여 재앙을 내려 곡식을 상하게 하는 일은 제외하고, 사람이 저질러 드러난 일을 가지고 말을 풀어나가 보자. 지금 삼부 이하 현, 도, 향, 정 그리고 종사, 독우에 이르기까지 그에 맞는 전사가 있다. 백성들이 농업을 폐하고 소송

> 과 고소에 걸려 그에 매달려 있는 자가 있다. 그리고 그에 맞춰 관사로 그 일에 응해주는 자가 하나씩 있다. 그 날 하루만 계산해도 이는 십만 명이 일을 전폐하고 있는 셈이다. 다시 그에 딸린 사람을 계산해 보면 한 사람의 소송 사건에 두 사람이 이를 위해 먹여주며 뒷바라지를 해야 한다. 이렇게 보면 결국 삼십만 명이 그 본업을 떠나 있는 것이다. 이를 농사지어 먹여 살리는 계산에 맞춰 보면 한 해에 심백만 명이 굶주림을 받게 되는 것이다.[18]

왕부는 물질생산과 노동시간을 함께 연계하고자 했는데, 그가 언급한 "관대함과 한가함"이란 것은 더욱 많은 노동시간을 의미하는 것이고, "시간을 촉박하게 구는 것"은 노동시간이 없다는 것을 의미한다. 국가나 백성들의 빈곤함과 부유함은 노동시간의 길고 짧음에 의해서 결정되는 것이기 때문에 왕부는 통치계층이 "부역을 줄여 주고 백성을 위해 시간을 아껴야 한다."고 언급하여 백성들에게 생계를 유지할 수 있는 절대노동시간을 부여해줘야 한다고 주장했다.[19] 이러할 때에 비로소 백성들은 온전하게 농업에 전념하게 될 수 있어 산업생산량이 증대되는 것이다.

18 『潛夫論』, 「愛日」, "國之所以爲國者, 以有民也; 民之所以爲民者, 以有穀也; 穀之所以豊殖者, 以有人功也; 功之所以能建者, 以日力也. 治國之日舒以長, 故其民閒暇而力有餘; 亂國之日促以短, 故其民困務而力不足.……除上天感動, 降災傷穀, 但以人功見事言之, 今自三府以下, 至於縣道鄉亭, 及從事督郵, 有典之司, 民廢農桑而守之, 辭訟告訴, 及以官事應對吏者, 一人之, 日廢十萬人, 人復下計之, 一人有事, 二人獲餉, 是爲日三十萬人離其業也. 以中農率之, 則是歲三百萬口受其饑也."

19 祝瑞開, 『兩漢思想史』, 上海, 上海古籍出版社, 1989년, 368쪽 참조.

윤리규범에 관해서 왕부는 '도덕교화'와 '유능한 인재의 등용'이라고 하는 정책대안을 제시한다. 도덕교화란 통치자 자신의 자기수양과 도덕에 의한 교화 내용을 포함하는 것이다.

> 근본과 말단 생장과 소멸에 대한 쟁점은 모두가 군주에게 그 원인이 있는 것이지 아래의 백성이 고쳐줄 수 있는 것이 아니다.……그러므로 현명한 군주가 국가를 다스림에는 반드시 근본을 숭상하고 말단을 억눌러서 혼란과 위태로움의 싹을 막아야 한다.[20]

왕부는 근본과 말단이 전도되어 발생하는 사회적 정치적 문제를 해결하기 위해서는 통치계층의 최상위 인물인 군주의 책무가 막중하다고 생각했다. 그렇다면 현명한 군주는 과연 어떤 방법으로 사회적 정치적 혼란의 현상을 해결 하려고 했을까?

> 현명한 군주의 통치에는 스스로 이를 교화시켜 몸소 보여주는 것 만한 것이 없다. 도덕을 근본으로 하고 인의를 보좌로 하여 생각과 마음에 순리대로 다스리며 백성을 책임 지우되 널리 힘쓰게 하면 사해가 다스려질 것이니, 어찌 성쇠의 소장이 있겠는가?[21]

---

20 『潛夫論』, 「務本」, "夫本末消息之爭, 皆在於君, 非下民之所能移也.……故明君蒞國, 必崇本抑末, 以遏亂爲之萌."

21 『潛夫論』, 「叙錄」, "明王統治, 莫大身化, 道德爲本, 仁義爲佐, 思心順政, 責民務廣, 四海治焉, 何有消長?"

왕부는 통치자 스스로가 자기수양의 교화를 백성들에게 직접 보여주는 것이야말로 불량한 사회풍조를 바로잡을 수 있는 최선의 방법 가운데 하나라고 생각했다. 또한 왕부는 이러한 방법 외에도 학문을 바르게 하는 것과 교화와 훈육의 내용은 도의道義와 충효를 근본으로 해야 한다고 역설했으며, 이러한 도덕을 교화의 내용으로 삼아서 윤리규범의 구속력을 증가시키려고 했다.

왕부는 유능한 인재를 등용하기 위해서는 정부 관료의 선발 임용의 문제로부터 착수해야 한다고 주장했다.[22]

> 이에 오직 공선에 신중하며 출척에 대해서는 분명하였다. 관직에는 그에 맞는 인물을 뽑아 그 직위에 맞는 임무를 맡겼다. "위대한 하늘의 뜻을 공경하여 백성을 인도하되 농사짓는 때를 위배하지 않으리!", "며느리 아기 데리고 남쪽 밭으로 밥 이고 오네." 윗사람은 예절에 힘써 바른 몸가짐을 아랫사람에게 보이고 아랫사람은 그 정치를 즐거워하며, 각기 자기 힘 다하기를 힘쓰며 그 윗사람을 받들고 모신다.[23]

관리의 역할은 군주를 대신하여 백성들을 다스리는 것 외에도 백성들의 모범이 되는 역할과 사회적으로 미풍양속을 유지시키는 역할도 있다. 그러므로 한 사회의 풍조가 좋고 나쁨의 여부는

22 周桂鈿, 『秦漢思想史』, 石家莊, 河北人民出版社, 2000년, 430쪽 참조.

23 『潛夫論』, 「班祿」, "乃惟愼貢選, 明必黜涉, 官得其人, 人任其職; 欽若昊天, 敬授民時. 同我婦子, 饁彼南畝. 上務節禮, 正身示下, 下悅其政, 各樂竭己, 奉戴其上."

정부 관료의 선발 및 임용과 매우 밀접하게 관련되어 있는 것이라고 할 수 있다. 왕부의 「무본」에 나타나 있는 여러 가지 경제 관련 정책들을 검토했을 때 '무본론'의 핵심점은 바로 경제적인 윤택함과 도덕교화의 문제 있다는 것을 알 수 있다. 이러한 점들은 비록 유가에서 일관되게 주장한 것이지만 왕부는 이론적 서술에만 그치지 않고 동한 사회가 처한 현실 속에서 문제의 소재를 찾아내고 그에 대한 해결 방법을 모색했었다는 데 그 공로가 있는 것이다.

4. 맺는 말

이상과 같이 왕부의 『잠부론』에서 정치사상에 관한 부분인 「무본」 편을 중심으로 동한시대 사회문제 발생원인 분석과 본말本末문제의 정립을 통한 사회문제 해결을 중심으로 살펴보았는데 정리하면 다음과 같다.

왕부는 경제문제로부터 당시 동한 사회의 근본과 말단이 도치되어져 있는 사회적 현상을 파악하고, 이러한 현상이 실질적으로는 정치적인 문제를 반영하고 있다고 판단하였다. 그래서 왕부는 이러한 문제에 대한 언급의 대상을 일반인 계층에 국한하지 않고 통치계층에까지 확대했다. 왕부가 '무본론'을 주장하게 된 주된 이유는 동한 사회의 모든 계층의 사람들이 하나같이 자신이 수행해야할 임무와 직책에 충실하지 못했기 때문에 사회적 가치관의 혼란이 발생하여 사회와 정치질서의 파괴를 초래하고,

그러한 결과 동한 사회를 혼란의 도가니로 만들었기 때문에 이를 바로 잡고자 '무본론'을 주장하게 되었던 것이다.

왕부가 제기한 '무본론'의 중점은 두 가지 측면에서 언급되어질 수 있는데, 그중 하나는 경제이고 다른 하나는 도덕교화다. 즉 농민과 상인 및 공인은 경제문제를 고려하고 사인과 신하는 도덕문제를 고려한다. 왕부는 농민과 상인 및 공인 그리고 신하 등의 각 계층의 인사들에 대하여 근본과 말단의 가치표준을 그들에게 균등하게 부여한다.

왕부는 경제적인 문제를 고려했을 때는 농업이나 상공업을 막론하고 모두 반드시 국가전체의 이익을 출발점으로 하여 매사에 대하여 실효성을 추구해야한다고 했으며, 국가의 이익에 전혀 도움이 되지 않으며 전문적으로 사치와 향락을 일삼는 자들은 모두 말단에 속하는 것으로 일률적으로 배척해야 한다고 했다. 또한 왕부는 상공업이 사람들로 하여금 쉽게 부를 축적할 수 있게 한다는 것을 알고 있었지만, 많은 이익이 한 사람에게만 집중되는 현상이 발생하여 결과적으로는 개인적으로 부유한 사람이 생기지만 일반 백성들은 더욱 빈곤해지게 된다고 보았다. 즉 상공업이 그것에 종사하는 개인을 부유하게 만들어 주기는 하지만 국가적 차원에서 볼 때는 농업생산에 필요한 노동력을 감소시키기 때문에, 왕부는 국가의 공적인 이익이 근본이 되어야하고 개인의 사적인 이익은 말단이 되어야 한다고 생각했다. 게다가 왕부는 상공업은 유동적인 성향이 강해서 사회질서 유지에 부정적인 영향을 줄 수 있다고 보았는데, 예를 들면 부유한 사람들은 그 재력을 이용하여 고위직에 올라서 정치질서를 어지럽히고 거대상인들은 금전을 이용하여 물류를 독점하여 시장의 유통질서를 교란시켜서 결국에는 사회전체에 불량한 풍조를 조성하게 된다는 것이다.

왕부는 도덕적인 문제에 대한 고려에서 윤리질서의 유지에 역점을 두는데, 이러한 윤리질서의 유지는 국가 정권의 안정을 더욱 공고히 하기 위해서 필요한 것이라고 생각했다. 사회윤리의 측면에서 왕부는 가정윤리의 효도를 근본으로 삼았고, 정치윤리의 측면에서는 충성을 근본으로 삼았다. 이러한 충효를 위주로 하는 도덕가치는 개인의 요구에 대하여 절대적 대가를 지불한다. 이러한 도덕규범은 사회와 정치적인 측면의 안정성을 유지시키는데 적지 않은 도움을 준다.

왕부가 주장한 「무본」의 경제정책은 근본과 말단에 관한 가치관의 명확한 정립을 통하여 당시 사회의 위기국면을 극복하고자 한 것이었다고 할 수 있다. 이러한 위기상황에 대하여 그가 제시한 구체적인 해결방안은 크게 두 가지 측면으로 요약할 수 있다. 즉 하나는 경제방면의 농업정책 장려문제로 왕부는 '시간을 아낌'과 '백성과 토지가 서로 균형을 이룸'이라고 하는 의견을 제시한다. 다른 하나는 정치방면의 윤리교화 문제로 왕부는 '도덕교화'와 '유능한 인재의 등용'이라고 하는 이론을 내놓는다.

농업정책에 관해서 왕부는 농업생산성을 진작시키기 위해서는 반드시 토지와 인력이라고 하는 두 측면으로부터 착수하여야 한다고 했다. 즉 토지분야에 대해서 그는 토지와 인구가 알맞게 조절되어야 만이 비로소 최대의 재화를 창출해낼 수 있다고 하였다. 윤리규범에 관해서 왕부는 '도덕교화'와 '유능한 인재의 등용'이라고 하는 정책대안을 제시한다. 도덕교화란 통치자 자신의 자기수양과 도덕에 의한 교화 내용을 포함하는 것이다.

참고문헌

司馬遷, 『史記』, 北京, 中華書局, 1983년.

范曄, 『後漢書』, 北京, 中華書局, 1985년.

彭鐸, 『潛夫論箋校正』, 北京, 中華書局, 1985년.

劉文英, 『王符評傳』, 南京, 南京大學出版社, 1993년.

祝瑞開, 『兩漢思想史』, 上海, 上海古籍出版社, 1989년.

金春峰, 『漢代思想史』, 北京, 中國社會科學出版社, 1997년.

周桂鈿, 『秦漢思想史』, 石家莊, 河北人民出版社, 2000년.

劉宗賢 外, 『中國儒學』, 成都, 四川人民出版社, 1994년.

李申, 『中國儒教史』(上), 上海, 上海人民出版社, 1999년.

侯外廬 외, 『中國思想史』, 北京, 人民出版社, 1992년.

제14장

중장통 : 현실개혁을 통한 새로운 국가의 모습

1. 시작하는 말

중국의 역사 속에서 동한시대 후기는 정치적·사회적으로 매우 혼란했던 시기 가운데의 하나였다고 말할 수 있다. 동한 후기는 환관세력과 황실의 외척세력의 득세로 정치권에서 민생을 돌볼 여력이 없었기 때문에 일반 백성들의 삶은 무척이나 참혹한 지경에 이르게 되었고, 수많은 자연재해가 연속적으로 발생하게 되어 백성들의 삶은 피폐해질 대로 피폐해진다. 결국 굶주림을 견디지 못한 백성들은 각지에서 지방관아를 습격하는 것을 시작으로 전면적인 민중봉기를 일으키게 된다. 이러한 민중봉기는 이후 황건적의 난이라고 하는 조직적이고 대규모의 반란으로 변화해가는 양상을 보이게 된다. 황건적의 난이 오랜 기간에 걸쳐 진행되는 동안 동한은 점차 멸망의 길로 접어들고 있었다. 또한 전국적인 반란세력을 토벌하기 위해 동원된 수도와 지방세력 사이의 권력쟁탈전은 동한의 붕괴를 한층 더 빠른 속도로 인도했다. 이러한 유력 정치인들 간의 권력다툼은 동한 사회를 근저에서부터 허물어가고 있었다고 할 수 있다.

이러한 정치적·사회적 상황은 중장통仲長統의 사상에 많은 영향을 끼쳤다고 할 수 있다. 중장통의 사상은 어떠했을까? 중장통의 사상은 현실 정치와 민생 속에 구체적으로 투영되어 있다고 할 수 있다. 중장통은 당시 동한 사회의 폐해에 대하여 심각한 문제의식을 가지고 적극적으로 해결방안을 제시한다. 특히 현실 정치에 관한 다양한 폐해를 지적하고 그에 대한 다양한 해결책을 내놓는다. 중장통이 제시한 개혁방안은 장려해야 할 사안과 혁신해야 할 사안이 모두 포함되어 있었으며, 아울러 그는 그러한 개혁에 대하여 근본적이고 구체적인 주장을 전개해 나간다. 이처럼 중장통이 내놓은 개혁에 대한 구체적인 청사진은 먼저 외척과 환관의 폐해를 청산할 것과 재상제도의 도입 및 봉건제도의 철폐 그리고 어질고 유능한 인재의 등용 등과 같은 것들이다.

이와 같이 중장통에게 있어서 현실 정치문제에 관한 논의는 그의 사회관과 정치관에 대하여 규명할 수 있는 매우 가치 있는 작업이라고 할 수 있을 것이다. 다시 말하자면, 정치적·사회적으로 혼란이 극에 달했던 시기를 살아가고 있었던 중장통은 현실 정치문제에 관한 개혁방안을 통하여 자신이 가지고 있었던 정치적 포부를 밝히고자 했던 것이다.

동한 말기의 암울한 현실 속에서 혼란한 상황을 바로잡기 위해서 정치·사회문제에 대하여 현실 정치 개혁방안을 역설한 중장통의 정치사상은 동한 말기 유학자들의 정치사상을 조명하는데 있어서 빠져서는 안 될 사상체계라고 할 수 있을 것이다. 그렇기 때문에 본문에서는 중장통의 정치사상에 대하여 외척과 환관의 폐해 청산과 승상제도의 도입 및 봉건제도의 철폐 그리고 현명하고 유능한 인재의 등용을 중심으로 논의를 진행해 보도록 하겠다.

2. 외척과 환관의 폐해 청산

동한시기 외척과 환관의 발호는 동한의 정치상황을 돌이킬 수 없는 지경으로 악화시켰다. 중장통은 동한의 영제靈帝와 헌제獻帝 재위시기에 생존했었다. 동한의 환제桓帝에서부터 영제에 이르는 시기는 동한 역사상 환관과 외척의 득세가 최고조에 달했던 시기였다고 할 수 있다. 그 가운데 환관들의 정치 농단에 의한 폐해는 필설로 형용하기 힘들 정도로 심각한 지경에 이르렀었다. 당시 환관은 외척세력과의 권력다툼에서 우위를 확보하기 위해서 수단과 방법을 가리지 않았음은 물론이거니와 자신들의 집권에 장애요인이 되는 지식인들을 탄압하고 더 나아가 무참히 살해하는 등의 만행을 서슴지 않게 자행하였다.[1] 이로 인하

1 166년 환관 독재에 대한 항의는 200명이 넘는 관리와 학생(태학생)의 체포와 투옥이라는 결과를 빚었다. 환관 후람侯覽은 자신의 대저택과 사방 30미터의 능을 짓기 위해 집과 토지를 몰수하였다고 전한다. 그 폐해에

여 당시 동한의 조정은 유능하고 현명한 관리가 모두 사라지게 되고 환관의 세상으로 변하게 된다. 중장통은 이러한 환관과 외척의 발호로 인하여 발생하게 된 폐해에 대하여 비분강개한 심정으로 강력한 비판을 진행했다.

> 동한 왕조가 일어선 이래로 황제의 어머니와 부인 쪽 사람들이 항상 상장군의 직책을 도맡아왔는데, 그들은 이러한 것을 정치를 보필하는 것이라고 말했다. 그러나 제대로 법도에 맞게 정무를 수행한 자는 매우 드물고, 수수방관하면서 위기를 초래하는 자는 매우 많다. 좋은 벼슬은 모든 사람들이 바라는 것이지만, 그것은 뛰어난 사람일지라도 자기가 원한다고 해서 얻을 수 있는 것이 아니고 등용되어야만 얻을 수 있는 것과 같은 것이다. 하물며 왕비의 친척 무리들이 그러한 것을 원한다고 해서 그것을 교만하고 분수에 넘치게 취하고서 오히려 다행스럽게도 하늘이 그 사람에게 내린 것을 저절로 획득했다고 한다. 일반적으로 남자의 지혜는 공정함을 오랫동안 유지하기 힘들기 때문에 이해관계를 오래 생각하며 부귀영화를 탐하고 여색을 즐기는 것을 죽을 때까지 멈추지 않는다. 또한 여자는 어리석기 때문에 그가 올바른 길을 따라갈 것을 바라고 겸손하고 검약하며 심사숙고하며 국가를 위한 계책을 고민하게 해야 한다……항상 이와 같은데 하물며 여태후와

대한 새로운 투쟁으로 인해 100명 이상의 '명절파明節派'들이 역모를 꾀하였다고 하여 마침내는 감옥에서 처형되기에 이르렀다. 이외에도 약 700여 명의 관료와 1천여 명의 학생들이 투옥되어 고통을 당하였는데, 이를 당고黨錮의 화禍라고 한다. 찰즈 허커, 박지훈·박은화·이명화 공역, 『中國文化史』, 서울, 한길사, 1985년, 137쪽 참조.

조비연 및 부소의 등의 무도함에 있어서랴![2]

중장통이 "또한 여자는 어리석기 때문에 그가 올바른 길을 따라갈 것을 바라고……"라고 언급한 것처럼, 그는 여자를 매우 열등한 존재로 보아서 항상 올바른 도리를 행할 수 없다고 보았다. 그러나 중장통은 모든 여자가 꼭 그런 것만은 아니고 간혹 뛰어난 여자도 있다고 생각했다. 그렇게 된 이유로 중장통은 예의교화와 좋은 환경의 영향을 들었다.

중장통은 외척의 집을 보거나 환관의 위세를 보면 한 왕조의 권력을 장악한 자가 스스로 권력의 달콤함이나 욕망의 수렁에 빠지지 않는 경우는 매우 드문데, 이는 "태어나고 장성하면서 교만함이 넘쳐흐르는 것에 처하고 스스로 방자하게 여색을 취하는 쾌락을 좇는 가운데에서 있게 되는 것은 옛날 전적에 있는 성현의 법도를 듣지 않고 스승이 전한 훌륭한 가르침을 따르지 않았기 때문이다."[3]라고 말했다. 그렇기 때문에 그들의 심태는 오랑캐와 같아졌고 행위는 이미 금수와 같아지게 된 것이다. 중

2 魏徵, 『群書治要』, 卷四十五, "漢興以來, 皆引母妻之黨爲上將, 謂之輔政. 而所賴以治理者甚少, 而所坐以危亂者甚衆. 妙采於萬夫之望, 其良猶未可得而遇也. 況欲求之妃妾之黨, 取之於驕盈之家, 徼天幸以自獲其人者哉? 夫以丈夫之智, 猶不能久處公正, 長思利害, 耽榮樂寵, 死而後已. 又況婦人之愚, 而望其遵巡正路, 謙虛節儉, 深圖遠慮, 爲國家校計者乎?……猶尙若此, 又況呂后、飛燕、傅昭儀之等乎?"

3 魏徵, 『群書治要』, 卷四十五, "然而生長於驕溢之處, 自恣於色樂之中, 不聞典籍之法言, 不因師傅之良敎."

장통은 일단 대권을 장악하고 있으면서도 스스로를 단정하게 하고 자신이 욕구하는 것을 함부로 추구하지 않는 사람이 과연 몇 명이나 될 것인가라고 의문을 제기했다. 또한 그는 하물며 여자들의 개성은 비교적 유약하고 항상 온정에 이끌리는 경향이 있기 때문에 아버지와 형제 및 자식들의 교만함을 바르게 인도할 줄 모른다고 하였다. 이러한 상황이 극단으로 치닫게 되면 결국에는 조정에 커다란 재앙을 불러오게 되는 것이다.

중장통은 또한 군주 된 사람의 심리는 외척들로부터 총애를 받고자 하는 경향이 강하다고 생각했다.

> 어머니는 나에게 있어서 존경하고 사랑해야 될 분이며, 그분의 친족들 역시 내 아버지가 그의 부친이나 형제들에게 후하게 대하고자 하는 것과 같이 대해야 할 사람들이다. 부인은 나에게 있어서 사랑하고 친해야 할 사람이며, 그녀의 친족들 역시 내가 아버지나 형제들에게 후하게 대하고자 하는 것과 같이 대해야 할 사람들이다. 내가 어머니에게 효도를 다하고자 하는 것은 선택의 여지가 없는 일이다. 내가 부인에게 사모하는 정을 주고자 하는 것 역시 선택의 여지가 없는 일이다. 또한 내가 추구하고자 하는 것은 나의 육체를 수고롭게 하는 것도 아니고 육신을 써서 얻게 되는 질병이 아니다. 무릇 이러한 것으로써 기침을 하면서 침을 한 번 뱉는 것을 쳐다보는 순간에 이르러 바뀌게 되는 것이니 누가 이러한 것을 위반할 수 있겠는가?[4]

4 魏徵, 『群書治要』, 卷四十五, “夫母之於我尊且親, 於其私親, 亦若我父之欲

중장통이 묘사한 것을 보면 군주 된 사람의 심리를 매우 철저하게 분석하고 있음을 알 수 있다. 만일 이러한 논리대로 언급을 한다면 "오직 불세출의 군주만이 독단적이고 뛰어나게 다른 명철함을 품고서 굳건하여 움직일 수 없는 기개가 있은 후에 타락의 늪에 빠지지 않을 기틀을 가질 수가 있을 뿐이다."[5]라고 하는 결론이 도출된다. 그렇다면 세상에 얼마나 많은 불세출의 군주가 있어서 의로움으로써 사모함을 자를 수 있으며 지혜로써 정을 제어할 수 있을 것인가? 그렇기 때문에 동한 시기에 외척들의 발호와 그들의 교만함 방자함 사치스러움에 대한 기록은 이루 말 할 수 없을 지경이라고 할 수 있다.

중장통은 환관들에 대해서도 환관제도의 기원과 환관들에 의해서 자행된 해악에 대해서도 적지 않은 언급을 했다.

> 환관이라고 하는 것은 황제의 칙령을 전달하는 관리이다.…… 선제 재위시기에 환관 홍공이 중서령이 되고 환관 석현이 복야가 되어 선제의 위엄을 밝혔다. 선제의 뒤를 이어 황제가 된 원제는 항상 병을 앓고 있었으며 음악을 좋아하기만 했다. 그래서 국사의 중요한 결정을 모두 다 환관 석현에게 맡겨버렸다. 그러자 한나라

厚其父兄子弟也. 妻之於我愛且媟, 於其私親, 亦若我之欲厚我父兄子弟也. 我之欲盡孝順於慈母, 無所擇事矣. 我之欲效恩情於愛妻妾, 亦無所擇力矣. 而所求於我者, 非使我有四體之勞苦, 肌膚用之疾病也 夫以此欬唾盼睇之間, 至易也. 誰能違此者乎."

5 魏徵, 『群書治要』, 卷四十五, "唯不世之主, 抱獨斷絕異之明, 有堅剛不移之氣, 然後可庶幾其不陷沒流淪耳."

의 정치는 혼란의 도가니로 빠져들게 되어 간신배가 득세하고 정의로운 자가 오히려 해를 입는 재앙이 발생하게 된다. 아아! 부자지간이 가까이에서 서로 감시하고 밝음과 어두움의 구분이 이와 같으니, 어찌 불량한 것이 충분히 비극적이지 않겠는가! 선제는 어렸을 때 스스로를 좀과 같이 여겼으나, 제위에 올라서는 후람侯覽과 장양張讓 등이 득세하여 정권을 휘두르며 정치를 극도로 혼란스럽게 만들어 황제는 혼미하게 되어 온 세상이 혼탁한 난세에 처하게 되었다. 태학생을 비롯한 사인士人들이 이러한 상황을 개탄하고 바로 잡을 것을 직언하여 환관들과 마찰을 빚게 되자, 환관들의 모함에 의해서 숙청을 당하게 되는데, 이들을 당인이라고 불렀다.[6]

동한 시기의 환관은 황제의 명령을 전달하는 시중에 불과할 뿐인 자들로 궁궐에 머물면서 하루 종일 군주의 주변에서 있으며 군주가 좋아하는 것과 싫어하는 것을 살펴 최상의 서비스를 제공했다. 또한 환관은 군주가 뜻하고 하는 바를 신하들에게 정확하게 전달하는 등 군주의 비위를 과도할 정도로 잘 맞춰주는 역할을 했다. 그렇기 때문에 환관들은 군주로부터 총애를 받게

6 魏徵, 『群書治要』, 卷四十五, “宦豎者, 傳言給使之臣也.……孝宣之世, 則以弘恭爲中書令, 石顯爲僕射, 中宗嚴明, 二豎不敢容錯其奸心也. 後曁孝元常抱病而留好於音樂, 悉以樞機委之石顯, 則昏迷霧亂之政起, 而仇忠害正之禍成矣. 嗚呼! 父子之間相監至近, 而明暗之分若此, 豈不良足悲耶! 孝桓皇帝起自蠡吾而登至尊, 侯覽、張讓之等, 以亂承亂, 政令多門, 權利并作, 迷荒帝主, 濁亂海內. 高命士惡其如此, 直言正諭, 與相摩切, 被誣見陷, 謂之黨人.”

되고 더 나아가 군주의 신임 하에 막대한 권력을 쥐고 휘두르게 된다. 궁궐의 내부 관리들이나 외부 경비대를 막론하고 모두가 환관의 지휘를 받게 되고 심지어는 군사와 사법권까지도 환관들이 장악하고 있었던 것이 동한 왕조의 현실이었다. 황제의 측근 관리나 중신들 및 태학생 그리고 사인士人들 모두가 힘써 환관들의 전횡과 패악을 막아보자 하였으나 오히려 환관세력에게 역습을 당하여 수많은 관리와 태학생 및 사인들이 숙청을 당하게 된다.[7] 이처럼 동한 시기에 외척과 환관들의 발호 및 정권쟁탈전으로 인한 폐해는 이루 말할 수 없을 정도로 막대한 것이었는데, 그러한 가운데 최종적으로 정권을 장악한 집단은 바로 환관들이었다.[8]

중장통은 외척과의 정권쟁탈전에서 승리한 환관세력이 대부분 자신들과 가까운 사람들과 당파를 형성하고, 사사로이 친분이 있는 사람을 등용하는 방법을 통하여 내부로는 도읍인 낙양에 온통 자신들의 사람을 채워 놓았으며, 외부로는 전국의 군현에도 자신들의 사람을 심어 놓은 현실을 목도했다. 그러한 결과 동한 사회는 현명하고 유능한 사람이 어리석은 사람보다 못한 지위에 있게 되었으며, 탐관오리가 발호하여 백성들의 삶은 갈

7 환제 재위시기에 환관의 독재에 200명이 넘는 관리와 태학생이 적극적으로 대항하였다. 이에 대해 환관들은 황제를 움직여 사예교위司隷校尉 이응李膺과 태부太傅 진번陳蕃 등이 중심이 되어 붕당을 만들어 조정을 비방한다고 탄핵하였다. 이를 들은 황제는 이들을 당인黨人이라 하여 종신금고형을 내렸다.

8 薩孟武, 『中國社會政治史』, 臺北, 三民書局, 1967년, 383쪽 참조.

수록 피폐해져만 가고 있는 실정이었다. 이러한 상황을 타개하기 위하여 중장통은 군주 된 사람은 마땅히 지극히 공정해야 하고 인덕을 베풀면서 평상심을 유지하면서 근검절약하는 자세로 정성을 다하여 수양에 힘써야 한다고 주장했다. 한걸음 더 나아가 그는 군주가 환관들의 감언이설을 멀리하는 한편 예로써 신하를 대우해줄 것과 신하들의 간언을 수용하고 자신을 돌이켜 성찰한 후 법도에 맞게 천하를 다스리면 동한 사회가 직면한 혼란한 상황을 타개해 나갈 수 있을 것이라고 생각했다.

3. 승상제도의 도입

재상이란 본래 제후가 천자의 조정에 조회하러 갈 때 제후를 보좌하여 의례를 담당했던 관리였다. 그 실례로 『춘추좌전春秋左傳』, 「정공십년하定公十年夏」에 정공이 제나라 경공과 협곡에서 회맹을 맺을 때 공자가 의례를 담당했다고 하는 기록이 전해오고 있다. 춘추시대에는 제후들 사이에 회맹을 맺는 일이 자주 있었는데, 당시 군주들은 회맹을 맺을 때 의례에 대하여 해박하고 학식이 있는 인사를 재상으로 삼아 자신을 보필하도록 하는 것이 일반적인 현상이었다. 재상은 군주의 곁에 있으면서 의례를 집도하고 큰 사안이 발생했을 때 군주에게 자신의 의견을 개진하여 군주가 올바른 판단을 내릴 수 있도록 해주는 조력자의 역할을 하기도 했다. 이와 같이 재상은 의례를 집전하는 관리이면서 국가의 정사에 참여하는 관리였던 것이다. 전국시대에 이르러서 귀족계층이 몰락하고 군주의 권력이 갈수록 강화 되면서 각국의 군주들은 귀족들을 억압하는 한편 재상의 지위를 높여줬다. 진나라 무왕 2년(B.C 309년)에 처음 승상을 두었는데, 저리질樗里疾이 좌승상이 되고 감무甘茂가 우승상이 되었다.[9] 한나라 시대에 들어서 성제成帝가 즉위하기 전까지 삼공三公제도가 있었는데, 삼공은 승상과 대사마大司馬 및 어사대부御史大夫를 지칭한다. 대사마는 비록 승상과 같은 만석의 녹봉을 받았지만 상설 직책은 아니었으며, 어사대부는 녹봉이 이천 석에 불과했으므로 승상의 권위가 가장 존엄했던 것이다. 한나라 성제 이후 삼공의 명칭은 대사마大司馬와 대사도大司徒 대사공大司空으로 바뀌게 된다. 후한 광무제 이후에 권신들의 전횡으로 인하여 삼공의 직책은 있었지만 허명에 불과한 지위로 전락하게 되었다.

> 춘추시대에 제후들 가운데 덕에 밝은 사람들은 모두가 재상을 두어 정사를 돌보게 했다. 전국시대에 이르러서도 모두가 그러했다. 그리고 진나라가 육국을 통일하고 승상을 두었으며, 어사대부급의 직책을 둘 두었다. 한나라 고조에서부터 성제에 이르기까지 이대로 바꾸지 않고 지속했으며 대부분 종신토록 임명되었는데, 한나라의 융성은 바로 이러한 제도에 기인한 것이다. 무릇 한 사람에게 정치를 맡기면 곧 정치에 전일하고, 여러 사람에게 정치를 맡기면 곧 서로에게 미루게 된다. 정치에 전일하면 곧 조화롭게 되고, 서로에게 미루게 되면 곧 어그러지게 된다. 조화롭게 되면

9 『史記』, 「秦本紀」, "二年, 初置丞相, 樗裏疾、甘茂爲左右丞相."

> 곧 태평성대가 흥기하게 되는 것이고, 어그러지게 되면 곧 황음무도한 혼란이 발생하게 되는 것이다. 광무황제는(황실이) 여러 세대에 걸쳐서 권력을 잃은 것을 분노하고, 권력을 가진 신하들이 권력을 탈취하는 것을 미워하여 잘못을 고치는 것이 너무 심해서, 정치는 일체 아랫사람들에게 맡기지 않았다. 비록 삼공을 설치하기는 하였으나 정무는 대각(상서성)으로 귀속되었다. 이로부터 삼공의 직무는 관원을 갖추는데 불과하였다.[10]

위의 인용문에서 중장통이 언급한 바와 같이 동한의 정치권력은 이미 상서성尙書省으로 넘어가게 되고 상대적으로 삼공三公은 허울에 불과한 직함만 가지게 되었다. 그러나 정치가 혼란스러워지자 삼공이 희생양으로 전락하게 되어 모든 허물을 다 뒤집어쓰는 형국 발생하게 된다.

> 그러나 정치에서 잘못된 부분이 있다면 오히려 삼공에게 책임을 물었다. 권력이 외척들의 수중으로 옮겨지게 되고 총애는 가까이 시봉하는 환관들에게 입혀져서 그 당류黨類를 친하게 여기고 사사로운 친분이 있는 사람을 기용했다. 안으로는 도성에 가득차고 바깥으로는 여러 군현에 널려있으니 현명한 사람과 어리석은

10 『後漢書』, 「王充王符仲長統列傳」, "春秋之時, 諸侯明德者, 皆一卿爲政. 爰及戰國, 亦皆然也. 秦兼天下, 則置丞相, 而貳之以御史大夫. 自高帝逮于孝成, 因而不改, 多終其身. 漢之隆盛, 是惟在焉. 夫任一人則政專, 任數人則相倚. 政專則和諧, 相倚則違戾. 和諧則太平之所興也, 違戾則荒亂之所起也. 光武皇帝慍數世之失權, 忿彊臣之竊命, 矯枉過直, 政不任下, 雖置三公, 事歸臺閣. 自此以來, 三公之職, 備員而已."

사람이 뒤바뀌고 교역의 방식으로 인재를 선발하였다. 무능한 인간이 변경을 수비하고 탐욕스럽고 잔인한 사람이 백성들을 다스리니 그들은 백성들을 괴롭히고 사방의 민족들을 원한에 차게 만들었다. 이로써 반란을 불러와 사방에서 난리가 일어나고 원한의 기운이 더불어 생기니 음양이 조화를 잃고 해와 달, 별의 빛이 이지러졌고 기괴한 일이 수차례 이르러 벌레들이 농작물을 먹어치우고 홍수와 가뭄이 재앙으로 나타난 것이다. 이는 모두 외척, 환관들이 불러온 것인데 오히려 책서를 내려 3공을 탓하니 죽거나 면관되는데 이르러 마침내 족히 창천을 향해 울부짖고 통곡하여 피눈물을 흘릴만한 일이다.[11]

이러한 현상이 발생하게 된 것은 바로 동한 조정의 불합리한 시스템에 기인한 것이다. 그렇기 때문에 중장통은 조정의 불합리한 시스템에 대하여 비평을 했다. 또한 중장통은 조정에서 삼공을 천거하여 등용하는 기준이 실제로는 그 직책을 맡기기에는 배우 부족하다고 하는 점을 발견하고 이러한 것이 바로 조정의 커다란 병폐라고 하는 사실을 밝혔다.

옛날 한 문제는 등통에 대해 지극히 좋아했다고 할 만한데 오히

11 『後漢書』, 「王充王符仲長統列傳」, "然政有不治, 猶加譴責. 而權移外戚之家, 寵被近習之豎, 親其黨類, 用其私人, 內充京師, 外佈列郡, 顚倒賢愚, 貿易選擧, 疲駑守境, 貪殘牧民, 撓擾百姓, 忿怒四夷, 招致乖叛, 亂離斯瘼, 怨氣並作, 陰陽失和, 三光虧缺, 乖異數至, 蟲螟食稼, 水旱爲災. 此皆戚宦之臣所致然也, 反以策讓三公, 至於死免, 乃足爲叫呼蒼天, 號咷泣血者矣."

려 (당시의 승상인) 신도가가 자신의 뜻대로 할 수 있었다. 무릇 신임을 받는 것이 이와 같다면 어찌 좌우의 소신小臣들을 두려워하겠는가? 근세에 이르러 외척과 환관들이 청탁을 해서 안 들어주면 의기意氣가 불만하여 곧바로 사람을 예상치 못한 재앙에 빠트릴 수 있는데 어찌 잘못을 바로 잡는 사람을 얻을 수 있겠는가![12]

삼공三公의 직위가 허울뿐인 이름에 불과하고 천거하여 등용하는 시스템이 비합리적이기 때문에 현명하고 사리에 밝은 군자는 그러한 직책을 맡으려 하지 않게 된다. 그러므로 이로 인한 손실은 몇몇의 대신들에게 그치는 것이 아니라 국가의 정무를 자신들의 손에 쥐고 좌지우지하려고 하는 외척이나 환관들의 횡포로 인해서 백성들의 삶은 도탄에 빠지게 되는 지경에 이르게 된다. 이렇듯 조정에서 삼공의 권력을 빼앗아버리게 되면서 자연스럽게 외척과 환관에 의한 전횡의 국면이 발생하게 되었던 것이다.

그렇기 때문에 군주 된 사람은 이러한 폐해를 차단하기 위해서 반드시 정치시스템의 개혁을 진행해야만 하는 것이다. 중장통은 "승상을 두지 않으면 모든 정무를 군주 자신이 처리해야 하지만, 삼공을 두어 정무를 맡기면 책무가 분산되어 잘 처리된

12 『後漢書』, 「王充王符仲長統列傳」, "昔文帝之於鄧通, 可謂至愛, 而猶展申屠嘉之志. 夫見任如此, 則何患於左右小臣哉. 至如近世, 外戚宦豎, 請託不行, 意氣不滿, 立能陷人於不測之禍, 惡可得彈正者哉!"

다."[13]라고 주장하여, 승상제도를 도입하고 승상을 군주가 장악함으로써 모든 정무에 관해서 보조를 받게 되면 권력이 군주 한 사람에게 집중되어 권력의 운용이 조화롭게 이루어질 수가 있으며 이로 인해서 쉽게 태평성대를 구가할 수 있다고 보았다. 또한 중장통은 만일 조정에 삼공三公을 두게 된다면 반드시 책무를 분산시켜 정무를 처리케 하여서 서로가 보완할 수 있게 만들면 정치의 혼란을 피할 수 있다고 생각했다.

4. 봉건제도의 철폐

주나라는 본래 서쪽 변방의 소국에 불과했으나 당시 중원을 통치하고 있었던 상나라의 주임금이 포악무도하여 온 천하에 원성이 가득 차게 되자 인덕으로 여러 제후들을 규합하여 결국에는 상나라를 멸망시켰다. 주나라가 천자의 나라가 된 후에 천하의 영토를 분할하여 천자의 종실과 전쟁에 참여한 공신들에게 공적의 대소에 따라서 분봉을 하게 되자 천하에는 여러 종류의 크고 작은 국가들이 병립하게 된다. 이것이 바로 주나라가 천하를 차지한 후에 봉건제도를 실시하게 된 이유인 것이다. 전목錢穆의 경우 주나라 초기에 시행된 봉건제도를 "침략적인 성격을 띤 무장이민과 군사점령"[14]이라고 보았다.

13 『後漢書』, 「王充王符仲長統列傳」, "未若置丞相自總之. 若委三公, 則宜分任責成."

14 錢穆, 『國史大綱』上册, 北京, 商務印書館, 1996년, 45쪽 참조.

서한 시기에 봉건제도가 실시된 주된 원인 역시 주나라 초기의 상황과 대략적으로 비슷했다고 볼 수 있다. 초나라와 한나라가 천하를 놓고 서로 경쟁관계에 있었을 때 유방은 항우를 고립시키고 세력을 확장시켜 전쟁을 조기에 종결시키기 위해서 대외적으로 다른 세력과 우방관계를 맺을 필요가 있었으며, 내부적으로는 공훈이 있는 신하에게 분봉을 내려주는 방법으로 내외의 모든 역량을 집중시켜 초나라 군대와 대적하고자 했다. 그래서 유방은 부득이하게 여러 번국을 세워 항우를 고립시키는 책략을 펼칠 수밖에 없었으며, 이러한 책략이 맞아떨어져 결국에는 천하를 제패할 수 있었던 것이다. 그러나 통일제국을 건설한 이후 유방과 다른 핏줄의 제후들의 세력이 증대됨에 따라 한나라 황실은 상당한 부담을 가지게 된다. 한나라 황실의 입장에서는 주나라의 사례를 보면 비록 봉건제도의 폐해로 인한 혼란이 있었지만 나라의 수명은 매우 장기간에 걸쳐서 유지되었으며, 봉건제도를 철폐하고 군현제도를 채택했던 진나라의 경우 단명하였기 때문에 이들에 대한 보완책으로 유방의 핏줄들로 이루어진 번국을 확대하는 방법을 사용하게 되었던 것이다. 그러나 주나라나 한나라가 시행한 봉건제도에는 치명적인 폐해가 있었기 때문에 중장통은 한나라의 역사적 사례를 들어서 봉건제도의 철폐를 강력하게 주장했던 것이다.

> 한나라가 처음 흥기했을 때 황제의 자제들을 분봉하여 왕으로 삼고 사인과 백성들의 운명을 그들에게 맡겼으며 그들의 생사여

탈 권한을 그들에게 위임했다. 그래서 그들은 교만하고 사치스럽고 음란한 태도로 방종을 일삼으면서 탐욕스러운 마음이 그칠 줄 모르게 되었다. 백성들은 생선과 고기로 그들의 욕망을 만족시켰으나 오히려 백성들을 더 잔학하게 탄압했는데 이는 백성들이 생산을 더욱 빠르게 하기 위해서였다. 위에서는 재위를 찬탈하고 반역 등 법도에 벗어나는 일을 도모하고 아래에서는 폭동이 일어나 혼란이 발생하고 서로가 서로를 해치는 것과 같은 국가와 백성들에게 위해가 가해졌다. 비록 그들 모두는 친족의 은혜와 온정을 빙자했으나, 역사적 연원과 현실적인 상황은 그들이 그러한 행위를 하게 만들었던 것이다. 그들의 작위를 강등시켜야 하고 봉토를 삭감시켜야 하며 점진적으로 봉토를 없애고 작위를 빼앗아 결국에는 그들이 앉아서 국가의 봉록만을 받아먹게 만들어야 한다. 그러나 그들의 그러한 지저분하고 더러운 행위와 음란하고 어리석은 죄악은 여전히 매우 많았다. 그러므로 비록 그들의 뿌리를 흔들어 그들에 대한 은택을 삭감했을지라도 그들은 여전히 존귀한 존재로서 사인이나 백성들이 그들을 위하여 힘쓰는 노고를 받았다.[15]

봉토를 분배 받은 왕들은 그들의 봉토를 자손에게 세습해주었으며, 그들은 제왕을 조상으로 둔 덕분에 자신들의 자질이 출중

15 『後漢書』, 「王充王符仲長統列傳」, "漢之初興, 分王子弟, 委之以士民之命, 假之以殺生之權. 於是驕逸自恣, 志意無厭. 魚肉百姓, 以盈其欲; 報蒸骨血, 以快其情. 上有篡叛不軌之姦, 下有暴亂殘賊之害. 雖藉親屬之恩, 蓋源流形埶使之然也. 降爵削土, 稍稍割奪, 卒至於坐食奉祿而已. 然其洿穢之行, 淫昏之罪, 猶尚多焉. 故淺其根本, 輕其恩義, 猶尚假一日之尊, 收士民之用."

하거나 그렇지 않거나 혹은 현명하고 유능하거나 어리석거나에 관계없이 "사인과 백성들의 운명"과 "그들의 생사여탈 권한"을 손쉽게 거머쥐었던 것이다. 그렇기 때문에 그들은 "태어나고 장성하면서 교만함이 넘쳐흐르는 것에 처하고, 스스로 방자하게 여색을 취하는 쾌락을 쫓는 가운데에서 있게 되는 것은, 옛날 전적에 있는 성현의 법도를 듣지 않고 스승이 전한 훌륭한 가르침을 따르지 않았기 때문이다."[16]와 같은 상황에 처하게 되었던 것이다. 그러므로 이들은 항상 교만방자하고 방탕한 생활을 일삼으면서 끊임없이 탐욕스러운 마음으로 백성들을 착취하는 한편 백성들을 매우 흉폭 하게 학대했는데, 이로 인해서 결국에는 학정을 견디다 못한 백성들의 폭동을 유발시킬 수밖에 없었던 것이다. 바로 이러한 점이 봉건제도의 병폐인 것이다. 그렇기 때문에 중장통은 군주가 된 사람은 봉건제도의 폐해를 막아야 하는 것이며, 자신의 혈육에게 은택을 내려주기를 원한다면 마땅히 "그를 재물로 부유하게 해주되, 지위를 주지 말아야 한다."[17]와 같이 해야 한다고 주장했다. 이처럼 중장통은 군주가 자신의 혈육들에게 절대로 봉토와 권력을 주지 말 것을 강조하는 한편 더 나아가 자손에게 권력이 대대로 전수되는 것을 반대했다. 만일 그렇지 않을 경우에는 분봉 받은 봉토를 기반으로 세력을 키워 조정을 압박하고 지방을 난도질 경우 조정에서는 속수무책으

16 魏徵, 『群書治要』, 卷四十五, "然而生長於驕溢之處, 自恣於色樂之中, 不聞典籍之法言, 不因師傅之良教."

17 魏徵, 『群書治要』, 卷四十五, "豊之以財, 以勿與地位."

로 바라볼 수밖에 없게 된다고 중장통은 보았다.

이상과 같은 중장통의 주장들을 살펴보면 비록 대부분이 봉건제도를 폐지해야 한다고 하는 사안에 관한 언급들로 이루어져 있음을 발견할 수 있다. 그렇지만 이러한 중장통의 언급의 의미를 분석해 보면 중앙정권과 지방정권의 권한의 조화에 대하여 논의하고 있음을 찾아볼 수 있을 것이다. 일반적으로 중앙집권제를 시행하게 되면 지방정권은 실질적인 권한이 없게 되어 사사건건 중앙정부의 간섭과 지시를 받아야만 한다. 이러할 경우 지방정부에서는 모든 사안이 제대로 처리되지 않을뿐더러 책임 소재 또한 불분명하게 되며 심지어는 무력의 부재로 인하여 외부세력의 침략에 중앙정부를 효과적으로 보위할 수 없게 된다. 이럴 때 만일 외적의 침략이나 내부의 반란이 일어나게 되면 지방정권에서는 그러한 것들을 효과적으로 제어할 수 있는 무력수단이 없기 때문에 외부의 침략세력이나 내부의 반란군들이 방해받지 않고 손쉽게 중앙정부가 소재한 도성으로 쇄도할 수 있게 되는 것이다. 그러나 만일 "사인과 백성들의 운명을 그들에게 맡겼으며 그들의 생사여탈 권한을 그들에게 위임했다"라고 하는 것처럼 지방정권에 충분한 자주적인 권력이 주어지고 거기에 인재를 적소에 배치하여 쓰는 것과 같은 제대로 된 체제가 갖춰질 경우 중앙정부의 보호막이 될 수 있는 것이다. 그러나 만일 인재를 제대로 쓰지 않으며 쉽게 무력수단을 보유하면서 자중하지 않고 자신의 세력을 과시하면서 할거하게 된다면 이는 아랫사람의 세력이 커서 통제할 수 없는 국면이 조성되는 것이다.

그렇다면 중장통은 과연 어떠한 방법으로 중앙정권과 지방정권의 권한을 조화롭게 유지시키고자 했을 것인가라고 하는 물음이 제기 될 수 있다. 현재까지 전해지는 자료를 분석해보면 중장통이 이러한 문제에 대하여 상세하게 설명한 것은 찾아보기 힘든 실정이라고 말할 수 있다. 그렇지만 중장통이 "도는 위대한 중도의 덕에 있는 것이기 때문에 존귀한 것이다."[18]라고 한 언급에서와 같이 볼 수 있듯이 중도의 덕으로써 중앙정권과 지방정권의 권한을 조화롭게 하여 이로운 것과 폐해의 균형을 맞춘다면 이는 가장 이상적인 조처라고 할 수 있을 것이다. 중장통은 비록 봉건제도의 폐지를 주장하면서 군현제도의 시행을 적극적으로 강조했지만, 그 군현의 수령들 역시 봉토를 가진 관리들이기 때문에 조정에서는 반드시 그들이 현지에서 무소불위의 권력을 휘두르지 못하도록 제도적 장치를 마련해야 하고 또한 그 직위가 자손들에게 세습되지 않게 만들어 폐단을 최소화해야 한다고 역설했던 것이다. 더 나아가 조정은 지방정부의 수령들이 전횡을 하지 못하도록 항상 감시의 끈을 늦추지 않아야 함을 주장했다. 만일 그렇지 않을 경우 지방의 수령들은 자신들의 권세를 믿고 전횡을 일삼게 될 것이며, 각자가 독립적으로 정사를 추진할 경우에 중앙정부의 정령은 통일적으로 시행되기가 어렵게 되어 국가는 반드시 혼란한 상황에 빠지게 되고 심각한 위기상황에 직면하게 될 것은 자명한 사실이다.

18 魏徵, 『群書治要』, 卷四十五, "道有大中, 所以爲貴."

중장통은 조정에서 지방의 수령들에 대한 감시의 끈을 늦추지 않아야함을 역설함과 동시에 만일 지방의 수령이 그 직무를 충실하게 수행하지 않았을 경우에는 장수가 한쪽 팔을 잘라내는 심정으로 즉시 파면을 시켜야 한다고 주장했다. 아울러 그 빈자리를 현명하고 유능한 사람으로 대체해야 할 것을 주장했다.

5. 현명하고 유능한 인재의 등용

정치라고 하는 것은 사람들과 관련한 사안을 관리하는 것이라고 할 수 있다. 그러나 모든 사람들은 제각기 다른 사고의 유형을 가지고 있는 것이기 때문에 저마다 삶의 방식이 다르게 나타나는 것이다. 이처럼 다양하고 복잡한 사람들의 사유와 행동방식에 대한 효과적인 대응은 동서고금을 막론하고 그 전례를 찾아보기 힘들 지경이며 아울러 기준이 될 만한 방법도 없는 실정이라고 할 수 있을 것이다.

고대 중국의 성인들이 정치에 대하여 언급한 사례들 가운데 대부분은 사람을 등용하는 것에 관한 것들이 주류를 이루고 있다고 할 수 있다. 공자의 경우 "문왕과 무왕의 정치가 문헌에 실려 있으니, 문왕 무왕과 그 신하들 같은 사람이 있으면 정치가 이루어지고, 그러한 사람들이 없으면 정치가 종식됩니다. 사람의 도는 정치에 빠르게 나타나고 땅의 도는 나무에 빠르게 나타나니 정치라는 것은 효과의 신속함이 쉽게 자라는 갈대와 같습니다. 그러므로 정치를 하는 것은 사람에게 달렸습니다."[19]라고 언급했으며, 맹자의 경우 "선한 마음만 가지고 정치를 할 수 없고, 엄격한 법만으로 저절로 이루어지지 않는다."[20]라고 언급한 바와 같이 법은 단지 종이 위에 쓰인 조문에 불과할 뿐인 것으로 그것을 집행할 사람이 없으면 법이 있어도 무용지물에 불과한 것이 된다. 하물며 다양한 인간사회의 변화무쌍한 상황 속에서 모든 사안을 기록하고 그에 부합하는 정령을 밝히고 집행해야 하는 것은 오직 사람만이 그렇게 할 수 있는 것이다. 그렇기 때문에 정치를 하는 것은 사람에게 달려 있는 것이라고 했던 것이다. 중장통의 사상 속에서 강조하는 것도 역시 이와 같다고 볼 수 있다. 중장통은 인재의 등용에 대한 원칙으로 천거원칙을 고수하고 있다. 그의 인재 등용과 승진 및 인사고과 방법에 관한 주장을 살펴보면 다음과 같다.

먼저 인재가 있으나 등용하지 않고 수준 미달의 사람을 등용하는 것과 같은 우를 범하지 말아야 한다. 훌륭한 인재를 구하는 것은 쉽지 않기 때문에 군주 된 사람은 항상 인재를 주변에 비축시켜 놓고 언제라도 필요할 경우 등용시켜야 한다는 것이다. 그러나 수많은 군주들은 인재가 쓸모없다고 생각하고 현명한 사람을 혐오하기 때문에 세상에 현명하고 유능한 인재가 없다고 말하고 있는데, 이는 변명에 불과할 뿐이다. 그렇기 때문에 군주

19 『中庸』, 「二十章」, "文武之政, 布在方策. 其人存, 則其政; 其人亡, 則其政息. 人道敏政, 地道敏樹. 夫政也者, 蒲盧也. 故政在人."

20 『孟子』, 「離婁上」, "徒善不足以爲政, 徒法不能以自行."

된 사람은 인재를 비축해야 하고 유능한 사인을 적극적으로 등용시켜야 한다는 것이다.

과거에 천하에 천만이 넘는 가구가 있었는데, 그 가운데 노약자들을 제외하면 각 가구당 한명의 장정이 있다고 했을 때 그 수가 천만 명에 달한다. 이들 가운데 누락된 가구가 이미 상당수 있으며 거기에 한나라 경내에 거주하는 오랑캐의 인구는 포함시키지 않은 숫자이다. 장정들 가운데 십장什長이나 오장伍長 정도의 가구 규모를 담당할 수 있는 사람들이 반드시 있을 것인데, 십장 이상의 규모를 담당할 수 있는 사람이 백만 명 정도가 될 것으로 추산된다. 또한 이들 가운데 열 개에서 한 개를 취한다고 했을 때 좌사佐史를 담당할 수 있는 인재가 이미 십만 명 이상 된다. 또 다시 이들 가운데 열 개에서 한 개를 취한다고 했을 때 정리政理 지위를 담당할 수 있는 사람이 만 명이나 된다. 노동력을 써서 다른 사람에게 기용되는 자를 사람이라고 부르고 사람은 건장해야만 한다. 재능과 지혜를 써서 다른 사람에게 기용되는 자를 사인이라고 부르고 사인은 노인 보다 더 귀한 대접을 받는다. 이러한 계산법으로 천하의 사람들과 사인을 기용한다면 수많은 인재를 비축할 수 있는데 어째서 인재가 부족할 것을 걱정하는 것인가?[21]

21 『後漢書』, 「王充王符仲長統列傳」, “向者, 天下戶過千萬, 除其老弱, 但戶一丁壯, 則千萬人也. 遺漏旣多, 又蠻夷戎狄居漢地者尙不在焉. 丁壯十人之中, 必有堪爲其什伍之長, 推什長已上, 則百萬人也. 又十取之, 則佐史之才已上十萬人也. 又十取之, 則可使在政理之位者萬人也. 以筋力用者謂之人, 人求丁壯; 以才智用者謂之士, 士貴耆老. 充此制以用天下之人, 猶將有儲, 何嫌

다음은 현명하고 유능한 인재를 발탁하여 등용하는 것이다. 인재의 공급원이 부족하지 않은 이상 인재를 천거하는 것이야말로 천거제도를 제대로 실현하는 것이라고 할 수 있다. 조정에 인재가 없다고 하는 것은 현명한 인재를 구하기 위한 의도가 없는 것이 아니라 인재를 등용하기 위한 제도적장치가 마련되어 있지 않기 때문이다. 당시 인재를 천거하는 것이 항상 권신들과 환관 및 외척들에 의해서 독점되었기 때문에 현명하고 유능한 인재들이 등용될 기회를 상실하게 되었던 것이다. 그래서 관직에 등용되는 사람들 대부분이 평범하고 무능하거나 우매한 자들로 채워지게 되었던 것이다. 또한 사사로운 청탁에 의해서 관직에 등용시키거나 거짓된 명성을 이용하여 관직에 등용된 자들이 이루 헤아릴 수 없을 정도로 많아서 진정으로 현명하고 유능한 인재들은 은둔생활을 하면서 정치와 거리를 두고 있었다. 이러한 악순환이 반복적으로 되풀이 되면서 천거제도는 유명무실하게 되었으며 정치 풍토는 나날이 저질화 되어가고 있었다. 그렇기 때문에 중장통은 군주 된 사람은 마땅히 "독단적이고 뛰어나게 다른 명철함을 품고서 굳건하여 움직일 수 없는 기개가 있어야 한다."[22]라고 주장하며, 또한 "정무에 임해서는 공정하게 하고 그것의 실천은 충실함과 어짊으로써 한다."[23]라고 주장했다. 또한 중장통은 군주는 "정권은 외척집안 사람들과 나누지 않고,

乎不足也?"

22 魏徵, 『群書治要』, 卷四十五, "抱獨斷絕異之明, 有堅剛不移之氣."

23 魏徵, 『群書治要』, 卷四十五, "臨之以至公, 行之以忠仁."

권력은 환관의 세력이 개입하지 못하게 해야 한다."[24]라고 역설했으며, 이러한 후에 현명하고 유능한 인재를 등용할 때는 그 사람의 출신배경을 따지지 말아야 한다고 주장했다. 다시 말하자면, 중장통은 천거의 목적이 현명하고 유능한 인재를 등용하는 것에 있으며, 인재를 등용하는 절차는 반드시 공정해야 하는 것으로 사사로운 입장이 개입되어서는 절대로 안 된다고 하는 것을 역설했다. 그래서 중장통은 당시 인재를 천거하면서 문벌과 가문을 따지는 것과 같은 왜곡된 천거제도에 대한 비판과 함께 군주가 현명하고 유능한 인재만을 가까이 해야 한다고 하는 주장을 제기했던 것이다.

다음은 발탁한 인재에게 직책에 맞는 임무를 배정하는 것이다. 중장통은 "인재가 있으나 등용하지 않고 수준 미달의 사람을 등용함"이라고 하는 언급을 하면서 현명하고 유능한 인재를 등용할 것을 주장하면서 동시에 현명하고 유능한 인재를 가까이 할 것을 역설했다. 그 후에 더 나아가 유능한 사인士人을 임용할 때는 반드시 직책에 맞는 임무를 부여할 것을 주장했다. 중장통은 "재능과 기예를 잘 살펴서 관직에 맞게 쓴다."[25]라고 언급하여 관리를 임용하면 반드시 그 직책을 부여해서 그의 재능과 기예가 뛰어난지 혹은 열등한지를 살펴보고 능력이 있고 없음을 세심하게 관찰하여 그에 합당한 관직을 부여해야 한다고 생각했

24 魏徵, 『群書治要』, 卷四十五, "政不分於外戚之家, 權不入於宦竪之門."

25 『後漢書』, 「王充王符仲長統列傳」, "覈才藝, 以敍官宜."

다. 이와 같을 때 비로소 그가 제대로 직무를 수행하여 원만하게 정사를 처리할 수 있게 되는 것이며, 뛰어난 인재가 하찮은 임무에 매몰되지 않게 되고 어리석고 난폭한 사람이 높은 지위에 임명되는 우를 범하지 않게 되는 것이다.

> 적은 수의 사람은 다른 사람들의 윗자리에 있는 것이고 많은 수의 사람은 다른 사람들의 아랫자리에 있는 것이다. 한 오伍의 오장伍長은 한 오를 통솔하기에 충분한 사람이고, 한 국가의 군주는 한 나라를 다스리기에 충분한 사람이며, 천하의 제왕은 온 천하를 다스리기에 충분한 사람이다. 어리석은 사람이 지혜로운 사람에게 부림을 당하는 것은 마치 나뭇가지가 나무줄기에 의지하는 것과 같은 것으로, 이러한 것은 천하를 다스리는 일반적인 법칙인 것이다.[26]

사람에게는 각자 저마다의 장기가 있기 때문에 비로소 능력과 신분의 상하 구분이 있게 되는 것이다. 그러므로 각자 저마다 자신의 재질에 맞는 업무가 있는 것이다. 사인士人의 경우 모든 정치 사안에 대한 책임을 도맡아 다 질 필요가 없는 것이며 자신의 직분에 맞는 업무에 대하여 충실하게 처리하면 되는 것이다.

26 『後漢書』, 「王充王符仲長統列傳」, "寡者, 爲人上者也; 衆者, 爲人下者也. 一伍之長, 才足以長一伍者也; 一國之君, 才足以君一國者也; 天下之王, 才足以王天下者也. 愚役於智, 猶枝之附幹, 此理天下之常法也."

끝으로 현명한 인재를 적시에 등용하고 아울러 경력에 의거하여 승진을 시키는 것이다. 중장통은 군주 된 사람은 항상 국가를 정도에 맞게 다스리는 것에 전념해야 하는 것에 심사숙고해야 하는 것이며, 현명한 인재를 등용하여 능력에 부합하는 직책을 부여해야 한다고 생각했다. 아울러 그는 군주는 인재를 시의적절 하게 등용해야만 하고 등용한 인재에게 직책에 맞는 임무를 배정하는 것을 결코 소홀히 해서는 안 된다고 생각했다. 또한 중장통은 당시 집권세력이 대부분 외척과 환관으로 이루어진 상황 속에서 등용된 인재들이 붕당을 이루어서 자신들의 당파사람들 위주로 승진이나 인사업무를 처리하는 행태를 목격했다. 특히 조정의 고위직에 있는 사람들이 실무경험이 전혀 없는 인사들로서 국정업무를 처리할 능력이 되지 않는 상황에서 국가의 봉록만을 축내고 있는 현실에 대하여 개탄을 금치 못한다. 그렇기 때문에 중장통은 승진인사 제도를 수립하여 관리들의 인사와 관련한 승진이나 강등 혹은 취임이나 퇴임은 모두 규정에 의해서 진행할 것을 주장했던 것이다.

6. 맺는 말

이상과 같이 중장통의 정치사상에 대하여 외척과 환관의 폐해 청산과 승상제도의 도입 및 봉건제도의 철폐 그리고 현명하고 유능한 인재의 등용을 중심으로 살펴보았는데, 이를 정리하면 다음과 같다.

동한의 환제桓帝에서부터 영제에 이르는 시기는 동한 역사상 환관과 외척의 득세가 최고조에 달했던 시기였다고 할 수 있다. 그 가운데 환관들의 정치 농단에 의한 폐해는 필설로 형용하기 힘들 정도로 심각한 지경에 이르렀었다. 당시 환관은 외척세력과의 권력다툼에서 우위를 확보하기 위해서 수단과 방법을 가리지 않았음은 물론이거니와 자신들의 집권에 장애요인이 되는 지식인들을 탄압하고 더 나아가 무참히 살해하는 등의 만행을 서슴지 않게 자행하였다. 그러한 결과 동한 사회는 현명하고 유능한 사람이 어리석은 사람보다 못한 지위에 있게 되었으며, 탐관오리가 발호하여 백성들의 삶은 갈수록 피폐해져만 가고 있는 실정이었다. 이러한 상황을 타개하기 위하여 중장통은 군주된 사람은 마땅히 지극히 공정해야 하고 인덕을 베풀면서 평상심을 유지하면서 근검절약하는 자세로 정성을 다하여 수양에 힘써야 한다고 주장했다. 한걸음 더 나아가 그는 군주가 환관들의 감언이설을 멀리하는 한편 예로써 신하를 대우해줄 것과 신하들의 간언을 수용하고 자신을 돌이켜 성찰한 후 법도에 맞게 천하를 다스리면 동한 사회가 직면한 혼란한 상황을 타개해 나갈 수 있을 것이라고 생각했다.

중장통은 "승상을 두지 않으면 모든 정무를 군주 자신이 처리해야 하지만, 삼공을 두어 정무를 맡기면 책무가 분산되어 잘 처리된다."라고 주장하여, 승상제도를 도입하고 승상을 군주가 장악함으로써 모든 정무에 관해서 보조를 받게 되면 권력이 군주 한 사람에게 집중되어 권력의 운용이 조화롭게 이루어질 수가 있으며 이로 인해서 쉽게 태평성대를 구가할 수 있다고 보았다. 또한 중장통은 만일 조정에 삼공三公을 두게 된다면 반드시 책무를 분산시켜 정무를 처리케 하여서 서로가 보완할 수 있게 만들면 정치의 혼란을 피할 수 있다고 생각했다.

한나라 초기 황제로부터 봉토를 분배받은 군주들은 항상 교만방자하고 방탕한 생활을 일삼으면서 끊임없이 탐욕스러운 마음으로 백성들을 착취하는 한편 백성들을 매우 흉폭 하게 학대해서 결국에는 백성들의 폭동을 자주 유발시키게 된다. 이러한 봉건제도의 고질적인 병폐 때문에 중장통은 군주가 된 사람은 봉건제도의 폐해를 막아야 하는 것이며, 자신의 혈육에게 은택을 내려주기를 원한다면 마땅히 "그를 재물로 부유하게 해주되, 지위를 주지 말아야 한다."와 같이 해야 한다고 주장했다. 이처럼 중장통은 군주가 자신의 혈육들에게 절대로 봉토와 권력을 주지 말 것을 강조하는 한편 더 나아가 자손에게 권력이 대대로 전수되는 것을 반대했다. 만일 그렇지 않을 경우에는 분봉 받은 봉토를 기반으로 세력을 키워 조정을 압박하고 지방을 난도질 경우 조정에서는 속수무책으로 바라볼 수밖에 없게 된다고 중장통은 보았다.

중장통은 인재의 등용에 대한 원칙으로 천거원칙을 고수하고 있다. 그의 인재 등용과 승진 및 인사고과 방법에 관한 주장은 먼저 인재가 있으나 등용하지 않고 수준 미달의 사람을 등용하는 것과 같은 우를 범하지 말아야 한다는 것이다. 즉 훌륭한 인재를 구하는 것은 쉽지 않기 때문에 군주 된 사람은 항상 인재를 주변에 비축시켜 놓고 언제라도 필요할 경우 등용시켜야 한다는 것이다. 다음은 현명하고 유능한 인재를 발탁하여 등용하는 것이다. 즉 인재의 공급원이 부족하지 않은 이상 인재를 천거하는 것이야말로 천거제도를 제대로 실현하는 것이라고 할 수 있다. 그래서 중장통은 당시 인재를 천거하면서 문벌과 가문을 따지는 것과 같은 왜곡된 천거제도에 대한 비판과 함께 군주가 현명하고 유능한 인재만을 가까이 해야 한다고 하는 주장을 제기했던 것이다. 다음은 발탁한 인재에게 직책에 맞는 임무를 배정하는 것이다. 이와 같을 때 비로소 그가 제대로 직무를 수행하여 원만하게 정사를 처리할 수 있게 되는 것이며, 뛰어난 인재가 하찮은 임무에 매몰되지 않게 되고 어리석고 난폭한 사람이 높은 지위에 임명되는 우를 범하지 않게 되는 것이다. 끝으로 현명한 인재를 적시에 등용하고 아울러 경력에 의거하여 승진을 시키는 것이다. 중장통은 군주는 인재를 시의적절 하게 등용해야만 하고 등용한 인재에게 직책에 맞는 임무를 배정하는 것을 결코 소홀히 해서는 안 된다고 생각했다. 아울러 중장통은 승진인사 제도를 수립하여 관리들의 인사와 관련한 승진이나 강등 혹은 취임이나 퇴임은 모두 규정에 의해서 진행할 것을 주장했던 것이다.

참고문헌

焦循,『孟子正義』,『焦氏遺書』 本.

朱熹,『中庸章句』,『海淵閣』 明刻本.

司馬遷,『史記』, 北京, 中華書局, 1982년.

班固,『漢書』, 北京, 中華書局, 1990년.

范曄,『後漢書』, 北京, 中華書局, 1985년.

魏徵,『群書治要』,『四部叢刊初編』 本.

薩孟武,『中國社會政治史』, 臺北, 三民書局, 1967년.

錢穆,『國史大綱』 上册, 北京, 商務印書館, 1996년.

참고문헌

〔원전류〕

朱公遷, 『詩經義疏』, 『四庫全書』 本.

孫星衍, 『尙書今古文注疏』, 『平津館叢書』 本.

趙汸, 『春秋左氏傳補注』, 『通志堂經解』 本.

朱彬, 『禮記訓纂』, 『宜祿堂』 淸刻本.

朱熹, 『大學章句』, 『海淵閣』 明刻本.

黃侃, 『論語義疏』, 『皇淸經解』 本.

朱熹, 『論語集注』, 『海淵閣』 明刻本.

劉寶楠, 『論語正義』, 『續皇淸經解』 本.

朱熹, 『中庸章句』, 『海淵閣』 明刻本.

趙岐, 『孟子章句』, 『四部叢刊』 本.

朱熹, 『孟子章句集註』, 『海淵閣』 明刻本.

焦循, 『孟子正義』, 『焦氏遺書』 本.

王先謙, 『荀子集解』, 北京, 中華書局, 1992년.

北京大學哲學系注釋, 『荀子新注』, 臺北, 里仁書局, 1983년.

李滌生, 『荀子集釋』, 臺北, 學生書局, 1991년.

王忠林, 『荀子讀本』, 臺北, 三民書局, 1996년.

左丘明, 『國語』, 『四部備要』 本.

顔昌嶢, 『管子校釋』, 長沙, 嶽麓書社, 1996년.

高亨,『商君書注譯』, 北京, 中華書局, 1974년.
蔣禮鴻,『商君書錐指』, 北京, 中華書局, 1986년.
王先愼,『韓非子集解』, 北京, 中華書局, 1998년.
王利器,『新語校注』, 北京, 中華書局, 1996년.
司馬遷,『史記』, 北京, 中華書局, 1982년.
班固,『漢書』, 北京, 中華書局, 1990년.
范曄,『後漢書』, 北京, 中華書局, 1985년.
賈誼,『新書』,『四庫全書』 本.
蘇輿,『春秋繁露義證』, 北京, 中華書局, 1992년.
汪榮寶,『法言義疏』, 北京, 中華書局, 1996년.
黃暉,『論衡校解』, 北京, 中華書局, 1995년.
彭鐸,『潛夫論箋校正』, 北京, 中華書局, 1985년.
許愼撰, 段玉裁注,『說文解字注』, 上海, 上海書店, 1992년.
魏徵,『群書治要』,『四部叢刊初編』 本.

〔중국자료〕

趙起彬,『論語新探』, 北京, 人民出版社, 1976년.
匡亞明,『孔子評傳』, 濟南, 齊魯書社, 1985년.
錢穆,『孔子與論語』, 臺北, 聯經圖書事業公司, 1988년.
金谷治,『唐寫本論語鄭氏注及其硏究』, 北京, 文物出版社, 1991년.
錢穆,『論語要略』, 臺北, 臺灣商務印書館, 1987년.
詹智明,『論語與經商藝術』, 香港, 漢湘文化出版社, 1997년.
舒大剛,『孔子的智慧』, 延吉, 延邊大學出版社, 1995년.
蔡仁厚,『孔孟荀哲學』, 臺北, 學生書局, 1991년.
H.G.Creel,『孔子與中國之道』, 太原, 山西人民出版社, 1993년.

郎擎霄,『孟子學案』, 上海, 商務印書館, 1928년.
唐迪風,『孟子大義』, 北京, 北平直隸書局, 1931년.
陳大齊,『孟子的名理思想及其辯說實況』, 臺北, 臺灣商務印書館, 1983년.
李信言,『孟子政治思想及經濟思想』, 上海, 易社, 1938년.
許宗興,『孟子的哲學』, 臺北, 臺灣商務印書館, 1989년.
葉經柱,『孟子之民本主義』, 臺北, 正中書局, 1990년.
黃俊傑 主編,『孟子思想的歷史發展』, 臺北, 中央研究院 中國文哲研究所籌備處, 1995년.
劉鄂培,『孟子大傳』, 北京, 清華大學出版社, 1998년.
楊筠如,『荀子研究』, 上海, 商務印書館, 1931년.
周群振,『荀子思想研究』, 臺北, 文津出版社, 1987년.
魏元珪,『荀子哲學思想』, 臺北, 谷風出版社, 1987년.
陳大齊,『荀子學說』, 臺北, 中國文化大學出版部, 1989년.
李哲賢,『荀子之核心思想』, 臺北, 文津出版社, 1994년.
馬積高,『荀學源流』, 上海, 上海古籍出版社, 2000년.
牟宗三,『名家與荀子』, 臺北, 學生書局, 1985년.
韋政通,『荀子與古代哲學』, 臺北, 臺灣商務印書館, 1992년.
陳大齊,『荀子學說』, 臺北, 中國文化大學出版部, 1989년.
廖名春,『荀子新探』, 臺北, 文津出版社, 1994년.
鮑國順,『荀子學說析論』, 臺北, 華正書局, 1993년.
孫詒讓,『墨子閒詁』, 北京, 中華書局, 1954년.
鄭良樹,『商鞅及其學派』, 上海, 上海古籍出版社, 1989년.
張素貞,『韓非子難篇研究』, 臺北, 學生書局, 1988년.
張純,『韓非思想的歷史研究』, 臺北, 聯經出版事業公司, 1984년.

蔣重躍,『韓非子的政治思想』, 北京, 北京師範大學出版社, 1998년.
王興國,『賈誼評傳』, 南京, 南京大學出版社, 1992년.
周桂鈿,『董學探微』, 北京, 北京師範大學出版社, 1989년.
周桂鈿,『董仲舒評傳』, 南寧, 廣西教育出版社, 1995년.
田昌五,『王充及論衡』, 北京, 三聯書店, 1958년.
陳正雄,『王充學術思想述評』, 臺北, 文津出版社, 1987년.
田鳳台,『王充思想析論』, 臺北, 文津出版社, 1989년.
鍾肇鵬, 周桂鈿,『桓譚 王充評傳』, 南京, 南京大學出版社, 1993년.
陳拱,『王充思想評論』, 臺北, 臺灣商務印書館, 1996년.
劉文英,『王符評傳』, 南京, 南京大學出版社, 1993년.
唐君毅,『中國哲學原論-導論篇』, 臺北, 學生書局, 1986년.
徐復觀,『兩漢思想史』, 卷二, 臺北, 學生書局, 1985년.
宮哲兵,『晩周辨證法史硏究』, 上海, 上海古籍出版社, 1988년.

傅筑夫,『中國經濟史論叢』, 北京, 三聯書店, 1980년.
錢穆,『國史大綱』上册, 北京, 商務印書館, 1996년.
田昌五 外,『秦漢史』, 北京, 人民出版社, 1993년.
王雲五,『兩漢三國政治思想史』, 臺北, 臺灣商務印書館, 1969년.
王雲五,『漢唐敎學思想』, 臺北, 臺灣商務印書館, 1970년.
黃錦鋐,『秦漢思想硏究』, 臺北, 學海出版社, 1979년.
金春峰,『漢代思想史』, 北京, 中國社會科學出版社, 1997년.
黃俊傑編,『中國文化新論思想篇(一)』, 臺北, 聯經出版事業公司, 1989년.
孫叔平,『中國哲學史稿』(上), 上海, 上海人民出版社, 1991년.
方立天,『中國古代哲學問題發展史』(下), 北京, 中華書局, 1990년.

賀凌虛,『中國古代政治思想論集』, 臺北, 霧峯出版社, 1970년.
薩孟武,『儒家政論衍義』, 臺北, 東大圖書有限公司, 1982년.
任繼愈,『中國哲學發展史-秦漢』, 北京, 人民出版社, 1985년.
王讚源,『中國法家哲學』, 臺北, 東大圖書公司, 1989년.
王曉波,『中國法家思想史論』, 臺北, 聯經出版事業公司, 1991년.
唐端正,『先秦諸子論叢』續編, 臺北, 東大圖書有限公司, 1983년.
侯家駒,『先秦法家統制經濟思想』, 臺北, 聯經出版事業公司, 1985년.
曾振宇,『前期法家研究』, 濟南, 山東大學出版社, 1996년.
呂振羽,『中國政治思想史』, 北京, 人民出版社, 1955년.
謝慶奎,『中國古代政治思想史』, 北京, 北京大學出版社, 1979년.
劉澤華,『先秦政治思想史』, 天津, 南開大學出版社, 1984년.
朱日耀,『中國古代政治思想史』, 長春, 吉林大學出版社, 1988년.
蕭清,『中國古代貨幣思想史』, 台北, 臺灣商務印書館, 1992년.
熊十力,『明心篇』, 臺北, 學生書局, 1979년.
周群振,『儒學探源』, 臺北, 鵝湖出版社, 1986년.
蘇新鋈,『先秦儒學論集』, 臺北, 文津出版社, 1992년.
杜國庠,『先秦諸子思想概要』, 北京, 三聯書店, 1955년.
唐慶增,『中國經濟思想史論』, 北京, 人民出版社, 1985년.
李劍農,『先秦兩漢經濟史稿』, 北京, 中華書局, 1962년.
侯家駒,『先秦儒家自由經濟思想』, 臺北, 聯經出版事业公司, 1985년.
陳紹聞,『中國經濟思想簡史』, 上海, 上海人民出版社, 1978년.
陳紹聞,『中國古代經濟文選』, 上海, 上海人民出版社, 1983년.
胡寄窗,『中國經濟思想史』, 上海, 上海人民出版社, 1983년.
葉龍,『歷代人物經濟故事』, 香港, 壹出版有限公司, 1996년.
錢公博,『經濟思想論集』, 臺北, 學生書局, 1975년.

黎紅雷,『現代管理與儒家知慧』, 臺北, 天地圖書出版有限公司, 1992년.
林語堂,『中國的智慧』, 臺北, 正中書局, 1994년.
戴濬,『管子學案』, 上海, 學林出版社, 1994년.
謝德宗,『經濟理論的革命家-凱因斯』, 臺北, 允晨文化圖書出版公司, 1982년.
余英時,『中國知識階層史論』, 臺北, 聯經圖書出版事業公司, 1980년.
唐君毅,『中國哲學原論』, 原性篇, 臺北, 學生書局, 1984년.
馮友蘭,『中國哲學史新編』 第二册, 北京, 人民出版社, 1995년.
張豈之,『中國儒學思想史』, 臺北, 水牛出版社, 1992년.
陳定閎,『中國社會思想史』, 北京, 北京大學出版社, 1990년.
瞿同祖,『中國法律與中國社會』, 臺北, 里仁, 1987년.
蕭公權,『中國政治思想史』(上), 臺北, 聯經出版事業公司, 1990년.

〔일본자료〕

木村英一,『孔子と論語』, 東京, 創文社, 1971년.
白川靜,『孔子傳』, 東京, 中央公論社, 1989년.
增淵龍夫,『中國古代の社會と國家』, 東京, 弘文堂, 1960년.
小倉芳彦,『中國古代政治思想硏究』, 東京, 青木書店, 1970년.
伊藤道治,『中國社會の成立』, 東京, 講談社, 1981년.
赤塚忠,『中國古代思想史硏究』, 東京, 硏文書店, 1987년.
松本雅明,『世界歷史』 卷四, 東京, 岩波書店, 1970년.

〔한국자료〕

松丸道雄 외, 조성을 역,『중국사개설』, 서울, 한울 아카데미, 1990년.
김혜승,『유교의 뿌리를 찾아서』, 서울, 지식의 풍경, 2001년.

이춘식, 『춘추전국시대의 법치사상과 세勢·술術』, 서울, 아카넷, 2002년.
김필수 외 3인 옮김, 『管子』, 서울, 소나무, 2006년.
김용옥, 『맹자 사람의 길』 上, 서울, 통나무, 2012년.

〔논문자료〕

徐復觀, 「封建政治·社會的崩潰, 及典型專制政治的成立」, 『新亞書院學術年刊』 第十一期, 香港, 1969년.
侯家駒, 「井田叢考」, 『大陸雜誌』, 卷67, 第3期, 臺北, 1972년.
許俊雅, 「禮之精神及社會價値」, 『孔孟月刊』, 第二十三卷 第十二期, 臺北, 1982년.
林義正, 「論語 '夫子之文章之硏究'」, 『文史哲學報』, 第四十二期, 臺北, 1995년.
薛保綸, 「荀子的天論」, 『哲學與文化』, 第三卷 第十三期, 臺北, 1978년.
傅佩榮, 「荀子天論硏究」, 『哲學與文化』, 第十二卷 第三期, 臺北, 1985년.
岑溢成, 「荀子性惡論析辯」, 『鵝湖學誌』, 第3期, 臺北, 文津出版社, 1989년.
陳伯堅, 「荀子政治思想探微」, 『復興崗學報』 第36期, 臺北, 國防大學政治作戰學院, 1986년.
楊素珍, 「荀子禮論與其政治思想的關聯」(上), 『孔孟月刊』 第34卷, 第2期, 臺北, 1995년.
羅漢文, 「荀子的政治思想」, 『政治評論』 第40卷 第3期, 臺北, 1982년.
周紹賢, 「荀子與法家」, 『文藝復興』 第152期, 臺北, 1984년.
賴慶鴻, 「荀子禮治思想之功用」, 『東吳政治社會學報』 第8期, 臺北, 1984년.
袁信愛, 「荀子的社會思想與當前民主政治」, 『哲學與文化』 第17卷 第11

期, 臺北, 1990년.
施銘燦, 「荀子之尊君貴民思想」, 『高雄師範學院學報』 第16期, 高雄, 1988년.
顔厥安, 「論法哲學的範圍及主要問題」, 『哲學雜誌』, 第四期, 1993년.
蕭高彦, 「共同體的理念」, 『臺灣政治學刊』, 第一期, 1996년.
河池重造, 「先秦時代'士'の諸問題」, 『史林』 卷四十二, 1959년.
高木智見, 「春秋時代の神人共同體について」, 『中國-社會と文化』 集五, 1990년.
近藤正則, 「『讀余隱之尊孟辨』に見える朱子の孟子不尊周への對應」, 『日本中國學會報』 第33集, 日本中國學會, 1981년.
倉田信靖, 「『孟子』の"春秋天子之事也"に就いて」, 『日本中國學會報』 第38集, 日本中國學會, 1986년.

찾아보기

ㅁ

ㅂ

ㅅ

ㅇ